The Archaeology of China

From the Late Paleolithic to the Early Bronze Age

中国考古学

旧石器时代晚期到早期青铜时代

刘 莉 陈星灿 著

陈洪波 乔玉 余静 付永旭 翟少冬 李新伟 译

生活·讀書·新知 三联书店

Simplified Chinese Copyright © 2017 by SDX Joint Publishing Company.
All Rights Reserved.
本作品简体中文版权由生活·读书·新知三联书店所有。
未经许可，不得翻印。

THE ARCHAEOLOGY OF CHINA
From the Late Paleolithic to the Early Bronze Age
© Li Liu and Xingcan Chen 2012
This publication is in copyright.Subject to statutory exception
and to the provisions of relevant collective licensing agreements,
no reproduction of any part may take place without the written
permission of Cambridge University Press.

图书在版编目（CIP）数据

中国考古学：旧石器时代晚期到早期青铜时代／刘莉，
陈星灿著．—北京：生活·读书·新知三联书店，2017.9（2024.6重印）
ISBN 978－7－108－05901－7

Ⅰ．①中⋯ Ⅱ．①刘⋯ ②陈⋯ Ⅲ．①考古－研究－中国－古代
Ⅳ．① K871

中国版本图书馆 CIP 数据核字（2017）第 121350 号

责任编辑	曹明明
装帧设计	康　健
责任校对	夏　天
责任印制	董　欢
出版发行	生活·讀書·新知 三联书店
	（北京市东城区美术馆东街 22 号 100010）
网　　址	www.sdxjpc.com
图　　字	01-2017-5920
经　　销	新华书店
印　　刷	北京隆昌伟业印刷有限公司
版　　次	2017 年 9 月北京第 1 版
	2024 年 6 月北京第 4 次印刷
开　　本	720 毫米 × 1020 毫米　1/16　印张 32
字　　数	484 千字
印　　数	17,001－20,000 册
定　　价	88.00 元

（印装查询：01064002715；邮购查询：01084010542）

本书献给张光直先生

如果我们能够看得更远，那仅仅是因为

我们站到了巨人的肩膀上。

目 录

前　言 …………………………………………………………………… 1

第一章　中国考古学：过去、现在和未来 ………………………… 1
　　　　形成期（20世纪20～40年代）………………………………… 4
　　　　新中国考古学的发展（1950年至今）………………………… 10
　　　　诠　释 ……………………………………………………………… 18
　　　　中国的国际合作研究 …………………………………………… 21
　　　　结　论 ……………………………………………………………… 22

第二章　环境和生态 …………………………………………………… 25
　　　　地　理 ……………………………………………………………… 27
　　　　河流系统 …………………………………………………………… 29
　　　　生态区划 …………………………………………………………… 31
　　　　古气候、古环境和人类适应 …………………………………… 32
　　　　结　论 ……………………………………………………………… 43

第三章　更新世和全新世之交的采食者和集食者
　　　　（24000～9000 cal.BP）………………………………………… 45
　　　　自然环境和人类的调适 ………………………………………… 47
　　　　问题和术语 ………………………………………………………… 49
　　　　华北地区更新世末期的采食者 ………………………………… 51

	华北地区全新世早期的集食者	57
	华中和华南的更新世采食者	63
	华中的全新世集食者	66
	小　结	69
	中国陶器的起源	69
	东亚区域背景下的陶器起源	73
	定居在中国的出现	75
	中国其他地区的过渡	78
	结　论	79

第四章　动植物的驯化　81
　　植物的驯化　83
　　动物的驯养　105
　　驯化的动因　127
　　结　论　130

第五章　迈入新石器：新石器时代早期的定居和食物生产
　　（7000 BC～5000 BC）　131
　　确定定居与生业策略　134
　　中国东北与北方地区　137
　　长江流域　162
　　华南地区　171
　　讨　论　173
　　结　论　177

第六章　社会不平等的出现：新石器时代中期
　　（5000 BC～3000 BC）　179
　　辽河流域　183
　　黄河流域　194
　　长江流域　207

　　　　　华南地区 ·· 217
　　　　　结　论 ·· 220

第七章　早期复杂社会的兴起和衰落：新石器时代晚期
　　　　（3000 BC～2000 BC） ·· 223
　　　　　黄河流域 ·· 228
　　　　　东北地区 ·· 247
　　　　　长江流域 ·· 248
　　　　　中国南部和西部地区 ·· 257
　　　　　结　论 ·· 261

第八章　中原地区早期国家的形成：二里头和二里岗
　　　　（1900/1800 BC～1250 BC） ·· 263
　　　　　方法和定义 ··· 266
　　　　　寻找夏朝 ·· 271
　　　　　二里头文化和二里头国家 ·· 274
　　　　　二里头国家的近邻 ··· 285
　　　　　二里岗文化和二里岗国家 ·· 289
　　　　　二里岗扩张的后果：中商的分权化 ·· 302
　　　　　结　论 ·· 306

第九章　公元前二千纪早期北方边疆及其周边地区的青铜文化 ··············· 309
　　　　　环境因素与文化背景 ··· 313
　　　　　夏家店下层文化 ··· 315
　　　　　朱开沟文化 ··· 325
　　　　　齐家文化 ·· 336
　　　　　四坝文化 ·· 347
　　　　　新疆东部的早期青铜文化 ·· 351
　　　　　结　论 ·· 359

第十章　晚商王朝及其周邻（1250 BC～1046 BC） ································ 365

研究问题 ·· 367
　　　商人的世界 ·· 370
　　　殷墟：晚商都城遗址 ·· 371
　　　商及其周邻 ·· 377
　　　讨论和结论 ·· 405
第十一章　比较视野下的中国文明 ··· 409
　　　阐释中国 ··· 411
　　　古代中国与世界其他地区 ·· 413
　　　中国文明与文化认同的形成 ··· 415
　　　复杂社会的兴衰 ·· 416
　　　结　论 ··· 418

附　录 ··· 421
参考文献 ··· 425
后　记 ··· 491

插图目录

图 2.1　中国距今 12000 年、9000 年、6000 年和现在的植被覆盖情况 …………………………………………………………………… 32

图 2.2　距今 9000 年、6000 年和 3000 年（cal.BP）东亚季风达到的最远位置变化 …………………………………………………… 35

图 2.3　中国沿海地区全新世海平面变化曲线…………………… 36

图 2.4　中国东南部史前不同时期海岸线在地质记录中的变化 … 37

图 2.5　中国北方六个地点所见全新世气候变化………………… 38

图 3.1　第三章所述主要遗址…………………………………… 48

图 3.2　下川遗址群及其出土器物……………………………… 53

图 3.3　陕西龙王辿和山西柿子滩旧石器时代晚期遗址及其出土器物 …………………………………………………………………… 54

图 3.4　东胡林遗址及其主要发现……………………………… 58

图 3.5　河北徐水南庄头遗址出土器物………………………… 60

图 3.6　玉蟾岩遗址地貌及玉蟾岩、甑皮岩遗址出土器物…… 64

图 3.7　浙江上山遗址的遗迹和出土器物……………………… 67

图 3.8　距今 21000～15000 年末次冰盛期东亚海岸线和植物地理区域的重建以及中国、日本和俄罗斯远东地区早期陶器遗址的分布 …………………………………………………………………… 70

图 4.1　第四章所述与水稻遗存有关的遗址…………………… 85

图 4.2　与小米栽培过程讨论有关的遗址……………………… 92
图 4.3　从新石器时代早期到青铜时代的黍粒大小……………… 93
图 4.4　第四章所述中国和韩国出土大豆遗存的遗址…………… 97
图 4.5　公元前三千纪至二千纪与早期小麦、大麦和燕麦有关的主要遗址 ……………………………………………………… 103
图 4.6　第四章所述与家犬、猪、羊、牛等遗存有关的遗址… 106
图 4.7　不同地区旧石器时代、新石器时代、青铜时代出土猪和现代野猪第三臼齿尺寸比较，显示受到气候环境或驯化影响而发生的变化 …………………………………………………… 109
图 4.8　考古出土和现代野猪牙冠线性牙釉质发育不全（LEH）频率的比较 ……………………………………………… 109
图 4.9　跨湖桥、大地湾、西坡遗址出土野猪和现代野猪下颌骨第三臼齿的比较，显示考古出土野猪种群的巨大变化 ……… 111
图 4.10　中国北方与家养黄牛有关的遗址 …………………… 117
图 4.11　云南古代艺术所见动物 ……………………………… 118
图 4.12　与普氏野马有关的旧石器时代遗址、出土马骨遗存的新石器和青铜时代遗址，河套地区是出土马骨遗址最密集的地区… 120
图 5.1　第五章所述中国新石器时代早期文化………………… 135
图 5.2　中国新石器时代早期诸考古学文化的年代……………… 136
图 5.3　新石器时代早期主要遗址的分布（9000～7000 cal.BP），与栎属孢粉的集中分布区一致（8000～6000 BP 或 8871～6847 cal.BP）……………………………………………………… 138
图 5.4　兴隆洼遗址的聚落布局………………………………… 139
图 5.5　兴隆洼文化的人工制品………………………………… 140
图 5.6　磁山–北福地文化的人工制品………………………… 143
图 5.7　北福地遗址全景………………………………………… 145
图 5.8　后李文化小荆山遗址的聚落和房址…………………… 149

图 5.9　后李文化的人工制品 …………………………………… 151

图 5.10　裴李岗文化遗址分布 ………………………………… 153

图 5.11　裴李岗文化墓葬 ……………………………………… 154

图 5.12　裴李岗文化的人工制品 ……………………………… 158

图 5.13　白家－大地湾文化的人工制品 ……………………… 160

图 5.14　长江流域和华南新石器时代早期的考古学文化主要遗址
　　　　…………………………………………………………… 163

图 5.15　彭头山文化（1～5）、皂市下层文化（6～8）和城背溪
　　　　文化（9～12）的典型陶器 ………………………………… 165

图 5.16　彭头山文化的石器 …………………………………… 166

图 5.17　跨湖桥遗址及其出土器物 …………………………… 169

图 5.18　跨湖桥遗址储藏橡子的窖穴 ………………………… 170

图 5.19　广西邕宁顶蛳山遗址的人工制品和墓葬 …………… 172

图 6.1　第六章所述中国新石器时代中期考古学文化 ………… 182

图 6.2　新石器时代中期主要考古学文化的年代 ……………… 183

图 6.3　第六章所述赵宝沟文化和红山文化的主要遗址 ……… 184

图 6.4　辽河地区出土的典型艺术品 …………………………… 186

图 6.5　红山文化的陶器和石器 ………………………………… 187

图 6.6　牛河梁第Ⅱ地点的红山文化祭坛和贵族墓 …………… 190

图 6.7　黄河流域新石器时代中期主要遗址 …………………… 195

图 6.8　北辛文化墓葬、陶器和石器 …………………………… 196

图 6.9　大汶口文化墓葬和器物 ………………………………… 197

图 6.10　仰韶文化墓葬和器物 ………………………………… 199

图 6.11　陕西临潼姜寨遗址的聚落布局，属于仰韶文化早期　200

图 6.12　甘肃秦安大地湾遗址大型房址F901平、剖面图，属仰韶
　　　　文化晚期 ……………………………………………… 204

图 6.13　河南濮阳西水坡遗址墓葬中随葬的蚌壳镶嵌图像，属仰

韶文化 …………………………………………………………… 206
图6.14　第六章所述中国南部新石器时代中期遗址 ……… 208
图6.15　大溪文化陶器 ………………………………………… 209
图6.16　城头山城址及古稻田遗迹 ………………………… 211
图6.17　浙江河姆渡文化 ……………………………………… 213
图6.18　凌家滩墓地及出土玉器 …………………………… 215
图6.19　深圳咸头岭遗址的陶器组合 ……………………… 218
图6.20　台湾大坌坑文化的绳纹和刻划纹陶器 …………… 219
图7.1　新石器时代晚期考古学文化 ………………………… 226
图7.2　第七章所述公元前三千纪的主要遗址和城址 …… 227
图7.3　大汶口晚期文化墓葬及随葬品 …………………… 231
图7.4　新石器时代晚期陶器和玉器上的刻划符号 ……… 232
图7.5　河南、山西南部和山东西部龙山文化遗址 ……… 234
图7.6　新石器时代晚期龙山文化的陶寺遗址 …………… 236
图7.7　龙山晚期陶寺遗址的遗物和遗迹 ………………… 237
图7.8　北方地区新石器时代和早期青铜时代动物群中野生动物和家养动物的比例变化 …………………… 241
图7.9　陕西北部的石城址 …………………………………… 242
图7.10　马家窑文化遗存 …………………………………… 245
图7.11　出土玉器的主要良渚遗址 ………………………… 249
图7.12　良渚文化莫角山遗址群 …………………………… 250
图7.13　良渚文化玉器 ……………………………………… 251
图7.14　石家河遗址群 ……………………………………… 254
图7.15　石家河出土的艺术品 ……………………………… 256
图8.1　二里头时期的考古学文化和自然资源（金属和盐）… 268
图8.2　新砦期遗址 …………………………………………… 273
图8.3　伊洛地区二里头文化遗址的分布，显示二里头和偃师商城

  的关系 …………………………………………… 275

图8.4 二里头出土器物 ………………………………… 276

图8.5 二里头遗址平面图及二里头三期遗迹的位置 …… 277

图8.6 岳石文化出土器物 ……………………………… 288

图8.7 早商时期的考古学文化和主要遗址 …………… 290

图8.8 偃师商城 ………………………………………… 292

图8.9 郑州商城二里岗时期主要考古遗存 …………… 293

图8.10 郑州商城二里岗文化的出土器物 …………… 294

图8.11 夏县东下冯二里岗文化的盐储设施和文献记载的盐仓 … 297

图8.12 盘龙城 ………………………………………… 298

图8.13 早期王朝时代的河道、重要资源的位置以及通过交通枢纽把中原地区大型中心和南部长江中下游、西部渭河流域和东部沿海地区连接起来的四条主要运输线路 ……… 301

图8.14 中商时期的考古学文化分布 ………………… 303

图8.15 小双桥发现的部分刻划符号和甲骨文、金文的比较 … 305

图9.1 公元前三千纪晚期到二千纪早期，中亚、欧亚草原地区青铜时代以及中国北方边疆地区的考古学文化 …… 312

图9.2 第九章所述主要考古学文化 …………………… 316

图9.3 内蒙古赤峰二道井子夏家店下层文化石城址 … 317

图9.4 半支箭河流域调查区内的夏家店下层文化遗址 … 319

图9.5 半支箭河流域调查区夏家店下层文化所见三个层级的聚落群及呈凸状分布的等级规模曲线 ……………… 320

图9.6 大甸子墓地出土青铜器和二里头风格陶爵、陶鬶的墓葬分布 ……………………………………………… 321

图9.7 大甸子墓地出土器物 …………………………… 322

图9.8 朱开沟出土陶器 ………………………………… 327

图9.9 朱开沟出土的青铜器和手工业生产工具 ……… 328

图9.10 朱开沟遗址三、四期文化出土青铜器以及发现齐家风格陶器和葬俗的墓葬分布 …… 329

图9.11 朱开沟五期墓葬M1052，出土商式青铜戈及陶器 … 331

图9.12 朱开沟五期遗存分布，显示与商式器物相关的墓葬、房屋和灰坑 …… 333

图9.13 齐家文化陶器和青铜器 …… 338

图9.14 齐家文化大何庄遗址西部发掘区 …… 339

图9.15 齐家文化皇娘娘台墓葬M48，男性居中，两女性居于两侧，随葬品多放在男性身上 …… 341

图9.16 齐家文化玉器 …… 343

图9.17 二里头（1～4）和齐家文化遗址（5～8）出土镶嵌绿松石的青铜牌饰、环首刀和陶盉的对比 …… 345

图9.18 四坝文化青铜器 …… 350

图9.19 新疆古墓沟的考古发现 …… 353

图9.20 新疆小河墓地及出土遗物 …… 355

图9.21 天山北路陶器与四坝、阿尔泰克尔木齐陶器的比较… 357

图9.22 新疆东部天山北路遗址出土的金属器 …… 358

图10.1 晚商时期的区域考古学文化和主要遗址 …… 368

图10.2 岛邦男根据甲骨卜辞复原的有名字的方国（数字系各方国的分数，是吉德炜计算出来用以表示诸方国和商关系的密切程度，注意分数最高的方国均在西北地区） …… 371

图10.3 中商和晚商时期洹河流域的遗址分布 …… 372

图10.4 洹北商城和殷墟平面图（中晚商） …… 373

图10.5 晚商殷墟的考古遗存 …… 375

图10.6 河北藁城台西遗址出土器物 …… 379

图10.7 山东地区晚商时期的聚落群分布 …… 381

图10.8 山东北部出土的盔形器及地下卤水资源的分布 …… 382

图10.9　晚商时期山东地区的考古遗存 …………………… 383
图10.10　江西吴城遗址及出土器物 ……………………… 386
图10.11　江西新干大洋洲大墓出土器物，表现出不同的文化传统
……………………………………………………………… 388
图10.12　四川广汉三星堆遗址平面图 …………………… 390
图10.13　三星堆遗址出土器物 …………………………… 391
图10.14　陕西南部城固县和洋县出土青铜器 …………… 393
图10.15　渭河流域商和先周文化遗址的分布 …………… 395
图10.16　西安老牛坡遗址出土的青铜器和玉器 ………… 396
图10.17　晚商时期陕西北部和山西西部李家崖文化主要遗址… 399
图10.18　晚商时期黄土高原地区出土器物 ……………… 400

前　言

早期中国文明的发展在世界历史上占有独特地位。最近数十年的考古新发现更使中国考古学成为学术界和公众关注的话题。虽然如此，由于横亘在中国和西方之间久已存在的语言、文化和社会方面的障碍，专门为西方读者撰写的用英文出版的中国考古学综合研究著作还付之阙如。

迄今为止，用英文撰写的最流行的中国考古学研究著作是已故张光直教授的《古代中国考古学》（ *The Archaeology of Ancient China* ）。该书涵盖了从旧石器时代到早期王朝时代的中国历史，23年之间不断修订出版，分别在1963年、1967年、1977年和1986年出了四个版本。这本书是那些对中国考古学感兴趣的学者和学生们的重要参考书。但它的最后一版也已经是25年以前出版的了，许多材料需要更新。作为张光直教授的学生，我们有责任把他为之付出大量心血的这项工作继续下去。

显然，长期以来，学术界也特别需要探讨更长时段的早期中国历史、涵盖更多世界考古学界经常讨论的话题的一本书。这本书不仅仅提供最基本和最新鲜的中国考古材料，它也必须探讨有关中国早期文明发展的某些基本问题，并且还要对理解世界范围内的社会进化有所裨益。本书的写作，就是为了达成这个目标。

本书讨论的主要理论问题是，在现代中国这片土地上，农业发展和国家形成在社会复杂化进程中发挥了哪些作用。本书集中讨论从距今1万年开始的古代历史，也涉及远至2.4万年前有关文化发展的某些背景材料。这包括了从最晚的旧石器时代的采集-狩猎群体，经过新石器时代的农业村落，到达青铜时代商王朝的演化轨迹。本书展示了该阶段的中国古代社会如何从简单到复杂、从部落到城市、从"野蛮"到"文明"、从使用简单刻划符号到发明文字的过程。

在第一章，我们回顾中国考古学的发展历史，介绍20世纪初期以来该学科发展的社会政治背景。第二章介绍中国的自然环境及不断变化的生态系统，以及人类与环境的相互关系。第三章着力于探讨从更新世到全新世的过渡阶段。当全新世早期的最后采食者在流动性减弱的情况下开始获取更多的植物性食物，这种新的生存策略最终导致定居农业的发生。与目前某些考古学文献将陶器的发明定为中国新石器时代开端的观点不同，我们用"后旧石器时代"来界定那些还缺乏明确驯化证据的全新世早期遗址。根据目前的考古材料，新石器时代革命似乎发生在公元前7000年前后或稍早。第四章讨论动植物驯化的起源。某些物种显然是本地驯化的，另外一些则来自中国以外。但是它们在经济上都有十分重要的作用，且对社会复杂化的进程至关重要。第五至七章分别讨论了新石器时代的早、中、晚期，大致延续了5000年之久（公元前7000～前2000年）。在此阶段，出现了社会分层，早期复杂社会此起彼伏，人口时涨时落，夯土围筑的聚落兴建又废弃。尽管如此，这个动乱的时代却为中国早期国家发展奠定了基础。第八章讨论最初国家——二里头和二里岗的形成。社会转型不仅发生在早期国家的核心地区——中原，也波及周边地区；这在早期国家快速向周围扩张以获取战略资源的过程中，表现为中心和边缘的密切互动。第九章我们把视野投向北方地区的青铜时代文化，它们与二里头和二里岗早期国家处于同一时代。本章有助于我们了解更大范围的社会和文化变化，以及这些变化如何反过来影响了中原地区的早期国家发展进程。第十章聚焦晚商王朝——第一个有文字记载的国家。就此阶段的故事而言，我们的研究因可以利用材料种类的增多——包括文字资料——而颇有便利之处。因为晚商时期浩如烟海的资料无法在此展开讨论，我们将集中在政治景观及商和周边国家的区域互动上，依此观察这个异乎寻常的复杂王朝。第十一章是本书的终结，讨论中国文明的某些特殊性，或者可称为中国性（Chineseness），但我们并不试图归纳一般规律。

在本书中，我们频繁使用"考古学文化"的概念，比如仰韶文化、龙山文化。这个概念在中国考古文献里广泛使用，用来描述物质遗存，性质与西方考古文献中的complexities和horizons近似。考古学文化表示一个共同体，这个共同体具有某些共同特征，在多处遗址的考古遗迹中共存，且在一个地区范围内经常见到。一个考古学文化通常以首次发现这个文化共同体的小地方命名（夏鼐，1959）。但是本书使用的"文化"概念，仅仅表示惯常所谓时空意义上的考古学共同体，而不引申至使用这些物质遗存的某个族群。

本书不涉及大部分旧石器时代，因为旧石器时代值得用另外一本书单独讨论，同时它也超出了我们目前的研究范围。本书以商代晚期作为终结，是因为已经有一系列专著讨论公元前第一千纪的西周和东周时代（Falkenhausen 2006；Hsu and Linduff 1988；Li, F. 2006, 2008；Shelach 2009a）。本书最主要的目的是展示史前复杂社会的发展过程，这个发展过程在从第一个村落到第一个国家的进化轨迹中得以完整体现。

为了提供最新的考古材料，我们主要依据中文文献。因为这本书是为英文读者撰写的，我们也尽可能多地使用英文文献。关于 ^{14}C 测年数据，BP是指没有经过校正的距今（1950年）年代，cal.BP则是指日历年或经过校正的距今（1950年）年代，BC是指经过校正的公元前年代。我们依中国惯例拼写中国人的名字，在使用中文发表的参考文献时先姓后名（比如童恩正）；但如果原作以英文发表，则采用西方先名后姓的人名拼法（比如Kwang-chih Chang）。

我们对许多个人和机构的帮助表示衷心感谢。这本书中的不少观点是在过去多年跟许多优秀学者的不断交流中形成的，他们是亨利·怀特（Henry Wright）、诺曼·叶斐（Norman Yoffee）、吉德炜（David Keightley）、皮特·贝尔伍德（Peter Bellwood）、理查德·美都（Richard Meadow）、阿吉塔·帕特儿（Ajita Patel）、盖瑞·克劳福德（Gary Crawford）、提姆·马瑞（Tim Murray）、阿琳·罗森（Arlene Rosen）、约翰·韦伯（John Webb）、菊地·菲尔德（Judith Field）、理查德·福拉嘎（Richard Fullagar）、李炅娥（Gyoung-Ah Lee）、李润权、韩伟、王文建、赵志军、张居中、金正耀、蒋乐平、荆志淳、唐际根、许宏、刘国祥、焦天龙、杨东亚、马萧林、李新伟、乔玉、戴向明、孙周勇、孙国平、郑云飞、石金鸣、宋艳花、蒋志龙、闵锐、方辉、栾丰实、贾伟明、葛威、贝喜安（Sheahan Bestle）和当肯·琼斯（Duncan Jones）。白慕堂（Thomas Bartlett）和白韵秋（Victoria Bartlett）花费心血编辑原稿，白慕堂还提供了许多建设性的意见。魏鸣、乔玉、郑红丽和付永旭帮助电脑绘图。王涛和陈起帮助制作词汇表。跟撰写本书有关的研究曾得到澳大利亚国家基金会、蒋经国基金会、拉楚布大学、斯坦福大学和中国社会科学院考古研究所的支持。

第 一 章

中国考古学：过去、现在和未来

> 1928年至1937年间……在安阳发掘所得的考古资料……为进一步研究中国古代历史奠定了新的基础。
>
> ——李济，《安阳》（Li, C. 1977: ix）

1928年，经过科学考古发掘，在安阳发现了甲骨文和大量物质文化遗存，第一次毫无争议地证实了殷商历史的真实性（Li, C. 1977: ix-xi）。此次发掘因此标志着现代中国考古学的诞生，考古学因而被认为具有揭开中国古代历史面纱的巨大潜力。半个世纪以后，中国考古学取得了大量前所未有且举世瞩目的发现，使得格林·丹尼尔（Glyn Daniel）相信"未来几十年中，对中国重要性的新认识将是考古学的重大进展之一"（Daniel 1981: 211）。当苏秉琦提出"中国考古学的黄金时代即将到来"（苏秉琦1994: 139-140）时，这种热情很快被中国的考古学家所分享。近几十年来，考古学不断取得成功，逐渐成为中国社会科学领域众多迅速发展的学科之一。

恰如布鲁斯·炊格尔（Bruce Trigger）所言，当下世界的考古学有三个基本类型：即民族主义考古学、殖民主义考古学和帝国主义考古学（Trigger 1984）。中国考古学明显属于第一类。考古学在中国被定义为，在历史唯物主义的基础上，研究古老的物质文化遗存和揭示历史进化法则的一门历史学科（夏鼐，王仲殊1986: 1-3）。在某种程度上，这一定义是对20世纪早期以来中国考古实践的概括。它包含两个重要组成部分：一方面，考古学是为重建中国民族历史提供证据；另一方面，其目标是证实马克思主义的理论框架。特别是前者，是整个中国考古学发展的一个基本目的（张光直1999）。

形成期（20世纪20～40年代）

中国现代考古学肇始于1928年，这一年中央研究院历史语言研究所开始在河南安阳小屯发掘商代晚期都城殷墟。此次发掘是首次由中国国家政府开启的考古项目。1928年至1937年间共发掘了15个季度，在抗日战争全面爆发前被迫终止。在安阳的这一系列发掘并不是率性而为，而是以文化、政治和技术等的发展为前提，正是这些因素为创建考古学这门新学问奠定了基础。

中国考古学的历史背景

自古以来，中国就有研究古物的传统。很多古物被认为具有神圣性，一些青铜容器被认为是权力和威望的象征。正是这一传统，鼓励人们搜集和记录古代遗物，到19世纪末，还直接导致商代甲骨文的发现和考释。安阳小屯发现甲骨的真实来源为证实这个遗址就是商代晚期都城殷墟打开了方便之门（Li, C. 1977）。

20世纪初期出现的民族主义，是现代考古学发展的一个重要的政治促进因素。至清朝末年，很多革命的知识分子不满于现状，深感中国在清王朝的统治下，政治和军事全面落后于外国。这种不满唤醒了民族主义。改革家梁启超首次强调中国的民族主义意识，以应对日本侵略。1900年梁启超在报纸发表文章，提出历史上生活在中国的人们一直没有给自己的国家一个恒定的名字，而总是把自己视为某个当下统治王朝的子民，而这些王朝有时候并不是汉人建立的。因此，梁启超认为"中国"是"他族之人所以称我者，而非吾国民自命之名也"（梁启超 1992: 67-68）。

20世纪早期，民族主义概念在民族上是以汉族为中心的，少数民族在很大程度上被忽视了（Dikotter 1992: 123-125; Townsend 1996）。这种民族中心主义的民族主义由孙中山明确提出。他说："中国作为一个国家，自秦汉以来即由单一民族构成。"（Sun, Y. 1943: 4）根据孙中山的说法，尽管中国人和世界上其他民族的人明显不同，但是民族的范围一直是以中国国界为划分标准的，在其疆域内部没有类似的民族区分。如果少数民族想成为"中国人",就需要调整他们的信仰和行为(Fitzgerald 1996: 69)。在这个强调中国是一个宽泛整体的政治氛围下,很多中国知识分子不断尝试提出范围更广的民族认同意识,因而探寻中国文化起源开始成为他们知识追求的一个重要组成部分。考古学研究的原动力就和这个问题密切关联。

应该注意的是,辛亥革命之后,随着革命者获得政权和控制整个国家,中国的民族主义开始从以民族为中心的定位,转向以国家为基础的政治实体论。国民政府制定了新政策来帮助藏、蒙、满以及新疆和汉族地区的人民成为一个五民族一体的成员(五族共和),以增强其向心力与团结力,以及对国家和中央政府的拥护(Chiang, K.-s. 1947: 10–13)。然而,由于中国占支配地位的意识形态是以汉族文化优越性为中心,故而这个多民族民族主义的概念,似乎更多地应用于政治活动中,而不是文化领域。中国传说时代的领袖人物如黄帝,逐渐被提升为汉族人的祖先,进而成为民族认同的象征(Leibold 2006;Liu, L. 1999)。直到20世纪50年代之后,多民族民族主义才开始影响考古学。其转变的证据就是从强调中原转而关注多区域共同发展。因此,中国考古学家早期发掘的地点选择,建立在寻找汉民族本土文化起源的基础之上,这点并不令人感到奇怪。此外,由于受到1919年"五四运动"的影响,传统的儒家学习方法受到批判,而西方的自然科学和田野方法开始流行(Li, C. 1977: 34–35;夏鼐 1979)。以顾颉刚(1893～1980)为代表的被称为"疑古派"的一群年轻历史学家,开始怀疑古史的真实性。他们的目的是通过寻找科学的证据重建中国古代史(Schneider 1971)。因此,考古学被"疑古派"视为达到这一目的的不二法门。

20世纪早期,现代田野考古学方法是由西方学者引入中国的,然而,这些学者并不一定是考古学家。国外学者所做的主要科学研究工作,包括桑志华(E. Licent)和德日进(P. Teilhard de Chardin)对宁夏、内蒙古和陕西北部的旧石器时代遗址的调查;师丹斯基(O. Zdansky)、步达生(D. Black)和魏敦瑞(J. F. Weidenreich)对北京周口店直立人遗址的发掘;安特生(J. G. Andersson)对河南仰韶村新石器时代遗址的发掘等(陈星灿 1997;Li, C. 1977)。

周口店位于北京西南房山区内的石灰岩丘陵中，距市中心约48公里。在这里的几个石灰岩洞穴中发现原始人类化石之后，它开始闻名于世。该遗址蕴藏着丰富的化石遗存，被当地人称为龙骨，是在1918年首次发现的。接下来的1927年，由中国地质调查所主持进行了大规模的发掘。在第一年（1927年）的发掘中，发现了一枚保存极为完好的原始人下臼齿，加拿大解剖学家步达生将其命名为"中国猿人北京种"（*Sinanthropus pekinensis*），或"北京人"（Peking Man，现被归入直立人北京种）。1929年，中国科学家裴文中发现了第一个完整的北京人头盖骨。为了寻找化石，大量的工作人员必须"开采"洞穴内的沉积物，直到1937年被第二次世界大战打断为止，发掘移走了50多万吨的堆积（Jia, L. and Huang 1990；Wu, R. and Lin 1983）。20世纪30年代，当民族团结和民族认同成为主要关注时，北京人的发现使得某些学者和政府官员认为这些化石证明了中国人是本土起源的（Leibold 2006）。

德国古生物家魏敦瑞曾经对这批发现于"二战"之前，却在接下来混乱的战争时期丢失了的猿人化石进行过研究。基于北京人和现代东亚人的12项头骨形态特征，他认为北京人的一些基因被生活在当地的蒙古人种所继承（Weidenreich 1943）。尽管存在争议，这个观点仍被很多中国考古学家所接受，以支持人类多地区起源说（Wu, R. and Olsen 1985；Wu, X. 2004）。

差不多在同一时间的另外一个重要发现，是瑞典地质学家安特生发现的仰韶文化。安特生1914年受聘于中国政府做地质勘查，结果他在考古学上的成就却远远超过了地质学。安特生最先参加了周口店的早期调查。然而，使他闻名于世的却不是周口店，而是河南的仰韶村，在这里他发现了中国新石器时代遗址，并开创了对中国新石器时代遗址的首次发掘，还以这个村的名字来命名本地区第一个新石器时代物质文化——仰韶文化。安特生宣称仰韶文化的物质遗存属于汉族人的祖先，但暗示仰韶陶器可能由西方传入，因为仰韶彩陶的风格特征与中亚的安诺（Anau）文化、俄罗斯南部的特里波利（Tripolje）文化比较相似（Andersson 1923）。因此，安特生的传播假说开启了数十年之久的关于中国文化和文明起源的争论（陈星灿 1997；Fiskejö and Chen 2004）。

值得注意的是，并不是所有在中国的外国考察团都以科学的田野考古为目的。1840年鸦片战争之后，中国被迫向世界开放，很快沦为西方列强逐鹿的场所。来自欧洲、北美和日本的探险家——斯坦因（Aurel Stein）、斯文·赫定（Sven Hedin）、克莱门兹（D. Klementz）和伯希和（P. Pelliot）——都在远东，尤其是在中国的西北部，寻找精美的古物（陈星灿 1997: 42-51；Hopkerk 1980）。这些活动开始于中央政府软弱和地方官员腐败无能的时候。这些寻宝者可以顺利地把大量中国古物运回他们自己的国家。

这些寻宝者在中国的种种作为，令具有强烈民族主义意识的中国人——尤其是历史学家和考古学家——感到耻辱（Brysac 1997）。这些后来被中国政府制止的活动，包括禁止古物出口和外国人单方面在中国进行考古工作，在文物处理和考古发掘方面对国家政策的制定造成了深远的影响。

现代中国考古学的肇始

尽管中国学者受到了西方考古学家科学田野考古工作方法的启发，但是后者的研究方向并不令人满意。一些中国学者认为，旧石器时代和新石器时代的遗存过于古老，与中国早期历史特别是夏商周时期难以建立直接联系（陈星灿 2009: 109-127；李济 1990，原文发表于1968年）。安特生认为仰韶彩陶起源于近东的观点，尤其不具任何吸引力。恰如傅斯年所抱怨的："在中国的外国考古学家，对于纯粹代表中国文化的（古物），他们不注意，他们所注意的，是在中西文化接触的产品。"（傅斯年 1996: 187）

安阳的考古发掘

20世纪20年代，一群在西方大学接受过现代考古学训练的具有高度民族主义精神的中国学者，为了国家的科学技术发展，回到了祖国。首先是李济，他在哈佛大学获得体质人类学博士学位之后，和其他学者一道，从1926年开始，开启了一系列考古学研究项目。从1928年持续到1937年的安阳考古发掘，也是由时在中央研究院历史语言研究所任职的李济组织实施的，这是中国人第一次尝试通过考古学寻找本土中国文化的起源。

安阳的发掘出土了大量遗物，包括数以百计的青铜器、将近25000片甲骨、铸铜作坊、宫殿和宗庙基址以及大型贵族墓葬。这些发现证实该遗址是晚商的都城，第一次通过考古证据证明了中国古代本土文化的存在（Li, C. 1977）。

安阳的考古发掘，不仅标志着由中国学者领导的现代田野考古学的开始，而且也培养了很多重要的中国考古学家。李济在安阳工作时期的很多同事（例如，董作宾、梁思永、高去寻、石璋如、郭宝钧、尹达和夏鼐等），均成为中国第一代考古学家，他们主导了海峡两岸数十年来的田野考古工作（Chang 1981b, 1986a）。

尽管安阳的考古工作取得了巨大成就，但在物质文化证据方面，商和仰韶新石器时代文化之间仍存在空白，因为后者当时被认为是从近东传播来的。中国学者依旧对中国先史文化受西方影响的观点感到不满。傅斯年（1934）认为外国学者治中国历史时，主要关注中外关系，因而仅仅是"半汉"的研究。然而，他认为更重要的研究课题应该是"全汉"，也就是构建中国历史的基本框架。

龙山文化的发现

仰韶和安阳商文化之间明显的差距，促使考古学家去寻找商的直接源头，考古学家和历史学家一致认为最有可能的地区应该是在中国东部沿海地区。1930年，安阳的工作因国内战争暂停之后，发掘队转移到山东龙山镇的城子崖，因为吴金鼎此前在这里所做的初步调查获得了一些有价值的发现（傅斯年 1934；李济 1990，原文发表于1934年；Wu, C.-t. 1938）。

城子崖的发掘收获比发掘者预想的更丰富。城子崖出土的黑陶，与仰韶文化的彩陶截然不同，而和安阳后冈发现的直接叠压在商文化遗迹之下的新石器时代遗存比较相似。城子崖发现的无字甲骨为龙山和商文化之间建立了更加直接的联系。来自东部地区的龙山黑陶文化（代表本土的中国文化），也因此被认为是独立于西部仰韶彩陶文化（被认为是受到外来传播的结果）的另一个系统。中国考古学家认为："要是我们能寻出城子崖的黑陶文化的演绎秩序及所及的准确范围，中国黎明期的历史就可解决一大半了。"（李济 1990，原文发表于 1934 年：193）。因此，恰如李济进一步指出的那样，这个发现不仅识别出一部分商文化的来源，而且也为研究中国文明的起源做出了重要贡献（陈星灿 2009）。

陕西斗鸡台的发掘

正当李济领导的中央研究院考古队在河南和山东开展工作的时候，国立北平研究院考古队在徐旭生的领导下，从 1934 年至 1937 年对陕西斗鸡台进行了发掘。该项目的目的是寻找周代的史前渊源。后来成为中国著名考古学家的苏秉琦，就参加了这个项目，他重点研究陶鬲的形式变化，这是他在陶器类型学研究方面取得的初步成就（Falkenhausen 1999a；苏秉琦 1948）。苏秉琦认为鬲这种器物具有区分民族关系和中国文化的标型器价值。在中国，他的研究已经成为考古学方法论的典范，并影响了几代中国学者。

中国文化西来说、二元对立说和本土起源说

研究中国文化起源是中国考古学中众多敏感的话题之一。当发现仰韶文化的时候，安特生决定在中国西北地区寻找文化向东传播的路线。基于在甘肃地区的发现，安特生建立起一个陶器文化序列，用以完美地支持其假说。根据这个序列，仰韶文化晚于中国西部的齐家文化，由此延伸，结果使仰韶陶器起源于更加遥远的西方似乎成为可能。然而，20 世纪 30 年代发现的龙山文化，改变了从仰韶文化彩陶得出的中国文化起源于西方的唯一模式。龙山文化以黑陶为特征，被认为是在中国东部地区土生土长的中国文化的代表，时代略同却独立于西部的仰韶文化。因此，新的关于中国文明起源的二元论被提了出来：这就是仰韶文化自西向东传播，而龙山文化自东向西发展。这两个传统被认为在某地相遇且融合，并

成为商文明的先驱（陈星灿 1997: 217–227）。直到20世纪50年代，这一观点还主导着中国的考古学界（陈星灿 2009: 69–74）。

在抗日战争及接下来的国共战争期间，重要的考古项目都停止了，只有一些田野工作偶尔在边远地区展开。夏鼐参加了中央研究院在西北地区的考察活动，他发掘获得的地层证据显示齐家文化实际上晚于仰韶文化（夏鼐 2000，原文发表于1946年）。这一结论挑战了安特生的西北地区史前文化序列，并由此推翻了其仰韶文化西来说的理论。夏鼐在此问题上的成功成为一个传奇，鼓舞了中国考古学家数十年。

在学科的形成期，中国考古学家努力达到了两个主要目标：第一，捍卫了中国文化本土起源而非外来传播的信念；第二，在实物资料的基础上重建了可靠的文化史，并厘清了文献记载中比较模糊的那段历史，后者被激进的以"疑古派"著称的历史修正主义者所关注。因而，这些目标决定了考古学的本质，是一个与以汉族为中心的民族主义密切相关的事业。

新中国考古学的发展（1950年至今）

1949年，当中国共产党掌握政权之后，中央研究院历史语言研究所的考古学家分裂成两部分。李济和他的几个同事去了台湾，夏鼐和梁思永则留在了大陆。夏鼐最终成为在该领域获得最多国际承认的学者（Chang 1986b；Falkenhausen 1999b）。自50年代开始，考古学的田野工作、研究和培训迅速开展，且随政治风潮的变化而发生急剧的起伏。考古活动可以分为三个时期："文化大革命"之前、之间和之后。

"文革"之前的考古（1950～1965年）

中华人民共和国成立之后不久，在20世纪50年代和60年代早期，伴随着大规模基本建设项目的开展，国家迫切需要进行田野考古。1950年，主要在夏鼐的领导下，中国科学院成立了考古研究所，1977年之后更名为中国社会科学院考古研究所。1952年，主要在苏秉琦的主持下，北京大学考古专业成立，隶属于历史系。这一时期，这两个新成立的机构成为考古研究和培训年轻考古工作者的领导力量。很多省份也建立了考古研究机构或文物管理局，其首要任务是进行抢救性考古发掘。除了北京大学，另外两个大学（西北大学和四川大学）也开设考古专业培训学生。专业考古工作者的数量从1949年之前的屈指可数，到1965年已超过200人。此外，1965年中国科学院考古研究所建立了 ^{14}C 实验室，其后不久北京大学也建立了一个。三个主要考古学期刊，即所谓的三大杂志，包括《考古学报》（用新名称恢复了之前被中断的一个出版物）、《考古》和《文物》，均设在北京。

旧石器时代考古

旧石器时代考古是由中国科学院古脊椎动物与古人类研究所担任的。周口店的发掘于20世纪50年代重新启动。迄今为止，该遗址已经发现距今55万～25万年前的人类化石40余个个体、10余万件石制品和大量的哺乳动物化石。另外，陕西蓝田发现了距今70万年前的直立人头盖骨，云南元谋发现了两枚距今约170万年前的直立人门齿。华北和华南很多地区都发现有属于古智人和智人化石及石器（刘庆柱 2010；吕遵谔 2004b；Wu, R. and Olsen 1985）。

新石器时代考古

20世纪50年代，黄河流域开展的大多数田野考古工作是为了配合水利工程建设的。河南陕县庙底沟的发掘，是一个重要突破，完全改变了中国文明起源二元论的观点。考古学家发现了一组陶器组合，将之命名为庙底沟二期文化，代表从仰韶到龙山之间的过渡阶段（中国科学院考古研究所 1959）。这一发现证实仰韶文化和龙山文化之间的关系是前后相继的，而不是同时代的。由此得出中国文明似乎来自一个源头，即产生于中原地区的仰韶文化（Chang 1963；陈星灿 2009: 69–74）。

应该提到，最早用马克思主义模式解释中国古代历史的尝试，可以追溯到郭沫若的《中国古代社会研究》（郭沫若 1930）。郭沫若在书中介绍了恩格斯《家庭、私有制和国家起源》（Engels, F. 1972，原书出版于1884年）一书中描述的摩尔根-恩格斯的进化理论，然后又把一些概念，如母系社会、父系社会等，运用到中国的史前史中。在其后的数十年内，这两本非常重要的书，对中国考古学和史前史的研究影响深远。在共产党的领导下，除了寻找中国文化起源，以马克思主义为指导思想解释中国历史被当作考古学的一个新使命。在考古工作中，首先应用这种进化模式分析了西安附近的仰韶文化半坡遗址。由石兴邦主持的半坡发掘，对这个仰韶文化聚落进行了大面积揭露。根据墓葬和居住模式，半坡新石器时代村落被描述成一个母系社会，女性享有很高的社会地位，且实行"对偶婚"（中国科学院考古研究所 1963）。这样的表述很快成为标准模式，被应用到仰韶时期大量新石器时代文化遗址的解释上。虽然一些批评证明其在理论和实践方面是错误的（Pearson 1988；童恩正 1998: 262–272；汪宁生 1983；Wang, N. 1987），但是古典进化论模式仍普遍被中国考古工作者所接受并继续发挥影响，不过今天略显式微（中国社会科学院考古研究所 2010: 204, 413, 652–653）。

三代考古

1949年之后，商代考古依旧是研究重点，安阳重新成为重要的考古发掘中心，在这里发现了贵族墓葬、陪葬坑、手工业作坊和甲骨文。这些发现为了解该遗址的布局提供了丰富材料（中国社会科学院考古研究所 1994b）。20世纪50年代早期，在河南郑州附近的二里岗首次发现了早于安阳殷墟的物质文化遗存。接着在郑州发现了属于二里岗时期的由城墙围绕的商代城址。规模巨大的夯土城圈（约300万平方米）和丰富的遗迹（手工业作坊、宫殿基址和贵族墓葬）显示，这可能是一处早于安阳的商代都城（河南省文化局文物工作队 1959）。这一发现鼓励着考古工作者去寻找更早的夏商王朝遗迹。努力换来了丰硕成果，因为接下来由徐旭生领导的考古调查，在河南西部的偃师县，揭示出一个更早且规模巨大的二里头遗址，它被认为是早期王朝的一个都城（徐旭生 1959）。

二里岗和二里头的发现，引起了很多关键问题的争论，比如二里头是夏还是商的都城，二里头文化的哪一期属于夏文化或商文化，二里岗和二里头与古代文献记载中的哪个夏商都城对应，等等。大多数争论都是根据文献记载，而这些文献记载成文于传说中的夏和有记载的商代之后千年甚至更长的时间，随后又被许多后人诠释过。由于人们引用不同文献支持其观点，这些文献又彼此矛盾，所以争论持续了数十年而难以达成一致（详见第八章）。

中原中心论

"文革"前的一段时间，考古学研究主要集中在黄河中游的中原地区，这里有一个清晰的文化发展脉络，即从仰韶经龙山发展到三代。中国南方地区也发现和发掘了很多新石器时代遗址，例如，南京附近的北阴阳营、浙江钱山漾和湖北屈家岭。这些遗址发现的器物组合，既不被认为与仰韶文化一样古老（仰韶文化被认为是最古老的新石器时代文化），也不被视为展示本地文化发展的其中一环。它们被当作中原的边缘，对中国文明的形成作用甚微。这样一个古代中国文化的发展范式得到中外考古学家的认可，不仅因为考古发现的局限所致，也因为有关中国文明起源的传统观点关注中原地区（Chang 1963，1977）。

"文革"期间的考古（1966～1977年）

和许多其他学科一样，考古学在"文革"早期也曾停滞不前。研究和教学受到各种运动的冲击，考古机构的青年人和大学里的学生忙于批判资深的考古学家和教授。尽管如此，发掘工作却从未完全停止，因为持续进行的建设项目需要抢救性发掘。"文革"的领导层很快认识到考古可以充当为政治服务的宣传工具。派送出土文物赴国外展览被认为有助于改善中国的国际关系和提升中国作为文明古国的国际形象;古代高度发达的物质文化证据可以增加中国人民的民族自豪感;从贵族墓葬中发现的大量财富,可以从阶级斗争的角度对群众进行社会主义教育。1973年,首次在巴黎和伦敦展览的中国出土文物,展示了辉煌的中国古代文明和新中国的考古成就(夏鼐 1973)。精心建造的古代建筑、墓葬和文物被解释成阶级压迫和富人剥削穷人的证据。

为适应新的需要,三个主要的考古杂志《考古》《考古学报》和《文物》在1966年中断发行之后,于1972年复刊。当大多数社会科学方面的学术刊物停止出版时,《文物》却成为流行杂志。1972~1977年,八个大学(山西大学、吉林大学、南京大学、厦门大学、山东大学、郑州大学、中山大学和武汉大学)新设了考古专业,为迅速发展的考古事业培训急需的专业人才。

新石器时代遗址的发掘在很多地区展开,比如山东大汶口、河北磁山、陕西姜寨、青海柳湾、四川大溪、湖北红花套、江苏草鞋山、浙江河姆渡、湖南三元宫和广东石峡等。这些遗址为研究不同地区史前文化的发展提供了丰富资料。另外,截至1977年,考古研究所和北京大学的^{14}C实验室发表了四组^{14}C数据,为中原以外的新石器时代遗址提供了一些时代很早的绝对年代数据,这是考古学研究上的重大变革(夏鼐 1977)。

中国南方地区几个新石器时代遗址的发现尤为重要。长江下游的河姆渡遗址发现了中国最早的水稻栽培证据,^{14}C年代测定为与仰韶文化同一时期。河姆渡文化似乎被马家浜、崧泽和良渚等一系列新石器时代文化所继承,它们在该地区形成了一个连续的文化序列。这些新资料严重挑战了中原地区是中国文明发展进程中唯一中心的传统观点,也是首次认识到中国新石器时代文化单中心起源的观点需要重新考虑(夏鼐 1977);中国东南部即长江下游及邻近地区,可能在中国文明发展过程中扮演了重要角色(苏秉琦 1978a;夏鼐 1977)。

"文革"时期见诸报道的很多考古成果,都是意外发现的贵族墓葬。比如1976年,考古工作者在安阳发现了保存完好的商代晚期贵族墓葬,即5号墓。根据墓葬中发现的青铜器铭文，墓主人被认定为妇好，她是甲骨文上记载的商王武丁配偶。除了出土大量的青铜器和玉器以外，这个发现还发挥了一个重要作用，即第一次从考古上证实了见诸甲骨文记载的人物（中国社会科学院考古研究所1980）。

尽管有很多新的发现，但在理论解释上却是乏味和教条的。这种情况不可避免地受到了该时期政治氛围的影响。闭关政策阻碍了中西方社会的信息交流，这一时期仅有的理论框架就剩下马克思主义和毛泽东思想。从很多遗址获得的关于丧葬和聚落方面的资料，常常被用来支持摩尔根–恩格斯或马克思–列宁模式的观点，即认为私有制的出现、阶级分化、母系或父系社会组织的实践以及国家的形成等都是阶级斗争的结果。在一些纯资料描述的出版物中，马克思主义和毛泽东思想的口号被机械地插入其中，却显示为隔靴搔痒和牵强附会。缺乏新的理论方法阻碍了考古人员参加到批判性的讨论中，迅速积累的考古资料也迫使学者专注于物质文化的分期排队，而没有时间进行理论思考。因此，中国考古学在很大程度上依然是醉心于把器物类型学和以文献为中心的历史编纂学相结合的一门学科（Chang 1981b）。

"文革"之后的考古（1978年以来）

"文革"以后，相对宽松的政治环境和经济改革的贯彻执行推动了中国考古学各方面的发展。伴随着经济体系下放，又刺激了全国范围内的工程建设，由地方考古机构承担的抢救性发掘成为工作重点。省级考古研究机构在财政上主要依靠抢救性考古发掘经费。更多的大学开始增设考古专业，每年训练数以百计的考古工作人员。这些毕业生很快成为地方考古机构的中坚力量。考古期刊的数量从"文革"之前的很少几个（主要是三大杂志），发展到目前与考古有关的杂志约140种，其中很大一部分在地方出版（Falkenhausen 1992）。因此，省级考古研究机构已经在管理、学术和财务方面逐渐独立于北京的中国社会科学院考古研究所（Falkenhausen 1995）。

经济改革使中国的大门向世界敞开。因此，中西方之间的学术交流得到积极鼓励，西方考古学的理论和方法也被介绍进来。中国考古学发现其正面临外部世界的新挑战。20世纪八九十年代，随着邓小平试图带领中国成为一个具有中国特色的社会主义国家，考古学家也试图界定和规划一个具有中国特点的考古学。民族主义感情近来在各领域的中国知识分子中间增长，这部分是缘于对迅速改变的中国和其他国家之间关系的反应。因此，该时期的考古学也受到众多民族民族主义新概念的影响。

近几十年间，随着大量的来自各时期考古资料的积累，三个主要的话题成为中国考古学研究的焦点：早期人类起源、农业起源和文明起源。

到现在为止，中国已被发现的旧石器时代遗址大约有1000处，其中只有100多处经过发掘（吕遵谔 2004a）。随着世界旧石器时代考古进入"走出非洲"（单中心起源论）和"多地区发展"两个流派对现代人类起源的争论，来自中国的证据变得非常重要。一些科学家基于基因证据而赞同"走出非洲"理论（如Jin, L. and Su 2000; Ke, Y. et al. 2001），多数中国考古学家和古生物学家则支持多地区发展模式，提出"连续进化，附带杂交"的假说，即东亚地区从直立人到智人的进化过程是连续的，其间偶有外来人口与土著人群的混血（Gao, X. 2010; Gao, X. and Wang 2010; Wu, X. 1997, 2004）。这一争论最初是基于两个因素。第一，与魏敦瑞1943年发表的观点一致，古生物学家继续发现同一区域的东亚地区人类化石和现代人之间存在共同的形态特征；一系列遗传特征的连续性进化，显示在中国没有大规模的人口替代发生（比如 Jin, C. et al. 2009; Shang, H. et al. 2007; Wu, X. 1997; 吴新智 1999）。第二，经过几十年的田野工作，考古工作者已经逐步发现中国旧石器时代的区域石器传统，显示出了极强的地区连续性，且明显和非洲、欧洲的石器传统有别（高星，侯亚梅 2002；王幼平 2005；张森水 1990）。显然，考古学资料显示在该区域存在连续的人类活动，而没有大范围进化中断的证据（Gao, X. 2010）。

周口店北京人遗址在重建早期中国历史方面继续扮演重要角色。宾福德（Lewis Binford）和何传坤质疑长期以来建立的结论，即北京人能够控制火和周口店洞穴是北京人之家（Binford and Ho 1985）。中国很多考古学家因此被激怒。周口店遗址发掘者之一的贾兰坡，慷慨激昂地为最初理解的北京人在人类进化史上的特殊地位辩护（贾兰坡 1991）。把这个问题放在正在上升的民族主义感情的背景下，中国考古学界的强烈反应是可以理解的。在地区进化模式的框架中，北京人已经成为中国人的直接远祖之一。

食物生产和文明的起源是很多中国考古学家最为关注的话题，将在接下来的章节中详细讨论。

近几十年来，有数不清的考古发现，多数是在中原以外地区。新的证据显示，中国南方不仅有本地起源的新石器时代传统（最早的水稻和陶器），与中原地区约略同时发展成为复杂社会，而且还有发展水平很高的青铜时代文化，其特征与中原地区判然有别。已在长江流域发现数处带有墙垣的聚落遗址，其中发现于湖南的八十垱遗址（7000 BC ~ 5800 BC）是中国最早带有城垣的聚落。在长江下游，随葬大量玉器的独具特色的贵族墓葬首先在崧泽文化出现（江苏张家港东山村）（约3800 BC）（周润垦等 2010），在接下来的良渚文化时期（3200 BC ~ 2000 BC）开始流行。制作玉器和建造大型坟墓方面反映出的高超的工艺水平，使得一些考古学家认为良渚文化存在早期国家。长江上游的四川三星堆，发现了埋藏大量青铜雕像的祭祀坑，这些雕像与真人一样大小或更大一些，揭示出一个与中原早期王朝同时且不为人知的拥有高度发达的青铜文化的王国。

在东北地区，辽宁和内蒙古的新石器时代文化可以追溯至兴隆洼文化（6200 BC ~ 5200 BC）。红山文化晚期尤其是以牛河梁遗址为代表的大型公共建筑和贵族墓葬显示，该地区似乎在公元前3500年前后就已经进入复杂社会。这些惊人的发现完全颠覆了传统观点，即认为中原以外的地区是荒蛮和未开化之地。

中国东部包括山东和江苏北部，考古工作者在山东后李发现了最早的新石器时代文化遗存（6200 BC ~ 5600 BC），其后则伴随北辛、大汶口和龙山文化的出现，形成另外一个文化发展的区域传统。也发现了很多大汶口和龙山文化时期（4100 BC ~ 2000 BC）精心营造的贵族墓葬和十多座带有城垣的聚落，这个区域也被认为在新石器时代出现了国家水平的社会。

中原地区，主要包括黄河中游、汾河和渭河流域，即传统上被认为是中华文明核心的地区，新石器时代的考古发现显示出其文化传统似乎并不比"边远"地区更发达。类似于其他本地发展的区域古代文化，中原地区的新石器时代传统可以追溯到公元前7000年的裴李岗文化，紧随其后的则是前后相继的仰韶和龙山文化。尽管随葬玉器的贵族墓葬和用于礼仪目的的大房子，于公元前3500年前后已经在黄河中游地区出现（魏兴涛，李胜利 2003；中国社会科学院考古研究所，河南省文物考古研究所 2010），但这些特征并非独一无二，当然也不比其他地区类似的现象更早。

根据这些新资料，很容易观察到多样的区域文化传统，这也激励考古学者对中国文明起源做出新的诠释。

诠 释

对考古发现的诠释首先关注两个主要题目：重建物质文化遗存的时空框架和重建国史。

多区域文明共同发展

以"区系类型"闻名的研究模式，最先在20世纪80年代早期由苏秉琦提出（苏秉琦，殷玮璋 1981；Wang, T. 1997）。它主要建立在对陶器组合的研究上，强调不同区域文化传统之间的独立发展和相互影响。"区系类型"概念试图为重建中国史前史提供一个方法论框架。就中国文明发展的研究而言，它从中心-边缘模式转移到多区域发展模式。苏秉琦认为，一万年以来，六大相对稳定的文化区域（区系），已经在后来历史时期的中国范围内形成。这六种区域文化又进一步划分为多种地方类型（苏秉琦 1991）。按照苏秉琦的说法，在中国文明发展过程中，每个区域都有自己的文化渊源和发展序列，且与其他地区互相影响。严文明针对"中国史前文化的统一性和多样性"也提出了一个类似模式，把中原地区看作一个花朵的花心,而把周边地区的文化传统看作层层花瓣(严文明 1987)。与苏秉琦的假说把所有区域文化置于同等地位不同,严文明的模式更关注在文明进程中中原地区的领导作用,同时也承认史前时代边缘地区文明因素的存在。

罗泰(Lothar von Falkenhausen)注意到中国文明从单中心向多中心转移的一般趋势(Falkenhausen 1995: 198–199),也反映在张光直第四版的《古代中国考古学》中。该书是数十年来用英文出版的最具综合性和权威性的中国考古学参考书。在1963年、1968年和1977年出版的前三版中,中原地区被认为是复杂社会和王朝文明发祥的核心地区。这个观点在1986年的第四版被"中国相互作用圈"所取代。中国相互作用圈的空间范围远超中原地区,这也为三代文明的发展提供了一个更加广阔的基础(Chang 1986a: 234–242)。

中国考古学中这样的范式变化似乎和重建中国上古史的新观点相得益彰。

国族史和文明起源

中国考古学自1928年在安阳诞生之日起,就有一个明确的目标,那就是重建国族史或民族史(按照孙中山的观点,在中国,国族和民族概念相通)。然而,国族/民族的概念,因而也是国族史/民族史的概念,不断随时间而改变。重建工作不可避免地受到新的国族史/民族史观的影响。

20世纪50年代以来,随着国家试图将中国的多民族人口纳入一个政体,中华民族的概念已经等同于国家,最好的描述就是费孝通提出的"多元一体"(费孝通 1989)。正如费孝通所言,中华民族作为一个自在的民族实体,是在数千年间逐渐发展起来的。这个形成过程是融合的过程,它以华夏–汉族为核心。但是,华夏–汉族与其他族群之间的文化互动,并不是单方面的传播,而是互相影响的。按照费孝通的观点,这个民族实体,包括现在中国疆域内居住的所有民族(56个)。这个民族认同的新概念和考古学上的"区系类型"范式相得益彰,和"统一性与多样性"的假说尤其吻合。很显然,在民族史的重建方面,考古学和社会学的模式相互支持。

伴随着区域考古学文化知识的增加，学者们有了强烈的意愿，要在考古资料和历史记录相结合的基础上重建文化史。现在有这样一个趋势，就是把考古学文化、时期、遗址甚至器物与传说和历史文献中的某些古代人群、人物和地方对号入座。关于几个青铜时代城址历史归属的持续争论，如二里头、二里岗、偃师商城以及靠近郑州的小双桥等，就是这种尝试的最好例证（详见第八章）。通过这样的研究，考古遗存（主要由陶器类型界定）开始具有历史意义，尽管两组信息——陶器类型和族属——之间的逻辑联系并不十分明了。

中国普遍使用"五千年文明"一语概括中国历史，考古学家则致力于追溯其起源并展示这个历史过程。因为王朝历史，正如后代所追述的那样，不早于公元前2070年（夏商周断代工程专家组 2000），所以学者们做出很多努力，希望把区域新石器时代文化的发展，与前王朝传说中的王和圣人的可能活动联系起来，比如所谓的五帝（英文经常错译为"五个皇帝"），以此来填补这一千年的间隙。学者们也还尝试把某些文化成果，比如均可追溯到新石器时代的玉器生产和大型礼仪性建筑的建造和文明曙光联系起来。结果，不仅把传说视为信史并用之解释新石器时代考古，而且还把中国文明起源前推了1000年甚至更久，以便与美索不达米亚和埃及媲美（苏秉琦 1988, 1997）。20世纪早期，当"疑古派"质疑传统文献时，他们希望考古学家从田野中发现可靠的古代历史。对今日的很多考古学家来说，这些传说被认为是重建史前史的蓝图，"疑古派"则成为被批判的对象（如李学勤 1997b）

20世纪90年代，国家主导的夏商周断代工程将这一努力推向顶峰。在访问埃及时，国务委员宋健看到埃及王朝始于公元前3100年的详细年表。由于对中国王朝年表不满意，除了这个年表比埃及晚1000年外，而且也远为粗略，因此宋健动议设立课题以重建一个更加精确的三代年表，以便于中国文明与埃及文明相媲美。这个课题，被称作"夏商周断代工程"，在1996年正式启动。花费了差不多四年时间，共有200多位历史、考古、古文字、天文学和^{14}C测年等方面的专家参加了这一工程，主要有九个课题，下面细分为44个子课题。该课题已经取得了它最初设定的四个目标：①为西周共和元年（公元前841年）以前，包括西周早期、中期和晚期的前半期各王，确定了比较准确的年代；②为商代后期，从商王武丁到纣确定了比较准确的年代；③为商代前期，提出了比较详细的年代框架；④为夏代，提出了基本的年代框架。这个工程结束之后，三代的年表确实比以前更加准确和详细了（Lee, Y. 2002；夏商周断代工程专家组 2000）。然而，这一工程并没有使中国文明的时间与世界上其他地区的古老文明比肩，甚至还引起了很多关于断代工程在目标、方法和结果方面的质疑（蒋祖棣 2002；刘起釪 2003；刘绪 2001；Shaughnessy 2008）。

暂且不管还在进行的有关工程结果细节的争论，夏商周断代工程又催生了一系列研究项目，这就是中华文明探源工程。通过使用多学科研究方法，该工程旨在早期王朝的溯源和最早新石器时代文明的揭示（王巍，赵辉 2010；Yuan, J. and Campbell 2008）。

中国的国际合作研究

从20世纪80年代开始，中外学术交流迅速增加。从通过国际会议交流思想逐渐发展到合作开展田野研究。1991年，国家文物局为考古领域的中外合作研究颁布法规（国家文物局 1992），也因此为外国考古学家在中国停止了40多年的考古工作重新开启大门。近年来，很多合作项目在国内不同地区开展。国际学术交流还引入了西方理论，在某种程度上丰富了研究方向和解释方法。新的方法和技术被引进到田野工作和实验室分析中，包括浮选法的系统应用，用以发现微型动物和大植物遗存；全覆盖式区域调查、区域调查和地质考古学的结合、地理信息系统（GIS）的应用以及遥感技术在聚落形态研究方面的应用；古玉器的矿物学研究；发展跨学科研究，如动物考古学、植物考古学和环境考古学；应用先进的实验室技术，如加速器质谱仪（AMS）测年方法、基因研究、植硅石分析、淀粉粒分析、同位素和石器微痕分析等。这些方法和技术的应用把中国考古学研究提高到一个新的水平。

从20世纪90年代开始，一些从北美、欧洲、澳大利亚和日本等地区和国家大学中获得博士学位的中国考古学家或者回国，或者留在国外的考古机构工作。他们具备最新的西方考古学的理论和方法，通过在合作研究中引入新思想和使用新方法、新技术等，也为中国考古学做出了重要贡献。在这个黄金时代，中国考古学已经比以往任何时候都更加国际化。

有趣的是，中外合作项目的研究目标似乎遵循一些传统模式。由西方考古学家发动的一些项目主要关注旧石器和新石器时代遗址，或者关注周边地区的文化，多是具有国际化导向的研究课题，然而由海外的中国考古学家设计的项目则往往关注中原地区，以寻找中国文明的发展过程（Liu, L. and Chen 2001c）。

结 论

20世纪早期现代中国考古学的诞生，是引进西方科学方法、民族主义兴起和寻找民族文化起源的产物。这三个因素一直影响着学科发展，结果是中国考古学长期稳定地被置于广义的历史学科之下。其研究目标和解释经常受到不同国家政治纲领的深刻影响——尤其是在某些特定时期不断改变的民族主义概念（张光直 1998）。

在动乱时期，考古学家努力工作以克服各种经济、社会和政治困难，并在该领域做出了杰出贡献。由于这些考古学成果，我们对于古代中国的理解已经有了显著提高。在许多情况下，考古学被同时期多民族民族主义概念的浪潮所驱使，并以之为工具支持而不是评估或检验某些理论议题或政治纲领。在其他情况下，它为创造新的范式提供了独立资料，因而改变了中国国族史/民族史的传统观点。国家倡导的民族主义确实在指定学科发展方向等方面扮演了重要角色。对于很多考古学家来说，参与国史的建设体现了中国公民的尊严和自豪。

考古学的发生和发展，离开了社会政治环境的大背景是很难理解的。在很多国家，民族主义塑造了考古学的假设、方法和实践，考古学的调查和研究成果也影响了与构建民族认同有关的思想（如 Diaz-Andreu 2001；Kohl and Fawcett 1995；Smith A. 2001；Trigger 1984）。正如炊格尔观察的那样，在感到政治威胁、不安或者被强权国家剥夺集体权利时，民族主义考古学往往会变得非常强大（Trigger 1984: 360）。考古学最初在中国诞生时，显然是处于这种情况。如今，尽管中国政治稳定，经济繁荣，但构建民族认同的需求依旧未减。因此，尽管近几十年来西方思想和技术的影响不断增加，它们在很多领域也发挥了积极作用，但中国考古学的主流目标并没有发生重要改变，学科旨趣还是重建国史。这一使命很可能持续下去（苏秉琦 1991）。然而，同样值得注意的是，近年来更加多样的研究方法已经出现。一些考古学家仍在研究区域历史问题，另外一些则开始从事理论构建和跨文化的比较研究，赋予该学科更加国际化的前景。

中国考古学已经为我们理解世界历史做出了重大贡献，展望未来，其黄金时代还将会持续多年。

第二章

环境和生态

> 凡居民材，必因天地寒暖燥湿，广谷大川异制，民生其间者异俗。
>
> ——《礼记·王制》

中国地域辽阔，地处北纬3°52′~53°33′和东经135°2′~73°40′，陆地总面积约960万平方公里。行政区域包括23个省、5个自治区、4个直辖市以及2个特别行政区，由56个民族组成。中国的特征是地理、气候、文化和民族的多样性。

地 理

从宏观地形上看，中国被一系列自然屏障所环绕：其北部、西部和西南分布着北方林地、沙漠和高山，东部和东南为大海。长期以来，人们认为在这样封闭的自然环境内，中国史前文化的发展和旧大陆各文明之间并没有多少直接关联（Murphey 1972；严文明1987）。但值得注意的是，中国的北部边境是开放的，从东北部到西北部的群山之间有很大空隙，这便形成了自古以来中国和周邻地区联络的通道。因此，中华文明并不是孤立演化的。在2000多年前连接古代中国王都和罗马帝国的洲际贸易路线（19世纪以来被称为"丝绸之路"）被开通之前，中国与其周边地区的交流就已发生了。

从地形上看，中国地势西高东低，根据自然条件、农业发展条件和目前的省界可以分为七个生态区域：①位于黄河中、下游的华北地区；②温带的东北地区；③干旱的西北地区，包括内蒙古的大部分；④位于长江中、下游的华中地区；⑤潮湿的亚热带、热带的华南地区；⑥潮湿的亚热带、热带的西南地区；⑦中国最西边的青藏高原（Zhao, S. 1994）。每个地区都有其独特的地貌特征。

西部地区，包括西南地区的一部分，均由高山分隔开来的高原组成。西部地区最引人注目的就是青藏高原，平均海拔高度超过了3500米，周围群山环绕，其中包括喀喇昆仑山脉、帕米尔高原、昆仑山脉和喜马拉雅山脉。青藏地区大部分是干冷的高山荒漠，除了极少数的低地，均不适合农耕（Tregear 1965, 1980）。

最西北部地区是新疆。新疆南部塔里木盆地的海拔800～1300米，被群山环绕，其西部是帕米尔高原，北部是天山山脉，南部则是昆仑山脉。盆地的中心为塔克拉玛干沙漠，稀有的、来自周围高山的冰川溪流是供养环绕北部和南部沙漠边缘众多绿洲的主要水源。塔里木盆地的东北部是以极其干旱著称的吐鲁番盆地，其最低点低于海平面154米。最北部是三角形的准噶尔盆地，其最低点海拔189米。周围群山环抱，南部是天山，东北部是阿尔泰山，西北部则是塔尔巴哈台山，盆地的三个角也是相对开放的（Tregear 1965, 1980）。散落在盆地内的绿洲构成了古代的贸易路线——丝绸之路。距今大约2100年前，汉王朝控制了河西走廊，位于黄河流域的中国腹地和这些古代贸易路线有了直接联系，进而又和遥远的中亚乃至更远的地区产生了联系。新疆干旱的气候有助于大量墓葬和器物的保存，为考古学家研究那里古代人们的生活方式提供了独一无二的机会。

新疆以东是辽阔的蒙古草原，戈壁沙漠横亘其中，南部为内蒙古，北部则是现在的蒙古人民共和国。内蒙古的大部分地区是青草茂盛的草原地带，是放牧的理想地区，也是历史上畜牧以及后来的畜牧-游牧经济的基地（Tregear 1965, 1980）。草原地区畜牧经济的发展一直伴随着与其南部农业居民的复杂互动关系，其间有贸易，也有战争。在前帝国时代的东周晚期，中国北方的几个诸侯国首先建立了分隔牧民和农业居民的界墙。在秦汉王朝统一帝国的统治下，华夷之间相互争斗和防范的关系形成定式，保存下来的北部界墙又被加固和延伸，进而形成用夯土筑成的长城。在后来的岁月中又不断被重建，最后在16世纪改用石头筑成，反映了定居社会和游牧社会之间这种敌对关系的长期循环往复。

内蒙古东部是东北平原。其西部有大兴安岭，北部有小兴安岭，东部则是中国和朝鲜的边界长白山。东北平原的北部冬季极其寒冷，是农耕区的边缘；而南部地区，尤其是辽河流域，冬季则相对温暖（Tregear 1965, 1980）。在辽河地区发现了一些新石器时代早期村落，属中国最早的定居村落之一。

中国的核心区域通常被描述成由三大河流域及其相邻平原构成：北部黄河，中部长江，最南边珠江。淮河和秦岭山脉是华中和华北的分界线，南岭山脉则是华中和华南的分界线。除了地理上这种精确的三分法，另外一种颇具影响力的二分法也常被引用，这就是以淮河和秦岭为东西轴线划分出亚热带的南方和温带的北方地区。这种分界标明了南方和北方在一般生态和文化上的不同，并可以追溯至早期历史时期（龚胜生 1994；王银峰 1988；于薇 2010）。在本书中，这两种地理划分系统均被使用，因为它们被研究者们在不同的语境下使用。为避免混乱，在以下的章节中，"南方"和"北方"一般是指上面说的二分法，而"华北""华南"及"东北地区"通常是指本章开始描述的七个生态区中的相关地区。

河流系统

中国三大河流系统形成了大片的冲积平原，适宜农业，便于水运。早期中国文明的主要中心正是在这些河谷和冲积平原上形成的。

黄河发源于青藏高原的东坡，向东北蜿蜒流经草原、沙漠地区，进入鄂尔多斯和陕西北部、山西的黄土高原，形成一个大的"几"字形，向东穿越华北平原和山东半岛，最后注入大海。

肥沃的黄土在黄河中上游大部分地区占主导地位，有的地区厚达400米。黄土很容易遭受流水和风的侵蚀，甚至在缓坡地带也是如此。在黄土高原地区，农业活动加剧了水土流失（景可等 1997；Quine et al. 1999）。因此，流经黄土高原的支流造成了黄河的高含沙量（可高达40%）。进入河南中部平原后，河道变宽，水流变缓，沙石沉积致使河床逐渐变高。这种情况导致了河道不稳定和经常性的泛滥。在史前和历史时期，黄河多次改道，入海口在山东半岛南北摆动

(Murphey 1972；王青 1993）。在公元前4世纪为保证河道稳定沿黄河下游修建大堤之前，下游河道已多次改道（谭其骧 1981；邹逸麟 1990）。在黄河以北河北平原的广大地区内，早于公元前2世纪的聚落非常稀少，证实了这种河道不稳定的状况（国家文物局 1991）。在史前和历史时期，黄河每几年就会发生不同程度的泛滥，对附近的低地村庄造成毁灭性的破坏（骆承政，乐嘉祥 1996: 137–182；邹逸麟 1990）。在过去的100年里，最具毁灭性的泛滥记录是在1933年，50多个地点决堤，洪水淹没了黄河中下游地区85.3万平方公里的土地，毁坏房屋169万间，夺去了12700人的生命，使364万人无家可归（骆承政，乐嘉祥 1996: 157–160）。这和富于生机的埃及尼罗河形成了鲜明对比，黄河流域的泛滥已经成为灾难之源，被称作"中国之殇"。

但另一方面，黄土的优势在于它疏松的结构使得土壤的营养成分能够持续到达土壤表面，使之具有取之不尽的肥力。黄土因此为早期旱地农耕提供了便利条件，在黄土地带的好几个新石器时代早期遗址中都发现了栽培粟的遗存（详见第四章），便是明证。也就是在这个地区，诞生了中国最早的王朝，定居在这片黄土地上的居民被称作"黄土的儿女"（Andersson 1973，原发表于1934年）。

黄土层的不断堆积和与之相应的土壤侵蚀过程都会影响这个地区的考古活动，因为包含古代遗址的黄土层深度及水土流失的程度会影响遗址的发现。例如，在河南西部的伊洛地区，一些原来埋在地下几米深的新石器时代墓地由于土壤侵蚀和密集的农耕活动而被部分地暴露在地表，但很可能还有另一些深埋地下不为人知。这种地貌上的特殊性对考古学家判定古代聚落的分布和规模造成很大困难（Liu, L. et al. 2002–2004）。

长江也发源于青藏高原，向东通过四川的红土盆地，流经汉江、沅江、湘江和赣江流域的冲积平原，最后到达长江三角洲，注入东海。长江流域拥有肥沃的土地和来自河流湖泊的丰富水源，是最早的稻米种植家园。

长江比黄河的含沙量少，但还是不能免于灾难性的泛滥，因为高降水量使长江的水量在夏季急剧增加。例如，在湖北武汉，长江冬夏之间的平均水位差为14米（Tregear 1965: 240）。历史记录的长江泛滥在不同时期的不同河段都有发生，但主要还是集中在6、7月份（骆承政，乐嘉祥1996: 237–295）。1931年长江沿岸有350多个大堤决口，造成377.3万平方公里的土地被淹没，145400人死亡，178万间房屋被毁，武汉城（以前的武昌和汉口）则被淹了100多天（骆承政，乐嘉祥1996: 259–262）。泛滥在古代当然也会发生，很多新石器时代聚落都建在高地并由城墙环绕，很可能就是抵御洪水的一种策略（王红星2003）。

珠江发源于中国西南的云南高原地区，一路东流。珠江流域要小得多，华南地区山地连绵，其流域受到山地限制，冲积平原和三角洲都不如黄河和长江广阔。这一地区地处中国南部边疆，在和南亚、东南亚地区的文化交流方面起着重要作用（详见第六章和第七章）。

这三条河流都是从西向东流，形成了促进东西文化交流的主要运输线路。另外，还有好几条南北向的河流，比如西南的怒江、澜沧江和元江，这些水道促进了中国和东南亚地区的互动，西南丝绸之路的发展即是明证。

生态区划

中国还被分为两个主要的文化-生态区：一个是中国内地，或中国本部，以稠密的人口和适于农耕的肥沃土地为特征；另一个是中国边疆，就是北部和西部的边疆地区，那里人口稀少，以沙漠、高山和草原为主。这两个生态区长期以来造就了两种不同的生态适应类型，即农业和牧业（Murphey 1972）。这种划分早在新石器时代和青铜时代就已经逐渐出现了，并贯穿整个中国历史时期。由于主要受气候变化的影响，其边界在不同时期有所变动。这两个地区发展出的文化传统以不同的、甚至是对立的方式互动：既有入侵掠夺又有贸易交换，既有民族冲突又有通婚和亲，既有政治合作又有独立自治（Di Cosmo 1999；童恩正1990；严文明1987）。

古气候、古环境和人类适应

和中国地形多样性相应的是这一广大地域内气候的显著差异,从塔里木盆地极其炎热干旱的环境到东北地区的温带大陆性气候,从青藏高原西部高山上的常年积雪到南部沿海潮湿的热带气候。目前中国可以分为三个明显的气候、土壤和植被区:西部和中北部的干旱草原地区、中西部和西南部分地区的草原地区、东部沿海平原及东南和南部的森林地区。中国东部的植物生长类型有着从最东北地区的寒带针叶林到东南地区的热带雨林植物的变化(Winkler and Wang 1993)(图2.1,4)。

近年来的很多研究都着眼于末次冰盛期(Last Glacial Maximum,LGM)以来

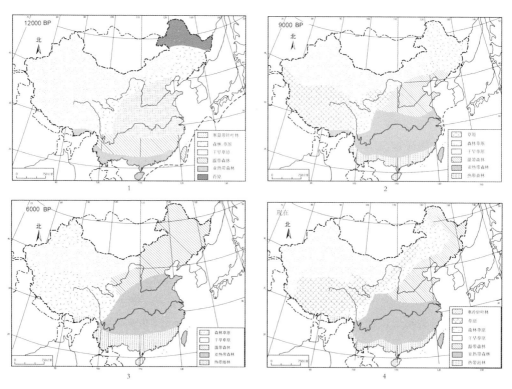

图2.1 中国距今12000年、9000年、6000年和现在的植被覆盖情况

的古环境变化。研究者总结出包含现代中国的次大陆地区气候长期波动的一般模式：在距今18000年，大多数陆地寒冷干燥，海平面高度低于现在120米，云杉和冷杉林扩张，寒冷的干旱草原覆盖了北部大片区域；在距今12000年，北部、东北部和中部部分地区的湿度增加，南方生长着暖温带森林，湖泊平面升高（图2.1，1），这些变化可能是受北方大陆冷高压减弱和来自海洋的东亚季风增强的影响；距今9000年，冰河作用在次大陆的大部分地区已经结束，气温比现在高1～3摄氏度，季风气候加强，湖泊平面比以前更高，西部、南部和东北部的植被从稀疏、干旱或寒冷气候的类型向喜温、中生性植物转化（图2.1，2）；温暖湿润高峰期，也就是中全新世大暖期，在距今8000～3000年出现在整个次大陆，此时季节性差异变小，动植物分布范围扩大（图2.1，3），人类的聚落遍布到更广阔的区域；距今3000年以后，整个次大陆地区的气候变凉（Winkler and Wang 1993）。

上面只是勾勒出气候变化的大体趋势，但由于分析时段尚未细化（目前大致以3000年为一个时间尺度）和没有树轮校正的距今年代，用这些资料做考古学对比分析仍显得不足。显然，我们需要用细化的时间尺度，在树轮校正^{14}C年代的基础上，对每个地区的气候波动做更细致的分析。在下面的讨论中，我们会在必要的时候用网上的CalPal程序（68%的概率）对距今年代（BP）进行校正。如果原始报告没有提供年代的标准偏差，我们则用±80年作为校正的误差值。

季风系统的变化

很多因素可能导致气候变化，包括地形、纬度、高度以及与海洋的距离，但最基本的影响因素还是来自辽阔的亚洲大陆季风的频率。亚洲季风系统有三个相对独立的子系统：印度洋季风、东亚季风和高原季风。高原季风（也叫冬季季风）是每年11月左右在西伯利亚和蒙古生成的冷高压，向东南移动把中国带入冬季。与此相反，印度洋季风和东亚季风（也叫夏季季风）分别形成于印度洋和太平洋上，向北部移动并带来夏季气候（Tregear 1980: 14–18；Winkler and Wang

1993: 249–254）。

东亚季风在5月到达中国东南海岸，然后扩展成带状，覆盖中国西北地区东部、整个北方和东北的大部分生态区。东亚季风前锋和北方冷高压的相互作用产生随季风前锋系统迁移的降雨带，随着前锋的前进，导致不同地区在不同时间发生降雨。在整个全新世，因地球公转参数的变化，导致日照变化，东亚季风也因此发生系统性变化。季风的变化也受很多其他因素制约，如不同的海陆结构、青藏高原的升高、高纬度高海拔冰雪的分布、海洋表面的温度等。在中国中部和东部，季风的强度是影响降水量的决定性因素，因此也成为影响湖泊水位、植被、洪水和人类采取的生态适应方式的最重要因素之一（An, Z. et al. 2000；Tregear 1980: 5–36）。

中国次大陆的西南部在距今约12000年（cal.BP）出现了一个降水量的高峰期，这可能和热带印度季风势力的加强有关。距今约11000～10000年（cal.BP），东亚季风降雨的最北前锋向北推进到了现在的干旱和半干旱地区。东亚季风的加强导致了中国东部大部分地区的降水量不断增长，直到距今9000年（cal.BP）达到峰值。距今约6000年（cal.BP），夏季季风的减弱使其前锋区向南部后退，最大降雨带聚集在长江中下游流域。到了距今约3000年（cal.BP），区域性的降水量高峰已经移动到了华南地区（An, Z. et al. 2000）（图2.2）。

季风系统的变化对本地区人类的适应生存方式产生了很大影响，距今约9000年（cal.BP）深入中国北方的季风高峰为辽河和黄河中下游地区的新石器时代早期聚落的繁荣提供了理想条件，出现了诸如兴隆洼、后李、裴李岗、磁山、老官台和大地湾这样的考古学文化（参见图2.2）。还有，在距今6000～3000年（cal.BP），季风前锋向南退至长江流域，北部和西北部日益寒冷干燥，南方进入湿润期。这些变化可能迫使新石器时代居民使用各种方法来应对环境的恶化，在某些地区，聚落被废弃，人口减少，距今约5000年（cal.BP）辽河流域红山文化的衰落就是一个实例；而在其他地区，为防洪开始在聚落周围修建围墙，这在长江流域的大溪、屈家岭、石家河和良渚文化（6000～4000 cal.BP）都有体现（详见第六章和第七章）。衰落可被定义为一个社会已经确立的社会政治复杂化快速而显

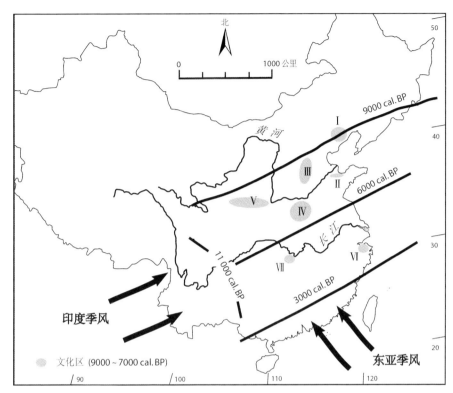

图2.2 距今9000年、6000年和3000年（cal.BP）东亚季风达到的最远位置变化
跟最早期新石器时代文化相关的诸遗址：Ⅰ.兴隆洼 Ⅱ.后李 Ⅲ.磁山 Ⅳ.裴李岗 Ⅴ.老官台和大地湾 Ⅵ.小黄山和跨湖桥 Ⅶ.彭头山（据An et al. 2000 重绘）

著消失的事件（Tainter 1988: 4）。

海平面的波动

中国的海岸线很长，从中越边界的中国南海一直延伸至辽东半岛中朝边界的鸭绿江口。自末次冰盛期开始，海平面的变化就改变着沿海地区地貌，进而对居民的生存适应产生了根本性的影响。

首先，在冰后期中国东海的海平面高度有一定的波动（图2.3），这种波动改

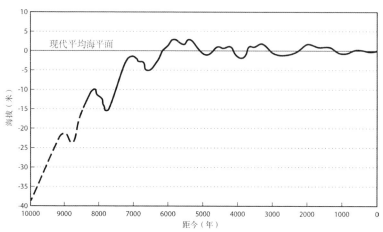

图2.3 中国沿海地区全新世海平面变化曲线（据Zhao 1993: 39重绘）

变了海岸地区的地貌。在北部的渤海湾地区，距今8000～7500年的海岸线与现在大体相当。距今7000年和6000～5500年时，出现了最高的海平面，比现在高3～5米，而且海岸线向西部内陆移动了大约30～100公里。距今6000～5000年，海平面比现在高1～3米；距今5000年以后，虽然海平面总体上呈降低趋势，但大约在距今4000年的时候又出现了最高海平面的情况。像渤海湾这种海平面波动的情况在中国别的海岸线也有出现（赵希涛 1996: 44-83）。这些变化使海岸地区的地貌也发生了巨大变化，沧海桑田之间的反复变化引发了这些地区的人口迁移（Stanley et al. 1999；Stanley and Chen 1996；王青，李慧竹 1992；吴建民 1990；赵希涛 1984: 178-194；Zhao, X. 1993；赵希涛 1996: 44-100）（图 2.4）。杭州湾周围几个新石器文化——如跨湖桥文化和河姆渡文化——的繁荣与衰败就和海平面的变化密切相关（详见第五章和第六章）。

中国东南部的海平面也显示出相似的变化模式。在距今7500年左右快速上升，在距今约6000～4500年达到最高水平（Chen, Y. and Liu 1996；Winkler and Wang 1993；Zheng, Z. and Li 2000）。海平面变化直接影响到人口从大陆向太平洋岛屿的迁移。在更新世晚期，海平面比现在低120米，旧石器时代的人群可徒步横跨台湾海峡，而公元前第五千纪从大陆迁移到台湾的新石器时代居民已经熟练

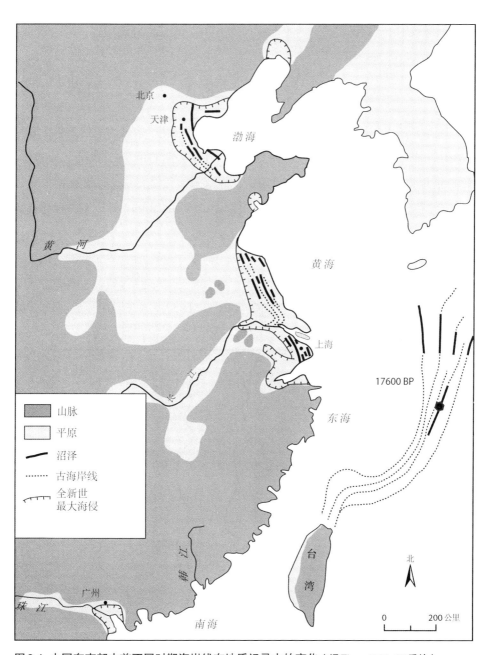

图2.4 中国东南部史前不同时期海岸线在地质记录中的变化（据Zhao 1993: 93重绘）

掌握航海技术了（Chang and Goodenough 1996；Rolett et al. 2002）。

冰后期的气候突变

全球全新世气候发生了一系列以千年为尺度的变化，表现为突然的干冷事件（Bond et al. 1997）。近期的古气候研究表明，在冰后期的距今12800年、8200年、5200年和4200年（cal.BP），出现了四次世界范围的气候突变，每次这种干冷时期都会持续好几百年或更久，对人类社会产生了深远的影响，导致了各种社会变

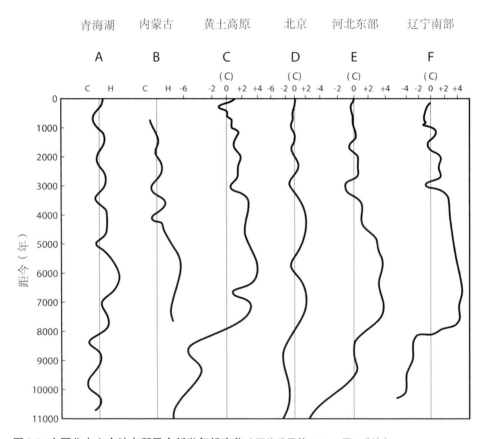

图2.5 中国北方六个地点所见全新世气候变化（据施雅风等1992：图2重绘）

化（Weiss 2000；Weiss and Raymond 2001）。在中国，也发现了好几次全新世气候波动的证据，但这些不同地区的气候事件年代差异颇大（图 2.5）。例如，施雅风等人综合了全国资料，提出气候波动出现在全新世大暖期内的距今 8700～8500年、7300年、5500年和4000年四个时期（施雅风等 1992）。孔昭宸等人检测到全新世时期七个发生在中国北方的干冷事件，时间是距今9800年、8300年、7200年、4800年、3400年、2000年和700年（孔昭宸等 1992）。周尚哲等人认为大陆冰川大约在距今8300年、5700年、4000年和400年在中国西部出现扩展（Zhou, S. et al. 1991）。张虎才等人则展示了距今8500～3000年（cal.BP）这一时间段一系列的气候恶化事件，包括距今6380～5950年、5340～5290年、5070～4670年、4300～3740年及3410～3230年（cal.BP）在中国北部黄土高原和沙漠交界地带的气候变凉事件（Zhang, H. et al. 2000）。另外，李相宪等人也报道了距今4500～2700年及距今2300～1700年（cal.BP）发生在黄河三角洲地区的变凉事件（Yi, S. et al. 2003a）。这些不同研究在年代认定方面的差异甚至产生的矛盾给那些想了解环境变迁和文化演变关系的学者带来了很大困惑。考虑到中国的地形地貌有巨大的地区性差异，而且对夏季季风前锋影响的敏感程度不同，这些在中国次大陆不同地区观察到的气候变化应该是由地区性和全球性地理因素和气候因素共同造成的。但区域性动因和全球性动因在相互作用中各自的权重还不是很清楚。不过，中国的一些事件是可以和世界气候的波动相对比的，而且从某种程度上说，和世界其他地区的社会文化演变也密切相关（Wu, W. and Liu 2004）。

第一次气候突变，即新仙女木事件发生在距今12900～11600年（cal.BP）或距今11000～10000年（Rind et al. 1986），在西亚引发了从狩猎采集经济向农作物种植经济的转化（Bar-Yosef 2002；Weiss and Raymond 2001）。在中国，相当于新仙女木事件干凉期在距今12830～10500年发生在中国南部（Jiang, Q. and Piperno 1999），在距今11200～10000年发生在中国北方中部地区（Li, Xiaoqiang et al. 2003），在距今11400～11000年发生在中国北部和东北地区（Liu, K. 1988）。这些事件是否对长江流域和黄河流域水稻和粟的栽培起源发生了重要影响仍需进一步研究。

第二次冰后期气候变化发生在距今约8200年（cal.BP）（6400 BC ～ 6000 BC），在大西洋北部和北美洲、非洲、亚洲突发干旱和降温。比如在中东地区，一场持续200年的干旱期导致了地中海东部的黎凡特和美索不达米亚北部地区农业聚落的废弃，随之而来的暖湿期则促进了美索不达米亚南部地区早期灌溉农业的发展（Weiss 2000；Weiss and Raymond 2001）。这股冷潮可能也蔓延到了中国，相当于施雅风等人（施雅风等 1992）确定的距今7300年（用CalPal校正后是距今8201 ～ 8039年）的那次气候波动。距今8000年（cal.BP）之前的一些新石器时期遗址在最适宜的地区出现就充分证明了这次气候变化，这些遗址包括辽河流域的兴隆沟遗址、黄淮平原的裴李岗文化早期遗址和长江流域的小黄山遗址和彭头山遗址。这次事件之后，气候转为暖湿，就如前面提到的，东亚季风的影响达到高峰。气候条件的改善和遍布中国南北的新石器文化的繁荣密切相关（详见第五章）。

第三次全球性的冰后期气候恶化发生在距今约5200年（cal.BP）（3200 BC ～ 3000 BC），正与某些复杂的社会-文化变化同时。在美索不达米亚地区，这样的事件包括其南部乌鲁克时代的城市化进程进入末期和北部聚落的聚集（Weiss 2000: 77；Weiss and Raymond 2001）。这次事件相当于中国北部糜地湾资料显示的发生在距今5340 ～ 5290年和5070 ～ 4670年（cal.BP）的间歇性干凉事件（Li, X. 2008）。考古资料也表明在距今5000年（cal.BP）左右，中国北部和东北部地区发生了显著的社会变化；辽河流域以精美玉器和大型仪式性建筑为特征的高度发达的红山文化走向衰落（Li, X. 2008；Nelson 1995）。黄河流域的仰韶文化也走向衰落，并被以部族间的密集冲突和战争为特征的龙山文化所取代（Liu, L. 1996b；Underhill 1994）。

距今约4200年（cal.BP）（2200 BC ～ 1900 BC）发生的第四次气候突变吸引了世界各地学者最多的关注，因为这与埃及、美索不达米亚和印度河等重要文明的衰败发生在同一时间（Weiss 2000；Weiss and Raymond 2001）。中国的很多地区都发现了距今约4000年（cal.BP）前后气候波动的资料。与之同时，季风减弱，前锋南撤，在中国西部和东北部出现干旱，但在中原地区和长江流域则出现洪水和沥涝（Wu, W. and Liu 2004）。很多研究表明，距今约4000年（cal.BP）前后的中国新石器末期发生了重要的社会变革，长江中下游地区的良渚文化和石家河文化衰亡（Stanley et al. 1999；张弛 2003: 224-229），黄河流域的龙山文化衰落（Liu, L. 1996b, 2000b），中国西部则由农业向畜牧业转化（李非等 1993；水涛 2001a, b），而且在这些事件后不久，中原地区兴起了第一个国家级社会——二里头文化（Liu, L. and Chen 2003）。

据中国不同地区的资料显示，中全新世大暖期在距今4000～3000年（cal.BP）前后结束，气候开始逐渐变得干凉（Feng, Z.-D. et al. 2004；Feng, Z.-D. et al. 2006；Winkler and Wang 1993）。与之对应的是中原地区晚商和西周早期文化的繁荣以及持续加剧的干旱造成的西部和北部边陲畜牧经济的发展。在中国西北部，这种环境推动了牧民为适应生存而进行的食草动物驯养，反映在考古资料上，就是寺洼、沙井和卡约文化的移动性日益增强、分散的小规模人群的发展（李非等 1993；水涛 2001a, b）。在内蒙古和中国东北地区，这一干凉事件似乎造成了更严重的影响，例如在内蒙古中南部的岱海地区，朱开沟文化农业社群衰败，随后出现了近千年的物质文化空白期（3500～2600 cal.BP），直到以鄂尔多斯青铜器为特征的、属游牧文化的毛庆沟类型出现（田广金，唐晓峰 2001）。同样，在中国东北部的赤峰地区，从夏家店下层文化（4200～3600 cal.BP）的农业经济向具有浓烈游牧因素的夏家店上层文化（3100～2600 cal.BP）转化之前，也有着500年的空白期（Shelach 2001b）。生态适应方式的变化造成了中国本部的农业居民和不断增长的北部和西部边陲的游牧民族之间复杂关系的发展。这种社会政治主题主宰了中国后来两千多年的历史（Di Cosmo 1999；王明珂 2001）。

人为的环境恶化

由于中国精耕农业历史悠久，致使地形地貌发生巨大变化，在新石器时代中期就可能开始出现了生态系统的恶化。近期对中国全新世花粉和植被分布图研究揭示出全新世植被的显著变化。长江以北的东南大部分地区的树木种类和森林植被带一直扩展到距今6000～4000年（cal.BP），随后在全新世晚期缩减。森林的衰退始于黄土高原东南部、太行山南部和华北平原西部，随后范围不断扩展。这些地区是当时农业聚落分布最密集的地区，是仰韶文化和龙山文化的家园。上述森林退化模式表明导致森林退化最可能的原因是过度的农业活动（Ren, G. and Beug 2002）。森林退化后来也出现在其他地区。在黄河三角洲，花粉剖面表明落叶阔叶林（栎属）在全部树木中的比例大幅缩减，随后在约距今4000年（cal.BP）前后针叶林（松属）增加，在距今1300年（cal.BP）首次出现了荞麦类花粉（*Fagopyrum*）。这些变化或许标示着人类的影响，包括黄河下游地区的森林砍伐和广泛开垦（Yi, S. et al. 2003a）。史前和历史时期人们对森林的砍伐加速了水土流失，导致了频繁的洪灾，在黄河流域尤其如此（Quine et al. 1999；邹逸麟 1990）。

所有这些自然和社会因素都对生态系统产生了深远影响，人类社会也对不断变化的环境做出各种回应。不同的人类社会是如何在特殊的地理和自然环境条件下进化的，一直以来都是吸引考古学家们探索的课题。

地理背景下的交流

毫无疑问，中国古代文化和文明的发展是受地理因素影响的。尽管山脉可以作为天然屏障塑造出各区域的文化类型，但冲积平原复杂的河湖系统便于水路运输，使地区间的交流成为可能。这些情况推动了新石器时代早期中国南方和北方水上航运技术的发展。航运发展的有力证据包括浙江跨湖桥遗址发现的8000年前的独木舟（Jiang, L. and Liu 2005）、湖南城头山遗址发现的大溪文化（7000～5300 cal.BP）的船桨和船舵（湖南省文物考古研究所 2007: 486）以及陕西北首岭（6800～6100 cal.BP）发现的船型陶器（中国社会科学院考古研究所 1983: 图版Ⅱ，Ⅰ）。这些发现表明很多新石器时代的聚落可能已经通过船舶和水道相互联系。在整个历史时期，中国南方和北方的交流很大程度上是依赖河流系统的，很多路线都已经被记录在古代文献中（如陈公柔 1995；王文楚 1996；王子今 1994），有些还可以根据考古发现得以重建（Liu, L. and Chen 2003: 50–54）。

结 论

　　古代中国以地形、气候、生态以及人类对环境的适应方式的多样性为特征。在整个史前和历史时期，自然力和人力都使得中国的地貌产生了很大改变。而人类对环境持续变化的回应也有助于形成多样的文化传统。

　　尽管中国的地貌好像形成了封闭的地理环境，但中国文明并不是孤立发展的。中国内部各人群之间，中国和世界其他地区人们之间的互动以及通过这些互动被带到中国的技术，都在中国复杂社会的发展及早期国家的形成过程中发挥了重要作用。后面各章会详细论证这些观点。

第 三 章

更新世和全新世之交的采食者和集食者

(24000 ~ 9000 cal.BP)

> 古者禽兽多而人民少，于是民皆巢居以避之。昼拾橡栗，暮栖木上，故命之曰有巢氏之民。
>
> ——《庄子·盗跖》

在更新世向全新世转变的时期（约10000 BP或11700 cal.BP），气候、环境、地貌、技术、聚落形态、食物获取策略、意识形态和社会关系都同时发生了改变。中国在这一转折期出现的发展趋势与世界其他地区颇为相似，这包括定居生活的发展、陶器的使用、细石器的繁荣、磨制石器工艺的出现、对植物类食物的深度开发和最初的谷物种植等。这些现象要从本地和全球两个视角来解读。在本章，我们首先将对自然环境和重要考古发现做一全景式介绍，然后再讨论与这一转折过程相关的主要问题。图3.1标出了本章涉及的主要遗址。

自然环境和人类的调适

已经有充分的研究表明，在更新世晚期和全新世早期，以更新世晚期末次冰盛期的结束和温暖的全新世早期的到来为标志，全球范围内发生了显著的气候和环境变化。在中国，末次冰盛期的低温和降雨量减少对植被和地貌产生了强烈影响。落叶林带南撤，草原成为主要景观。华北地区的年平均温度低于现在6～9摄氏度，长江流域则低4～5摄氏度。海平面比现在低130～155米。在末次冰盛期结束后，总体来说，气候变得温暖而湿润，但时有波动（参见Lu, T.1999, 2006

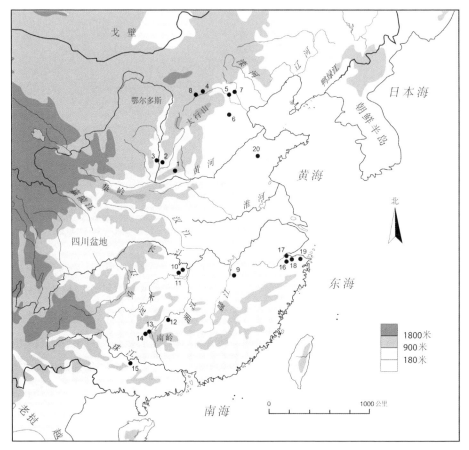

图 3.1 第三章所述主要遗址
1. 下川 2. 柿子滩 3. 龙王辿 4. 虎头梁 5. 东胡林 6. 南庄头 7. 转年 8. 于家沟 9. 仙人洞 10. 八十垱 11. 彭头山 12. 玉蟾岩 13. 甑皮岩、庙岩 14. 大岩 15. 顶蛳山 16. 上山 17. 跨湖桥 18. 小黄山 19. 河姆渡 20. 扁扁洞

的有关综述)。

位于黄河中游柿子滩遗址附近的孢粉剖面显示,在距今35000～9400年,植被以草本植物为主。从距今17000年开始,该地区进入冰川消融期,环境为温和的干旱或半干旱草原。由孢粉看,草本植物占79.2%～100%,木本植物最多时仅占24.3%。从距今11000～10500年,进入了干冷的冰期,落叶和阔叶植物非常稀

少。在全新世早期（10500～9400 BP），该地区开始温暖起来，属温带草原环境。该时期的末段，树木孢粉富集，落叶和阔叶树种——如桦树、栎树和槭树——增多。草本植物孢粉占76.4%～90.4%，蒿属（*Artemisia*）植物占绝对优势，其次是藜科（Chenopodiaceae）和禾本科（Poaceae）植物。温带草原植物还包括蝶形花科植物［Fabaceae，以前称豆科（Leguminosae）］等（Xia, Z. et al. 2002）。在黄河三角洲地区，孢粉剖面显示在距今12000年（cal.BP）发生过短期的气候恶化，距今11000～9800年（cal.BP）又趋向温暖（Yi, S. et al. 2003a）。在长江流域，孢粉剖面也显示出类似的变化模式。距今12900～10300年（cal.BP）为干凉期，距今10300～9000年（cal.BP），气候变得暖湿（Yi, S.et al. 2003b）。距今12000年（cal.BP）左右的干凉期与新仙女木期相当，其后的暖湿期也与全新世早期全球气候条件的改善合拍。

这些气候变化从根本上影响了从考古资料中可以观察到的人类生存方式。聚落形态、工具类型和动植物遗存均表明一种移动性的狩猎采集生活，猎获中型高速奔跑动物为其主要食物来源，并以采集本地的植物类食物为补充（Lu, T. 1999）。这一创新性的经济方式为其后全新世早期定居生活的发展和对动植物的深度开发奠定了基础，最终导致新石器时代食物生产的出现。

问题和术语

因为从食物采集到食物生产的转变发生在全球很多地方，考古学家们试图提出各种理论模式来普遍性地解释这些人类行为，其中很多研究尤其关注生业策略。正如罗伯特·贝廷格（Robert L. Bettinger）总结的那样，在世界许多地区，这一变化的表现是在更新世和全新世之交存在两种不同的狩猎采集策略（Bettinger 2001）。从文化生态上来说，更新世晚期，气候剧烈改变，狩猎采集者们更多地应对其环境在时间而非空间上的差异。这种应对形成了一种具有高度移动性的"小生境追寻者"（niche chasers）式的采食策略，人们快速地在大地上移动，以赶上气候变化的步伐。相反，全新世早期的狩猎采集者们生活在能够提供丰富而稳定资源的环境中，发展出更多样化和专门化的技术和策略，以获取更本地化、更多样化的资源，并依赖于更多种类的植物。这一观点为我们在这里的讨论提供了一个起点。但在描述食物获取策略的转变过程时，还需要缀合零散的考古资料，做更细致的分析。

宾福德提出的"采食者－集食者"模式有助于我们从生态人类学的角度分析狩猎采集者的应对策略（Binford 1980）。根据这一模式，如果全年都可以在不同地点获得适当数量的资源，狩猎采集者们倾向于经常更换居住营地，在一个地点的资源被用尽后，搬到另一个地点，这就是相对简单的"采食者策略"。这一策略的特征是居住地的高度移动性、缺乏深度的资源获取、相对简单和一般性的获取技术以及缺乏储藏设施。相反，如果资源的季节性很强，有时会稀缺甚至难以获得，狩猎采集者就会采取一种更复杂的策略，组织小规模的任务组去收集食物资源，将它们带回营地并储藏起来，以度过食物匮乏季节。这就是更为复杂的"集食者策略"，其特征是相对稳定的居住营地、从居住地以外地区以储备为目的获取食物、更复杂和专业化的获取技术，以及食物储藏设施的出现。按照宾福德的说法，这种采食者策略和集食者策略，不应被看成是位于"生业－聚落"系统两极的两个类型，而应视为一个从简单向复杂过渡的序列（Binford 1980: 12）。在东亚考古学研究中，此模式颇具建设性（Habu 2004；Lu, T. 1999: 124–126）。在本章中，我们会使用这个"采食者－集食者"模式，以归纳不同时空条件在中国造成的文化－生态差异，特别是那些隐藏在定居和使用陶器背后的动因。

由于对这一过渡时期研究涵盖旧石器时代向新石器时代的转变，与此相应的考古学研究方法也更加多元。因此我们必须首先解释一系列用于描述和分析不同物质遗存的术语和概念。几十年前，在更新世晚期的旧石器时代晚期和全新世中期的新石器时代早期的遗存中，考古记录中存有数千年的时间鸿沟。前者的特征是打制石器和/或细石叶技术、高度移动性的聚落形态；而后者则好像已经形成了一整套新的生计策略，包括定居村落、驯化植物和动物、陶器和磨制石器。近年来，因为发现了大量属于过渡时期本身的遗址，这一材料上的鸿沟已经被逐渐填平。这些遗址基本上具有旧石器时代特征，但同时又有新石器时代因素，如陶器、磨制石器和石磨盘等。这些物质遗存的出现对传统的新石器时代概念提出了挑战。虽然一些研究者使用"后旧石器时代"（Epipaleolithic）这一术语来描述这些遗存（如 MacNeish and Libby 1995），但最近考古界倾向于认为，"新石器化"（Neolithization）在中国始于旧石器末期，突出代表就是早在距今18000年前（cal. BP）（Boaretto et al. 2009）陶器的出现（Kuzmin 2003a；Wu, X. and Zhao 2003）。

对术语的恰当使用有助于我们对相关材料做概念性描述，以便与世界其他文化区进行有意义的对比。"新石器时代"这一概念是旧大陆考古学——尤其是近东、欧洲和非洲考古学——使用的概念，在过去一般被认为具有某些物质文化特征，其中包括磨制石器、陶器、驯化植物和动物以及定居。但将一个复杂的概念简化成特殊文化因素的名单，似乎把这些因素凑齐就足以将某遗存定义为新石器时代，这总是危险的，因为没有一套统一特征可以放之四海而皆准。因此，在以全球为背景的对新石器时代概念的新的应用中，经常更关注经济过程，也就是食物生产方式，而非某些特定的技术发明（Karega-Munene 2003；Thomas 1999）。参照这一对新石器时代概念的新认识，我们在这里讲的中国的"新石器时代"，指的是一种经济变革，即人们开始采取与狩猎采集者群体不同的食物获取方式，其中尤其包括对植物和动物的驯化。这一新的经济方式伴随着一系列在工具技术、聚落形态和社会组织方面的变化。本章讨论的过渡期仍然具有突出的狩猎采集经济特征，几乎没有证据表明驯化植物和动物已经成为重要食物来源，因此，我们还是使用"后旧石器时代"这一术语来描述中国境内更新世至全新世过渡时期的物质遗存。

华北地区更新世末期的采食者

在华北地区，更新世末期文化以四个典型遗址/文化为代表——下川、柿子滩、龙王辿和虎头梁（或于家沟），它们都位于山区盆地的河流台地上（参见图

3.1）。每个遗址都包括10多个小型季节性营地，显示出具有高度移动性的生业策略。与那些以石片工具和少量重型工具为主缺乏细石叶的许多旧石器时代晚期遗址不同，这四个遗址代表着一种新技术组合的出现和盛行，这一组合以细石叶、石片石器和重型石器这三大类型的石器为主要特征。这些遗址也显示出与采集和加工植物类食物（包括坚果和野生谷物）相关的活动的增加。磨盘和磨棒的发现就是证明（Lu, T. 1999: 60–61）。

下 川

下川遗址群包括大约16个地点，散布在山西省下川盆地（约93平方公里）内（图3.2, A），是典型的更新世晚期（23900～16400 BP）遗存，显示出一种新生业策略的出现，即对植物类食物开发的加强。下川的石器组合为典型的三大类型传统：主要为石片石器（77.7%），但也有细石叶（19.8%）和重型工具（2.4%）（图3.2, B）。石片石器包括尖状器、镞、刮削器、雕刻器、石叶、锥钻和石锯。初步的使用微痕分析表明，一些石片被用来收割草本植物的穗（Lu, T. 2006: 135）。细石叶为第二大类石器，被用来嵌在软质材料制作的器身的凹槽内，作为复合工具的刃部。在北亚和东亚地区，细石叶是普遍流行的高效采食工具。在中国，此类工具最早的标本发现于距今11000～9000年（cal.BP）的东胡林遗址，为一件嵌细石叶刃的骨柄石刀。重型石器由大石片和卵石制成，包括斧、锛和碾磨器。碾磨器为目前中国所见最早的磨盘和磨棒（陈哲英 1996；Lu, T. 1999: 28–31；王建等 1978）。根据吕烈丹的观察，碾磨工具上的使用痕迹可以分为四类，分别由不同的碾磨活动造成。一种类型的使用痕迹为长而浅的磨痕，与澳大利亚发现的一些用来湿磨软壳种子的磨石上的痕迹相似。吕烈丹还认为，下川一些石片的刃部有"镰刀光泽"，可能是用来收割草本植物穗部留下的（Lu,T.1999: 28–32）。因此，籽粒加工是下川生存方式的一部分，但我们很难量化谷物在当时的食谱中占多大比重。

第三章　更新世和全新世之交的采食者和集食者（24000～9000 cal.BP）| 53

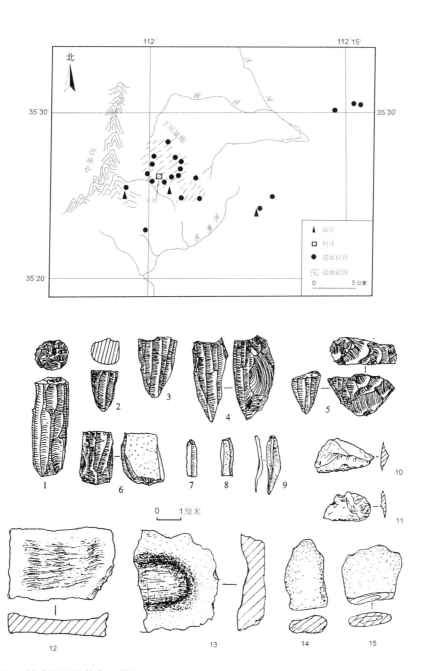

图3.2　下川遗址群及其出土器物

（A）下川盆地旧石器遗址点（B）下川出土部分器物：1～6.细石核　7～9.细石叶　10、11.石片石镞　12、13.石磨盘　14、15.石磨棒（据Lu 1999：图4-2、4-4和4-5修改）

龙王辿

龙王辿遗址（20000～15000 BP）位于陕西省宜川县黄河西岸的山脚下，大体与下川同时。在已经发掘的40平方米的范围内，发现有20个火塘、2万多件石器和一些动物骨骼碎片。石器遗存中包括大量细石叶和细石核，原料大多为石英和燧石。大型工具包括尖状器、砍砸器、石锤、石砧、砺石和石磨盘。该遗址出土了中国最早的刃部施磨石器：一件由页岩制作的、刃缘磨光的铲形器（图3.3，

图3.3 陕西龙王辿和山西柿子滩旧石器时代晚期遗址及其出土器物
1. 山西柿子滩第9地点的位置（据石金鸣，宋艳花 2010：图版1）2、3. 陕西龙王辿遗址出土有磨刃的铲形石器（长12.7、宽9.2、厚0.8厘米）和蚌器（长3.7、宽1.6厘米）（尹申平、王小庆 2007：图版2.4、2.5）4、5. 山西柿子滩遗址出土的石磨盘和石磨棒（石金鸣，宋艳花 2010：图版2）

2）。遗址中出土的蚌壳装饰品在中国旧石器时代遗存中也属稀有之物（图3.3，3）。该遗址有集中出土的石砧、石器废品和大量石屑，并与火塘相伴，故被认定为石器制作地点。龙王辿附近还有19处旧石器地点，均分布在惠落沟河沿岸（尹申平，王小庆 2007），形成了一个由移动的狩猎采集人群占据的聚落系统。龙王辿像是个专门进行石器制作的季节性营地。磨盘，尤其是局部磨光的石铲的发现，可能表明对植物类食物的开发。因为对出土遗物和土样的分析正在进行中，野生粟黍之类的谷物是否已经成为当时食谱的一部分尚待确认。

柿子滩

柿子滩遗址群（21000～8500 cal.BP）位于山西省吉县境内的黄河东岸，距离龙王辿大约20公里，包括大约25个地点，分布在清水河沿岸约15公里的范围内（图3.3，1）。这些地点与龙王辿和下川大体同时，三个遗址在物质文化上表现出的一些共同点，都发现有火塘、烧骨碎片、大量细石叶和少量碾磨石器（图3.3，4.5）。碾磨石器包括磨盘和磨棒，随时间的发展，形状日益规整，个体逐渐增大，表明了它们在经济生活中的重要性。动物遗存均为碎片，而且多经过火烧。可辨认出的种类有羚羊、野猪、鹿、牛和鼠。从灰土和遗物的分布形态看，一些地点似乎只被短时间使用（国家文物局 2004a；石金鸣，宋艳花 2010；解希恭等 1989）。与上面介绍的两处遗址群一样，柿子滩遗存清楚展示了一种移动性的狩猎采集生业策略，又以某种程度的植物类食物的开发为补充。

对柿子滩第9地点出土碾磨石器的淀粉残留物和使用痕迹的分析显示，在更新世和全新世过渡阶段（12700～11600 cal.BP），人们已经加工很多种类的植物类食物，其中包括橡子（*Quercus* sp.）、禾本类［黍亚科（Panicoideae）和早熟禾亚科（Pooideae）］、豆类［可能为豇豆属（*Vigna* sp.）］和块茎类［薯蓣属（*Dioscorea* sp.）］等（Liu, L. et al. 2011）。这些残留物表明包括粟黍野生祖本在内的各种有食用价值的植物，在其被驯化之前，已经被狩猎采集者开发利用了数千年。

虎头梁

虎头梁遗址群（16300～14700 cal.BP，由陶片测得）（Yasuda 2002: 127）包括10个地点，处于同时期的地层，包含相似的物质遗存。这些地点位于河北省西北部泥河湾盆地桑干河岸的二级台地上。石器遗存包括细石叶、石片和重型石器。出土动物遗存包括狐狸、鸵鸟、鼠、狼、野马、野驴、鹿、牛、瞪羚和野猪。与这一动物组合对应的是一种干凉的温带草原生态环境。孢粉组合以草本植物和灌木为主体（78%～98%），指示的是干冷气候下的干旱草原植被。人们制作和使用特殊工具，如尖状器和锛状器，以适应变化着的气候环境。由各地点间的显著差异看，虎头梁的居民们明显是移动的狩猎采集人群。考古学家们根据对遗物的分析，已经确认出不同地点的不同功能，其中包括营地、工具制作地点和屠宰地点（Guo R.and Li 2002；Lu, T. 1999: 34）。

虎头梁的发掘中发现几片陶片，被认定为已知华北最早的陶器。这些陶器质地疏松、夹砂，烧成温度低。器物为平底罐形器，外表无火烧痕迹（Guo R.and Li 2002）。很明显，在华北，陶器最初是在狩猎采集的背景下出现的。在世界其他很多地区也是如此（Rice 1999: 28–29）。

华北更新世的狩猎采集人群是有高度移动性的"小生境追寻者"（Bettinger, R. 2001），并且明显在适应着受到突然气候变化影响的末次冰盛期的环境。他们主要采取较简单的"采食者策略"（宾福德的术语，见 Binford, L. R. 1980），经常移动营地，在一个地点的资源耗尽时，更换地点补充资源。但是，宾福德所说的"集食者策略"也在某种程度上开始被采用。也就是说，下川、柿子滩和虎头梁地区的人群可能已经开始储备食物，采取资源采集者们的移动模式，定居性日益增强。与此相关的证据包括对季节性生长的野生植物的开发利用、陶器的制作、对居住营地重视的同时利用特定的工作地点（Lu, T. 1999: 124–126）。但这些遗址中均未发现储藏设施和用于居住的建筑遗迹。

华北地区全新世早期的集食者

华北地区发现了五个全新世初期的遗址，包括北京附近的东胡林和转年、河北南庄头、河南新密李家沟（王幼平等 2011）和山东沂源的洞穴遗址扁扁洞（孙波，崔圣宽 2008）（参见图3.1）。这些全新世早期人群与他们的更新世前辈们一样，也表现出突出的狩猎采集传统。但是，也发生了一些显著的变化：对植物类食物更密集地采集、陶器更频繁地出现和定居程度日益加强。

东胡林和转年

北京门头沟的东胡林遗址（11000～9000 cal.BP）（赵朝洪 2006；周国兴，尤玉柱 1972）和怀柔的转年遗址（约10000 BP）（郁金城等 1998）在聚落位置和物质遗存方面相似。两个遗址均位于山间盆地的河旁台地上。东胡林的孢粉剖面显示，在全新世早期（约10000～8000 BP），木本植物在孢粉遗存中占相当大的比例（最多达55%），既有针叶树，也有阔叶树，后者主要包括栎属（*Quercus*）和胡桃属（*Juglans*）。草本植物主要为蒿属、藜科、莎草科（Cyperaceae）和豆科植物，在此时期的后段，禾本科植物比例增多。对陆生蜗牛的数量和种类的研究也显示，全新世早期气候暖湿，间有干凉期。总体来讲，东胡林遗址所处地区为典型的森林草原混合植被，年平均温比现在高2～3摄氏度（郝守刚等 2002）。这一生态环境为人类提供了新的植物类食物，尤其是坚果。

东胡林自20世纪60年代以来被多次发掘。遗址位于清水河北岸的第三级台地上，地处华北平原和黄土高原过渡的山区地带（图3.4，1）。遗址残存部分大约有3000平方米，高于现在的清水河25米，但古河道更高并接近遗址。发掘中发现有墓葬、火塘、灰坑和大量遗物，包括石、骨蚌器以及动植物遗存。

一些墓葬无墓圹痕迹，一些则有竖穴，属中国最早的竖穴墓。有单人葬，也有多人二次葬。一些墓葬随葬小型磨制石斧和蜗牛壳、蚌壳制作的装饰品。火塘为圆坑状，直径0.5～1米，深0.2～0.3米，里面填有被烧过的大小不一的石块、烧过的动物骨骼和灰烬。火塘底层的石块被摆放成圆圈，上层石块的摆放不规则（图3.4, 3）。发掘者认为这些火塘是季节性使用的，用后被废弃（赵朝洪2006；周国兴，尤玉柱1972）。还发现有一些坑，但不能确定是否用于储藏。

图3.4 东胡林遗址及其主要发现
1. 东胡林的发掘（刘莉 摄）2. 墓葬 3. 灶址 4. 镶嵌细石叶的骨刀 5. 石磨盘和石磨棒 6. 陶片 7. 磨制石器（赵朝洪2006：图版1、2）

石器主要为打制石器，也有细石叶和碾磨石器（磨盘和不同形状的磨棒），还有少量的磨制石斧和石锛。有一种特殊的复合工具，是动物骨骼做成的骨柄刀，柄身有刻划的几何图案，侧面开槽，内嵌细石叶为刃（图3.4, 4）。碾磨石器在整个工具遗存中占相当大的比例。对其进行的淀粉粒和使用痕迹分析表明，它们主要被用来加工植物类食物，包括橡子和富含硅质植物（Liu, L. et al. 2010b）。孢粉分析显示，全新世早期，这些植物在该地区非常丰富。陶器为平底盆、罐和钵。这些陶片来自大约60件器物，颇值得关注。它们质地疏松，呈褐色，夹砂，烧成温度低。陶器以泥条盘筑和贴塑技术制作，有些有压印纹饰（图3.4, 6）。据报道，动物遗存主要为鹿，其次是猪和獾，淡水蚌类也相当丰富（赵朝洪 2006；周国兴，尤玉柱 1972）。在一座墓葬中发现了两种朴树子（*Celtis bungeana Bl.* 和 *C.* cf. *koraiensis* Nakai）（郝守刚等 2008）。孢粉和考古资料均表明，当地有丰富的不同种类的坚果，可能还有可食用的草本植物籽粒，在当时已经被作为食物采集。

东胡林标志着一种与更新世时期不同的新型聚落形态和生业策略的出现。该遗址面积大，使用时间长。正规墓葬、特别是多人二次葬表明死者会被带回来举行葬礼，因此该遗址是相对定居的聚落。这种情况在许多民族学研究可以看到例证（参见 Watanabe 1986，可以找到更多例子）。不同种类的夹砂厚胎陶器（盆、罐和钵）的出现表明，与玉蟾岩遗址出土的最初的陶器相比，制陶技术大幅提高。结构相对复杂的火塘表明建造它们时耗费了更多人力，明显是在同一地点生活时间较长的需求。石磨盘和石磨棒表明对野生植物类食物——尤其是秋季非常丰富的坚果和谷物——的深度开发。磨光石斧和石锛可能是木工工具，主要用于建造蔽身之所，尽管考古记录中还缺乏房屋证据。

考古资料显示该遗址可能被用来采集蚌类、猎鹿和采集植物类食物。这一广谱的生存策略，加上移动性的减弱，正与向定居生活过渡的最初阶段相符。这些特征可与世界其他地区全新世狩猎采集者们采用的较复杂的"集食者策略"相媲美。

南庄头

南庄头遗址（约10510～9690 BP，或12408～11018 cal.BP）面积约2万平方米，位于河北省徐水县，在白洋淀以西约35公里，太行山以东15公里。在目前发现的华北地区同时期遗址中，这是首个在冲积平原上而不是在山间河流阶地上的遗址。孢粉记录以草本植物为主（平均超过70%），而木本植物少于20%。在阔叶树种中，橡树最多（原思训等 1992；李月丛等 2000）。

在20世纪八九十年代，遗址进行过三次发掘，揭露出的遗迹有沟、灰坑和灶等。发现了集中堆积的木灰和朽木痕迹，并伴出有散落的残断的动物骨骼、鹿角、石块和人工制品。该遗址出土的遗物包括陶片、石磨盘、石磨棒、石片、骨锥和骨镞，以及有切割痕迹的鹿角（图3.5）。与华北地区的其他全新世早期遗址不同，南庄头石器遗存中无细石器（Guo, R. and Li 2002；李珺等 2010；徐浩生等 1992）。

多数陶片为容器残片，这些容器包括平底罐和钵。它们质地疏松，呈灰色或黄褐色，羼有蚌壳或石英。有些器物的颈部有简单的纹饰，如附加堆纹。很多陶片上有火烧和烟熏痕迹。有些器物内壁上还有炭化物质（Guo, R. and Li 2002）。这

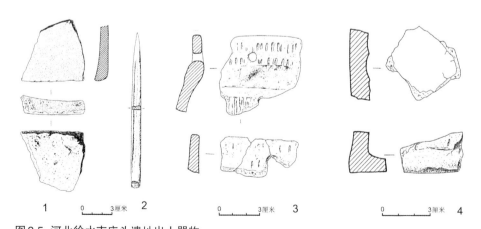

图3.5 河北徐水南庄头遗址出土器物
1. 石磨盘 2. 骨锥 3. 陶器口沿 4. 陶器体部和底部残片（李珺等 2010：图16-4、16-7、17-8、17-11、18-1和20-1）

表明陶容器是用作炊器的。

动物遗存中可辨识的动物种类包括鸡、鸟、兔、狼、狗、水牛、多种鹿、龟、鱼和贝类（袁靖，李珺 2010；周本雄 1992）。在这些动物中，狗被鉴定为家养（袁靖，李珺 2010），成为中国第一个驯化动物的证据。不幸的是，在发掘中没有使用浮选方法，造成植物遗存在考古资料中的缺失。

南庄头的资料也反映出相对长时期的间断性居住，相关证据包括火塘内的厚烧土堆积和多种类陶器的出现。虽然未能通过考古方法辨识出房屋建筑，但发掘中发现的腐朽木柱可能就是用于建造简单居室的。与东胡林和转年遗址一样，南庄头遗址出土的碾磨工具和陶器也是植物类食物被开发利用的标志。灰坑的作用不明，以后的研究可能会明确它们是否被用作储藏设施。南庄头出土的物质遗存与东胡林颇为一致，也表现出一种明显"集食者策略"的狩猎采集生业方式，对植物进行更深度的开发利用，且居住的移动性减弱。

李家沟和扁扁洞

这两个遗址发现得较晚，资料尚未充分发表。李家沟遗址位于河南中部新密县椿板河（溱河上游）的二级台地上，年代为距今10500～8600年（cal.BP）。文化堆积显示出细石器遗存的连续发展，在上层堆积中出土了陶片和石磨盘。陶器主要为筒形，装饰有绳纹和刻划纹。遗物多集中出土，有石块、石磨盘、石砧、火烧过的碎石块、陶片和动物骨骸。这样一组遗物可能是相对稳定的居住生活的遗留（王幼平等 2011）。新密也是新石器时代早期裴李岗文化（9000/8500～7000 cal.BP）分布的核心地带，该文化发展正与李家沟遗址前后衔接（详见第五章）。李家沟遗存为该地区更新世晚期的细石器传统和新石器早期文化建立起了时间上的联系。但李家沟的陶器风格与裴李岗文化有显著差别，这是一个需要深入研究的有趣现象。

位于山东省沂源县的扁扁洞是一处洞穴遗址，年代为距今约11000～9600年（cal.BP）。与其他同时期的遗址一样，扁扁洞也发现了动物骨骸、灰层、陶片和碾磨石器等。此外，还发现四个灰坑，好像被用作墓葬或火塘。陶器均夹砂、松脆，可复原出钵和釜两种器形，与新石器时代分布在泰沂山地后李文化（8500～7500 cal.BP）的同类器相似（详见第五章）。这一发现同样填补了山东地区更新世晚期的细石器传统和新石器文化之间的空白（孙波，崔圣宽 2008）。

小 结

华北地区的更新世–全新世过渡可以从几个方面来理解。第一，对碾磨石器的残留物分析和使用痕迹分析结果，以及作为炊具使用的陶器的出现，均表明人们对植物类食物的依赖日益增强。这些植物包括谷物、豆类、块茎类植物和坚果。具有这些特点的遗址总体上位于新石器早期文化（磁山、裴李岗和后李）诞生的地区。所有这些新石器早期文化均提供了在距今8000年左右栽培粟的证据（详见第四章）。我们可以期待在这类全新世早期的聚落中发现栽培粟的最初阶段的证据，这应该是新石器时代粟栽培的先驱。

第二，在全新世来临之际，气候条件改善，某些自然资源——如坚果和贝类——在特定季节会相当丰富。因此，狩猎采集者们可能会更有效地采取"集食者策略"，通过有计划地移动采集点以获得食物并带回主要营地，从而增加主要营地的定居性。东胡林、南庄头和李家沟的考古资料都可以证明这种趋势。相关证据包括遗址面积的扩大、墓葬的出现、用于加工和炊煮食物的碾磨石器和陶器的使用，以及为长期使用而精心修造的灶的出现等。

第三，很明显，人们开始采集坚果（尤其是橡子）作为食物。橡子富含淀粉和脂肪，营养价值很高，而且可以被长时间贮存。在世界很多地区，如日本的绳文文化分布区和北美地区（Habu 2004；Kobayashi 2004；Mason 1992, 1996），对橡子的大量采集和存储都是复杂的狩猎采集人群形成定居生活的重要因素。橡子可以被存储在木制仓储建筑中，这种地面建筑很难保存下来，在北美洲，情况就是如此（Ortiz 1991）。因此，中国全新世早期地穴式储藏坑的缺失并不能成为没有食物储藏行为的充分证据。

华中和华南的更新世采食者

我们对华中和华南的更新世–全新世过渡期的了解主要来自于在长江中游和广西发现的几处洞穴遗址,它们均包含从更新世末期到全新世早期的长时间堆积。这些遗址包括江西万年仙人洞和吊桶环(郭远谓,李家和 1963;李家和 1976;MacNeish et al. 1998;MacNeish and Libby 1995),湖南道县玉蟾岩(Yuan, Jiarong 2002),广西邕宁顶蛳山(傅宪国等 1998)、桂林甑皮岩(中国社会科学院考古研究所 2003a)和庙岩(谌世龙 1999)以及临桂大岩(傅宪国等 2001)。后三处均位于广西(中国社会科学院考古研究所 2010)(参见图 3.1)。在这些洞穴遗址中,玉蟾岩和甑皮岩发表有详细资料。

玉蟾岩

玉蟾岩洞穴在一个石灰岩山的下部,高于现代地面 5 米,洞口朝南,面对开阔的平原(图 3.6, 1)。洞口内为一宽敞的大厅,宽 12~15、长 6~8、高 5 米,发掘区文化堆积最厚处达 1.8 米,年代为距今 18000~14000 年(cal.BP)(Yasuda 2002: 119-120)。在 46 平方米的发掘区内,考古学家发现了大小不同的用火遗迹,常伴出有烧过的动物骨骼和木炭,还出土了数百件打制石器,主要是卵石制作的砍砸器。有些锄形石器,可能是用来掘土的(图 3.6, 2)。另外,出土有骨制铲形器和凿形器,还有角制铲形器,可能也是用于掘土;磨制的蚌器可能是切割工具(Yuan, Jiarong 2002)。

动物遗存包括 28 种哺乳动物,最多的是鹿,还有少量食肉动物。鸟类约占全部动物遗存的 30%,有 27 个种属。螺壳均集中出土,可辨识出 26 种。浮选工作发现了 40 种植物种子,在经鉴定的 17 种植物中,有 4 种是可食用的。在文化堆积中发现了水稻的植硅石(Yuan, Jiarong 2002)。玉蟾岩人明显生活在动植物资源丰富的环境中,以广谱的狩猎和采集为生业策略。水稻已经被采集,但更像是野生种,在食物中可能不占重要地位。

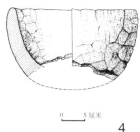

图3.6 玉蟾岩遗址地貌及玉蟾岩、甑皮岩遗址出土器物
1. 玉蟾岩洞穴遗址 2. 玉蟾岩出土锄形石器 3. 玉蟾岩出土陶器（口径31、高29厘米）
（Yuan 2002：图1、3、7）4. 甑皮岩出土陶器（中国社会科学院考古研究所 2003：图27）

文化层中发现了几处集中在一起的小陶片，年代为距今18300～15430年（cal.BP），是世界上最早的陶容器（Boaretto et al. 2009）。陶胎中有炭和粗砂为羼和料，陶质松脆，制作粗糙，壁厚可达2厘米，且薄厚不均。由这些陶器可以复原两种器形，其中之一是装饰有绳纹的尖底罐（Yuan, Jiarong 2002）（图3.6，3）。因为在更新世的几处洞穴遗址中，陶器都与水稻遗存伴出，有学者认为是炊煮野生水稻的需要引发了陶器的出现（Higham and Lu 1998；Lu, T. 1999: 124）。

甑皮岩

甑皮岩是位于广西桂林以南9公里的石灰岩山独山上的洞穴。遗址总面积约240平方米。自20世纪70年代以来进行了几个阶段的发掘，揭露面积共100平方米。文化堆积最厚处达3.2米，发现有墓葬、灶址、灰坑等遗迹和大量人工制品及动植物遗存。文化堆积可以分为五期，其中第一至第四期（12000～8000 cal.BP）表现出了从旧石器时代向新石器时代过渡的特征。在第一期堆积中（12000～11000 cal.BP），考古学家发现了陶片以及石制、骨制和蚌制工具。石器以打制为主，继承了华南地区更新世晚期盛行的打制石器传统。石器遗存包括大量的卵石、坯料、石片和废料。有些石片可以拼合，表明石器就是在遗址制作的。石器的原料主要得自附近的漓江。一件可复原的陶器为质地疏松的圜底釜，烧成温度不超过250摄氏度（图3.6，4）。陶胎中羼有粗石英颗粒，以贴塑法制成，工艺粗糙，器表大部分没有装饰。第二至四期，打制石器传统仍然延续，出现了石斧、石锛等磨制石器，且比例逐渐增高。陶器以较大的圜底罐为主，陶胎中羼杂有炭屑，主要以泥片贴塑法制成，装饰有绳纹和刻划、拍印纹饰（中国社会科学院考古研究所 2003a）。

出土的大量动物遗存有鱼类、贝类、鸟类和哺乳动物。其中螺蛳（*Cipangopaludina*）尤其丰富。哺乳动物主要为几个种属的鹿、野猪和水牛。植物遗存很少，没有发现水稻。块茎类植物可能是重要的食物，因为在浮选中发现了炭化的块茎植物，在石制和骨制切割工具刃部的淀粉粒分析中，还发现了芋头的淀粉粒。甑皮岩人明显采取了广谱生业经济，猎取动物，采集贝类及块茎植物和其他植物。甑皮岩人的牙齿磨耗严重，可能是因为经常吃含沙的螺蛳的缘故。因为从螺蛳中取肉的最佳方法是将其煮熟，所以陶器除了煮其他食物，可能也用来煮螺蛳（中国社会科学院考古研究所 2003a）。

玉蟾岩和甑皮岩像是季节性营地，但居住时间可能相对较长，因为制作陶器需要延长居住时间。这些后旧石器时代遗址的占用者可能是能够更好地组织食物获取活动的狩猎采集者，其居住形态的移动性已经减弱（见本章关于"定居"的有关讨论）。

华中的全新世集食者

虽然上面提到的一些更新世洞穴遗址中有全新世早期堆积，但洞穴遗址不能反映过渡时期聚落形态的全貌，而旷野遗址直到近些年才被发现。幸运的是，最近在浙江浦江上山遗址（约11000～9000 cal.BP）的发掘揭露出了一处冲积平原上的聚落，提供了很多全新世早期长江下游地区聚落和生业策略的新信息。

上 山

上山遗址（2万平方米）位于浦阳江上游的一个小盆地里，四周低山环抱（图3.7, 1）。遗址分布在两个高出周围平原3～5米的小台地上，被一条现代水渠隔开。发掘面积共1800平方米（蒋乐平 2007；Jiang, L. and Liu 2006）（图3.7, 2）。地质剖面显示，该遗址在古代经历过一系列气候干湿循环变化（Mao, L. et al. 2008），使得有机遗物难以保存，土壤中缺乏孢粉，人骨和动物骨骼也保存极少。

长江下游地区处于亚热带北部。该地区的气候受到夏季和冬季季风系统的很大影响，表现出清晰的季节变化（Winkler and Wang 1993）。在距今13000～11670年（cal.BP），该地区经历了相对干冷的时期，与新仙女木时期相应（Yi, S. and Saito 2004）。接下来的全新世早期和中期，是间或有干冷阶段的暖湿期，但气候的波动没有改变该地区亚热带的整体状况。植被以常绿阔叶林和落叶阔叶林为主，典型树种包括栎属、青冈属（*Cyclobalanopsis*）、栲属（*Castanopsis*）、石栎属（*Lithocarpus*）、榛属（*Corylus*）和铁木属（*Ostrya*），其中许多都结坚果。也有一些非木本植物和湿地草本植物，其中禾本科、莎草科和香蒲科（*Typha*）植物最多（Atahan et al. 2008；Yi, S. et al. 2003b；Zong, Y. et al.

图3.7 浙江上山遗址的遗迹和出土器物
1. 上山遗址 2. 发掘区 3. 储藏坑 4. 出土7件陶器的小型坑H121 5. 带环状把手的陶盆 6. 石器 7. 碾磨石器（磨盘和磨球）8. 上山晚期的镂空圈足盘（1～6为蒋乐平提供，7、8为刘莉拍摄）

2007）。该地区坚果类树木和其他各种有经济价值的植物的繁荣期，正与全新世早期和中期上山聚落和其后的新石器时代村落出现的时期吻合。

上山遗址的堆积可分为八层。最早期的堆积（第5～8层）属于全新世早期，被称作上山期，年代为距今11400～8600年（cal.BP）（蒋乐平 2007）。对浮选样品的初步分析表明，上山期堆积中有一些有机物遗存，包括水稻粒、少量炭化的坚果壳的碎块，还有一些尚未进行分析的动物骨骼。

石器遗存中主要为石片石器，也有些碾磨石器（超过400件磨盘和磨棒），还发现有少量磨光石斧和石锛。碾磨石器形状各异，有圆形、方形和长方形，好像既被用于碾磨，也被用于舂捣（图3.7, 7）。绝大多数陶器（大约80%）为平底盆，也有些罐、盘和钵。较晚期的一些器物有带穿孔的圈足，此类器物明显不是为移动的生活方式设计的，表现出定居性的增强（蒋乐平 2007）（图3.7, 8）。

上山遗址的灰坑有三种类型：①特意挖成的小型坑，放置完整陶器以备将来使用，表明一种移动的、间断性居住的生活方式，即离开后还准备返回；②方形或圆形竖穴，深度超过70厘米，在废弃前可能用于储藏食物（图3.7, 3、4）；③有二次废弃物堆积的坑，反映了在定居聚落里对生活垃圾的处理。与第一类坑不同，第二和第三类坑表明了一种长期居住的倾向。不同种类的坑的存在说明了一种混合的居住形式：既有季节性或年度性迁移的间断性居住，也有相对稳定的社群的长期居住，但定居时间究竟有多长还不清楚。

柱洞的分布多无规律。但在上山遗址南部上层，发现一片排成三行的柱洞，每行有10～11个柱洞，总占地面积长14、宽6米，可能是干栏式建筑的遗存（蒋乐平 2007），反映出定居性的增强（详见第五章关于定居理论的更多讨论）。

从碾磨石器上提取样品的淀粉粒和植硅石分析表明，这些工具不像是用来给稻谷脱壳的，而是用来加工橡子的，也可能用来加工其他野生淀粉类食物，比如薏苡（*Coix lacryma-jobi*）、块茎类植物（可能是薯蓣属，*Dioscorea* sp.）或菱角（*Trapa* sp.）。它们也可能被用来加工制陶用的植物类羼和料（Liu, L. et al. 2010c）。这些由淀粉分析得到的植物遗存种类与该地区湿地类新石器时代遗址（如跨湖桥遗址，参见浙江省文物考古研究所，萧山博物馆 2004: 270–277）中保存的植物遗存颇为相似。橡子淀粉粒的发现也与孢粉分析结果相印证。根据孢粉分析，在全新世早期，有好几种橡树在长江下游普遍生长。

陶器的主要器形为平底盆，口沿直径30～50、高9.5～12.5、底径10.5～24厘米，有些器物外壁中部有一环状耳（图3.7, 5）。陶器的烧成温度低，器壁厚（有的超过2厘米），内外表面均有红色陶衣。器物以泥片贴塑法制成，下层的多数器物的陶胎加植物类羼和料（考古报告中一般称为夹炭陶），但随着时间的推移，夹砂陶逐渐增多。没有一件陶器可以被确定为炊器，因为表面均无烟炱。考虑到遗址中发现了大量小石块，虽然还有待验证，推测很多夹炭陶的大型陶器可能是用于石煮法的（刘莉 2006）。这种炊煮法在北美民族学和考古学中都有翔实的资料（Sassaman 1993）。中国的一些少数民族，如东北的赫哲族、鄂温克族和鄂伦春族也曾使用此法（凌纯声 1934: 65；宋兆麟 1998）。

上山遗址是中国全新世时代最早的同时具有居室、长期储藏设施、疑似墓葬、陶器、磨制石器和消费大量植物类食物证据的遗址。这些遗迹，尤其是居址和储藏设施，在民族学（Hitchcock 1987）和考古学中都被视为定居性增强的标志。很明显，上山是一处相对定居的村落，上山居民是有居住营地而四处采集的集食者。但我们还不清楚他们是整年定居还是接近整年定居。

小 结

华中和华南更新世移动的狩猎采集者开发广谱动物和植物资源。因为缺乏同时期的旷野遗址，从区域范围看，他们的居住方式还不清楚。但是，人们在一年中可能已经开始在洞穴中生活更长时间，至少长到他们可以制作陶器。

直到全新世早期，在长江流域才出现了较高水平的定居，上山即是一个例子。该遗址居民为狩猎采集者，他们采取复杂的集食策略以使其获取食物的能力最大化。他们在生活中利用多种类型的植物（包括水稻），或用为食物，或用为制陶原料。但因为缺少区域性聚落生业形态的资料，对于他们的移动生存策略是如何实施的，我们还所知甚少。

中国陶器的起源

陶器制作是中国更新世–全新世过渡期标志性的重要经济技术发明。早在距今 18300～14000 年（cal.BP）的末次冰盛期时代，华南和华北就出现了陶器（玉蟾岩和虎头梁），但还不清楚这项新技术对当时以狩猎采集为主的经济模式产生了什么影响。在全新世早期,陶器广泛传播(图3.8)(另参见Lu, T. 2010对于早期陶器的综述)。陶器成为生存适应策略的重要组成部分,表明移动性降低,以及对采集鱼类/贝类和植物类食物(包括坚果、谷物和块茎类植物)依赖性的增强。

中国出土的早期陶器表现出某些原始阶段的技术特征,比如火候低、壁厚、器形和技术简单等。许多学者已经指出,早期陶器的主要功能为炊煮(Lu, T. 1999: 124, 2010; Wu, X. and Zhao 2003)。如前所述,在过渡期,能够大量获得的食物是小型动物、鱼类、贝类、坚果、块茎植物和谷物,它们当中很多需要炊煮

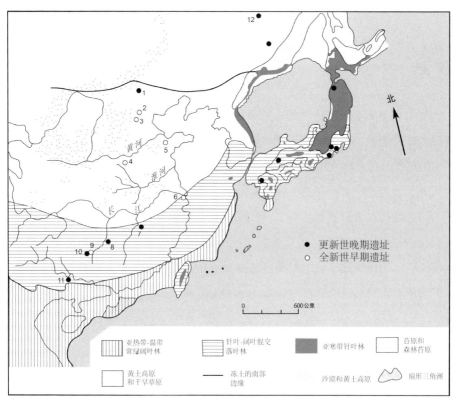

图3.8 距今21000～15000年末次冰盛期东亚海岸线和植物地理区域的重建以及中国、日本和俄罗斯远东地区早期陶器遗址的分布
1. 虎头梁 2. 转年 3. 南庄头 4. 李家沟 5. 扁扁洞 6. 上山 7. 仙人洞 8. 玉蟾岩 9. 甑皮岩 10. 庙岩 11. 顶蛳山 12. 嘎斯雅(日本和俄罗斯远东地区出土陶器遗址位置来自Tsutsumi 2002: 图7; 地图据Cohen 2002: 图1重绘)

才能食用，橡子、谷物和贝类尤其如此。陶器的使用有可能就是缘于开发大量新食物种类的机会出现，在这种情况下，特定的炊煮方式要求特殊的炊器。早期陶器还存在某些区域性差别，包括陶器的形状、胎体中的羼和料以及器表是否有烟炱等。因为陶工们有意将器物设计成特定的形状，选择特定的羼和料以提高其使用性能，因此器物形状和胎体的差异应该是和器物的功能紧密相关的（Schiffer and Skibo 1987; Skibo et al. 1989）。

在华北地区，全新世早期的陶器主要为平底筒状器，考古上经常被称作"盂形器"。它们大多夹砂，但有时蚌壳碎屑也用为羼和料。这些器物可能是直接与火接触的，因此器表经常可见烟炱。这种筒状炊器形成了一种地域传统，在整个华北平原和山东地区的新石器早期遗址中均得到延续（详见第五章）。

在长江下游，上山遗址发现了最早的陶器，主要器形是夹杂了植物羼和料的敞口盆，有红色陶衣，有些还装有耳。上山陶器上均未见烟炱痕迹，但是，其中一些器物可能就是炊煮器，采用的是内部加热法，即器物盛水，再向水内添加烧热的石头，因此器外表没有烟炱。

根据对陶胎内不同羼和料的技术效果的试验考古研究，詹姆斯·斯基伯（James M. Skibo）等人提出，有植物类羼和料的陶器在技术上易于制作而且便于移动，并降低散热率（Skibo et al. 1989）。以植物为羼和料的陶器比夹砂陶器要轻得多，他们还能更好地隔热而非导热，如果陶器再施有陶衣的话，隔热性就会更强。以植物为羼和料的陶器的这些特性最适合用加入烧热的石头的方法烹煮食物（石煮法），对于基本经济形态为狩猎采集，居住形态为半定居的社会来说是再适合不过的了。根据肯尼思·瑞德（Kenneth C. Reid）的研究，适于石煮法的器物的设计特征包括：器壁厚而多孔，以更好地隔热而非散热；有防水的内壁；有厚而平的稳固的底部，可以吸收被加入的热石散射出来的热量，承受其冲击力；还有直壁敞口，以便撇去表面的浮沫或提取食物（Reid 1989: 173–175）。从这些方面观察，上山陶盆具有全部上述用于石煮法陶器的特征，这应该不是巧合。

值得注意的是，加利福尼亚的土著美洲人以橡子为主食，而橡子正是先要用磨石碾磨以备食用，再用石块加热法烹煮的（Driver 1961: 68–69; Fagan 2000:

209）。因此，上山的一些有植物羼和料的陶盆可能就是用石煮法做橡子粥的。

在长江下游，随着新石器文化各种要素的发展，有植物羼和料的陶器最后被以矿物为羼和料的陶器取代了。但这一在陶器成分上的改变好像并没有造成器形的快速改变。在上山东北80公里的小黄山（9000～8000 cal.BP），与上山类似的敞口直壁盆在陶器群中仍然占主导地位，但全部是夹砂陶（张恒，王海明 2005）。这一差别可能说明，虽然陶器的成分发生了技术性的变化，但采用石煮法烹煮食物的方法未变。使用植物羼和料的陶器也是逐渐消失的，它在跨湖桥和河姆渡遗址（8000～6000 cal.BP）中都还存在，但在更晚的遗存中就不见了。在长江流域，植物羼和料陶器被矿物羼和料陶器取代，正与栽培稻在食物中日益重要同步发生。这种情况与北美东南部考古资料显示的情况一致，在那里，制陶技术的改变，尤其是由植物羼和料向矿物羼和料的改变，与生业经济的改变密切相关。在那里，当矿物羼和料陶器流行时，栽培谷物已经成为主要食物，并产生了相应的炊煮方法（Schiffer and Skibo 1987: 602）。

在长江中游地区和华南，一些更新世晚期和全新世早期的遗址中发现陶片，这些遗址包括玉蟾岩、仙人洞、甑皮岩、顶蛳山和大岩。可复原的器形为尖底或圜底器，胎体夹砂或夹方解石或石英颗粒，有些器物表面有烟炱（如大岩的器物）。考古学家提出这些器物是炊器，可能用于煮稻谷和贝类（Lu, T. 1999: 124, 2010；中国社会科学院考古研究所 2003a: 452）。

对坚果、谷物和贝类的采集可能在使用陶器前就出现了。在陶器被发明前，这些食物肯定也用其他方法烹煮了数千年。从这个角度看，陶器在中国的发明是在延续旧石器时代晚期食物系统的情况下的炊煮方法的进步。总体上讲，陶器在形状和制作技术上的区域性差别可能与陶器的功能有关，但要说明这涉及哪些食物，我们就不能仅依据技术功能理论推测，而要进行残留物分析，以检验对早期陶器功能的假说。

关于陶器在世界范围内的起源有各种各样的理论。第一种是"建筑假说"，认为制陶是与早期建筑同时产生的；第二种是"厨房假说"，认为陶器是作为厨房中的盛器被发明出来的；第三种是"资源利用加强假说"，认为陶器的出现是适应性生业策略的一部分，是用来应对更新世晚期至全新世早期这一过渡期中发生的环境和食物资源变化的（参见 Rice 1999 的综述）。中国考古资料中的陶器遗存似乎支持第二和第三种假说。

东亚区域背景下的陶器起源

陶器在中国的起源是东亚这一广阔的地理范围内发生的社会技术变革的一部分。东亚的范围包括中国、日本和俄罗斯远东地区。在末次冰盛期，海平面比现在低140米，日本列岛还是一个整体，其北部（通过萨哈林和西伯利亚），可能还有南部（通过朝鲜半岛）与亚洲大陆连接在一起（Aikens and Akazawa 1996; Cohen 2002: figure 1; Ikawa-Smith 1986: 203）。在这片比现在更大的东亚大陆上，移动性的狩猎采集人群和他们的技术应该发生过相当频繁的流动，区域间的互动应该是经常发生的。正是在此背景下，最早的制陶技术都在约距今16000年（cal.BP）前后或更早出现在东亚的几个地区（参见图3.8）。

在日本，最早陶器的出现标志着从旧石器时代向绳文时代草创期（12800～10500 BP）的转变。这些最早的陶器都是小碎片，只出土于洞穴遗址，如本州北部青森市的大平山元 I 遗址（约16500 cal.BP）和九州南部岛屿上的福井遗址（Habu 2004: 26–32; Tsutsumi 2002）。这些最早的陶器均素面，有些有植物类羼和料。虽然器形在大多数情况下难以复原，但有些明显是平底器（Keally et al. 2003: 5; Kidder 1957: 7）。通常认为日本最早的陶器是用来炊煮食物的（明显是用外部加热法），因为在素面陶器的外表有烟炱，而且陶罐内有炭化食物残留（Kobayashi 2004: 19–20; Tsutsumi 2002: 249）。

这些早期陶器残片与属于神子柴类型的石器共出。该类型石器包括磨刃石斧和大型尖状器，起源自俄罗斯远东和西伯利亚及邻近地区（Habu 2004: 26–32; Tsutsumi 2002）。一些绳文文化草创期的聚落表现出定居生活方式，例如建筑了稳固的地穴式居室，有用石块搭的火塘、食物储存设施、烧火坑和石块堆积。这些都是长时间使用的居住设施的证据。绳文草创期的石器遗存包括打制的尖状器、刮削器、半月形器和矛头；还有打制和磨制的石斧，可能是用于木材加工的；以及加工植物和动物类食物的碾磨石器（Habu 2004: 57–78；Kobayashi 2004: 7–17）。这些物质遗存与中国更新世末期遗存非常相似。

绳文人生活在温暖且富裕的温带环境中，依赖多种食物生存，对淡水鱼类和栗子、胡桃和橡子等坚果类食物的依赖日渐增强（Kobayashi 2004；Tsutsumi 2002）。定居程度的时空差异很大。有些遗址可能已经发展到完全定居的程度，而其他则似乎只是季节性的定居营地（Habu 2004: 79–134；Pearson 2006）。虽然食物生产在绳文人中的重要性得到学术界越来越多的认可（Crawford 2008），总体而言，绳文时期经济的基本特征还是以发达的移动性获取食物和开发生态系统中不同种类的资源为主。这种情况表明，从采食者到集食者的这一过程中，绳文人更靠近集食者这一端（Habu 2004: 63）。绳文人的这种生业–聚落策略在全新世初期的中国同样存在。

在俄罗斯远东，最早的陶器出土于阿穆尔河（黑龙江）下游地区，以嘎斯雅（Gasya）和库米（Khummy）遗址为代表，年代为距今16500～14500年（Kuzmin 2003b: 22；Kuzmin and Orlova 2000: 359）。陶器标本质地脆弱，估计烧成温度不会超过600摄氏度。这些早期陶器是平底器，胎体有两种：一种是天然黏土，没有羼和料；一种则杂有植物羼和料（Zhushchikhovskaya 1997）。成形方法是把泥贴在作为模具的篮子里或篮子外（Zhushchikhovskaya 2005: 23）。

与这些最早的陶器共出的石器遗存具有中石器传统特征。嘎斯雅遗址的孢粉资料显示，最早的陶器发展时期的环境非常寒冷，主要植被是少量松树和落叶针叶林和大片开阔的草地。这一地区最早陶器的出现可能与食用坚果和对鱼类的深度开发有关（Kuzmin 2003b）。嘎斯雅遗址出土的一些陶器的表面有残留物，支持陶器具有炊煮功能的观点（Zhushchikhovskaya 2005: 29）。也有学者提出这些最早的陶器是与定居一起出现的，因为在库米遗址发现了居室遗迹（Kuzmin 2003b），而且整个地区内的更新世–全新世过渡期遗址都有在一个地点长期居住的证据（Zhushchikhovskaya 2005: 28）。

这些资料表明，在俄罗斯远东地区制作出最早陶器的人群的生业经济，基本是在可获得多种食物的环境里，依赖渔猎和采集策略。这些社群可能在季节性营地里居住过相当长的时间，有足够的时间制作陶器。这一情况可能与发现有华北地区最早陶器的虎头梁遗址相似。

在俄罗斯远东地区，不仅最早的陶器是用篮子模制的，后续的新石器时代陶器的表面纹饰还是模仿篮纹（Zhushchikhovskaya 2005: 62-71）。值得注意的是，华北地区的东胡林和南庄头遗址的最早陶器的口沿残片也有模仿编织器的花边（参见图3.5，3）。这一现象凸显了篮子和陶器这两类容器的相似性——它们具有相似的技术设计和理念，也具有某种功能上的一致性，这种相似性支持篮子和早期陶器均为用于石煮法的器物这一假说。更重要的是，正如俄罗斯学者注意到的，包括俄罗斯远东地区、中国华北、朝鲜半岛和日本列岛的东亚地区早期陶工们都在陶器上复制编织物的形状和纹饰（Zhushchikhovskaya 2005: 71）。当然，目前还不知道这些相似性在多大程度上是区域间互动的结果，又在多大程度上是独立发展形成的巧合。

定居在中国的出现

定居在中国的发展过程尚未被系统研究过，只有少量对华南地区采集社群定居程度的分析。吕烈丹根据仙人洞洞穴遗址发现的野生稻和出土的鹿角与头骨相连等现象提出，该洞穴的居住季节可能为秋天到来年春天（Lu,T. 1999: 97）。相反，安田喜宪根据陶器的出现，推测在末次冰盛期的最后阶段东亚发生了"定居革命"，并在距今16500年（cal.BP）左右广泛扩散。但是他没有说明当时的定居程度有多高（Yasuda 2002）。依据目前的材料，在全新世早期，某些地区可能出现了程度较高的定居，上山是其代表。

上山处在亚热带环境中，虽然自然资源的季节性很强，但相当丰富。夏季和秋季食物充足，冬季则匮乏。由聚落规模看，与更新世晚期相比（Lu, T. 1999），全新世早期的上山人口密度相当高。这些遗址的考古资料显现出一种混合式居住模式，其突出特征是既实行集食者策略中的那种季节/年度性移动（参见 Binford 1980），定居性又逐渐增强。植物类食物被开发，特别是橡子。

世界上很多地区的人群都以橡子为基本食物（Mason 1992, 1996）。橡子富含单宁酸，在15种栎属的橡子中，其含量由2.21%至22.74%不等（荚恒龙，周瑞芳 1991），在4种青冈属橡子中，含量为2.21%～15.75%（端木炘 1995），在8种石栎属橡子中，含量为0.63%～3.31%（端木炘 1997）。橡子在食用前要经过去酸处理（包括碾磨和过滤），程序相当复杂、耗时，然后才能达到可食用要求（Bettinger et al. 1997；Mason 1992, 1996）。目前在中国，橡子主要用来做饲料、酿酒和制作工业淀粉（荚恒龙，周瑞芳 1991；杨萍等 2005），但也被人们食用，在饥荒的年代尤其如此。不同地区的加工方法各不相同，但基本的程序有浸泡、碾磨、去壳、过筛、过滤和晒干，整个过程需要好几天（参见白坤等 2000；荚恒龙，周瑞芳 1991）。因为橡子一定要经过碾磨这道加工程序才能食用，全新世早期遗址发现的大量碾磨石器和相关的残留物分析表明，橡子在全新世早期可能已经成为人们食谱中的重要食物。

狩猎采集社会中集中储藏和定居的密切关系早已被认识到（如Testart 1982），但并非所有储藏方式都会导致定居（Soffer 1989）。移动的狩猎采集人群也会储藏保质期短的食物（如冷冻、风干或盐腌的动物食品），定居的狩猎采集社群会储藏在保质期或社会生活上能够长期食用的食品（比如坚果和谷物）。因此，被储藏的资源的性质是促成定居及其最终导致的食物精细加工的出现的最重要动因（Hitchcock 1987；Soffer 1989）。在秋天，橡子可以被轻松地大量采集并储藏很长时间。在中国，传统的橡子储藏方法包括悬挂在房屋内，存放在窖穴里，以及放置在篮子里，再把篮子放在流水中（不具名 1975）。

因为每年的产量不稳定，橡子可能是一种不可靠的食物资源（Gardner 1997）。如果一群人以橡子为基本食物，他们可能会在本地食物资源耗尽时，移动到资源更丰富的地方。这种移动可能是季节性的，也可能是若干年才发生一次，这种迁移时间间隔的差别，也许可以解释为什么上山遗址既有临时储藏器物的坑，也有更具持久性的居住设施。

综合而言，采集和加工橡子的各种因素——比如充足的季节性产量、长时间的储藏、加上耗时耗力的加工——都会促成和鼓励更加稳定的居住方式，这一情况至少适用于社群中一部分人。同时，橡树不同年份的产量变化也可能造成居住地的移动，在上山也许就有类似情况。我们必须对区域内的聚落分布、人口密度和对获取橡子及其他食物资源的采集行为进行更多的研究，才能加深对该地区聚落-生业模式的认识。

布鲁斯·斯密斯（Bruce Smith）曾经推测长江流域水稻种植社群的前辈是依赖于水生资源和野生稻的富足的定居社会（Smith 1995: 212）。目前的资料表明，长江下游地区的定居社会确实出现在资源富足环境中（参见Smith 1995），但是，那里的主要食物不是野生稻，而是其他淀粉类植物，尤其是当地盛产的如橡子一类的坚果。对橡子的大量采集、淀粉类食物碾磨加工技术的发展以及对储藏这些易于保存的食物设施的建设，所有这些因素综合在一起，造成了在发达的稻作农业出现之前，定居性就已经日益增强。

野生稻和栽培稻的小穗轴在上山均有发现（Liu, L. et al. 2007b；郑云飞，蒋乐平 2007），我们可以推测，遗址周围可以获得大量野生稻，而且人们可能已经尝试着栽培它们了。从生态的角度看，水稻的可储存性使它在匮乏的季节成为一种理想的替代食物。从社会的角度看，水稻在很多种植稻谷的人群中是宴饮和仪式活动中的重要食物（Hayden 2003）。我们目前所知中国最早的酿造饮料也是水稻制作的（McGovern et al. 2004, 2005）。因此，水稻可能曾是一种奢侈食品，在仪式活动中扮演着重要角色。水稻这方面的价值可能激励了人们对它的驯化。但是，上山的生业经济更可能是以狩猎采集为基本特征的，只有有限的水稻采集，可能还有种植。

把所有这些线索放在一起，我们可以得出结论，上山的生业经济是以"广谱策略"为特征的，依赖于渔猎和采集野生植物。在以采食者策略和集食者策略为两极的发展过程中，上山可被放置在集食者这一端的终点。也就是说，上山人可能是半定居、甚至几乎完全定居村落里的狩猎采集社群。该地区充足而多样的食物资源促成了后勤式食物获取方式，即小规模的任务组到远离居住营地的不同地点获取不同种类的食物。资源的季节性差异可能会在冬季和早春造成食物短缺，使得食物储存成为必需。如果坚果，特别是橡子，在该地区丰富的话，因为保质期长，会成为最适于储存的食物。要让坚果可以食用，需要复杂而费时的脱酸过程，这也会促成程度更高的定居。发展出必要的食物加工方法，完善坚果的储藏环境以延长其储存期，这些不仅需要环境上的准备，还要求技术上的发明，这些都是上山发展出后勤式食物供应定居生活方式的必备条件。轻质含植物糜和料的陶盆，可能就是为这些有组织的集食者设计出来的。

从生存适应的角度看，上山遗址表现出的很多特征与绳文文化相似。两个文化都有打制石器和磨制石器，使用陶器和后勤式移动集食方式，采用集中储藏，在富裕的自然环境中开发广谱的动植物资源。这些相似性可能是两个地区相似的生态系统造成的。也可以设想在旧石器时代晚期，两个地区通过陆桥或船只，存在某种文化交流（Ikawa-Smith 1986）。在两个地区之间完全有可能存在早于上山的古代聚落，但现在完全淹没在了中国东海之下（参见图3.8）。这些假定的遗址也许可以填补东亚地区大范围文化发展的时间缺环。由此看来，长江下游上山遗址物质遗存的独特性可能意味着与一种可能已经淹没在海洋之下的文化传统的密切联系，而与内陆地点的其他文化截然有别。

中国其他地区的过渡

需要指出的是，并不是中国所有地区都发现了更新世–全新世过渡期生业策略改变的证据。某些人群明显地在全新世继续着后旧石器时代传统，仍然依赖渔猎和采集。这些狩猎采集社群在华北的干旱和半干旱地区，在中国西北部和西南部的高海拔地区（Bettinger et al. 1994; Huang, W. and Hou 1998; Madsen et al. 1996; Rhode et al. 2007），在华南的一些洞穴遗址（如甑皮岩）以及属于热带的中国东南部和台湾地区（Zhang, S. 2000），均有发现（Bettinger et al. 1994）。这些地区迟到的生业经济–聚落的变化似乎表明，具有季节性丰富自然资源的适当的生态系统，可能是中国更新世–全新世过渡期发生的技术和社会转变的必要环境条件。

结 论

中国更新世–全新世过渡期的显著特征是各地区有不同的发展轨迹，彼此有相似之处，但也在物质文化上表现出明显的地方传统。在黄河和长江流域出现了几项主要的技术发明和社会发展，包括陶器的发明、磨制石器的生产、对植物类食物开发的日益加强和使用储藏设施，这些又共同导致了定居生活方式的出现和显著的人口增长。

这些发展需要从生业经济–聚落系统的角度来理解，还要考虑环境和生态背景。过渡期见证了从更新世晚期更具有采食者取向的人群向全新世早期更具有集食者倾向的人群转变的总体趋势。作为采食者，人们经常将其居住营地移动到可以获得食物的地点，华北地区的下川、柿子滩和虎头梁遗址群就是例证。作为集食者，人们组成食物获取任务组，到远离营地的地方获取食物，将相对耐久的食物储存起来，从而延长了其在居住营地的居住时间。这一情况的最佳例证是上山，但在东胡林、南庄头和李家沟也可以看到，虽然程度较弱。这一转变发生的必要条件包括三个因素：①温暖的温带和亚热带环境，可以提供种类丰富的食物资源，这些资源有规律地呈现出季节性的丰富和匮乏；②可以获得易于储藏的食物，特别是坚果和谷物，使定居生活方式成为可能；③食物利用技术的进步，比如可以用陶器炊煮食物，使人们适应环境的变化。其结果是定居、人口增长，还可能包括最初的谷物种植全都出现在过渡期，导致了我们在下一章要讨论的距今9000 年（cal.BP）以后新石器时代进一步的社会经济发展。

有巢氏，即本章开始引用的古代文献记载的建造住巢的人群，大概可以理解为是对远古居民古老记忆的神话表达。那些居民们在依赖狩猎采集经济的同时，开始了定居性更强的生活。

第 四 章

动植物的驯化

王者以民为天，而民以食为天。

——《汉书·郦食其传》

中国是世界上动植物驯化和农业起源的几个主要地区之一（Bellwood 2005；Smith 1998）。中国自古以来就以农业为根本，像在世界其他地区一样，农业是中国文明起源的经济基础。早期中国最重要的农作物和家畜（水稻、粟黍、大豆、猪、狗，可能还有鸡）都是本土驯化的，而小麦、大麦、山羊、绵羊和马则是在别的地方驯化后被引进的。驯化黄牛和水牛的源头目前还不是很清楚，它们应当是在不同时间和地区被分别驯化的，但这些物种转化发生的确切时空关系尚属未知。本章将按照上面提到的各物种逐次介绍其驯化过程，不像其他章节以时空顺序来展现考古资料，这样安排的目的是想给后面各章的讨论提供一个易于检索的资料索引。

植物的驯化

在系统的浮选法被中国考古学使用之前（赵志军2004d），发掘中对肉眼可见的植物遗存的收集很不系统，浮选只是偶然为之。对植物遗存的研究主要是植物学家对其进行种属判定。近年来，植物考古研究迅速发展，越来越多的考古项目开始使用浮选法和定量分析，这些研究成果极大加深了我们对中国植物驯化的认识。本节我们主要探讨目前对古代中国主要作物——水稻、粟黍、大豆、小麦、大麦和燕麦——驯化过程的认识。在这些驯化谷物中，研究者们对水稻最为关注。

水 稻

亚洲驯化水稻（*Oryza sativa*）包括两个亚种：籼稻（*O. sativa indica*）和粳稻（*O. sativa japonica*），一般认为亚洲驯化稻（*O. sativa*）来源于一般的野生水稻（*Oryza rufipogon*）。水稻何时、何地、被如何驯化的问题，长期以来一直争论不休。图4.1列出了本节探讨的和水稻相关的遗址。

何地？最初的观点是水稻驯化发生在喜马拉雅山麓，包括从印度东北的阿萨姆邦-梅加拉亚邦到东南亚和中国西南地区的山脉地区（Chang, T. 1976），但支持此观点的证据有限且不可靠。尤其是考古资料显示，东南亚和中国西南地区发现的水稻遗存远晚于长江流域的发现。20世纪70年代，随着几个距今7000年（cal. BP）前后的新石器时代水稻生产遗址（如河姆渡、罗家角、草鞋山遗址）的发现，严文明提出长江下游是水稻驯化的主要中心（严文明 1982）；到八九十年代，在江西的仙人洞和湖南的玉蟾岩、彭头山和八十垱等遗址发现了新的距今8000年（cal.BP）或更早的水稻生产遗存，考古学家的视线又开始转移到长江中游地区，探寻水稻驯化的起源（MacNeish et al. 1998; Pei, 1998; Yuan, Jiarong 2002; Zhao, Z. 1998）；进入21世纪，三个长江下游地区的遗址——上山（Jiang, L. and Liu 2006）、小黄山（张恒，王海明 2005）和跨湖桥遗址（浙江省文物考古研究所，萧山博物馆 2004）——也发现了距今11000~7000年（cal.BP）的水稻遗存。这些发现再次引发关于水稻驯化起源的争论，尽管有些学者认为淮河上游也是水稻驯化的起源地之一（张居中等 1996），多数学者认为，水稻的驯化最初发生在长江中下游一带（Bellwood 2005; Crawford 2006; Crawford and Shen 1998; Higham and Lu 1998; Yan, W. 2002）。江西仙人洞、吊桶环遗址（Zhao, Z. 1998）的更新世晚期堆积及浙江一些后旧石器时代和新石器时代早期遗址（郑云飞等 2007；郑云飞，蒋乐平 2007）发现的野生水稻遗存证实，长江流域是野生水稻的自然分布

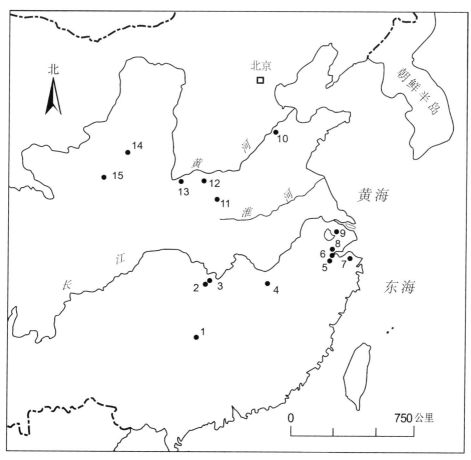

图4.1 第四章所述与水稻遗存有关的遗址
1. 玉蟾岩 2. 彭头山 3. 八十垱 4. 仙人洞—吊桶环 5. 上山 6. 跨湖桥 7. 河姆渡、田螺山 8. 罗家角
9. 草鞋山 10. 月庄 11. 贾湖 12. 灰嘴 13. 南交口 14. 庆阳 15. 西山坪

区,这就使水稻驯化起源于该地区的观点更加合理。

何时?水稻最早什么时候开始被驯化也是一个长期争论的问题,这在很大程度上归因于学者们在区分野生稻和驯化稻时使用了不同方法和标准。在中国通常使用三种方法。第一种方法依据的是稻粒的形状,通过测量稻粒的长/宽比值区分野生稻(长/宽>3.2)和驯化稻种——籼稻(长/宽=2.3～3.2)和粳稻(长/宽=1.6～2.3)。基于这种方法,有人认为人类最初干预水稻生长周期的行为发生在更新世晚期,玉蟾岩洞穴遗址(Yuan, Jiarong 2002)就是典型的例证。有人认为水稻农业在距今9000年(cal.BP)前就开始了,彭头山、八十垱和贾湖遗址发现的水稻遗存就是明证,尽管当时栽培稻在生存经济中可能并不占主导地位(Pei 2002;张居中,王象坤 1998)。然而,很多学者对还没有直接测年数据的玉蟾岩遗址水稻的古老性持谨慎态度。克劳福德和沈辰指出,在不知道是否有驯化或非驯化形态的小穗轴的情况下,断言八十垱遗址的水稻已经被驯化是不能让人信服的(Crawford and Shen 1998: 864–865)。

因为现在的驯化稻和野生稻在大小和比例上存在很大差异,很难把古稻归入任何一个现生稻种,所以长/宽比值法在实践中可能难以奏效(Fuller et al. 2007)。而且,这种方法似乎是建立在籼稻和粳稻两个亚种是在水稻被驯化后才出现这一假设的基础上,因此认为,这两个稻种若在水稻遗存中同时出现,则意味着水稻已经被驯化。但这种假设看起来是有问题的。根据对普通野生水稻核心DNA限制片段长度的多态分析,孙传清等人指出,中国普通野生水稻存在基因多样性,有原始型、类籼稻型和类粳稻型(孙传清等 1997)。根据这一DNA分析的结果,佐藤洋一郎认为籼稻–粳稻的分异在 sativa 稻种群驯化前就已经出现了(Sato 2002)。他对中国考古遗存中的28粒稻粒的研究表明,所有种子都有粳稻的基因特征。在冈彦一和森岛启子做的野生水稻实验栽培中,野生稻(perennis)和驯化稻(sativa)杂交生长(而非纯种生长),表现出驯化特征的快速发展。从时间上看,籼稻–粳稻这样的种群区别更像是水稻的最初驯化完成后的二次产品。在栽培初期,水稻种群包含了初级驯化和二级驯化的不同特征,很可能存在高度基因差异(Oka and Morishima 1971)。根据这些研究,早期水稻遗存中存在的稻粒个体形态差异,可能是因为其中包含了野生稻、最初驯化稻和杂交稻等各种品种。

确定驯化水稻的第二种方法就是植硅石研究,但不同的研究者得出的结论却显著不同。赵志军对江西吊桶环洞穴遗址的水稻颖壳双峰乳突植硅石进行分析,结果显示在晚更新世(12000～11000 BP)就开始了野生水稻的采集,随后在距今10000～8000年,采集野生水稻和收获早期驯化水稻共存,最后到距今7000年左右,驯化稻成为主体(Zhao, Z. 1998)。张文绪对比了古代和现代水稻双峰乳突植硅石，认为水稻栽种的最早阶段可以追溯到更新世晚期或全新世早期（Zhang 2002）。郑云飞等人对植物运动细胞的植硅石研究显示，上山水稻（11000～9000 cal.BP）的植硅石形态和热带籼稻相似，这说明水稻的栽种开始于全新世早期（郑云飞等 2007）。相反，傅稻镰等人对长江下游地区水稻遗存的扇形植硅石进行了分析，认为驯化稻在崧泽和良渚文化（6000 cal.BP 之后）时期才出现（Fuller et al. 2007）。

确定驯化水稻的第三种方法主要着眼于小穗轴的形态研究。野生谷物/水稻的小穗轴较脆，易于成熟种子的自然脱落；而驯化谷物/水稻的小穗轴较坚实，种子不易自然脱落，因而有助于有计划的收割。因此，当人工收割脱粒后，驯化水稻的壳上常留有标志性的折断的小穗轴残部（Hillman and Davies 1999; Sato 2002）。对上山水稻遗存（11000～9000 cal.BP）的研究也揭示了早期水稻栽培的可能性。对水稻壳小穗轴的显微镜观察发现，具有野生稻和驯化稻特征的稻壳共存，其中驯化稻与粳稻比较相似（郑云飞，蒋乐平 2007）。

按照郑云飞等人的研究，跨湖桥遗址发现的120个稻壳中，42%有小穗轴残留部分，为栽培粳稻，58%的小穗轴上有光滑的疤痕，是野生水稻的特征。和河姆渡遗址同时期的罗家角和田螺山遗址的451个稻壳中，51%有栽培种的坚实小穗轴，49%有像野生稻那样松脆的小穗轴。跨湖桥和罗家角–田螺山的水稻遗存相比较，栽培种的比例从42%上升到51%，即在距今8000～7500年（cal.BP）这500年间共增长了9%。如果这个数字可以看作一个平均的驯化率，那么最早的驯化就有可能发生在距今10000年（cal.BP）前（郑云飞等 2007）。这一数据还表明，水稻的最初驯化（近0的栽培种）到完全驯化（近100%的栽培种）可能需要超过5000年的时间。这个由郑云飞等人提出的论点仍然需要更多遗址、更大量的样本来验证。例如，最近对田螺山遗址水稻小穗轴的形态研究表明，未自然脱落的驯化型水稻小穗轴的比例在300年间（6900～6600 cal.BP）从27%增长到39%（Fuller et al. 2009），这远低于上面提到的变化速度。所有研究都表明，从水稻的最初栽培/人工干预到完全驯化需要很长的时期，在这个过程中，水稻种群可能拥有野生稻、驯化稻和杂交稻相混合的特征（Liu, L. et al. 2007b）。水稻驯化是一个连续的过程,在考古遗存中,我们永远都不可能在野生栽培稻和栽培驯化稻之间划出清晰的分界线。

总之,玉蟾岩和吊桶环的晚更新世水稻遗存可能代表了采集野生水稻阶段,全新世早期的上山遗址的水稻遗存应该是寻找早期水稻驯化证据的焦点。淮河流域贾湖遗址的资料显示,距今9000年(cal.BP)的华北地区居民比以前更多地依赖很可能是野生和驯化相混合的水稻(河南省文物考古研究所1999a;赵志军,张居中2009)。山东月庄遗址的资料显示,到距今8000年(cal.BP),水稻向北延伸到了黄河下游地区(盖瑞·克劳福德等2006);河南南交口(魏兴涛等2000)和灰嘴(Lee, G. and Bestel 2007; Lee, G. et al. 2007)遗址的发现表明,到距今6000～5500年(cal.BP),水稻传播到了黄河中游地区;甘肃庆阳(张文绪,王辉2000)和天水西山坪(Li, X. et al. 2007)遗址的发现表明,到距今5500～5000年(cal.BP),水稻又传播到更远的黄河上游(参见图4.1)。贾湖和跨湖桥的资料说明,在距今9000～8000年(cal.BP),水稻驯化在中国南方和北方可能同时发展(Liu, L. et al. 2007b)。

对水稻什么时候变成主要粮食这个问题考古学家们几无共识。一些学者相信,河姆渡的水稻产量大,以水稻为基本作物的锄耕农业已经出现(如黄渭金1998;严文明1982),而其他学者则强调在长江流域,除了栽培稻,野生稻和其他野生植物也一样重要(如Crawford 2006; Crawford and Shen 1998)。尤其是张光直提出河姆渡和马家浜文化先民是富裕的采集者,开发着丰富的野生动植物资源,同时也栽培水稻(Chang 1981a)。蔡保全对"河姆渡发现的大量骨铲表明锄耕农业已经出现"这一推论提出质疑。他指出,这些骨铲更可能是用于挖储藏坑和柱洞的,而不是用于稻田耕作,因为一些坑壁上遗留的挖掘痕迹和这些骨铲的宽度一致。根据出土物,他进一步指出,采集狩猎是河姆渡生业经济的主要组成部分,而栽培稻仅扮演了次要角色(蔡保全2006)。其他研究者(如Fuller et al. 2007)也提出了相似的观点。这些有关骨铲功用的不同观点需要通过对工具使用痕迹的分析来验证。但是,现有的资料显示,在华南地区,以水稻为基础的农业的确立是一个持续好几千年的渐进过程。

如何驯化？促成从野生稻采集到完全驯化这一进化选择过程的主要因素是什么？查尔斯·海厄姆（Charles Higham）提出，与大麦和小麦的驯化相似（Hillman and Davies 1999），向水稻栽培的转变也需要好几个条件（Higham 1995）。首先，采集者的收获方法是划船进入野生稻生长的水域，只是简单地把成熟的种子敲打进船舱或容器里，这种方法不会导致水稻驯化，而早期栽培稻的耕种者在收获时需要割断稻秆，然后在田里种下新的水稻。常年重复这样的劳作过程才会促成对有坚固小穗轴的成熟稻谷的选择。第二，从事收割、选种、种植和烧荒这些破坏、控制和再生性活动的人群，必须认为这些新的实践活动符合他们的宗教和文化价值。第三，定居生活方式应该已经完全确立，只有在此情况下耕种才能成为基本经济策略；而此策略一旦被采用，可以反过来更好地强化定居的长期性，来保护已投入可观人力物力的栽培成果。然而，在考古资料中认定这些因素并不是简单而直接的事情。

冈彦一和森岛启子在实验研究的基础上得出这样的结论：如果在一片田地里用刀收获和播种，只要五季后，实验样本就会出现重量和小穗轴数量增加及落粒比例减少的情况，这是不落粒基因选择的结果（Oka and Morishima 1971）。希尔曼和戴维斯通过对大麦和小麦栽培的实验研究也得出了相似的结果（Hillman and Davies 1999）。这些研究都表明，在可控条件下，谷物（包括水稻）形态在所谓的"栽培压力"下会相当快速地变化。然而在现实中，因为在最初驯化的过程中很多因素都是我们不知道的，水稻驯化所用时间会比实验中显示的要长得多。

更新世末期长江流域的水稻是如何被收割的还不是很清楚。根据吕烈丹的研究，湖南玉蟾岩发现的有锋利刃部的穿孔贝壳，可能就是用于切割的工具；吊桶环发现的少量燧石制成的石片边缘有磨光痕迹，可能就是收割谷物造成的。然而，这些观点尚非定论（Lu, T. 1999: 87,94）。赵志军对吊桶环土样的植硅石分析显示，稻属叶子的植硅石很少，而稻属的颖壳细胞却很多，说明被带回聚落的主要是稻粒，稻秆可能并未被收割（Zhao, Z. 1998: 891–892）。

在中国南方，带稻秆收割水稻的最早迹象可以溯源到上山遗址，该遗址的烧土和陶器中夹杂大量的稻壳和叶子。但我们不确定稻秆是用工具收割的还是用手拔下来的。该遗址发现了像石刀这样的砍割工具，但尚未对其进行使用痕迹的分析来确定其功用（蒋乐平2007）。在跨湖桥中层（7700～7300 cal.BP）发现了十几个带有稻穗的稻秆（浙江省文物考古研究所，萧山博物馆 2004: 325），没有发现根，说明水稻是通过砍割稻秆来收获的。但在跨湖桥遗址还没有发现镰刀或刀。在中国北方，贾湖遗址发现了最早的收割工具。该遗址出土的磨光石镰相当多（45个），占磨光石器总量的16%。一般认为其中有些镰，尤其是那些有齿状边缘的镰是用于收割水稻的（河南省文物考古研究所1999a）。但这些工具的功用还需要通过使用痕迹分析来确定。纵览这些资料，目前我们还是没有确切的证据来论证人们开始有意或无意干预水稻生长周期的准确时间，也就是最终导致水稻驯化的时刻。

即使是在驯化的早期，稻田的管理可能就要消耗相当的劳动力。在浙江田螺山（5000 BC～2500 BC）（Zheng, Y. et al. 2009）、湖南城头山（4500 BC～4300 BC）（何介钧1999）和江苏草鞋山（约4000 BC）（邹厚本等2000）遗址均发现有早期稻田和相关灌溉系统，说明7000年前长江流域水稻生产就已经更精细化了。早期农业阶段，在旱季用烧荒法来清理稻田可能是田间管理的普遍方法，田螺山遗址稻田堆积中发现的大量微小炭粒就是证据（Fuller and Qin 2009; Zheng, Y. et al. 2009）。

对从跨湖桥遗址堆积中提取的花粉、海藻、真菌孢子和微小炭粒进行的实验室分析显示，在距今7700年（cal.BP）前后，跨湖桥地区的新石器时代居民已经采用了好几种方法来建设他们的聚落和从事水稻栽培。也就是说，他们通过烧荒清理土地，在低洼的湿地种植水稻，通过控制季节性洪水、烧荒和施肥来维护稻田，进而在水稻种植中提高产量（Zong, Y. et al. 2007）。然而这种推测遭到跨湖桥遗址发掘者的质疑，他们指出，用于上述实验研究的样本其实是从遗址的居住区域采集的，这些样本只能反映当时居民的生活垃圾情况，并非推测稻田情况的佐证（蒋乐平2008）。

水稻驯化的过程是一个正在进行的研究课题，目前有待解决的问题要多于答案（参见Crawford 2011的总结）。但现在绝大多数的研究者认为，如果从更新世末期野生稻采集的出现到全新世早中期水稻的完全驯化需要花费几千年的时间，那么人们面临的生存选择压力明显没那么紧迫，水稻在新旧石器过渡期的广谱生存经济中只扮演了次要的角色（如赵志军，张居中 2009）。

粟 黍

一般认为有两种小米是在中国被驯化的，即粟（*Setaria italica*）和黍（*Panicum miliaceum*）。粟的野生祖本是青狗尾草（*Setaria viridis*），它是一种广泛分布在中国大部分地区的一年生草本植物，黍的野生祖本还不确定（Gao, M. and Chen 1988；Lu, T. 1999）。

何地与何时出现？ 根据山西下川（约23900～16400 BP）和柿子滩第9地点（约12700～11600 cal.BP）出土石器的残留物分析和使用痕迹分析，在更新世末期，包括谷物在内的野生植物的采集已经成为广谱生业经济的一部分（Liu, L. et al. 2011；Lu, T. 1999: 28–32）（参见第三章）。这些结果显示在两万年前中国北方人类就开始采集和加工野生草本植物，有些可能是粟黍及其他谷物类植物的野生祖本。

目前还缺乏关于野生粟黍向驯化粟黍间过渡的研究。栽培粟黍的最早阶段在距今8200年和7000年之前，相关考古资料分布广泛，横跨中国北方从东北的辽河流域到西北的黄河上游的广大地区。最早的驯化粟黍标本出现在内蒙古赤峰兴隆沟遗址（8200～7500 cal.BP）（赵志军 2004a）、山东月庄遗址（约 8000 cal.BP）（盖瑞·克劳福德等 2006）、甘肃秦安大地湾遗址（7800～7350 cal.BP）（刘长江 2006）、河北武安磁山遗址（7400～7200 cal.BP）（孙德海等 1981）以及河南的几个裴李岗遗址（8000～7000 cal.BP）——包括巩义的府店和坞罗西坡（Lee, G. et al. 2007）和新郑的裴李岗和沙窝李（王吉怀 1983；郑乃武 1984）。近期的研究表明，河南裴李岗文化莪沟遗址中几件磨石上的残留物内有小米淀粉，这为之前对大植物的研究结果提供了佐证（Liu, L. et al. 2010a）（图4.2）。兴隆沟、月庄和大地湾出土的大多数是黍。兴隆沟黍的大小被鉴定为介于现代栽培黍和野生黍之间，形状比野生的圆满，代表了驯化的初期阶段（赵志军 2004a）。因为黍的

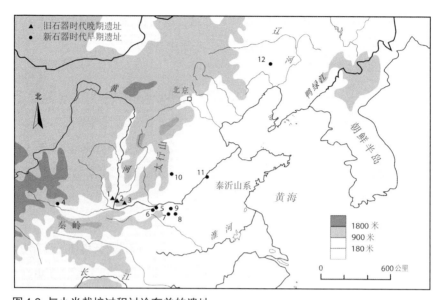

图4.2 与小米栽培过程讨论有关的遗址
旧石器晚期遗址：1. 龙王辿 2. 柿子滩 3. 下川 新石器早期遗址：4. 大地湾 5. 坞罗西坡 6. 府店 7. 莪沟 8. 裴李岗 9. 沙窝李 10. 磁山 11. 月庄 12. 兴隆沟

野生祖本还是未知的，很难说驯化黍与其野生祖本相比发生了哪些变化。通常，从辽河流域（赵志军 2004a）和黄河流域（盖瑞·克劳福德等 2006；Lee, G. et al. 2007；刘长江 2006）的几个遗址中可以观察到粟黍遗存的两种趋势：第一，谷粒的尺寸随着时间不断增加（图4.3）；第二，在比例方面，从新石器时代到青铜器早期粟的数量不断增加而黍在不断减少。

磁山遗址发现了80个有很厚的粮食（粟）堆积的窖穴（孙德海等 1981），有人估计可容纳5万公斤（佟伟华 1984），因而被解释为粟作生产发展的例证。然而，炭化粟粒并没有保存下来，粟的存在是由植硅石和淀粉粒分析认定的（黄其煦 1982；Lu, H. et al. 2009；Yang, X. et al. 2012）。另外，在一些坑的粮食堆积层下还发现有猪和狗的骨架，这种条件也不利于粮食的储存。因此，磁山遗址"粮食窖穴"的性质和粟遗存的数量长期以来是悬而未决的问题（详见第五章）。

近期对遗址中五个灰坑中土壤样本的植硅石分析显示，磁山最早驯化的小

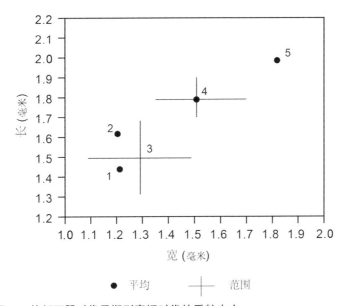

图4.3 从新石器时代早期到青铜时代的黍粒大小
1. 大地湾 2. 兴隆沟（7000 BC ~ 5000 BC）3. 大地湾仰韶晚期（3500 BC ~ 3000 BC）
4. 班村龙山早期（3000 BC ~ 2500 BC）5. 兴隆沟夏家店下层（2000 BC ~ 1500 BC）

米是黍，年代为距今10300年（cal.BP），粟在距今8700年（cal.BP）之后才出现（Lu, H. et al. 2009）。这是目前最系统的研究，使我们得以通过植硅石分析把两种驯化小米和野生的粟黍类杂草区分开来。但这一重要发现却遭到了中国考古学家的质疑，尤其是对驯化粟黍非常古老的年代和研究者的取样方法的质疑。土壤样本是从没有经过系统调查或发掘的灰坑里提取的，且加速器质谱（AMS）年代不是得自炭化种子。进一步的调查和发掘才能为我们提供该聚落更全面的图景。

在这些早期新石器时代居民的膳食中，粟黍似乎只占了相当小的比例。例如，兴隆沟遗址的兴隆洼时期堆积中，粟黍只占浮选出的籽粒总量的15%，而在同一遗址青铜时代的夏家店下层（4000 ~ 3500 cal.BP）堆积中，粟黍却占浮选籽粒总量的99%（赵志军 2004a）。莪沟遗址磨石上的残留物分析也显示，小米淀粉粒比例也很低（Liu, L. et al. 2010a）。在黄河流域，仰韶文化时期可能才形成了以粟黍为主的生业经济。对人骨和动物骨骼的同位素分析显示，粟黍在陕西姜寨和史家（6900～6000 cal.BP）遗址占先民饮食的75%～85%，在河南西坡（6000～5500 cal.BP）占猪和狗食物构成的90%（Pechenkina, E. et al. 2005）。在伊洛地区，仰韶文化晚期（5500～5000 cal.BP）粟黍开始在植物遗存组合中占主导地位（Lee, G. et al. 2007）。

如何驯化？粟黍最初是如何被驯化的还不清楚。吕烈丹（Lu, T. 1998，2002）通过进行狗尾草种植和收获实验指出，粟的祖本——青狗尾草不需要人的照料就可以很好地生长，所以播种后是不需要管理的。青狗尾草的产量很低，所以村落居民不可能仅仅依赖这种谷物生存。吕烈丹认为这一实验结果表明，最早的农民是游动的采集者，他们可能是有意栽培谷物的，但这种最早期的栽培未给他们的生业经济策略带来什么变化（Lu, T. 1998, 2002）。

较低水平的粟作生产不需要很多田间管理，因此我们不能期望这会造成物质遗存方面的显著变化，考古资料中也就很难发现这些耕作栽培活动遗迹。我们也不知道最初的栽培会对种子的形态带来多大程度的变化，这也造成认定早期粟黍栽培证据的困难。为了探寻粟作起源的踪迹，中国考古学必须更普遍地使用系统而严格的资料收集方法，如浮选法、工具微痕研究和残留物分析等，在旧石器晚期和后旧石器时代遗址的考古工作中尤其应该如此。

大 豆

大豆（*Glycine max* subsp. *max*）是目前世界上最广泛种植的作物之一，但它起源的地理位置和时间还是悬而未决的问题。驯化大豆可能源于野生大豆（*Glycine max* subsp. *soja*），广泛分布于中国大陆的大部分地区（青海、新疆和海南除外）和台湾以及朝鲜、日本和俄罗斯的远东地区（郭文韬 2004；Hymowitz 1970；Hymowitz and Singh 1986）。野生和驯化大豆是可杂交的，有相似的形态、分布、同工酶带模式和DNA多态性（Hancock 1992: 231），这些因素使我们很难区分驯化和野生种的差异（Lee, G. et al. 2011）。

植物学、历史学和考古学等不同学科的研究者，都在试图研究大豆的起源，并提出了五种假说：①中国西北起源说，②黄河流域起源说，③黄河流域和东北地区双中心起源说，④中国南方起源说，⑤中国境内境外多元起源说（崔德卿 2004；赵团结，盖钧镒 2004）。这些观点的差异性说明大家在使用研究方法方面存在一些普遍问题。不少研究根据现代野生或栽培大豆的基因多样性中心的认定来推断栽培大豆的起源，但这些现代基因多样性中心可能与起源中心并不相关，更多的是反映了目前而非起源时的状况（赵团结，盖钧镒 2004: 958）。更重要的是，多数植物学和基因学研究并没有考虑近期的考古发现。

为了更好理解大豆驯化的起源，我们需要整合民族志、考古学和生物学多方面的线索。

民族志资料 | 最早记载大豆的史书是书于公元前 1000 ～前 600 年的《诗经》（Loewe 1993）。大豆，又称作"菽"和"荏菽"，在好几首诗中都被反复提及，并涉及与它相关的各种社会活动。两个不同的动词"采"和"获"被用于描述大豆的采集。一些学者认为"采"指采集野生大豆，"获"指收获栽培大豆（郭文韬 1996）。

菽（即大豆）还出现在《大戴礼记》中的《夏小正》中（Riegel 1993）。《夏小正》是兼具农业和仪式功能的历法，据说最早出现在夏代（2100 BC ～ 1600 BC），后来在公元前 1 世纪左右被编进《大戴礼记》。在《夏小正》中，菽与黍同时出现（"种黍菽糜"），它们同在夏历五月播种（朱尧伦 2003），和现在的农历六月初（王安安 2006）或公历七月初相一致。这一内容显示在公元前第三千纪晚期和第二千纪早期，夏季大豆已经在传统上被认为是夏代起源地的黄河流域栽培了。

公元前 3 ～前 1 世纪成书的《逸周书·王会解》最早提及中国东北的大豆（Shaughnessy 1993）。书中记载，在西周灭商（公元前 1046 年）后，大会诸侯及四夷，各地人民向周王进献的贡品中就有山戎人的"戎菽"。一般认为山戎指的就是居住在中国东北的居民（郭文韬 1996）。何炳棣认为这个记载指出了大豆栽培的地理源头及其民族（原始通古斯）背景（Ho, P. 1975: 77–81）。如果像《夏小正》中所说，"菽"在公元前 1000 年就在黄河流域出现，那么可以把"戎菽"认定为引进到周王朝的不同大豆的品种。

在公元前5～前1世纪编纂的治国经典《管子·戒》里，也有关于"戎菽"的记载："北伐山戎，出冬葱与戎菽，布之天下。"（Rickett 1993）文中记载了山东地区的齐桓公北伐山戎，才使"戎菽"以战利品的形式被带回，继而传播天下。从记载中可以认为，一种原产于东北地区的大豆在公元前7世纪以后得以广泛传播到其他地区。

考古学资料 | 一般栽培的豆类有三个特征：①成熟后豆荚不爆裂，②豆粒皮薄，③豆粒尺寸增大（Butler 1989）。前两个特征在考古学资料中不易识别，所以考古学家唯一可以依赖的就是豆粒的尺寸。虽然在考古记录中随着时间不断增长的豆粒尺寸是判定栽培大豆很好的指标（Lee, G. et al 2011），但豆粒尺寸不应被看成辨别栽培大豆的唯一指标（Crawford and Lee 2003）。

在中国已经有30多个遗址发现了大豆遗存，年代从裴李岗文化到汉代（7000 BC～220 AD）（图4.4）。在中国北部，河南贾湖遗址（7000 BC～5500 BC）（赵志军，张居中 2009）、班村遗址（约5500 BC）（孔昭宸等 1999b）和山东月庄遗址（约6000 BC）（盖瑞·克劳福德等 2006）都发现了最早的被鉴定为野生的大豆遗存。贾湖遗址出土的野生大豆种子总计581粒，占出土植物种子的14%，这些野生大豆在形态上相对一致（长3.28±0.47毫米，宽2.33±0.35毫米），但还是比从安徽采集的现代野生大豆（长3.81±0.49毫米，宽2.77±0.33毫米）小。考虑到贾湖出土大豆数量相当多，它们肯定是人为采集来的食物（赵志军，张居中 2009）。在中国南方，新石器时代和青铜时代唯一发现大豆种子的是湖南八十垱遗址（7000 BC～5800 BC）（湖南省文物考古研究所 2006: 525），说明这里不太可能是大豆起源的中心。

在黄河流域的好几个遗址都发现有仰韶晚期（3500 BC～3000 BC）的大豆遗存，出土最多的是河南郑州的大河村遗址（图4.4, 15）（Lee, G. et al. 2011；刘莉等 2012）。大河村的种子遗存最开始被误认为是高粱（李璠 2001），在发掘中被发现于房址F2地面的陶罐中（郑州市文物考古研究所 2001: 169–170）。虽然这些大豆是否被驯化还不清楚，但这是最早的新石器时代居民采集和储存大量大豆的证据。

与仰韶时期相比，新石器晚期的龙山文化遗址中发现的大豆种子更多，而且

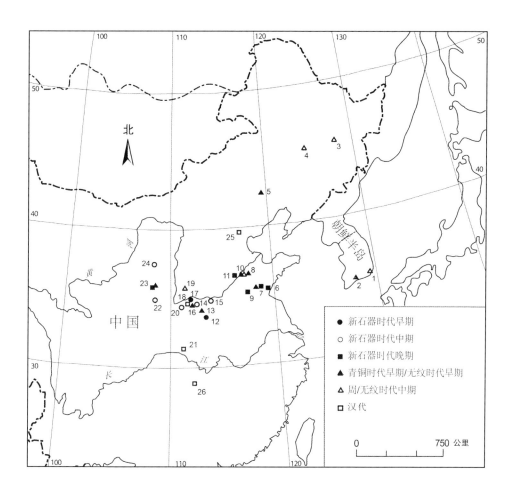

图4.4 第四章所述中国和韩国出土大豆遗存的遗址
1. 茶云洞 2. 南江流域遗址群 3. 大牡丹屯和牛场 4. 大海猛和乌拉街 5. 兴隆沟 6. 两城镇 7. 莒县的2个龙山遗址和3个岳石遗址 8. 马安 9. 庄里西 10. 大辛庄和唐冶 11. 教场铺 12. 贾湖 13. 新砦 14. 灰嘴 15. 大河村 16. 皂角树 17. 班村 18. 洛阳西郊 19. 牛村古城 20. 西坡 21. 凤凰山 22. 杨官寨 23. 王家嘴 24. 五庄果墚 25. 老山 26. 马王堆

分布更为广泛，遍及山东、河南和陕西的黄河中下游地区。山东庄里西遗址发现的种子较小，被鉴定为野生种（孔昭宸等 1999a），而其他遗址发现的普遍比野生的大，但仍比现代栽培种小（Crawford et al. 2005；赵志军 2004b；赵志军，徐良高 2004）。山东教场铺遗址发现的大豆遗存最丰富，在270个浮选样本中共发现将近10000粒种子（赵志军 2004b）。伊洛盆地发现的大豆种子胚胎茎和种脐与现代栽培的略同（Lee, G. et al. 2007）。

龙山文化遗址大豆种子的尺寸变化很大，克劳福德等人指出（Crawford et al. 2005），在山东两城镇发现的龙山晚期的种子，明显小于目前所知韩国最早发现于茶云洞（Daundong）的无纹（Mumum）文化中期遗址（760 BC～600 BC）的栽培大豆（Crawford and Lee 2003）。因此，他认为黄河流域新石器时代遗址发现的这些较小的大豆种子可能仍是野生的（Crawford 2006: 81）。相反，赵志军认为，几个龙山文化遗址发现的大豆种子虽然比现代栽培豆小，但形状规格相当一致，可以看作栽培种的特征。另外，教场铺遗址发现的大量大豆遗存证明龙山文化时期大豆是人们饮食结构中重要的食物，其生长过程可能已经有了某种程度的人为干预（照料或栽培）（赵志军 2004b；赵志军，徐良高 2004）。然而伊洛盆地的大豆样本尺寸却非常不一致（Lee, G. et al. 2007），与赵志军的观点相矛盾。这种相互矛盾的资料显示，不同地区的大豆品种繁多，可能包含野生和栽培不同类型。

在青铜时代早期（2000 BC～1000 BC）发现有十几处和大豆遗存有关的遗址，不仅是在黄河中下游地区，在东北地区辽河流域也有发现（参见图4.4）。兴隆沟遗址夏家店下层堆积（2000 BC～1500 BC）中发现的大豆遗存是东北地区大豆栽培的最早例证。这个地区可能就是后来文献提及的、据说已经开始栽培"戎菽"大豆的山戎人的家乡。兴隆沟遗址的新石器早期堆积里（6000 BC～5500 BC）只有粟黍遗存，在青铜时代粟黍和大豆遗存均有发现，勾勒出该地区4500年的农业发展轮廓（赵志军 2004a）。

在伊洛地区，几个二里头文化遗址（Lee, G. et al. 2007；洛阳市文物工作队 2002）中发现的大豆比新石器时代发现的粒型明显较大，有些和朝鲜半岛早期历史时期遗址发现的粒型较小的栽培大豆相当（Lee, G. et al. 2011）。山东大辛庄商代遗址中发现有大豆，根据尺寸鉴定，野生和栽培均有。被鉴定为栽培的大豆很少（数量为7，占种子总量的0.1%），粒型和黄河流域龙山和二里头文化遗址出土的相似（平均4.91毫米×3.2毫米×12.36毫米），但比现代栽培大豆小（陈雪香，方辉 2008）。

黄河下游和东北地区的六个遗址中都发现了周代（1045 BC～221 BC）的大

豆遗存（参见图4.4），其中吉林大海猛遗址发现的大豆（5.81毫米×4.38毫米）（2655±120 cal.BP 或 700 BC）和现代小型的栽培种相似，还分别和北京老山汉墓及湖南马王堆出土的大豆（6～7毫米×3～4.5毫米，6.52×5.02毫米）相似或稍小（孔昭宸等 2011；刘世民等 1987）。这个时期黄河流域的考古遗址中普遍缺乏大豆遗存，主要因为墓葬而不是遗址的发掘占主导地位，植物考古研究尚显不足。

秦汉时期，大豆的地理分布达到高峰，在中国南北方广泛种植。从墓葬中陶器上的题记（陈久恒，叶小燕 1963）以及像湖南马王堆（陈文华 1994: 55–56）和湖北凤凰山（纪南城凤凰山一六八号汉墓发掘整理组 1975）这样的浸水墓葬中发现的大豆遗存中可以看出，到汉代，大豆已经成为丧葬仪式中普遍使用的随葬品。马王堆墓一号汉墓中发现的大豆是目前国内报道的最大的种子样本，和现代栽培种一样大。

上述考古资料表明，以小粒为特征的野生大豆最早在中国被利用的证据出现在公元前7000年。新石器时代，早期大豆分布在整个黄河中下游地区。由于粒型小，黄河流域新石器时代大豆的驯化程度还是一个有争议的问题。考虑到公元前第二千纪早期，伊洛地区的二里头文化遗址中普遍发现了各种规格的大豆样本，而且据《夏小正》记载被认为是在该时期起源于黄河中游（包括伊洛地区）的夏代居民的农作物，一种小粒型的栽培大豆可能就是在那时候出现的（Lee, G. et al. 2011）。

中国东北地区最早的大豆遗存始见于夏家店下层文化（2000 BC～1500 BC），但大豆的规格大小还没有公布。东北地区已知最早的大粒型栽培大豆出现在公元前700年左右，这和朝鲜半岛的发现时代接近。

朝鲜半岛经植物学鉴定最早的大豆出现在无纹时代早期（1400 BC～800 BC），其豆粒长/宽比值的范围很大。到了无纹时代中期（800 BC～400 BC），大豆已经成为主导作物，在一些遗址（如茶云洞遗址）中分布密集，表明它在生业经济中的重要性（Lee，G. 2003）。中国东北地区和朝鲜半岛最早的栽培大豆样本在尺寸上和现代小粒大豆相似，但明显比黄河流域发现的栽培种大。在日本，早在公元前5000年前野生大豆就被人类利用，而标志着经人类选择的大粒大豆出现在公元前3000年。这些现象表明，大豆最有可能是在多个中心被独立驯化的，这些地区包括黄河流域、朝鲜半岛和日本（Lee, G. et al. 2011）。

《管子》记载，戎菽在公元前7世纪被从北方引进到山东地区，并由此广泛传播，这个到目前为止还没有被考古学证实的"东北大豆"，可能在东周和西汉时期扩散到了中国其他地区。这种向南方地区的扩散明显受到了汉代行政和经济力量的扩张的驱动，以及移民带来的南方人口快速增长的影响。因此，湖南马王堆汉墓中发现的大豆种子和遥远的东北地区的大粒大豆在尺寸上的相似令人关注。这说明考古学资料和文献记载就这方面来说是相对应的。但是，仍然还存在一个重要问题：在黄河流域生存了数千年的本地产小粒大豆被东北引进的大粒大豆取代了吗？目前黄河流域还缺少这个关键时期（700 BC ~ 200 AD）大豆遗存的形态学资料，因此这个问题仍有待将来回答。

块茎类植物

中国传统的块茎类作物包括山药（*Dioscorea opposita*）、芋头（*Colocasia esculenta*）、莲藕（rhizomes of *Nelumbo nucifera*）、慈菇（*Sagittaria sagittifolia* L.）（赵志军 2005a）和葛根（*Pueraria lobata* 的根）。这些块茎类作物的利用可以追溯到旧石器时代晚期。

被鉴定为薯蓣属（*Dioscorea* sp.）、有些可能属于山药的淀粉粒在山西柿子滩第9地点（12700 ~ 11600 cal.BP）（Liu, L. et al. 2011）、浙江上山（11000 ~ 9000 cal.BP）（Liu, L. et al. 2010c）、河南莪沟（8500 ~ 7000 cal.BP）（Liu, L. et al. 2010a）的磨盘上以及甘肃礼县西山遗址西周陶器（葛威 2010）上都有发现。但山药最早是什么时候被栽培的目前还不清楚。

桂林甑皮岩遗址的植物考古学研究中，在浮选样本里发现有块茎类植物遗存，在石器上发现有芋头的淀粉粒，年代涵盖遗址的所有文化阶段。在甑皮岩附近做的野生水稻收获实验表明，挖取块茎类食物显然比采集野生水稻更有效率，而且桂林地区很适合芋头的生长（中国社会科学院考古研究所 2003a: 341–343）。

尽管华南的居民可能通过和长江流域社群的交流对水稻栽培并不是一无所知，但他们仍然主要依赖块茎类植物来获取淀粉类食物。考虑到块茎类植物比谷物类更容易栽培，对其长期深度利用可能最终导致了块茎类植物种植在华南的出现（赵志军 2005a）。块茎类植物是何时、如何被栽培的，还需要进一步的研究。桂林的几个遗址中，如晓锦和顶蛳山遗址，公元前 4000 年之前的堆积内没有任何水稻遗存，说明块茎类植物可能是主要的淀粉类食物。稻作农业可能是在距今 6000 年前后从长江流域传播到华南的。

这些发现表明在中国从晚更新世到整个全新世时期，块茎类植物有一个很长的被广泛利用的历史。块茎类植物很难在考古遗存中下保存下来，因此淀粉粒分析是发现块茎遗存最有效的方法。今后，加强古代遗物的残留物分析可以提高我们对块茎类植物开发的认识。

小麦、大麦和燕麦

根据考古资料，中国没有小麦、大麦和燕麦栽培过程的证据，这三种作物最可能是从别的地方传播而来。小麦（*Triticum* sp.）最早在公元前第三千纪中叶出现在黄河流域（靳桂云 2007）。年代在公元前 1700 年以前有最早小麦出土的遗址，至少分布在从甘肃到山东的六个地区。这些遗址包括甘肃天水西山坪（约 1700 BC）（Li, X. et al. 2007）、陕西周原（赵志军，徐良高 2004）、河南西金城（约 2300 BC）（陈雪香等 2010）和瓦店（刘昶，方燕明 2010）以及山东两城镇、教场铺和赵家庄（2600 BC ~ 1900 BC）（Crawford et al. 2005；靳桂云 2007）。到公元前第三千纪末期或第二千纪早期，福建霞浦黄瓜山遗址（2480/2200 BC ~ 1880/1620 BC）发现的小麦的籽粒和植硅石表明小麦种植已经到达东南沿海地区（Jiao 2007）（图 4.5）。

到公元前第二千纪，小麦遗存的分布范围更广，也更频繁地出现在考古遗迹中，相关遗址从远在西部的新疆（古墓沟或孔雀河）和西藏（昌果沟遗址）延伸到最东部的山东（靳桂云 2007）。在中原地区，小麦遗存在很多河南二里头文化遗址中都有发现（北京大学考古文博学院，河南省文物考古研究所 2007；Lee, G. and Bestel 2007；Lee, G. et al. 2007）。在伊洛地区，二里岗文化时期（1600 BC～1300 BC）小麦和粟黍、水稻一起成为重要的作物（Lee, G. et al. 2007）。在陕西周原先周时期的浮选标本中，小麦占种子总数的将近8%（赵志军，徐良高 2004）。

最早的大麦（*Hordeum vulgare*）在西山坪遗址（约2600 BC）（Li, X. et al. 2007）和山西陶寺遗址（2500 BC～1900 BC）（赵志军 2005b）都有发现。在公元前第二千纪一般和小麦共存，相关遗址分布在青海（互助丰台遗址）、甘肃（民乐东灰山遗址）和河南（洛阳皂角树遗址）等地（靳桂云 2007）。大麦尤其被居住在西北高海拔地区的人民所喜爱。丰台（卡约文化遗址）出土的大麦粒（共1487粒）占浮选谷物总量的92%（赵志军 2004c）。大麦粒在福建黄瓜山遗址也有发现，和小麦共出（Jiao 2007），这两种谷物在这个时期出现在东南沿海地区好像是特别现象，也许可以解释为从海路运输而来。

最早的燕麦（*Avena* sp.）遗存和大麦、小麦一起只在中国西北地区发现，一个地点是距今5070年（cal.BP，AMS测年数据）的甘肃西山坪遗址（Li, X. et al. 2007），另一个是青海丰台遗址（1600 BC～700 BC）。因为燕麦是农田中十分常见的杂草，这些发现的燕麦是否有意栽培还不是很清楚（赵志军 2004c）。大麦和燕麦在中国东部地区仅有少量发现。

目前的考古发现并没有提供足够的信息来探讨小麦、大麦和燕麦是如何被引进到中国的，因为这些作物在北方广阔的地区几乎同时出现。很多学者推测小麦是通过新疆和河西走廊引进的（参见图4.5），这条路线后来成为连接中西方的主要贸易通道，自19世纪晚期以来以"丝绸之路"而闻名。然而，新疆罗布泊古墓沟（孔雀河）遗址发现的最早的小麦遗存年代在公元前2000～前1500年（王炳华 2001b: 35,42），比黄河流域地区发现的小麦要晚。这些作物可能是从多条路线被引进到中国的。这些作物的来源地可能就是北方的欧亚大草原，因为在公元前6000年中亚的西部地区就开始了农牧业（种植大麦和小麦，同时饲养绵羊和山羊）（Harris 2010: 73-91）。有学者认为，沿长城自东向西延伸分布的北方文化的居民可能促进了这些农作物从欧亚大草原的青铜文化传播到黄河流域地区（赵志军 2009a）。（详见第九章中更多关于北方文化的讨论）。

多种作物农业系统的发展

人们在更新世晚期就开始开发利用当地的野生植物，如水稻、粟黍、大豆和各种块茎类植物，这些植物的栽培是一个长期的过程。直到新石器时代中期（5000 BC～3000 BC），一些地区甚至更晚，农业才成为生业经济的主要组成部分。基于现有资料，长江中下游见证了水稻栽培的过程，水稻也逐渐成为那里的

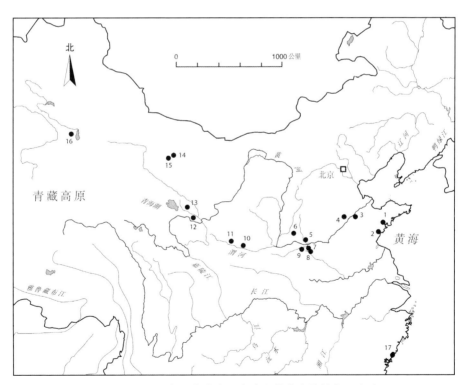

图4.5 公元前三千纪至二千纪与早期小麦、大麦和燕麦有关的主要遗址
1. 赵家庄 2. 两城镇 3. 大辛庄 4. 教场铺 5. 西金城 6. 陶寺 7. 天坡水库、冯寨 8. 瓦店 9. 皂角树 10. 周原 11. 西山坪 12. 东灰山 13. 丰台 14. 火石梁 15. 缸缸洼 16. 古墓沟 17. 黄瓜山

主要农作物。辽河和黄河流域地区是粟作植物栽培的起源中心，在被小麦替代之前的几千年里，粟黍一直是主要的农作物。长江和黄河流域之间的地区是以粟作和稻作混合种植为特征的（赵志军 2006）。在华南，公元前 4000 年左右水稻被引进之前，块茎类植物在几千年中都是主要的淀粉类食物（赵志军 2005a），甑皮岩遗址即为例证（中国社会科学院考古研究所 2003a）。在公元前第三千纪和第二千纪，黄河流域地区经历了文化和经济融合的变革过程，一些非本土的谷物，主要是大麦和小麦，很好地融入本地的多种作物系统。在上述作物当中，粟、黍、水稻、小麦和大豆在古籍中常被称作传统农作物系统中的"五谷"。

农作物系统的历时变化在河南伊洛地区被清晰记录（Liu, L. et al. 2002–2004）。那里发现最早的栽培作物是粟，年代在裴李岗文化时期（6000 BC～5000 BC），粟黍在我们研究涉及的整个 6000 年间一直占据谷物食物的主导地位；到了仰韶晚期（3500 BC～3000 BC），水稻被引进这个地区，随后到二里头文化（1900 BC～1500 BC）或稍早时期大麦和小麦相继被引进；大豆最早出现在仰韶晚期的堆积中，但只是植物遗存中很微小的一部分；到二里岗文化时期（1600 BC～1300 BC），小麦的比例仅次于粟，位居第二，它们都更适合这个地区的旱地农业（Lee, G. and Bestel 2007；Lee, G. et al. 2007）。在中原其他地区也发现了相似的多种农作物的农业发展趋向（赵志军 2009b）。

农作物不断传播到更广阔的地区要归因于多种因素，包括气候变化、人口迁移、人群间互动及政治的需要。如在甘肃天水西山坪遗址，小麦、大麦和燕麦（都是从西部或北部引进的），以及水稻（从东部引进）、粟黍、大豆（本地产）在遗址使用期间（3300 BC～2350 BC）被逐渐利用，尤其在公元前 2700～前 2350 年左右格外繁荣。这些发展和公元前 2650 年左右针叶林消失、栗树分布区扩张、气候暖湿期出现是一致的。在此，适宜的气候条件和文化/人口交流在新作物的引进过程中发挥了重要作用（Li, X. et al. 2007）。反之，伊洛地区在二里头文化期间遭遇了一段干凉气候期，同时发生了史无前例的社会变革和早期国家的形成。二里头文化时期小麦和大麦的引进可以解释为为了适应干旱的环境而采取的经济策略，但连续的水稻种植可能部分是为了满足社会上层的食物需求（Lee,

G. and Bestel 2007；Lee, G. et al. 2007；Rosen 2007a），如为了仪式性宴饮仪式而酿酒。

动物的驯养

从20世纪50年代中国考古学开始的动物遗存研究可以分为两个阶段：初始期（20世纪50～70年代）主要着眼于鉴定出土动物遗存的种属以及从动物群来断定当时的气候条件；形成期（80年代至今）则开始引进和运用西方动物考古学方法和理论（Yuan, Jing 2002）。动物驯化研究明显反映了这种变化，如近年来运用系统分析方法记录和解释动物遗存的出版物大量出现。这种研究方向的转变还意味着，在使用的记录方法和动物骨骼信息报道方面，过去历年出版的动物考古报告的质量差别很大。因此，在很多情况下，很难实施系统的、统计性的分析或跨地区的对比研究。尽管我们不得不克服资料质量参差不齐带来的问题，但所能依赖的现有资料仍然可以为我们的研究提供一些答案。

在新石器时代和青铜时代的考古学报告中最经常讨论的驯养动物包括狗、猪、绵羊、山羊、黄牛、水牛、马和鸡。图4.6展示了本章要讨论的和动物遗存有关的主要遗址。

狗

狗是最早驯化的动物，用于协助狩猎，在世界范围内是多母系起源（Vila et al. 1997）。在旧大陆的其他地区，如比利时和西伯利亚，狗的驯化可以追溯到3万多年以前（Germonpré et al. 2009；Ovodov et al. 2011）；在中国，狗的驯化进程是同类进程中所知最少的。大家一致认为中国的家犬（*Canis familiaris*）是从狼（*Canis lupus chanco*）演化而来的（Olsen and Olsen 1977），但这个过程的发生时间还不清楚。最早的驯化狗发现于河北南庄头遗址（约10000 cal.BP），依据是一

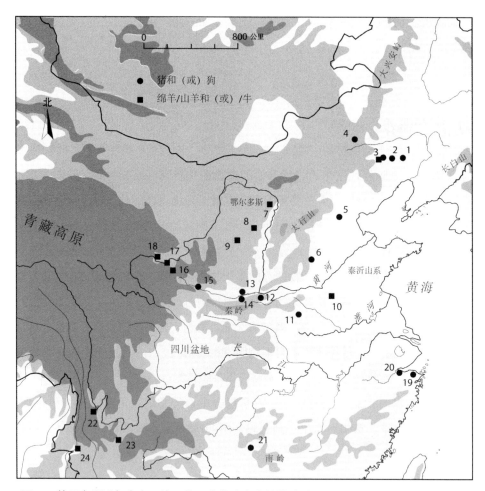

图 4.6 第四章所述与家犬、猪、羊、牛等遗存有关的遗址
1. 兴隆洼、兴隆沟 2. 赵宝沟 3. 红山后、大甸子 4. 白音长汗 5. 南庄头 6. 磁山 7. 朱开沟 8. 火石梁 9. 五庄果墚 10. 山台寺 11. 贾湖 12. 西坡 13. 康家 14. 姜寨 15. 大地湾 16. 马家窑 17. 马家湾 18. 东灰山 19. 河姆渡 20. 跨湖桥 21. 甑皮岩 22. 海门口 23. 石寨山 24. 沧源

个经鉴定属于犬科动物的下颌骨，其齿列的长度比狼的短。以此推断，在中国狗驯化的最初阶段可能比南庄头要早（袁靖，李珺 2010）。

早期驯化狗的更多资料来自河南贾湖（约 7000 BC）（河南省文物考古研究所 1999a）、河北磁山（约 6000 BC）（孙德海等 1981）和甘肃大地湾（约 6000 BC）

（祁国琴等 2006）。贾湖遗址的墓地或房址附近，以及磁山遗址一些灰坑的底部发现了有意埋葬的完整狗骨架。在这些新石器时代村落中，大量狩猎工具的发现显示狩猎仍然是生业经济中重要的组成部分。这些遗址中对狗的仪式性埋葬似乎说明了狗和人类之间的密切关系，狗也许是人类狩猎的助手。

很多新石器遗址中都发现了狗的遗存，大多数情况下狗是被吃掉的，成为蛋白质的来源。家庭废弃物中经常发现和其他动物骨骼混在一起的狗骨骼就是很好的证据。大地湾遗址发现过有火烧痕迹的犬骨（祁国琴等 2006）；康家遗址狗骨非常破碎，明显是食用后留下的碎骨（刘莉等 2001）。在新石器时代晚期，狗被用作人类墓葬中的祭祀品，此习俗尤其流行于黄河下游地区，随后狗在商代宗教仪式中成为更常规的祭牲（高广仁，邵望平 1986；Yuan, J. and Flad 2005）。

从目前的考古资料看，旧石器时代原始犬类和新石器时代完全驯化的家犬之间仍然存在很多缺环。有关更新世末期和全新世早期犬类遗存的研究可能为今后驯化狗的起源提供更多证据。

猪

家猪（*Sus domesticus*）的起源是中国多学科研究的焦点。近期的基因研究表明，猪是在欧亚大陆多个地区被驯化的，中国也是其中之一（Larson et al. 2005）。猪的遗存在很多旧石器遗址中都有发现，猪在新石器遗址中更是最常见的物种之一（罗运兵 2007）。野猪（*Sus scrofa*）在现在的中国也广泛分布，被鉴定为十个地方类型（冯祚建等 1986: 160–165；罗运兵 2007: 3–4；中国猪品种志编委会 1986: 7–8）。古生物学家很早就认识到了更新世化石猪和现代野猪的相似性，推测世界不同地区的家猪是从当地的野猪进化而来的（Olsen and Olsen 1980）。近期对现代家猪的形态学、染色体、血清蛋白以及DNA的研究也证明了中国家猪的多元化起源（参见罗运兵 2007 的总结）。尽管如此，猪最初被驯化的确切时间和地点都尚不清楚。解决这些问题的钥匙可能掌握在考古学家手中。

中国考古学鉴定家猪主要依赖以下六个标准：

（1）形态变化，表现在牙齿尺寸（以下颌第三臼齿的长度40毫米为标准用来区分野猪和家猪）和牙齿咬合线的畸变（牙齿咬合线畸变出现的原因是，在猪驯化的早期下颌变短，但牙齿并未相应地成比例缩小）；

（2）年龄结构，大多数家猪都是在1~2岁即被屠杀；

（3）在某一动物遗存组合中家猪占有很高的比例；

（4）文化因素，如猪骨发现在人的墓葬中（中国社会科学院考古研究所 2003a: 337–341）；

（5）病理学迹象，猪的牙冠线性牙釉质发育不全的现象在世界其他地区已经被证实是猪被驯化的结果（凯斯·道伯涅等 2006）；

（6）稳定同位素资料显示聚落中人和猪之间有着很紧密的食物链关系。

依据这些标准，最早的家猪遗存已经出现在公元前7000~前5000年的河南贾湖、河北磁山、甘肃大地湾和浙江跨湖桥等遗址中（参见罗运兵2007的总结）。

黄河和淮河流域 | 多种迹象表明淮河流域在公元前7000年就出现了猪的驯化，以贾湖遗址为例证，遗址中三个猪的样本显示：牙齿咬合线发生畸变、第三臼齿的长度范围在家猪和野猪之间（36.39~46.66毫米）（图4.7）、遗址居民27%的肉食来源于猪、80%的猪在三岁前被宰杀、猪骨出现在人类墓葬中、线性牙釉质发育不全发生的情况高于野猪（图4.8）。另外，稳定同位素分析显示，大多数检验的猪样本的饮食结构都和人类饮食密切相关，这就意味着这些猪是被驯化的；而少数猪样本在同位素分布表里单独聚组，可能是野猪（参见罗运兵2007的总结）。

和贾湖一样，大地湾的猪（5800 BC~2800 BC）也是死于三岁之前，包括遗址最早阶段的猪也是如此；猪第三臼齿的尺寸范围介于家猪和野猪之间（30.8~46毫米）（祁国琴等 2006）；猪下颌骨出现在墓葬中（甘肃省文物考古研究所 2006）。然而，大地湾第一期猪骨的同位素分析显示，所有的猪都是野生的，食物以含 C_3 的植物为主（即固碳后最先形成的化合物中有三个碳原子的植物，如坚果类、块茎类植物、大豆和水稻），据推测和人类的饮食结构不同（Barton et al. 2009）。这个结论和上述其他动物考古的分析相矛盾，可能是因为使用的猪骨样

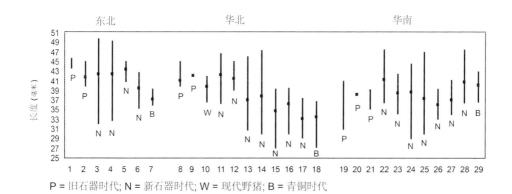

图4.7 不同地区旧石器时代、新石器时代、青铜时代出土猪和现代野猪第三臼齿尺寸比较，显示受到气候环境或驯化影响而发生的变化

1. 阎家岗 2. 金牛山 3. 兴隆沟 4. 兴隆洼 5. 赵宝沟 6. 石虎山第一地点 7. 大甸子 8. 周口店第一地点 9. 周口店山顶洞 10. 河南现代野猪 11. 贾湖 12. 磁山 13. 大地湾 14. 西水坡 15. 西坡 16. 尉迟寺 17. 山台寺 18. 二里头 19. 盐井沟 20. 大龙潭 21. 桂龙岩 22. 甑皮岩 23. 跨湖桥 24. 沙嘴 25. 塞墩 26. 雕龙碑Ⅲ 27. 三星村 28. 圩墩 29. 马桥（罗运兵 2007：附录1、2）

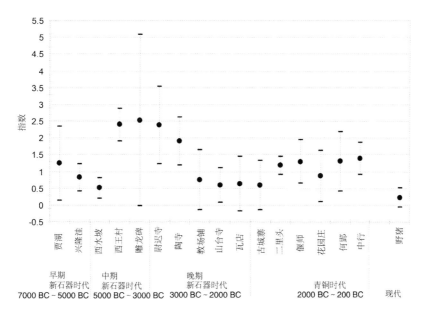

图4.8 考古出土和现代野猪牙冠线性牙釉质发育不全（LEH）频率的比较
（据罗运兵 2007：图2-7-3修改）

本数量较少（四个），而且缺乏人骨同位素分析做比对。

磁山遗址驯化猪的证据不十分清晰，主要依据是几个灰坑底部发现了几个完整的小猪骨架，资料有限。而对第三臼齿的测量表明，其尺寸范围（39.2～45毫米）更接近野猪（Yuan, J. and Flad 2002；周本雄 1981）。

长江流域和中国南方 | 长江流域最早的家猪出现在跨湖桥遗址，三个猪下颌有牙齿咬合线畸变，第三臼齿的尺寸从早期到晚期也有减小的趋势。第三臼齿尺寸范围（34.29～42.37毫米）处于家猪和野猪之间（袁靖，杨梦菲 2004）。这一现象和贾湖遗址、大地湾遗址出土的猪臼齿情况相似。

桂林甑皮岩遗址猪的驯化问题长期以来一直在争论中（李有恒，韩德芬 1978；袁靖，杨梦菲 2003），猪牙齿线性牙釉质发育不全出现的频率更支持甑皮岩的猪属于驯化动物的观点（凯斯·道伯涅等 2006）。值得注意的是，甑皮岩的使用期延续了大约5000年（10000 BC～5000 BC），大多数猪的遗存都是在20世纪70年代的早期发掘出土的，只是做了归类分析而没有进一步的编年分期。这些猪在第三臼齿的尺寸（36.57～47.46毫米）上也有很大差别，属家猪和野猪范围的都有（参见图4.7）。这些猪很有可能既包括家猪又包含野猪，但我们还是不能精确地断定驯化最初出现的时间。

中国东北部 | 猪的遗存在几个兴隆洼文化遗址（6200 BC～5200 BC）中都有发现，包括兴隆洼、兴隆沟、白音长汗等，均位于辽河流域（罗运兵 2007）。在形态上，这些新石器早期聚落中发现的猪都比较大（通过牙齿测量判断），这种形态被看作是野猪的标志（汤卓炜等 2004b）。然而，兴隆洼遗址猪牙第三臼齿长度的下限仍然落入典型驯化猪的范围（图4.7），并且猪牙冠线性牙釉质发育不全的频率比典型的野猪高（图4.9）。这两种因素都是驯化猪的标准（罗运兵 2007）。和贾湖、大地湾发现的猪的遗存一样，兴隆洼文化出土的猪可能也包含了家猪和野猪。

一些文化现象也显示出兴隆洼文化时期正在进行猪的驯化。例如，在兴隆洼遗址墓葬中发现两具完整的成年猪骨架，一雌一雄，在放进墓葬之前猪腿好像被绑在一起（杨虎，刘国祥 1997）。这是墓葬中发现最早的完整猪骨，这种以猪为

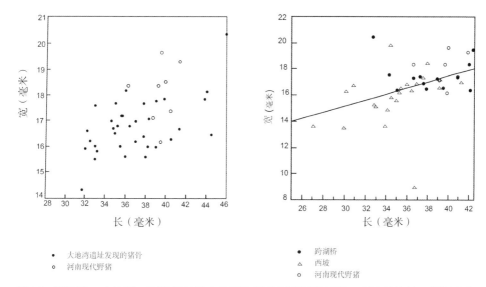

图4.9 跨湖桥、大地湾、西坡遗址出土野猪和现代野猪下颌骨第三臼齿的比较，显示考古出土野猪种群的巨大变化（Ma, X. 2005；祁国琴等 2006：884；袁靖，杨梦菲 2004）

动物牺牲进行随葬的现象在后来的中国北方新石器时代广泛流行。对这种人猪合葬的现象，学者们提出了不同的见解，有人认为野猪被当作图腾崇拜（杨虎，刘国祥1997），也有人认为这反映了猪和人之间一种特殊的关系，在人们心目中猪与其他野生动物是有区别的（罗运兵 2007；袁靖，杨梦菲 待刊）。

猪驯化的多元中心 | 考古资料比较支持家猪驯化多元中心的理论。至少贾湖和跨湖桥分别代表了华北和华东地区两个单独的中心（罗运兵 2007）。中国东北地区可能是家猪驯化的另一个中心。因为辽河流域较晚期的猪也比黄河流域同时期的偏大，所以兴隆洼出土的猪尺寸较大，可能是当地的特有品种。敖汉赵宝沟的猪（5200 BC ~ 4500 BC）第三臼齿的长度（41 ~ 45毫米）就比仰韶早期的猪大。同样的，赤峰大甸子的猪（2000 BC ~ 1500 BC）的尺寸也比二里头文化遗址的大（罗运兵 2007）（参见图4.7）。

猪骨的大小可能受年龄、性别和个体变异的影响（Payne and Bull 1988），环境温度也会影响一些哺乳动物身体的大小。西蒙·戴维斯（Simon L. M. Davis）的研究表明，野猪在寒冷的地区会变得稍大（Davis 1987: 70–71）。这个因素可能造成中国东北地区不管是家猪还是野猪个体都偏大，因为该地区气候比黄河流域和长江流域都要寒冷。通过对比更新世、新石器时代和现代中国北方和南方猪的第三臼齿长度（参见图4.7），可以发现三种现象：首先，和更新世的猪对比，现代野猪较小的个体是受到温暖的全新世气候影响的结果，而新石器时代的猪个体较小则是驯化的结果；第二，北京周口店、黑龙江阎家岗发现的更新世的猪比四川盐井沟的大得多，表明野猪个体大小受南、北方不同气候条件的影响；第三，中国东北部新石器时代的猪，无论家猪或野猪，都比南方大多数猪的个体大，也是受环境气温的影响。这些现象进一步证明，中国东北地区的猪是由当地野猪驯化而来，和中国北部、中部地区猪的驯化同时独立发生。

猪的驯化过程 | 动物的驯化是一个连续的过程，"驯化"和"野生"的术语仅仅用于描述驯化过程两端的情况。驯化种群以人类能够完全控制其生存、再生产和营养为特征。但考古学中发现的猪的群体常常包括野生、驯化、野生饲养、基因杂交等不同种类。在驯化的早期阶段这些情况尤其常见，那时对动物的控制可能很松懈，猪身上体现出来的遗传的和外在的变化都很小（Albarella et al. 2006; Hongo and Meadow 1998）。因此，猪的驯化很难判定。

在几个新石器时代的动物遗存中都出现了驯化猪和野猪共存的现象，如在贾湖遗址（河南省文物考古研究所 1999a）和河姆渡遗址（魏丰等 1990）。这种复杂的情况在其他的新石器遗址中也存在，图4.9对比了驯化早期阶段（跨湖桥和大地湾遗址）、驯化成熟期（4000 BC～3500 BC的西坡遗址）和现代河南野猪之间猪的第三臼齿尺寸，这些考古标本的尺寸和现代野猪都有部分重合，但大多数考古标本都比野猪的小。变异系数（CV，平均数与标准误差的百分比）对比也是检测混合猪种类存在的方法（Payne and Bull 1988）。把中国和土耳其的野猪第三臼齿的变异系数值和三个新石器时代遗址发现的猪的遗存来对比，就会发现新石器遗存的差异性（8.1～9.8）比现代野猪差异性（3和3.8）大得多（表4.1），这表明每个考古遗存中都包含一个以上的种群。

表4.1 新石器时代出土猪和现代野猪第三臼齿变异系数值的比较

	土耳其野猪[a]	河南野猪[b]	跨湖桥	兴隆洼	西坡
平均数	41.1	39.82	38.24	42.32	34.97
标准误差	1.3	1.53	3.11	3.447	3.42
最小值	39.7	36.65	32.78	32.87	27
最大值	42.8	41.87	42.37	49.27	41.25
数量	5	8	13	74	22
变异系数	3	3.8	8.1	8.1	9.8

注：a 资料得自 Payne and Bull 1988。
b 资料来自与马萧林的私人谈话。

从这些现象我们可以得出三种推论：① 这些遗存既包含野生种群，也包含驯化种群，人们在猎取野猪的同时也在聚落中饲养驯化的猪；② 在新石器时代早期遗址中一些猪的种群处在驯化的早期阶段，因此和野猪在形态上有更多的相似性；③ 有些样本属于杂交品种。

家猪饲养业的发展在中国各个地区并不是同步的（罗运兵 2007）。例如在中原地区，到公元前第五千纪家猪已在生业经济中占有非常重要的地位。在西坡遗址仰韶文化中期（4000 BC ~ 3500 BC）的动物遗存中，84%的动物骨骼都是猪骨，以驯养猪为主。猪的饲养很多是为了供给社会团体间为进行权力和威望竞争而举行的仪式性宴饮用的。这种功用的重要性反过来又促进了家猪饲养业的发展（Ma, X. 2005）。然而值得一提的是，这种对饲养家猪不断增长的依赖在各地区并不是一个连续的趋势。渭河下游地区几个遗址中的动物遗存揭示，新石器时代家猪在动物遗存中的比例是逐渐减少的，而野生动物骨骼比例是逐渐增加的，姜寨和康家遗址都是例证（刘莉等 2001；祁国琴 1988）。此外，在食草动物被引进、畜牧业繁荣的地区，家猪饲养业在青铜时代呈下降趋势（罗运兵 2007）。

绵羊和山羊

最近，有关驯化绵羊（*Ovis* sp.）和山羊（*Capra* sp.）在世界范围的种系发生研究认定，它们各自有多个驯化谱系，显示出是在不同的文明区域被多次驯化的。基因研究表明，这两种动物最初的驯化发生在亚洲西部肥沃的新月地带。这个结论和考古学资料是一致的（Zeder et al. 2006）。绵羊和山羊引入中国在某种程度上和小麦、大麦的东传是平行发生的，但这一传播事件发生的具体时间和路线还不清楚。

线粒体DNA（mtDNA）分析显示，现代中国繁殖的绵羊主要是世系A和世系B，另外有少数世系C，其中世系B起源于近东地区（Guo, J. et al. 2005）。对中国北方四个考古遗址（2500 BC～1500 BC）中提取的22个绵羊骨骼样本的古代线粒体DNA检测表明，世系A占主导地位，占95.5%，而世系B仅有一个样本。对比欧亚大陆不同地区所有的绵羊线粒体DNA的世系，可以发现世系A在东亚出现的频率最高。这个绵羊种群可能是起源于一个现在已经灭绝的古代世系，其地理源头还不清楚。中国古代北方世系B的出现表明曾经从近东引进绵羊，但世系A是了解中国绵羊驯化起源的关键（Cai, D. et al. 2007；Cai, D. et al. 2011）。

对中国山羊种类史的分析已经确定了四个线粒体DNA世系（A～D），世系A占主导地位，表明驯化山羊的多元化母系起源（Chen, S. et al. 2005）。但对考古发现的山羊遗存并没有做古DNA测试，所以对山羊在中国的起源我们知之甚少。

新石器时代的绵羊和山羊的骨骼多有发现，新石器早期遗址中出现的羊骨曾经被认为是驯化的，但现在看来更像是野生种。据报道，最早的驯化绵羊的遗存，时间在公元前第四千纪，发现于西部和北部地区的遗址中，包括内蒙古赤峰红山后、甘肃永靖马家湾和临洮马家窑（周本雄 1984）。在龙山文化早期，黄河流域的中、下游地区开始出现绵羊和山羊（Capra hircus）；到龙山文化晚期和青铜时期，开始广泛扩散（参见Flad et al. 2007；Liu, L. 2004: 59的总结）。

绵羊和山羊的引进可能和中全新世大暖期的结束有关，那时中国北方普遍变得更加寒冷干燥，是更适合畜牧业的环境，在西北地区尤其如此。欧亚大草原地带的牧民和早期中国农民之间不断增加的互动也促成了中国新的动、植物的出现（详见第九章），为已有的生业经济提供了补充性的食物资源，这种情况在甘肃民乐东灰山遗址（2000 BC～1500 BC）可以找到明显的证据。东灰山遗址的动物遗存以猪骨和鹿骨为主，同时出土的还有少量的绵羊和狗的遗存（祁国琴 1998），以及各种谷物，包括小米、小麦、大麦和黑麦，已在前面做过讨论（甘肃省文物考古研究所，吉林大学北方考古研究室 1998: 140）。相反，在陕西榆林火石梁遗址（2150 BC～1900 BC）的居民明显主要依赖绵羊和山羊为食（可鉴定标本数量是1111件，山羊和绵羊占59.22%），另外有猪（占12.62%）、黄牛（8.74%）和一些野生动物（19.42%）（胡松梅等 2008）。这些发现表明，在公元前第三千纪末期，在河套地区已经建立了以牧养食草动物为主的成熟农牧业经济。到公元前第二千纪早期，一种农牧生态经济策略已经在中国北方出现，生产本地的和引进的谷物和动物。

在中原地区，除了传统的猪殉葬，绵羊首先在河南偃师商城（1600 BC～1300 BC）成为殉葬仪式中的组成部分。这种做法在商代晚期的都城安阳殷墟变得更加司空见惯（Yuan, J. and Flad 2005）。

牛

研究者们认为黄牛（*Bos taurus*）和瘤牛（*Bos indicus*）是各自独立驯化的。基于考古学和遗传学的资料，驯化黄牛的起源可以溯源至公元前第八千纪的近东地区，而瘤牛的驯化则出现于公元前7000年的印度河流域（Bradley and Magee 2006）。现代中国黄牛根据其地理分布、形态特征和性染色体多态性可分为三个主要的种群：中国北方的北部种群，黄河中下游的中部种群和中国南方的南部种群。动植物种类史的分析表明，南方种群以瘤牛线粒体DNA为主，而北方种群则是以黄牛线粒体DNA为主。中原地区是黄牛-瘤牛杂交种的地理区域（Cai, X. et al. 2007）。这些资料有力地揭示出，中国的黄牛和瘤牛是从北方和南方两条不同的路线引进的。

原始牛（*Bos primigenius*）是驯化牛的野生祖本，在更新世时期的中国分布广泛，而被认为是驯化黄牛的遗存也已经在很多新石器遗址中被报道。然而，很多新石器早期和中期的被认定为家牛的遗存都遭到了质疑（Flad et al. 2007；黄蕴平 2003），还没有证据证明黄牛的驯化过程当时已经在中国出现。中国考古学家还没有进行系统的研究以把野牛从驯化黄牛中区分出来。

吕鹏对新石器时代黄牛的遗存进行了初步的考察（吕鹏 2010），证明了牛的骨骼形态、体格大小和屠宰模式都随时间发生着改变。据他的研究，在全新世时期中国北方只有五个遗址发现了公元前5000年之前的野牛骨骼，到公元前5000～前3000年，出土黄牛骨骼的遗址数量增加到20个左右，标本数量最大的是陕西姜寨遗址（其中可鉴定标本是84个）。因这些骨骼均较大，最可能还属于野牛。大约有30个遗址发现了公元前第三千纪的黄牛遗骸，主要是在龙山文化晚期和齐家文化（2500 BC～1900 BC）遗址（图4.10）。这个时期黄牛的遗存显示出驯养的特征，如体格变小、在幼年时就被屠杀，故多被鉴定为家养黄牛（*Bos domestica*）。几个遗址中可鉴定标本数也有显著提高，河南柘城山台寺（可鉴定标本790个）和新密古城寨（可鉴定标本183个）就是很好的例证（吕鹏 2010）。在山台寺遗址的一个祭祀坑中发现有九个黄牛骨架。这被认为是用黄牛祭祀的起源，这种仪式活动后来在商代普遍使用（Murowchick and Cohen 2001; Yuan, J. and Flad 2005）。

总的来说，中国北方的驯化黄牛直到公元前第三千纪晚期才开始出现在该区域的考古学记录中。它们沿着整个黄河流域分布，常常与山羊/绵羊共存，是畜牧生业形态的一部分，在河套地区和黄河上游尤其如此，显示出可能是来自欧亚大陆草原地带的影响。

我们对中国南方最初的家养瘤牛的考古资料所知甚少，牛骨遗存在云南剑川海门口遗址（3300 BC～500 BC）的新石器和青铜时代的堆积中被发现,但详细的鉴定工作还没有完成（闵锐 2009）。云南石寨山遗址（公元前3～公元1世纪）发现的青铜雕塑描绘了瘤牛出现在仪式、祭祀和牛圈中的场景，这些牛大多数像是驯化的（张增祺 1998）（图 4.11, 1）。云南沧源岩画（公元1～5世纪）中有瘤牛（也可能有水牛，两者的差别是瘤牛背上有峰）被人逐猎的画面，表明它们是野生的；其他的牛系着绳子被人牵着，应该是驯化的（汪宁生 1985）（图 4.11, 2）。根据这些艺术再现，我们可以推断瘤牛被引入中国西南部的时间不晚于公元前3世纪。

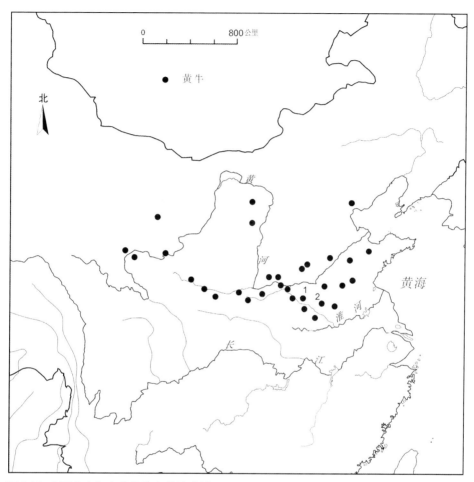

图 4.10 中国北方与家养黄牛有关的遗址
古城寨（1）和山台寺（2）出土了最多的可鉴定动物标本（据吕鹏 2010：图 4 修改）

水 牛

现代家养水牛（*Bubalus bubalis*）根据其表型、习性及染色体组型，大体可以分为两个主要类型：一种是河流型水牛，发现于印度次大陆、中东和欧洲东部；另一种是沼泽型水牛，分布在中国、孟加拉国、东南亚和印度东北地区（Cockrill 1981）。近期的一项针对印度现代水牛线粒体DNA的研究表明，这两个类型属

 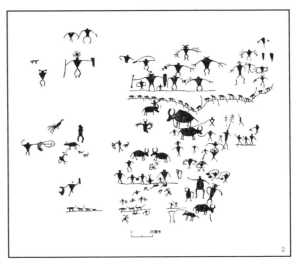

图 4.11 云南古代艺术所见动物
1.石寨山青铜贮贝器表现的瘤牛和人骑马形象 2.沧源岩画表现的野生及家养瘤牛和水牛形象（张增祺 1998：彩版 31；汪宁生 1985：图 14）

于一个共同的野生祖先（*Bubalus arnee*）的两个种群，是被分别独立驯化的（Kumar et al. 2007）。对南亚古代水牛遗存的形态学研究表明，哈拉帕文明（3300 BC～1300 BC）形成之前，水牛（很可能是河流型水牛）首先在南亚西北部被驯养（Patel 1997；Patel and Meadow 1998）。与之对照，在东南亚的旧石器遗存里就发现有野生水牛（Mudar and Anderson 2007），但还不清楚他们是否属于沼泽类型。目前还难以获得野生水牛的DNA序列。

中国所有的本土水牛遗存都被鉴定为沼泽型水牛。在更新世堆积中发现了八个品种，而全新世堆积中只发现了一个品种，即圣水牛（*Bubalus mephistopheles*）（薛祥煦，李晓晨 2000）。以前认为水牛最早是在新石器时代的长江流域被驯养的，其依据是水牛遗存出现在公元前5000年前后浙江种植水稻的河姆渡遗址中（Bellwood 2005: 125；Chang 1986a: 211；Chen, Y. and Li 1989；Han 1988）。因为圣水牛是中国新石器时代发现的唯一水牛品种，以前推测中国现代沼泽型水牛最早是从本土的圣水牛驯化而来。但线粒体DNA检测的结果表明，中国现代水牛属于主要分布在东南亚的沼泽型水牛（*B. bubalis*）（Lei, C. et al. 2007）；因此它不可能源于中国本土野水牛。

近期对中国新石器和青铜时代遗址圣水牛遗存的动物考古学研究（基于体格大小和屠宰模式的研究）表明，中国本土水牛遗存中没有驯化过程的证据（Liu, L. et al. 2004；刘莉等 2006）。一项对公元前6000～前1600年渭河流域的几个遗址中确定为圣水牛的骨骼进行的古DNA研究表明，这种古代水牛和现代家养的沼泽型水牛有明显区别，说明中国本土的圣水牛不可能和沼泽型水牛的驯化有关（Yang, D. et al. 2008）。这个发现对水牛驯化和新石器时代长江流域的水稻种植密切相关的观点提出了挑战。

沼泽型水牛的驯化种应该最先出现在野生沼泽型水牛（*B. arnee*）分布的地区，可能是在东南亚地区。在泰国，位于甲米（Krabi）的郎榕格林（Lang Rongrien）岩厦遗址出土了最早的野生沼泽型水牛遗存，年代在更新世时期（Mudar and Anderson 2007），而驯化水牛遗存则在公元前300年的班清（Ban Chiang）遗址中被确认（Higham et al. 1981）。在中国西南部的云南，水牛骨骼在至少两个全新世早期和中期的遗址被发掘（张兴永 1987），其中一个发现于保山蒲缥遗址（约6000 BC）的颅骨被鉴定为圣水牛（宗冠福，黄学诗 1985）。但在中国还没有野生沼泽型水牛阿尼种遗存的考古发现。目前，中国南方最早的驯养水牛的证据出现在艺术品中。云南沧源岩画（公元1～5世纪）出现的一些牛的画面被解释为水牛，以被猎取（也就是野生的）和驯养的形式出现（汪宁生 1985）（参见图4.11, 2）。沧源岩画水牛的画面和中国家养水牛（*B. bubalis*）或它的野生祖先——野生沼泽型水牛阿尼种相似，就牛角的形状来说它和圣水牛不同，表明云南可能是家养水牛的野生祖先分布的区域之一。但岩画中的水牛形象相当简略，不能作为可信的证据。其他的家养水牛的造型出现在铜鼓上的雕塑和墓葬中的泥塑模型中，年代都在公元2世纪或更晚（刘莉等 2006）。

遗憾的是，我们至今无法确定沼泽型水牛最早驯化的时间和地点。在云南，人类有漫长的从野生到家养利用水牛的历史，但云南是否是水牛驯化起源的地区之一目前还不确定。要想对水牛驯化的时间和地点有更好的了解，必须依赖中国

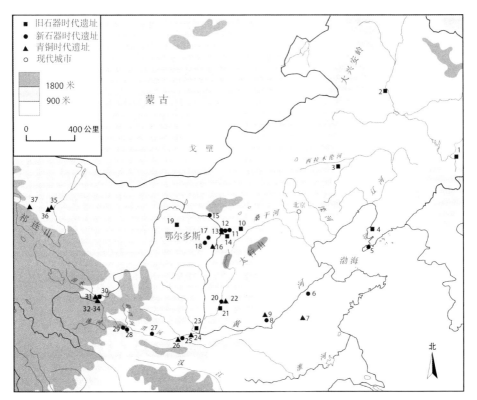

图4.12 与普氏野马有关的旧石器时代遗址、出土马骨遗存的新石器和青铜时代遗址，河套地区是出土马骨遗址最密集的地区
1.安图 2.青山头 3.乌尔吉 4.小孤山 5.北吴屯 6.城子崖 7.前掌大 8.白营 9.安阳 10.许家窑 11.庙子沟 12.大坝沟 13.西岔 14.峙峪 15.转龙藏 16.李家崖 17.火石梁和园西海子（陕西）18.五庄果墚 19.萨拉乌苏 20.高堆 21.丁村 22.桥北 23.大荔 24.南沙村 25.半坡 26.老牛坡 27.关桃园 28.师赵村 29.西山坪 30.马家湾 31.姬家川 32.大河庄 33.张家咀 34.秦魏家 35.火石梁（甘肃）36.缸缸洼 37.火烧沟

更多水牛遗存的发现和动物考古学的分析，以及中国西南及周边地区考古遗存出土水牛的DNA测试。

马

数十年来，家马（*Equus caballus*）的起源都是多学科研究的热点，但结论仍有争议。对马骨骼遗存的研究把最早的驯化马的出现推定到约5000年前后的中亚一个限定的地区（Levine et al. 2003；Mashkour 2006）。大多数考古学家和史学家认为马是在公元前第二千纪晚期从草原地区引进中国的（Flad et al. 2007；Linduff 2003；Mair 2003；Yuan, J. and Flad 2003, 2006）。

但基因学研究描绘了一幅更为复杂的画面。一匹来自西伯利亚的距今2800年的家养公马显示了雄性遗传Y染色体的多样性，但全世界的现代家马因为驯化过程的影响，Y染色体已经没有序列差异（Lippold et al. 2011）。相反，家马在雌性遗传的线粒体DNA中显示了大量的基因差异（Jansen et al. 2002；McGahern et al. 2006；Vila et al. 2001），这也包括来自中国的现代和古代的马（Cai, D. 2009；Lei, C. et al. 2009）。线粒体DNA的结果可以解释为来自多个单独世系的母马为现代基因库做出了贡献。玛莎·莱文（Marsha Levine）指出，在最初的家养马群的发展过程中，野生马群的母马会在偶然的情况下被引进到驯养的马群中，从而形成线粒体DNA的多样性（Levine 2006）。问题是，中国是否有考古资料表明本土野马的驯化或将本土野生母马引进到驯化马群中呢？要解决这个问题，我们需要从中国本土野马的分布开始说起。

中国至少在33个更新世遗址中发现了七种马属动物（*Equus*），大多数在北方，但在更新世晚期最常见的种是普氏野马（*Equus przewalskii*）（Olsen 1988；祁国琴 1989），这种动物由于猎杀和环境恶化，在大约100年之前就在原生地灭绝了，仅在世界各地的动物园中有少量存活。此前，在整个全新世里，它们一直生活在野外。从1985年开始，一些存活下来被圈养的普氏野马又被重新引进到准噶尔盆地——一个世纪以前它们最后生存的地方（Ryder 1993）。

约有十几个更新世晚期遗址发现有普氏野马遗存（祁国琴 1989），其中山西北部朔县峙峪遗址发现的数量最多（最小个体数为120匹）（贾兰坡等 1972）。在中国北方大范围的新石器时代和早期青铜时代遗址中也发现马骨遗存，其分布从东部的辽东半岛一直延伸到西部的青海地区（Linduff 2003）（图 4.12）。有五个遗址出土的马骨经过了种属鉴定，这些遗址包括陕西的关桃园（仰韶晚期和西周时期）、半坡（仰韶文化时期），内蒙古的庙子沟、大坝沟（仰韶晚期），河南的殷墟（晚商时期），发现的所有马骨都属于普氏野马（详见附录）。

值得特别强调的是，野马和家马骨骼形态极为相似，这种相似性在驯化的早期阶段尤其明显，因此区分驯化马和他们的野生祖先并不是一件简单的工作，研究者们不得不依赖多种方法（Olsen 2006, Olsen 1988）。就像斯坦利·奥尔森（Stanley Olsen）指出的，很难圆满地判别马骨遗存究竟是属于野生的、驯服的或驯化的，除非其与驯化绝对相关的遗物同时被发现（Olsen 1988: 162）。事实上，研究者对伊朗中部高原的马骨遗存的研究发现，区分普氏野马和家养马确实是一个挑战，因此，他们只好依据普氏野马遗存在全部动物遗存中占较低比例的现象，将其鉴定为野马（Mashkour 2003）。

仰韶文化出有马骨遗存的遗址都反映出以狩猎为辅的农业经济形态，没有发现家养食草动物的证据。在动物遗存中，马骨十分罕见，几乎可以肯定属于野生种。在庙子沟发现的马骨都有被砍和火烧的痕迹，表明这些动物是被作为食物猎杀的（黄蕴平 2003）。从龙山晚期和齐家时期（2500 BC～1800 BC）的遗址开始，马骨常常和绵羊/山羊、黄牛骨同时出现。如在甘肃大何庄遗址，墓葬中发现三个马下颌骨作为随葬品，遗址中猪和羊的下颌骨也被用于仪式活动（中国科学院考古研究所甘肃考古队 1974）（详见附录）。发现此类马骨的遗存很多，但在任何一个遗址的动物遗存中，马骨都占很小的比例，因而引起对这些马是否属于家马的争论。因为它们在遗址中比较罕见，很多研究者认为它们属野生种（Linduff 2003）；而其他人倾向于认可它们属于驯化种，依据是它们在遗址中频繁出现（Yuan, J. and Flad 2006）。目前并没有确切的证据证明这些马属于家马。然而，林嘉琳（Katheryn M. Linduff）已经注意到，从西北地区马遗存的考古背景看，人类对马的使用是有限的，主要是食用和随葬，这和商代中原地区发现的马在考古遗存中的背景完全不同（Linduff 2003）。

商代晚期发现了更多出土马骨的遗址。马骨遗存发现于两种类型的考古遗存中，一种是仪式类，马主要是用于祭祀的牺牲，一般和车同出于墓葬中。这种情况一般都发生在大的政治中心，如殷墟、老牛坡、桥北和前掌大遗址（详见附录）。一般认为这些作为牺牲的马是外来的驯化马。在商代都城殷墟遗址，大量的马和车同出，属高级殉葬品，一般位于王室墓地或宗庙/宫殿附近（详见图 10.9，4），但在居住区的灰坑中几乎不见，显然说明这种动物是外来的献给商王的贵重礼品（石璋如 1953）。目前尚未对殷墟的马骨遗存做系统的骨骼形态学分析。仅有的数据来自两颗牙齿，显示其尺寸较小，德日进和杨钟健因此认为这种殷墟的小马可能是由普氏野马驯化而来的品种（Teilhard de Chardin and Young 1936: 19）。殷墟出土的其他马的遗存是否由普氏野马驯化而来还不清楚，但至少有部分殷墟马可能来源于普氏野马。

商代晚期马遗存的第二种考古背景是家居类的，发现在居住区，属家庭垃圾的一部分。属于此类马遗存的遗址主要发现于河套地区，如李家崖和西岔遗址（参见图 4.12，另详见附录）。这类遗址可能是解决中国马驯化问题的关键。内蒙古中南部清水河县的西岔遗址的使用时间从仰韶文化延续到商周晚期，马骨发现于龙山文化和商周时期的文化堆积中。龙山文化的动物遗存数量很小（可鉴定标本 37 个），马骨（可鉴定标本 4 个）只占动物遗存总数的 10.8%。该遗址商周文化遗存面积扩展至 120 万平方米，包含丰富的居住遗存，马骨占动物遗存总数的 9.1%（可鉴定马骨标本为 531 个，全部可鉴定动物标本为 5835 个）。主要包含猪、山羊、绵羊、黄牛遗存，以及少量的野生动物。所有动物遗存都发现于居住区，骨骼分布散乱。很多马骨都被用为制作工具的原料，一些上面附有红色颜料，可能具有仪式功能（杨春 2007）。很显然，当时的马主要是用于食用和祭祀，在当地农牧业经济中发挥着重要作用。这种人与马的关系与齐家文化和欧亚大陆草原地带的传统是一致的。

尽管西岔遗址马骨的种属还没有进行鉴定，但在动物遗存中马出现的相对较多，商周时期堆积中尤其如此，和其他地区遗址马骨遗存非常稀缺的情况形成鲜明的对比。对马的这种集约利用应该是马已经被驯化的结果。然而，关键的问题是，是本地的野马在本地被驯化的吗？

总的来说，几乎所有更新世普氏野马遗存都是在东北和西北地区的遗址中发现的（祁国琴 1989），这和大多数新石器时代和青铜时代早期马骨遗存的分布是一致的。在所有分类鉴定中，新石器和商代的样本都被认定为普氏野马。新石器时代和青铜时代马骨最集中出土的遗址均在河套及周边地区，包括1个细石器、3个仰韶晚期、3个龙山晚期和2个商代晚期遗址（详见附录）。值得注意的是，发现了更新世最多的普氏野马遗存的峙峪遗址也位于这一地区（参见图4.12）。

在历史上，河套周边地区的植被类型在森林–草原和半干旱草原之间变化（汤卓炜等 2004a），在中国见证了马从野生到驯养最长的持续不断的存在过程。奥尔森认为，在中国北方，人和马在很长一段时间都有着密切的联系，所以在中国的早期驯养和最终的驯化是非常有可能的（Olsen 1988: 161）。另一个可能的场景是，当欧亚草原的半游牧民和他们驯化的食草动物（包括马）一起向东亚扩散到了中国北方的时候，普氏野马的母马可能被引进已经被驯化的马群中。但值得注意的是，研究者发现现代普氏野马展示的DNA单倍型没有出现在驯化马（包括现代的和古代的）中，因此，前者是否是后者的祖先还不清楚（Cai D. et al. 2009; Lippold et al. 2011）。然而，现代普氏野马在基因方面和古代的可能不一样，主要是因为这个物种经历了一次严重的基因瓶颈期（100年前几乎灭绝），造成其基因多样性减少。未来需要对古代普氏野马DNA进行大量分析，以检测出潜在的可能已经灭绝的血统（Cai D. et al. 2009）。实际上，陕西北部已经发现了商代晚期家养型普氏野马的青铜塑像（详见第九章）。我们需要更多的生物分类学和古DNA研究去澄清中国北方本地野马与新石器和青铜时代马的关系。

鸡

家鸡（*Gallus gallus domesticus*）最有可能的野生祖先是红原鸡（*Gallus gallus*），但有关其驯化的地点仍然存在争议。对欧亚大陆834只家鸡与东南亚和中国的66只红原鸡进行了线粒体DNA分析，结果显示家鸡有多重母系起源，驯化至少发生在南亚和东南亚的三个地区，包括中国南部和西南及其周边地区、印度次大陆地区（Liu, Y.-P. et al. 2006）。

在考古学上，对于鸡在中国最早的驯化时间和地点知之甚少，很多新石器时代遗址已经发现了鸡的遗存，被鉴定为家鸡。这样的遗存最早出现在河北磁山遗址，年代为公元前6000年左右（周本雄1981）。但这种观点还没有被更多的考古学家接受。陕西康家遗址（2500 BC ~ 2000 BC）出土鸡骨经鉴定尺寸和现代家养鸡相似（刘莉等2001）；在一些石家河文化遗址（2500 BC ~ 2000 BC）中还发现了用于仪式活动的陶鸡，与其他陶制动物共出，这在湖北邓家湾遗址中尤其丰富，可辨别出小鸡、母鸡和公鸡（石家河考古队2003）（详见图7.15, 2）。鸡的驯化可能发生在公元前第三千纪的后半期，但目前还缺乏在新石器时代的考古资料中分辨野鸡和家鸡的动物考古学研究。

动物驯化的次级产品

和旧大陆的其他地区一样，中国的家畜最初大多数是用来肉食的；被安德鲁·谢拉特（Andrew Sherratt）描述为动物驯化"次级产品"的奶制品、毛制品、骑乘、拉车、犁地及运输等用途的开发，是后来发展起来的（Sherratt 1981）。

在中国基于动物考古学资料的有关动物次级产品的研究不多。根据博凯琳（Katherine Brunson）近期对山西陶寺龙山晚期遗址（2500 BC ~ 1900 BC）动物遗存的研究，从绵羊的屠宰年龄可以看出饲养绵羊可能是为了获取羊毛产品（Brunson 2008）。在新疆出土的遗物保存较好，牛羊牧业是经济的重要部分，公元前第二千纪就出现了利用奶制品和羊毛的迹象（详见第九章）。

在中国以农业为主的地区，动物次级产品主要和利用牛的畜力有关。尽管缺乏动物考古学资料，一些历史学家还是根据文献资料发起了很多讨论。主要的问题是，古代中国的牛耕技术是什么时候、在哪里发展起来的？一些人认为水牛犁耕技术在新石器时代已经使用了，几个崧泽文化和良渚文化遗址中（如在浙江平湖庄桥坟遗址）发现的石质犁形器就是证据（徐新民，程杰2005）。但这些文化的动物遗存中却缺乏水牛驯化的证据（刘莉等2006）。对浙江昆山崧泽文化遗址（4000 BC ~ 3300 BC）中几件犁形器使用微痕的初步分析表明，这些器物有多种功用，但并没有类似犁的使用痕迹（Liu and Chen 2011）。我们还需要对这些新石器时代器物做更多的使用痕迹分析来确定它们的功用。

很多学者认为最早的牛耕直到东周时期才在黄河流域出现，是铁被用于制作农业工具的结果（陈文华 1991: 131；杨直民 1995）。因此，公元前四五世纪编撰的《国语·晋语》卷九中记载，在位于黄河中游地区的晋国，"宗庙之牺为畎亩之勤"，即最初用于宗庙祭祀牺牲的牛开始用于田间劳动。偃师商城和安阳（1600 BC～1046 BC）发现了大量牛牲，是牛用于仪式活动的有力证据（Yuan, J. and Flad 2005）。

动物次级产品缺乏动物考古学证据，主要是因为青铜时代晚期遗址的考古发掘主要聚焦于墓葬，通常缺少动物遗存。因此我们只能依赖其他证据来追溯最早的牛耕技术，包括铁犁实物和艺术品上犁耕场景的艺术表现。基于现有的资料可知，铁犁生产是在战国时期（475 BC～221 BC）明显发展起来的，并在汉代广泛应用于中国北方特别是黄河流域的旱地农业（陈文华 1991: 190–195；钱小康 2002a, b）。

水牛的艺术形象表明这种动物既用于驮运也用于牵拉（爬犁和车），中国南方和西南部发现的不早于公元2世纪的青铜鼓和墓葬陶模型中的水牛雕像就是例证。水牛耕田的确切证据出现得更晚。牛耕技术可能是北方移民带到南方的，但最早发生的准确时间还不清楚（刘莉等 2006）。

小 结

家狗出现的最早迹象可以追溯到公元前8000年（南庄头遗址），家猪是公元前7000年（贾湖遗址），但最初尝试驯化这些动物的行为可能会更早。绵羊、山羊和黄牛是公元前第三千纪下半叶被引入中国的。随着绵羊、山羊和黄牛被引进到中国西北地区，马也成为寻常之物，这些食草动物通常在某些遗址中共存，表明它们是作为牧业经济的组成部分被一起引进的。虽然马在动物遗存中数量不多，它们可能还是属于驯化的物种。到公元前第二千纪晚期，家马已经广泛扩散至中国北方各地，并成为社会上层文化的一部分。这些动物如何被引入中国是一直在争论的问题。新疆因其地理位置被看作最有可能显示中西交流的地区；但就驯化动物来说，新疆最早的有关黄牛、绵羊和马的资料并不比黄河流域的资料早。因此，这些驯化的食草动物可能是在多种情况下、通过若干路线从欧亚大陆草原传播到中国北方广大地区的。这些路线包括历史时期的交流线路的前身，如西部的丝绸之路和北部很多连接中国北方和蒙古的路线。

驯化水牛和瘤牛在中国出现的过程可能和中国西南地区与其周边地区间的相互交流有关。在汉代连接中国西南地区和缅甸、印度的被称为西南丝绸之路的发展刺激了不同地区间的贸易，可能促进了家牛的传播。这样的相互交流在汉代之前就已经存在很久了，将来的研究可能会为这些牛科动物起源提供更早的证据。

驯化的动因

对于食物生产经济背后的动因有两种相持不下的理论。一种理论采取文化生态的视角，通常强调农业会出现在生态边缘地区，那里恶劣的气候变化会迫使人们不得不去发现新的食物来源（Watson 1995），这种模式已经被用于解释中国水稻的驯化。在更新世末期，长江流域处于温带和寒温带之间，四季分明，因此野生水稻并不是很充足，冬季可能会遭遇食物短缺。野生水稻的稀缺激发了通过栽培它们来增加产量的渴望（Higham 1995；Lu, T. 1999: 139–140）。因此，环境变化以及长江流域处于野生稻分布地带边缘的特性成为该地区水稻栽培起源的主要因素之一（Lu, T. 1999: 139–140；Yan, W. 1992）。但就现有的资料来看，在更新世晚期水稻是否被用作主食仍然是个问题，因此也就很难证明水稻栽培是为了解决食物短缺和人口压力的问题。实际上，在没有明确证据确认水稻种植在更新世晚期起源的情况下，目前可以认为最早的水稻栽培发生在全新世早期，那时气候得到改善，野生水稻成为充裕的自然资源之一。简言之，在水稻驯化问题上，文化生态模式仍然有需要进一步解释之处。

同样，动物的驯化也曾被解释为解决食物短缺的方法。袁靖和付罗文提出了猪驯化的四个先决条件：①传统狩猎得到的肉食不充足，有获取新的蛋白质资源的需求；②在聚落附近有野猪资源；③已经成功培植了某种谷物，激励人们进而进行某种动物的驯化；④谷物耕种的收获有剩余，使得用谷物的副产品喂养动物成为可能（Yuan, J. and Flad 2002）。但这些前提条件与出有家猪遗存的考古遗址（如跨湖桥、贾湖和兴隆洼遗址）的情况并不相符。所有这些遗址都有丰富的自然资源；人们明显是依赖广谱生业经济，农耕只是其中很小的一部分。目前，在这些遗址中没有证据表明在人类饮食中缺少肉食，也没有任何证据显示猪主要依赖谷物的副产品生存。还需要更多的研究来更好地理解早期动物驯化的过程。

第二种理论采取社会政治方法提供了对驯化起源的动机解释，这源于本德尔（B. Bender）的论点：相邻社会群体间为获得地方控制权，会通过举办社群宴饮的方式进行竞争，这是食物生产背后的驱动力（Bender 1978）。这种宴饮动机需要不断增长的生业资源的支持，进而促进了食物生产过程的强化。这种观点近几年不断得到推崇，已经有好几个考古学家在世界各地提取证据，证明有目的地积累驯化产品是追求个人声望的"积累者"（aggrandizers）的行为，而不是平民生存的需要（Clark and Blake 1994; Hayden 1995, 2003）。布雷恩·海登（Brain Hayden）认为，在很多地区，最早被驯化的都是不可食用的植物或特殊食物，如麻、葫芦、辣椒及豆蔻等调味品（Hayden 1995）。这表明早期被驯化的可食用植物是奢侈品或高级食物，而不是生活必需品，夸富宴会是向种植经济转化的驱动力。按照海登的观点，当社会地位差别和社会经济不平等在社会开始出现时，驯化就发生了。"只有当人们开始为竞争权力、财富和地位而进行'食物战'时，劳动密集型食物才被作为建立威望的组成部分获得发展"（Hayden 1995: 282）。按照这种观点，驯化、宴饮和社会不平等是密切相关的因素。根据东南亚一些部族的民族志资料，海登认为水稻最初是作为一种奢侈食物被驯化的，主要是用于宴饮，现在这些部落仍然如此（Hayden 2003, 2011）。

这种常被称作"社会经济竞争模式"或"食物战理论"的方法并未被所有考古学家接受。此方法的问题是，第一，不难发现，实际上很多驯化物种，如粟黍、大麦、豆子、水牛、黄牛和猪，在驯化前后都是生业食物；第二，其实世界任何地方都没有充分证据显示社会等级分化的初始和最早的驯化之间相互关联

(Smith 2001b)。

但海登提出的水稻最初是作为奢侈食物在中国被驯化的观点非常值得进一步研究。尽管来自东南亚部族的有关水稻种植和食用的民族学资料并不能代表全新世早期长江流域的情况，但并不能说在种植之初，水稻不是用于宴饮的奢侈食物或和政治动机没有关联。例如，正如海登也注意到的（Hayden 2011），贾湖遗址既发现了早期水稻遗存，也发现了社会分化开始出现的证据（河南省文物考古研究所 1999a）；对古代陶器表面吸附的有机物的化学分析表明，贾湖水稻曾用作酿酒，而酒在巩固社会等级的仪式中可能发挥着重要作用（McGovern et al. 2004）。因此，早期水稻至少在某些情况下可能是一些"积累者"为获取权力而使用的奢侈品。然而，如前所述，由于水稻驯化的最初阶段还不清楚，贾湖水稻与仪式活动的相关性可能并不是水稻最初被驯化的动机。

同样，如果猪最初是在食物资源丰富的地区被驯化的，我们就不能排除猪肉作为宴饮的美味佳肴比其他肉食更受欢迎的可能性，至少有时会是这样。这种情况可能也刺激了人们对猪进行驯化的念头。

这两种理论模式在某种程度上对解释食物生产的人为和自然动因都是有用的，但又各自受特定理论框架（过程主义与后过程主义方法）的影响而存在偏见。相反，另一种观点认为植物驯化是人和植物间良性选择关系的自然结果，而不是为应对环境压力而做出的矫正方案（Rindos 1980, 1984, 1989）。事实上，近来的很多研究已经揭示，农业常常起源于资源相对丰富的地区（Price and Gebauer 1995）。我们很容易看到，中国所有与早期驯化有关的遗址都位于自然资源丰富的区域，而且无论这些驯化品种在整个生业经济中的作用如何小，在更发达的农业形成之前的很长一段时间里，都是当地人类饮食中稳定的组成部分。在这一发展过程中，这些驯化物种可能既用于日常主食又是夸富性消费中的奢侈食物，所以驯化的动机既是生态学的又是社会学的。

结 论

如同世界很多地区一样，在中国大地上觅食的人群在寻找、狩猎、收获、加工和消耗食物的日常而必须的活动中，有意或无意地开始了最初的驯化活动。这些最初的驯化物种，包括水稻、粟黍、大豆、狗和猪，在最初的数千年中只扮演了很次要的角色，在新石器时代中期（5000 BC～3000 BC）甚至更晚才成为生业经济中食物的主要来源。

在公元前第三和第二千纪，几个新的驯化产品被引进到中国北方，包括小麦、大麦、燕麦、黄牛、绵羊、山羊和马。这些驯养动物在中国的出现是多种动因造成的结果。例如，中全新世大暖期之后的环境变化使中国北方更适合牧业生产，而且从欧亚大草原到中国北方的人口迁移可能促进了有经济价值的生产技术的传播。

不同种类的块茎类植物（芋头和山药）从旧石器时代起就在中国南方和北方的人类饮食中扮演了重要角色，但由于缺少考古学资料，相关的驯化过程很难追溯。淀粉粒分析为发现块茎类植物遗存提供了很大的可能性，但这个方法的运用在考古学研究中仍然处于初级阶段。

目前有关中国南方最早的驯化水牛和瘤牛的证据时代都很晚，可能是该地区动物考古学研究不足所致。但无论如何，汉代中国西南地区和东南亚、南亚之间不断增强的文化交流可能促进了人们对这两种动物的利用，就像这个时期艺术品所描绘的那样。

驯化的动物和植物不仅仅在生业经济中发挥着至关重要的作用，而且在各种仪式中被用作祭品，促进了权力的谋取。本土驯化物种在新石器时代形成了复杂社会出现的经济基础，引进的驯化物种在青铜时代早期为加快社会政治变革做出了贡献，导致了中国北方早期国家或文明的形成。水平不断提高的植物栽培和动物豢养水平支撑着青铜时代社会和经济的革新，包括多种作物复合种植，为满足不断增加的人口而出现的新的蛋白质资源，以及复杂的仪式祭品和典礼。这些话题将在后面的章节中加以讨论。

第 五 章

迈入新石器：新石器时代早期的定居和食物生产

(7000 BC ~ 5000 BC)

> 包牺氏没，神农氏作，斫木为耜，揉木为耒，耒耨之利，以教天下。
>
> ——《周易·系辞下》

中国新石器时代文化的发展，与全新世中期气候适宜期的到来是一同发生的。温暖湿润的气候环境催生出大量小型村落，遍布于中国南北各条大河流域。这些聚落的典型考古遗存包括房址、窖穴、墓葬，有时还有环壕或者围墙。动植物的驯化已很明显，墓葬材料和人工制品则反映出礼仪活动。陶器普遍使用，磨制石器的比例增加，但打制石器和细石器仍在使用。碾磨石器（磨盘、磨棒、石臼、石杵）一般都是成套共存，磨盘和磨棒常在考古发掘中同出，特别是在华北和东北的遗址中，已经成为工具套中一个标志性组合。

在中国考古中，大家普遍认为公元前7000～前5000年这一阶段新石器时代诸考古学文化的要素是定居村落、农业、陶器和磨制石器。这个认识主要基于居址遗存、驯化作物以及某些可能具有农业功能的工具类型所反映出的背景信息（An, Z. 1989; Chang 1981, 1986a: 87-95; Shi, X. 1992）。也有一些学者对于过高强调该时期农业发展水平持谨慎态度（Shi, X. 1992; 吴加安 1989），"农业"一词只是用来泛指出土食物生产遗存的考古学文化，但关于这些考古学文化的食物生产水平尚缺乏研究。对于新石器时代早期的定居程度，研究也不充分。

从世界史前史的视野来看，通常被归结为新石器文化的那些典型特征，似乎都是独立产生的，而且不同地区文化因素组合的方式也各不相同（Marshall 2006）。中国也概莫能外，这一点在第三章已经做过讨论。狩猎采集向农业的过渡是一个连续的渐变过程，始于一个"低水平食物生产"阶段。所谓农业，一般解释为驯化动植物每年提供的卡路里在食谱中应占到30%～50%（Smith 2001a: 17–18）。很显然，要建立一种定居和农业兼而有之的经济方式并非朝夕之功。定居的出现和向农业的转化之间并不见得必然相关，如果有可能的话，对二者的发展进程都要进行量化分析。本章的目标，就是要研究新石器时代早期大约2000年间聚落–生业系统的形式。因为确定人类食谱中驯化动植物提供卡路里的程度是需要具体分析的，故而本章中使用"食物生产"代替"农业"一词。我们将重点关注定居方式和食物生产的区域多样性，同时也考察早期新石器文化其他典型特征之间的相互关系。

本章涵盖了公元前7000～前5000年中国主要的考古学文化，按照地区分为三组加以讨论。第一组是中国北方，包括辽河流域、黄河流域、淮河流域和汉水上游；第二组是长江流域（不包括文化面貌与渭河流域相似的汉江上游），这是中国中部最主要的大河流域；第三组是中国南方，主要指珠江流域。图5.1标明了诸考古学文化的分布位置，图5.2则提供了它们的基本年代框架。下面我们首先简要讨论关于定居的判定标准，以及用来确定生业模式的资料，然后论证居住–生业系统的区域多样性。此外，我们还将考察社会复杂化的发展，这个方面常常表现在礼仪活动中。

确定定居与生业策略

罗伯特·凯利（Robert Kelly）认为，所谓定居，是指这样一种聚落系统，其中至少有部分人口长年固定居住在同一地点（Kelly 1992: 49）。本书即采用这一定义。如何辨别考古记录中的定居行为总是面临挑战，因为没有一个放之四海而皆准的标准。不过，有些可视为定居标志的普遍因素，在世界各地的考古记录中是反复出现的。

定居行为最常用的考古证据包括以下几个方面：①建筑方面人力物力的高投入；②重型物质文化，特别是因经常使用而产生磨损痕迹的碾磨石器；③储存窖

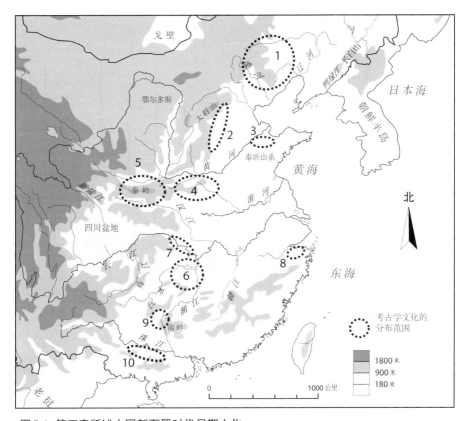

图5.1 第五章所述中国新石器时代早期文化
1.兴隆洼文化 2.磁山–北福地文化 3.后李文化 4.裴李岗文化 5.白家–大地湾文化 6.彭头山–皂市下层文化 7.城背溪文化 8.小黄山–跨湖桥文化 9.广西北部洞穴遗址 10.顶蛳山贝丘遗址

穴;④墓地;⑤频繁出现人类的伴生动物,特别是家鼠和家雀;⑥全年进行狩猎的证据;⑦考古堆积层深厚,显示出占据时间久,人口密度高(Belfer-Cohen and Bar-Yosef 2000; Boyd 2006; Marshall 2006);⑧频繁出现驯化动植物(Rosenswig 2006);⑨具有特殊功能的器物日益增多,在外形设计上不甚考虑是否便于携带(Rosenswig 2006),与之相反,游猎人群制作的陶器形态通常具有一器多用、坚固、便携的特点(Arnold 1999);⑩频繁出现次生废弃物堆积(secondary refuse),这是由于为了保持居住环境的清洁尽力进行废弃物处理造成的,目的是适应长期

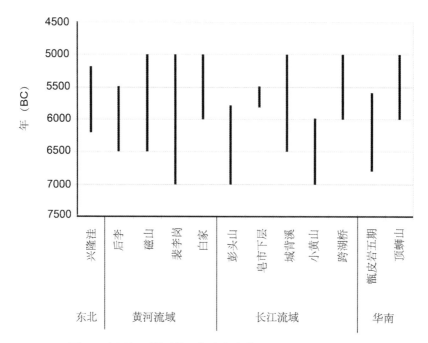

图5.2 中国新石器时代早期诸考古学文化的年代

定居生活的需要,相反的情况是在居住区多见原生废弃物堆积(primary refuse)和器物埋藏坑(caches),这是短期居留并预期返回的表现(Hardy-Smith and Edwards 2004)。

定居作为分析问题的概念,意味着一个动态过程,不同地区的考古记录呈现出高度的多样性。实际上,任何一种因素的出现,都不能视为认定定居的权威标志。在中国考古中,上面罗列的标准也并非皆能适用,因为动物考古研究尚未能获得某些类型的资料(如人类的伴生动物、狩猎的季节性等)。而且,某些因素如陶器、磨制石器和碾磨器,在更新世末期流动的狩猎采集社群中已经出现了(参见第三章)。很明显,即使没有食物生产,定居也会产生。

因此,我们并不打算去判定定居存在与否,而是去研究定居的程度、人群的不同活动方式以及不同社群与其自然环境之间各种关系的特征。基于我们拥有资料的性质，本章对于定居的判断将采取以下标准，尽管它们并非都能够加以量化：

（1）高投入的建筑设施，例如大型建筑物、精加工的墙和地面；

（2）频繁出现储存窖穴；

（3）精心设计的聚落空间布局，例如墓地、住所和村落周围防卫设施的规划；

（4）考古堆积的厚度和密度增加；

（5）频繁出现驯化动植物，特别是猪和谷物；

（6）功能特殊的器物增加，不太考虑便携性；

（7）流动群体的驻地表现为，房屋内常见原生废弃物，活动区常见人群离去时留下的仍可使用器物，或称弃置物（de facto refuse），特别是器物埋藏坑，以便将来返回时使用；与之相反，长期定居人群的驻地为，居住区的废弃物集中在一定区域（如房屋附近的垃圾坑），称为次生废弃物，以保持生活区的可居住性。

我们将采用多种方法研究生计策略。通过与自然资源状况相关的聚落分布，以及聚落遗址中的动植物遗存研究，我们可以了解食物的获取模式；人骨的病理学和同位素分析，能够提供人类经济行为和食谱不可多得的信息；工具套的构成分析可透露相关生计活动的类型；人工制品的残留物和微痕分析则可以揭示古代工具的功能和食物的种类。

中国东北与北方地区

中国东北和北方中部地区在大约距今9000年（cal.BP）的时候，开始经历了一次暖湿事件（An, Z. et al. 2000）。暖湿环境导致了温带落叶林在这些原来半干旱地区的出现。目前这里已经发现了数百处新石器时代早期遗址，它们一般规模甚小，从数千到数万平方米不等。大多数遗址坐落在山间盆地，或者山前冲积平原上。这些遗址分布在几个区域，如辽河流域的兴隆洼文化、太行山东麓的磁山-

北福地文化、泰沂山脉北侧的后李文化、河南中西部的裴李岗文化，以及渭河和汉江流域的白家–大地湾文化（参见图5.1）。

人们之所以选择此类环境栖身，显然是出于靠近自然资源和谷物耕作田地的考虑。值得注意的是，温带落叶林在中国北方地区的出现，特别表现在山地周围栎属（橡树）植物的增加（Ren, G. and Beug 2002），这里也是新石器时代聚落分布的集中区（图5.3）。聚落分布模式表明，富含淀粉和油脂的植物果实橡子，可能是这些新石器时代早期人类利用的主要资源之一。几处新石器时代早期遗址出土碾磨石器的淀粉粒和微痕分析结果都支持这个看法，表明碾磨石器是用来加工各种淀粉类植物的，包括橡子、豆类、根茎和粟黍，其中橡子的数量较为突出（Liu, L. et al. 2010a; Yang, X. et al 2009）。由此可见，研究这些地区资源利用的全貌和有关食物生产活动的水平是十分重要的。

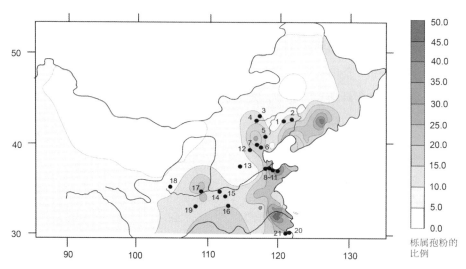

图5.3 新石器时代早期主要遗址的分布（9000～7000 cal.BP），与栎属孢粉的集中分布区一致（8000～6000 BP或8871～6847 cal.BP）

兴隆洼文化：1. 兴隆洼、兴隆沟 2. 查海 3. 白音长汗 4. 南台子 5. 西寨、东寨 6. 孟各庄 7. 上宅、北埝头 后李文化：8～11. 共12处遗址，位于泰沂山脉北侧 磁山–北福地文化：12. 北福地 13. 磁山 裴李岗文化：14. 铁生沟 15. 裴李岗 16. 贾湖 白家–大地湾文化：17. 白家 18. 大地湾 19. 李家村 长江下游：20. 小黄山 21. 跨湖桥（孢粉图据 Ren and Beug 2000；图10修改）

兴隆洼文化（约6200 BC ~ 5200 BC）

兴隆洼文化代表了中国东北地区新石器时代文化发展的早期阶段。该文化目前已经发现了大约100处遗址，主要分布在多山的辽西地区，以及内蒙古东南部和河北北部。目前，考古工作者已经发掘了大约10处遗址，最著名的遗址包括内蒙古敖汉旗兴隆沟和兴隆洼、林西县白音长汗和辽宁阜新查海（Li, X. 2008）。兴隆洼遗址的特点是有排列整齐的长方形半地穴式房子，有些聚落还有壕沟环绕（图5.4）。大多数房屋的面积为50~80平方米，有些房子可大到100平方米。窖穴在房内外都有发现，房子地面下偶见墓葬，地面上常见大量破碎遗物，包括工具、陶器、陶片，偶尔还有人骨。陶器形制简单，以筒形罐为主，为褐色夹砂陶，泥条盘筑而成。工具组合包括打制石锄、石铲和石刀，碾磨石器如磨盘、磨棒、石臼和石杵，磨制石斧和石锛。还有大量的细石器，用作嵌入骨柄或骨鱼镖凹槽的刀刃（Li, X. 2008）（图5.5）。

图5.4　兴隆洼遗址的聚落布局（杨虎，刘国祥 1997：图版1）

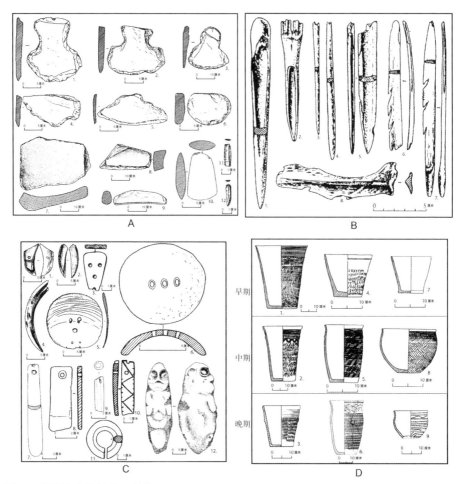

图5.5 兴隆洼文化的人工制品
A. 石器：1~3. 有肩石锄 4、5. 石刀 6. 盘状器 7. 磨盘 8. 磨石 9. 磨棒 10 石斧 11、12. 细石叶（以上皆出自兴隆洼）B. 骨器：1、2. 骨锥 3、4. 骨针 5. 嵌细石叶的骨柄石刀 6、7. 嵌细石叶的骨鱼镖 8. 骨刀（以上皆出自兴隆洼）C. 装饰品和雕像：1、2、4. 牙饰 3. 人面形石雕 5、10. 蚌饰 6. 穿孔人头盖骨 7. 玉饰 8. 石饰 9. 玉管 11. 玉玦 12. 人形雕像（1~5、10、11出自兴隆洼，6、8出自南台子，7、9出自查海，12出自白音长汗）D. 陶器：1~6. 罐 7~9. 钵（1、2、4、5、7、8出自兴隆洼，3、9出自白音长汗，6出自查海）（Li, X. 2008：图3.2-3.5）

典型遗址如兴隆洼，面积达3万平方米，是一处有环壕的聚落。位置靠近低山，比周围平地高出约20米。遗址旁有一处泉水，距离河流1.5公里。发掘揭露出170座房址，贯穿遗址整个使用周期，可以分为三期。第一期，房子共有8

排，每排超过10座，还有一条环壕，大约宽2米，深1米。大部分房子的面积为50～80平方米，最大的两间（140平方米）坐落在聚落中心。多数房子应是居住之所，但也有些似乎用于礼仪活动，出土的动物头骨（主要是鹿和猪）显示了这一点。这些头骨经过穿孔，集中放置在地面上。窖穴通常位于屋外，屋内发现了10处墓葬。在这些居室葬中，M118出土了非同寻常的随葬品。墓主是一位成年男性，随葬有两头猪（参见第四章），以及大量的陶器、石器、骨器、蚌器和玉器等。石器中细石叶占大多数，多达715件。居室葬在兴隆洼文化中并不是一种常见的埋葬方式，只发现过区区几例。因此，那些采用这种葬式的墓主人可能在社群中具有非凡的地位。但整体来看，所有的房子和墓葬之间并不存在表现社会分化的显著差别（刘国祥 2001；杨虎，刘国祥 1997；杨虎，朱延平 1985）。

房子地面上大多数遗物当是一种弃毁礼俗的产物（Li, X. 2008），它们为了解当时的家居活动提供了很大方便。碾磨石器在很多房子里是工具组合的一个重要部分。对兴隆洼出土人骨的体质人类学研究表明，年轻女性患有关节畸形，可能是由于使用碾磨器加工食物时，长时间跪地所致（Smith B. L. 2005）。

有些学者认为，碾磨石器可能是用来加工野生植物的（刘国祥 2004）。对白音长汗和兴隆沟出土碾磨石器残留物的分析表明，这些工具确实用来加工多种植物，可辨者如山药（*Dioscorea* sp.）、橡子（*Quercus* sp.），以及各种禾本科植物[黍族（Paniceae）和小麦族（Triticeae）]，包括驯化的粟黍。这些被加工的食物，多数可能是野生的（Liu，L. et al. 2015；Tao et al. 2011）。兴隆洼遗址还出土了炭化野生胡桃（孔昭宸，杜乃秋 1985）。

在兴隆洼的石器组合中尽管没能辨认出收割工具（王小庆 2008），但驯化粟黍明显是人类食谱的一部分。兴隆沟遗址的确已经发现了粟和黍的遗存，尽管它们在所有植物遗存中只占一小部分（赵志军 2004a）。对兴隆洼出土7具人骨进行的同位素分析表明，其食谱中的85%是由C_4类（其固碳制品每个分子有4个碳原子的植物，如粟黍、玉米和高粱）食物构成，可能部分来自于驯化粟（张雪莲等 2003）。对猪的饲养也已经开始（参见第四章）。狩猎的野生动物种类很多，包括鹿、牛、马和野猪，白音长汗出土的动物遗存就是证明（汤卓炜 2004a）。对兴隆洼出土人骨的研究表明，老年男性的膝部和脚踝多患有退行性关节炎，可能说明他们经常从事长距离狩猎采集活动（Smith, B. L. 2005）。总体来看，现有资料指向一种广谱的生计策略，以狩猎采集生活方式为主，食物生产仅占一小部分。

兴隆洼文化还证明该地区首次出现了使用雕像的礼仪活动。在兴隆沟和白音长汗，房址内的堆积和墓葬都出土了各种具有象征意义的器物。其中的泥塑和石雕人像均清晰地表现出女性人体。还有雕刻成蝉和熊等形态的玉石制品，以及用贝壳、石块和人头盖骨做成的面具（参见图5.5, C）。例如，一个高5.2厘米的陶像，出土于兴隆沟的一个灰坑中，表现的是三个女性拥坐在一起。白音长汗遗址出土有一座女性石像（高35.5厘米），发现的时候，就嵌在房址内灶旁的地面里（图5.5, C-12）。以上这些造型，包括女性雕像、面具和自然主义风格的动物形象，都明显属于家居生活中的一部分（Liu, L. 2007）。

目前尚不清楚辽西地区定居生活方式最早是如何发生的，因为从兴隆洼之前的细石器考古记录中明显找不到过渡阶段的证据。考虑到从小型流动狩猎采集人群发展成很大的定居社群所发生的巨大变化，兴隆洼人一定经历了巨大的社会、政治和经济挑战。这些挑战可能包括对领地的争夺，对资源的竞争，还有社群内外发生的冲突。这些根本性的变革似乎在家居遗存中也有反映。在这些早期村落中，住所似乎是生活消费和礼仪活动的中心，从室内储存设施、居室葬可以体现出来，室内放置的雕像也说明这一点（Liu, L. 2007）。在住所及其附近发现的那些人形雕像和装饰品，可能是家庭礼仪活动用品（Li, X. 2008）。值得注意的是，该地区最早的肖像与源自女性繁殖力的礼仪有关，但我们难以确定这些雕像是否代表了神灵或祖先，或二者兼而有之。无论如何，这种集中于住所的礼仪活动，可能是当时应对社群规模变化和经济压力的一种社会性反应。

磁山-北福地文化（约6500 BC～5000 BC）

在太行山东麓群山下的河流台地上已经发现了数十处遗址，称为磁山文化和北福地文化（参见图5.1）。为方便起见，此处我们将其合并讨论。这些遗址的遗存与该地区全新世早期文化传统（东胡林和南庄头）表现出明确的联系，细石器、碾磨石器和平底陶罐就是证明（参见第三章）。另外，这些遗址中也出现了大量新的文化因素。例如，陶器以夹砂陶为主，主要器形是平底盂和支脚，二者结合，作为炊具使用。石器组合中磨制石器的比例增加（图5.6）。野生和驯化的动植物在考古记录中都有出现。在这些遗址中，河北武安磁山和易县北福地，为研究生业经济的变革提供了最好的案例。

图5.6 磁山-北福地文化的人工制品
1. 磁山的石磨盘和石磨棒 2. 磁山的盂和支脚 3、4.北福地的石器与陶器 5.北福地发掘现场 6.北福地的陶面具（1、2为作者拍摄；3～6来自段宏振2007：彩版6、10、12）

磁山 | 该遗址位于一片台地上，台地北面是洺河，南面是鼓山。遗址高出河岸25米，但是8000年前的河床可能比今天高得多。遗址的规模未见报道。发掘面积为2579平方米，揭露出一处聚落，包括474个灰坑、2座房址、大约2000件人工制品，还有大量的动植物遗存。陶器组合以平底盂和支脚为主，还有少量罐、盘、杯和三足器。工具套包括石器、骨器和蚌器等，如用于木工的斧、锛和凿，用于掘土的铲，用于渔猎的镞和叉等，可能还有收割谷物的镰。出土了大约110件石磨盘和石磨棒（图5.6, 1），占石器总数（共880件）的12.5%（孙德海等1981）。

尽管存在争议，但磁山遗址长期以来被解释为强化粟作农业生产的例证，这一认识来自所报道的埋藏有厚粟类遗存的80座灰坑（佟伟华1984）。近来对磁山遗址土样的植硅石分析表明，粟类驯化的年代甚至还要更早，再度引起人们对这处遗址的兴趣（Lu, H. et al. 2009）。但这一分析结果也受到质疑，尚需进行深入研究（参见第四章）。

若要重建磁山文化的生业经济，应该从更全面的视野来观察考古遗存。石器组合中可能用于收割谷物的镰刀出土极少（6把），只占石器总数的0.6%，这使得存在强化粟作农业的说法十分可疑。很重要的一点是，在磁山遗址的灰坑中发现了坚果的遗存，可以辨识的有野胡桃（*Juglans regia*）、榛子（*Corylus heterophylla*）和朴树籽（*Celtis bungeana*）（孙德海等1981）。遗址出土大量的碾磨石器，似乎支持食用坚果的说法。磨盘和磨棒常与平底炊器和支脚共出，有时还与石斧和石铲共存。总计发现有45组这类工具组合，在遗址的空阔地带成片分布。在每一片中，这样的工具组合从3组到12组不等（孙德海等1981）。通过对澳大利亚土著文化的研究可知，使用磨盘和磨棒碾磨野生采集物的职责一般由妇女担当，大家一起在一个公共场合进行（Pedley 1992: 39）。磁山器物组合也应该被视为反映了加工食物的一种集体活动，加工的对象可能包括坚果和谷物。

渔猎工具在工具总数中所占比例相当可观，与动物遗存中高比例野生动物的情况比较吻合。鉴定有23种动物，包括6种鹿类、猪、狗、鸡、鱼和贝类。其中只有猪和狗被鉴定为家养动物（周本雄1981）。

磁山遗址的几个现象体现出定居程度较高的特征。这些现象包括大量的窖穴，很多可能是作为储存之用；丰富的陶器、碾磨器和磨制石器；家猪和家狗的存在。陶三足器数量极少，这是一种突然出现的器形，适用于稳定的定居生活，因为陶器有足不便于携带，对于流动生活十分不便。与之相反的是盂和器足组成的复合炊具，拆解携带十分方便。这一标准化设计是继承了来自旧石器时代的传统（平底罐），又加上新石器时代的发明（支脚）为之锦上添花。磁山遗址似乎已经是一处长年居住的定居村落，人们过着一种广谱生业经济生活，包括狩猎、捕鱼、采集坚果、饲养动物和种植粟类。这种生计策略需要有相当一部分人从事狩猎和食物采集，这在一定程度上充当了流动性的后勤服务职能（logistic mobility）。

北福地 | 该遗址位于中易水一段小河谷的台地上，周边有丘陵和山地（图5.7）。遗址现存大约3000平方米，已经发掘了近2000平方米。只有最后两季的发掘（1200平方米）做了详细报道，为下面的讨论提供了资料。文化堆积可以分为

图5.7 北福地遗址全景（段宏振2007：彩版1）

三期，第一期的年代是在公元前6000～前5000年（段宏振 2007）。

发掘分为两个区。第1区是居住区，发现14处房址和34个灰坑。大多数房子呈方形或长方形，面积为6.5～15平方米。房子地面堆积甚厚，常常包含丰富的遗物，数量从几十到数千不等（表5.1）。在这些遗物中，河滩砾石和石器废片占绝大多数，另外还有石器、陶片和坚果残骸。数座房址中出土了陶制面具的碎片，面具尺寸与人面相仿，适宜佩戴，眼睛部位镂空，佩戴者可由此向外观看（参见图5.6, 6）。可以推测，这些面具当是在居住区内进行礼仪活动时使用的。灰坑中出土遗物与房址堆积类似，只是更加残碎。工具以斧、铲和碾磨器为主（段宏振 2007）。从器形观察，没有发现箭镞和鱼叉之类的渔猎工具。

第2区是一处开阔的广场，大约90平方米，揭露出9个浅小的灰坑和1个大灰坑。灰坑出土的器物可分为11组，包括碾磨石器、斧、铲、陶器和装饰品。大多数器物发现于地面，也有些是在小灰坑底部或者填土中发现的。与居住区出土人工制品十分破碎的情况不同，广场出土的石器和陶器大多数都很完整。陶器以罐为主，壁厚且直。遗址中出土了大量野胡桃和橡子，但没有发现动物骨骼和谷物种子（段宏振 2007）。

表5.1 河北北福地遗址房址堆积出土遗物

房址	房址面积（平方米）	遗物总数	陶片	卵石	石器废品	石器（多已残）	细石器	植物遗存
F1	15	2796	374 13.4%	1503 53.8%	562 20.1%	110 3.9%	247 8.8%	野胡桃
F2	15	1245	193 15.5%	44 3.5%	906 72.8%	71 5.7%	31 2.5%	野胡桃
F3	7	49	2 4%	17 35%	21 43%	8 16%	1 2%	
F7	8	169	100 59.2%	4 2.4%	64 37.9%	1 0.6%	—	
F8	6.5	72	17 23.6%	4 5.6%	48 66.7%	3 4.2%	—	
F10	8	78	23 29.5%	14 17.9%	41 52.6%	—	—	

续表

房址	房址面积（平方米）	遗物总数	陶片	卵石	石器废品	石器（多已残）	细石器	植物遗存
F12	14.6	776	219	63	476	8	10	野胡桃
			28.2%	8.1%	61.3%	1%	1.3%	
F15	11	74	15	9	48	2	—	
			20.2%	12.1%	64.9%	2.7%		
F16	10	305	73	11	212	9	—	
			23.9%	3.6%	69.5%	3%		

施斐尔（Michael B. Schiffer）关于废弃形态的理论，是将废弃物分为"原生"（primary）、"次生"（secondary）和"弃置"（de facto）三类（Schiffer 1976: 30–33）。根据这一理论，北福地遗物按照出土背景也可以分为三类。房子地面出土遗物大多数可以归为原生废弃物，它们是因为使用寿命终结或将要终结而形成，仍然保留在原来使用时的位置。房屋附近的灰坑中出土的人工制品可被视为次生废弃物，是不再有用的东西，属于有意丢弃在此处而非它们原来被使用的地方。与之相反，弃置废弃物是指仍然可用的器物，在其主人离开时被留在它们原先被使用的房屋内或活动区内。第三种情况适用于北福地广场浅坑中发现的人工制品，它们按类分组，分布有序，集中放置在小坑之内，说明北福地广场很有可能是一处人们集中加工食物的场所，这些工具在不用的时候就被埋在坑中。遗物的组成与上文所述磁山遗址灰坑中的工具一致，说明磁山遗址也发生过类似情况。

使用施斐尔的废弃形态理论对中东和世界其他地区开展跨文化比较研究，可以对各种不同程度的定居有进一步的认识（Hardy-Smith and Edwards 2004）。研究表明，原生废弃物与流动的狩猎采集者及短期居留行为特别相关，住所大量的原生废弃物意味着，人们还没有形成家庭卫生行为以适应长期居住生活的要求。而大量的弃置废弃物，包括众多窖藏物品，可能是有意埋藏并计划将来返回继续使用的结果。

次生废弃物与长期居住的意图有关（Hardy-Smith and Edwards 2004）。北福地灰坑中的次生废弃物表明了长期居住的趋势，但仍有很多证据表明流动生活依然存在。房子里大量的原生废弃物说明居住者的行为传统与流动的狩猎采集人群类似。而大量的弃置废弃物，如窖藏物品则表现出打算日后返回的意图，这也是流动人群的特点。

流动居住策略还反映在陶器器形上。器形简单的小型陶罐，可能具有多种功能，如炊煮、储存和盛食。支脚，系有意制作成散件，待使用时立于炊器之下，明显是为便于携带而设计。未见动物遗存和栽培谷物，但存在大量野胡桃和橡子，说明该地点可能是专门为了采集坚果而形成的。磨盘、磨棒、石臼和石杵（共37件）占石器总数的11.1%，进一步表明加工坚果是此地生业活动的重要组成部分。这些发现支持一个假说，即北福地的广场是一处加工坚果的集体劳动场所。所以，北福地可能是一处季节性营地，某些社群为收获周边地区丰富的坚果定期来到这里。

小结 | 磁山和北福地代表了该地区两种类型的遗址，前者是常年定居村落，后者则是季节性营地，它们共存于早期新石器时代。遗址不同的生计策略可视为一个整体生计–聚落系统的组成部分。部分磁山人可能是季节性地去营地觅食，而社群的另一部分人则居住在永久性的聚落中。北福地人可能来自于一个更大的村落，他们季节性地来到这个地方以采集某种食物。居住方式与食物获取策略的多样性明显是受到不同的环境背景和自然资源影响而形成的。

后李文化（约6500 BC～5500 BC）

在山东境内泰沂山脉北麓的冲积平原上，发现了大约12处后李文化遗址（参见图5.1）。在这些遗址中，临淄后李、章丘小荆山和西河、潍坊前埠下已经做了发掘（山东省文物考古研究所2005）。这些遗址的主要遗迹包括房址、灰坑、陶窑和墓葬。聚落面积较大，如小荆山和西河，每一处都超过了10万平方米。但是，遗址任一时期所占据的实际面积，可能比当前遗址的全部范围要小得多。这个推断的原因在于，大多数遗址在不同时期形成的文化堆积有明显区别，且位于遗址的不同区域，未见后来遗迹打破早期地层（孙波2005）。

在这些遗址中,小荆山是唯一一个有壕沟围绕的聚落,面积有12万平方米。发现至少40座房址,墓葬约30座,分为三组,分布在壕沟内外(王守功,宁荫棠 2003)(图5.8,1)。整体来看,房子面积差别很大,房子地面上有时发现大量遗物。例如西河遗址,发掘揭露出两种类型的房址,共19座。大房子(一般25～50平方米)建筑质量良好,墙壁和地面经特殊加工,有多个灶,地面上还有很多完整的陶器和工具(图5.8,2)。小房子(大多10～20平方米)的墙壁和地面无特殊加工,没有灶,有些房子地面上发现大量碎陶片(刘延常等 2000)。聚落布局似乎表现出一种长期居住的意图,但是房址里大量的原生废弃物又体现了流动性的倾向。这种混合可能反映了向定居转化的早期阶段的情形,与磁山－北福地文化的情况类似。

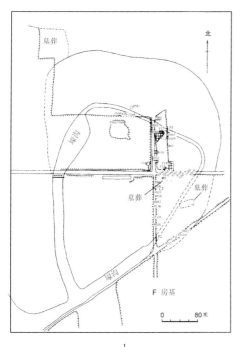
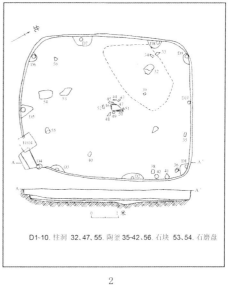

图5.8 后李文化小荆山遗址的聚落和房址
1. 小荆山遗址聚落 2. 小荆山遗址房址(王守功,宁荫棠 2003:图2、7)

表5.2 后李文化两处遗址出土石器组合中碾磨器的数量与百分比

遗址	磨盘	磨棒	其他碾磨器	砺石	石球	石斧	石锛	石锤	其他	总数
月庄	67	69	0	15	11	5	3	1	6	177
	38%	39%	0%	8%	6%	3%	2%	1%	3%	
	碾磨器 77%			其他石器 23%						
小荆山	22	7	17	1	0	15	2	3	13	79
	28%	9%	20%	1%	0%	19%	3%	4%	16%	
	碾磨器 57%			其他石器 43%						

注：石支脚未计在内。

有些遗址的石器组合以碾磨器为主，主要是磨盘和磨棒（图5.9）。月庄和小荆山遗址，碾磨器分别占石器总数的77%（136件）和57%（46件），详见表5.2。也有木工工具（石斧和石锛）和骨制渔猎工具（镞和叉）。某些遗址出土的一些工具从外形来看可能部分具有农业功能（如镰，参见图5.9,6）（宁荫棠，王方 1994；王建华等 2006；王守功，宁荫棠 1996）。

典型陶器组合是圜底或平底的陶容器，分为釜、壶、罐、碗、盆、器盖和支脚（栾丰实 1997）（参见图5.9相关器物）。未见三足器。和磁山–北福地文化一样，支脚（多为石制）与陶罐组合使用，用来炊煮。从陶器器形设计的一般观念来看，出于流动性的考虑是没有疑问的。

特别有趣的是，在月庄出土了炭化粟和水稻。水稻只有数粒，是黄河流域此类遗存中年代最早者，在形态上与该地区后来的栽培稻没有区别（盖瑞·克劳福德等 2006）。小荆山出土人骨的稳定同位素分析表明，作为C_4作物的粟只贡献了食谱的25%左右（Hu, Y. et al. 2006）。考虑到后李文化的工具套中缺乏农业工具，那么粟作和稻作农业不可能在经济生活中发挥重要作用。

小结 | 后李文化遗址与磁山–北福地文化遗址有相当多的共性：都位于山麓地带，陶器中以圜底或平底罐占绝大多数，工具中碾磨器占很大比例，某些遗址还出现了驯化作物。这些共同点很可能反映了对同类自然环境的一种类似适应方

第五章 迈入新石器：新石器时代早期的定居和食物生产（7000 BC ~ 5000 BC） | 151

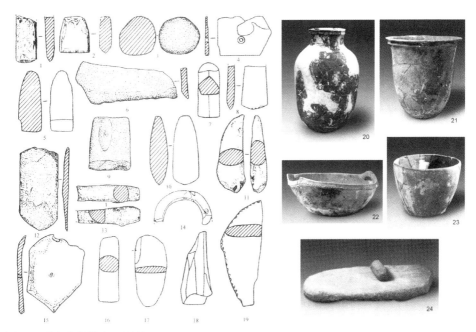

图5.9 后李文化的人工制品
1、2.玉凿 3.石球 4、17.磨盘 5、7.碾磨器 6.石镰 8、10.石斧 9.石锤 11、18、19.支脚 12.石铲 13、16.磨棒 14.装饰品 15.犁形器 20.壶 21.釜 22.匜 23.罐 24.石磨盘和磨棒（1 ~ 19、24为石器，20 ~ 23为陶器）（山东省文物考古研究所 2005：图21，彩版2、3）

式，其典型特征为狩猎、捕鱼、采集和低水平的食物生产。与磁山－北福地文化的工具组合相比，后李文化遗址的碾磨器比例高得多，可能说明对坚果的消费水平更高。这一现象与栎属花粉的分布是一致的，表明泰沂山区比太行山区拥有更高比例的橡树林。后李文化的定居程度可能已经很高，但因为采集策略所需，仍然采取后勤供应式的流动居住方式。

裴李岗文化（约7000 BC ~ 5000 BC）

裴李岗文化分布在黄河中游河南境内的广大地区（参见图5.1）。迄今已经发现120多处遗址，多数分布在河流附近的低矮山地上。遗址一般规模较小，从数千到数万平方米不等。冲积平原上有一些大型聚落，文化堆积很厚，例如舞阳贾湖（5万平方米）（河南省文物考古研究所1999a）和新郑唐户（30万平方米）（张松林等2008），很可能是长年居住的遗址（图5.10）。典型陶器类型很多，功能多样，如用来炊煮、盛食和储存，很多陶器因为设计有三条腿，习惯上被称为三足器。石器工具既有打制也有磨制，后者从器形上可分为斧、锛、凿、铲、镰和刀。靠近山区的遗址（如铁生沟）还发现有细石器。磨盘和磨棒常常出于女性墓葬（图5.11, 3）。

表5.3 河南境内裴李岗文化主要遗址出土石器组合与植物遗存

遗址	碾磨器	石镰	石器总数	栽培作物	植物	文献来源*
贾湖	186 18%	45 4%	1031	水稻	野生稻、橡子（栎属）、菱角、块茎、莲藕、胡桃、野葡萄、大豆	KG 2009.8
裴李岗	88 26%	23 7%	337	疑似粟	胡桃、李子、枣	KG 1978.2 KG 1979.3 KGXB 1984.1
沙窝李	8 10%	7 8%	83	疑似粟类	胡桃、枣	KG 1983.12
莪沟	27 20%	6 5%	133		橡子（麻栎属）、胡桃、枣	KGXJK 1981
石固	11 14%	3 4%	78		榛子、胡桃、枣、榆钱	HXKG 1987.1
水泉	62 27%	15 7%	230		橡子（栓皮栎属）、胡桃（胡桃楸属）、枣（枣属）	KGXB 1995.1
铁生沟	61 39%	7 4%	156		果实、坚果	HWTX 1980.2 WW 1980.5 KG 1986.3
坞罗西坡				粟	坚果、狗尾草、穿心莲/甜茅	
府店				粟		

* KG=《考古》，KGXJK即《考古学集刊》，HXKG即《华夏考古》，HWTX即《河南文物通讯》，WW即《文物》。

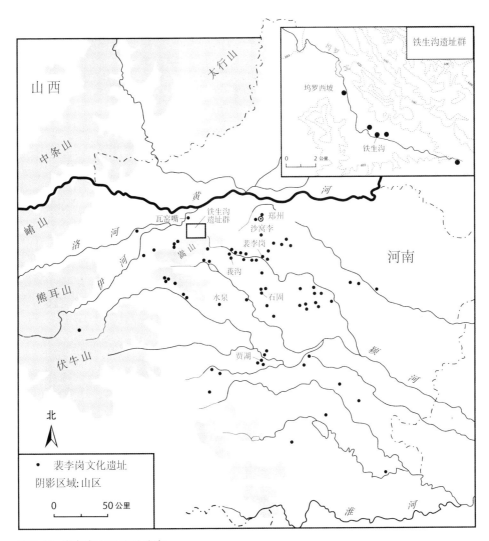

图 5.10 裴李岗文化遗址分布

裴李岗文化遗址中普遍发现齿刃镰刀和碾磨器,后者在工具中占相当高的比例(14%～39%)(表5.3)。这二者常被认为是谷物收割和加工工具,由此表明农业的存在(An, Z. 1989: 648; Chang 1986a: 91; Smith 1998: 134–135)。但近来的研究发现,这些工具具有多种功能。对贾湖和石固出土齿刃镰刀进行的

图 5.11 裴李岗文化墓葬

1. 墓地 2. M344，墓主为男性，无头，代之以一组龟甲，身体右侧放置两支骨笛，下肢旁有很多狩猎工具 3. M371，墓主为女性，随葬一套碾磨石器（出自贾湖遗址）（河南省文物考古研究所 1999a：彩版 2-2、7-32、7-3）

微痕和残留物分析表明，它们很可能是用于割芦苇和草的（可能也包括粟黍类植物），同时也用来从树上采集水果和坚果（Fullagar, R. et al. 2012）。对莪沟碾磨器进行的淀粉粒和微痕分析表明，它们主要用于加工橡子，还用于处理少量豆类、块茎和粟黍（Liu, L. et al. 2010a）。这些结果与上山、东胡林和柿子滩出土全新世早期碾磨器的残留物分析结果是一致的，后者的碾磨器也表现出多种用途，橡子淀粉在残留物样品中占据重要成分（Liu, L. et al. 2010b、c, 2011）（参见第三章）。很明显，在全新世早中期的中国北方长期广泛地存在一种包括获取坚果资源的经济适应方式。

裴李岗文化遗址出土的植物遗存，野生植物（大豆、橡子、胡桃、榛子、枣、李子和菱角）的分量远远超过栽培作物（稻和粟黍）（参见表5.3），当然这个差距可能会受到不同遗物保存情况差异的影响，而且大多数遗址的发掘没有使用浮选法。狗和猪（参见第四章）是家养动物，古人还狩猎各种各样的野生动物（河南省文物考古研究所 1999a）。长期以来，裴李岗文化被认为在农业方面取得了高度发展，但考古记录表明，他们实行的确实是广谱生业策略，食物生产在经济体系中只占一小部分。

根据环境背景，裴李岗文化遗址可以分为两种类型：冲积平原遗址和山地遗址。前者一般面积较大，堆积较厚，器物组合更为复杂。后者相反，一般面积较小，堆积较薄，人工制品种类较少，陶器形制简单，制作粗糙。这些判然有别的物质遗存可能反映了生业–居住策略的不同和社会复杂性的差异。我们认为，冲积平原遗址可能定居程度更高，社会组织更为复杂，而山地遗址可能是季节性营地或小型村落。下面我们以两个案例——淮河冲积平原上的贾湖遗址和嵩山山区的铁生沟遗址群来加以说明。

舞阳贾湖遗址 | 该遗址位于一湖两河之间的冲积平原上。文化堆积分为三期，年代为公元前7000～前5500年。发掘面积2359平方米，揭露出45座房址、370个灰坑、349座墓葬和9座陶窑。遗迹分布紧凑，早期房址和墓葬常被晚期遗存打破或扰乱，表明聚落人口密集，居住时间甚久（图5.11, 1）。房子、墓葬和灰坑可以分为数组，说明随着时间的推移，聚落布局越来越规则。房子面积差异

很大，从2平方米到40平方米不等，大多数（69%）在10平方米以内。多数房子为圆形半地穴式，地面垫土甚厚，并含有大量文化遗物。房子地面堆积所出遗物大多数属于原生废弃物，包括陶片、工具和动植物遗存。例如，F17（24平方米）出土了1884个陶片（39公斤）、多种石器和骨器、石毛坯和石片、龟甲、兽牙、鹿角和水稻颗粒。房子旁边的灰坑也发现有同样类型的遗物，属于次生废弃物（河南省文物考古研究所 1999a）。处理家居废弃物的多种方式表明，这里是流动人群旧传统和定居生活方式新尝试的结合体，与北福地遗址的情形相仿。

贾湖遗址的工具套包括多种石器、骨器和陶器，可以分为30多个工具类型，可用于建筑、耕作、狩猎、捕鱼和日常生活。生产工具的类型结构分析表明，石铲、石镰、石刀和骨锄这类工具，在第1期占6.8%，在第2期占11.4%，在第3期占53.4%。这些变化说明在早期阶段，食物生产有限，但在延续了1500年的贾湖居住时期内逐渐上升（河南省文物考古研究所 1999a；来茵等 2009）。贾湖近来又发掘出三处墓地，每处墓地的随葬品都有自己的特殊风格。其中一处墓地主要出土农业工具，另外两处则出土渔猎工具（张居中，潘伟彬 2002）。尚不清楚这些现象是否意味着社会群体之间存在专业化分工，但至少可以说明，在贾湖的生业经济中，获取野生食物具有很重要的地位。

陶器表现出功能的特殊化，包括器形甚多的炊具、盛食器、储存器和饮具（河南省文物考古研究所 1999a）。其中用作炊器的三足鼎足部纤细，明显不适用于流动生活方式。

在贾湖遗址已经开展了多项多学科研究。通过浮选法得到的大植物遗存包括水稻、大豆、豆类、块茎植物、橡子、胡桃等多种。水稻经鉴别为栽培种，只占植物遗存的10%，这说明贾湖人主要仍依靠野生植物为生（赵志军，张居中 2009）。人骨的稳定同位素分析表明，贾湖人的食物来源主要是C_3植物和食用C_3植物的动物（Hu, Y. et al. 2006）。水稻和坚果（如橡子），都属于C_3植物，可能是贾湖人食谱中的主食。对贾湖陶壶残留物进行的化学分析显示，当时酿造了一种成分为大米、蜂蜜和水果的混合发酵饮料（McGovern et al. 2004）。关于贾湖人骨遗存的研究表明，年轻个体（16～35岁），特别是男性，手腕和脚踝多患有退行性关节炎，部分原因可能是使用沉重的石铲耕田所致。但是，根据寿命以及龋齿、贫血、骨质增生的发病率来看，贾湖人的一般健康状况不如兴隆洼人，但比属于农业社群的仰韶文化史家人（约4300 BC～4000 BC）要好（Smith B. L. 2005）。

贾湖遗址可能属于定居村落，食物生产在经济活动中占据可观的比例，同时仍有很大一部分人口继续从事狩猎采集活动。人们身体健康状况的恶化显示出因引入农业和定居生活方式而带来的选择压力。

贾湖遗址揭露出一个令人瞩目的复杂的物质文化。最著名的发现是几座墓葬中随葬装有小石子的龟甲和用丹顶鹤尺骨制作的骨笛。龟甲似乎是一种响器，骨笛则是目前为止发现最早的多音阶乐器。龟甲与骨笛可能是用于礼仪活动的乐器，墓主人则可能是从事礼仪活动的神职人员（陈星灿，李润权 2004；Zhang, J. et al. 2004）。有些龟甲上刻有符号，尽管这些符号还不是真正的文字，某些符号却与后来的晚商甲骨文略相仿（Li, Xueqin et al. 2003）（图5.12, 9）。

随葬品反映出生业活动中的劳动分工。比如，大量的渔猎工具一般出自男性墓，而女性墓中则常常出土碾磨器（张震 2009）。出土礼仪用品（龟甲和骨笛）的墓葬一般规模较大，随葬品丰富（图5.11, 2），说明礼仪掌管者可能具有特殊的社会地位。但总的来说，整个遗址的墓葬资料表明当时社会分化水平很低。因此，贾湖社会实质上是一个平等社会，但某些个人似乎因为他们的特殊能力获得了较高的社会声望（Liu，L. 2004: 126-128）。贾湖代表了目前所知早期新石器时代最复杂的定居社群之一。它优越的地理位置，丰富多样的自然资源，为定居的发展、动植物的驯化和社会复杂化提供了理想条件。

铁生沟遗址群 | 该遗址群位于坞罗河上游沿岸。坞罗河是河南西部伊洛河的一条支流，发源于嵩山，奔流在群山之间，河谷狭窄，特别是上游河段，只有很小的平地适宜耕种。考古工作者在此做过一个全覆盖区域调查，发现了5处裴李岗文化晚期遗址（约5500 BC～5000 BC），沿河谷迤逦延伸约16公里。所有遗址规模都很小，堆积很薄，其中最大的是铁生沟和坞罗西坡，面积分别为1万和2万平方米。石器有磨制石斧、石铲、石镰、磨盘、磨棒和细石器。灰坑和房址出土动物骨骼、未经鉴定的水果和坚果壳。陶器大多是红陶，质地脆弱，火候明显

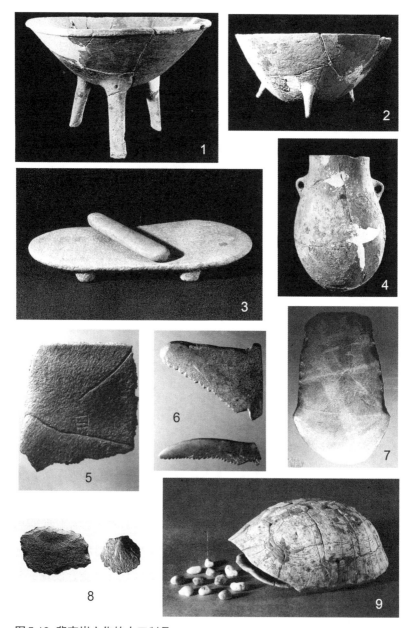

图 5.12 裴李岗文化的人工制品
1.陶鼎 2.陶三足钵 3.石磨盘与石磨棒 4.陶壶 5.刻纹龟甲 6.石镰 7.石铲 8.打制石刀 9.含小石子的龟甲（皆出自贾湖遗址）（河南省文物考古研究所 1999a：图版 52-2、108-6、18-5、60-3、158-7、8，彩版 18-1、2、3、43-1、38-5）

很低；器形很小，包括鼓腹壶、钵和三足器；硬度较低，出土时皆为碎片，很少发现完整器。铁生沟遗址发现有一座小型半地穴房屋（6.6平方米）和4个灰坑；还出土了超过50件石磨盘和磨棒，大多已经破碎（傅永魁 1980；李友谋 1980；Liu, L. et al. 2002-2004；赵玉安 1992；郑乃武 1986）。使用浮选法在坞罗西坡发现了炭化粟，但数量极少（Lee, G. et al. 2007）。

总体来说，坞罗河的裴李岗文化遗址表现出一种狩猎采集与粟作农业相混合的生业策略。易碎的陶器说明它们并不是为长期使用而制作。有些陶器器形体现出便于携带的特点，如鼓腹小水壶。

位于山区的铁生沟遗址群表现出流动性居住的特征。有些遗址可能只是季节性占用，以利用该地区特殊的食物资源，如谷物、水果、坚果和动物。坞罗西坡遗址的一部分位于冲积平原，多数时候可能只是在河水没有泛滥、相对干旱的季节居住。所有遗址的年代都在裴李岗文化晚期，每个遗址可能都是一处间歇性季节营地，长期为同一社群反复使用（Liu, L. et al. 2002-2004）。

与铁生沟遗址群情况相反，伊洛河冲积平原上的瓦窑嘴遗址（在铁生沟西北约20公里处，参见图5.10）揭露出一种相当不同的物质组合。这里缺乏碾磨器和细石器，但出土多种高品质的陶器，包括一些火候很高、器壁极薄的黑陶（廖永民，刘洪淼 1997）。在一个很小的区域内，同时代的遗址之间具有如此强烈的反差，说明在不同的生态环境中，遗址功能会有很大的差别。

小结 | 裴李岗文化的聚落–生业系统在时间和空间上表现出明显的多样性。在适应方式上，贾湖和铁生沟遗址群代表了两种类型。一方面，冲积平原上的村落发展出高水平的定居、复杂的物质文化和礼仪行为；另一方面，山区的小型聚落可能只是很小的村落，或者曾为承担特别任务的流动性很强的群体所居住。所有的裴李岗文化遗址，不论其定居程度和聚落规模如何，考古记录中都明确出现了谷物驯化的证据，但与狩猎采集活动相比，食物生产似乎只占生业系统的一小部分。

白家-大地湾文化（约6000 BC～5000 BC）

在渭河流域和汉水上游分布着很多新石器时代早期遗址，被称为白家-大地湾文化（参见图5.1）。已经发现大约40处遗址，多数集中在渭河下游（甘肃省文物考古研究所 2006；国家文物局 1999），在汉水流域发现的遗址往往被称为李家村类型（陕西省考古研究所，陕西省安康水电站库区考古队 1994）。这些遗址揭露出一批小型半地穴房屋、灰坑和墓葬。最常见的陶器是钵、罐、瓮和杯。有些钵、罐和瓮有三只小足（图5.13）。资料发表最详细的遗址是陕西临潼白家村和甘肃天水大地湾。

白家村遗址 | 位于渭河北岸的台地上。面积大约12万平方米，已经发掘1366平方米，揭露出2座房址、49个灰坑、36座墓葬。出土大量陶片，还有大约200件工具，有石器、蚌器和骨器，以及大量动物骨骼。石器组合（共92件）包括打制石器（占34%，以砍砸器和刮削器为主）、磨制石器（占44%，主要是石铲和石斧）和碾磨器

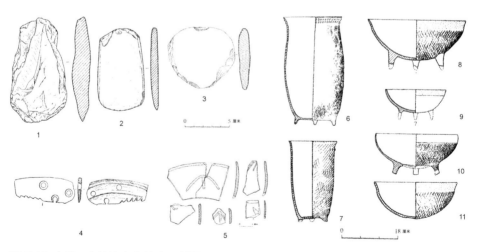

图5.13 白家-大地湾文化的人工制品
1.石斧 2.石铲 3.砍砸器 4.蚌镰 5.陶器刻划符号 6、7.三足罐 8～10.三足钵 11.钵（1～3为石器，4为蚌器，5～11为陶器；除蚌镰外皆出自大地湾遗址）（甘肃省文物考古研究所 2006：图31、50、53；中国社会科学院考古研究所 1994a：图19）

（占22%，包括磨盘、磨棒和石杵）。出土了16件齿刃蚌镰（图5.13, 4），可能是用来收割谷物的，但未见关于植物的报道。动物遗存经鉴定有12种动物，猪和狗是家养的，猪骨的可鉴定标本数（NISP）比例最高（占35%）。野水牛骨骼鉴定为圣水牛（*Bubalus mephistopheles*）（Yang, D. et al. 2008），可鉴定标本数居第二位（23%），再次是两种鹿类。值得一提的是，很多陶钵带彩，口沿处有一圈红色条带。这是中国北方地区目前所知最早的彩陶（中国社会科学院考古研究所 1994a）。白家村的物质组合表明其生业方式属于广谱经济，既狩猎采集又从事农业生产活动。社群定居程度高，家猪的存在已经说明了这一点，但食物生产水平可能仍然不高。

大地湾遗址 | 由多个部分组成，坐落在渭河支流清水河的二级台地上。堆积年代从新石器时代早期延续到青铜时代，最底部的文化层，即第1期，年代为公元前5800～前5300年。第1期居住面积小（0.8万平方米），堆积薄（0.15～0.25米）。发掘揭露出4座小型半地穴式房址（面积均在6.6平方米以下）、17座灰坑、15座墓葬和403件人工制品（甘肃省文物考古研究所 2006）。

陶器类型与渭河流域其他同时代遗址出土物类似。在23个陶片上发现了13种不同的几何形陶文，每块陶片绘有一个陶文，以红色或白色颜料描画，位置往往贴近陶器口沿部位（图5.13, 5）。这些刻画符号，外形如十字或箭镞者，可能开启了本地区仰韶文化陶工在陶器口沿刻划记号的传统（详见第六章）。石器发现47件，以打制石器为主，有些刃部经磨光，如石刀、石斧和石铲。砍砸器、石刀和刮削器在石器组合中数量最多（图5.13, 1～3）（甘肃省文物考古研究所 2006）。

在一个灰坑底部发现了黍（*Panicum miliaceum*）和油菜籽（*Brassica*）（甘肃省文物考古研究所 2006: 60；刘长江 2006），表明农业是生业经济的一部分。在动物遗存（最小个体数为748）中鉴定出14个种属的动物。数量最多的（根据最小个体数）是几种鹿类（47%），其次是猪（21%），包括家猪和野猪（祁国琴等 2006）（参见第四章）。猪的下颌骨用于随葬，开启了后来流行于中国北方新石器时代的一种葬俗。

小结 | 渭河流域和汉水流域新石器时代早期遗址展现出与其他地区同类遗

址很大的相似性。聚落定居程度高，大量永久性居住遗存可以为证，如规则的墓地、精美的陶器、粟作和家猪等。但是，物质遗存似乎仍然表现出偏重依赖狩猎采集的生计策略，而非食物生产。这一推断得到多个遗址出土石器组合的支持，其中打制石器在工具套中占很大比例（表5.4）。可能主要用来加工野生植物的碾磨石器，在渭河下游和汉水流域遗址中出土数量众多，该地区栎属花粉的比例也很高（参见图5.3）。

表5.4 白家－大地湾文化四处遗址石器工具套的构成

遗址	打制石器（砍砸器、刮削器等）数量（%）	磨制、半磨制石器和石坯（石铲、石刀、石斧、石锛、石凿等）数量（%）	碾磨石器（磨盘、磨棒、石臼、石杵等）数量（%）	总数
李家村	117（47.6%）	106（43.1%）	23（9.5%）	246
白家	31（33.7%）	41（45.7%）	20（21.7%）	92
关桃园	55（74.3%）	10（13.5%）	9（12%）	74
大地湾	36（76.6%）	9（19%）	1（2%）	46

长江流域

长江流域位于亚热带地区的北部，拥有丰富的动植物资源。在地理上，该地区具有多样性的景观，从冲积平原到山地极尽变化。早期新石器时代遗址分布在多种多样的环境中，生计策略也有显著差异。有些社群在一定程度上采取了稻作农业，另外一些人群仍然延续数千年来的狩猎采集生活方式。

长江中游地区

长江中游最早的新石器时代遗存为彭头山文化（约7000 BC～5800 BC），主要分布在湖南的洞庭湖地区。目前发现大约15处遗址，集中在澧水北岸的冲积平

第五章 迈入新石器：新石器时代早期的定居和食物生产（7000 BC ~ 5000 BC）

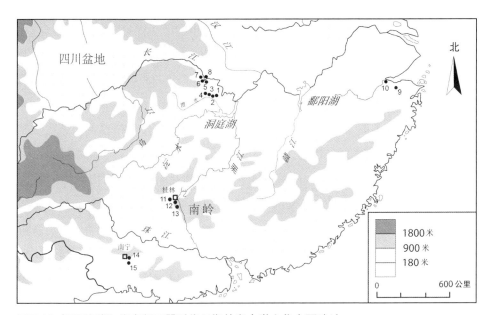

图 5.14 长江流域和华南新石器时代早期的考古学文化主要遗址
1. 八十垱 2. 彭头山 3. 胡家屋场 4. 皂市 5. 金子山 6. 枝城北 7. 城背溪 8. 青龙山 9. 小黄山 10. 跨湖桥 11. 大岩 12. 甑皮岩、庙岩 14. 豹子头 15. 顶蛳山

原上。所处地理位置或是低山，或是平原，分别以澧县的彭头山和八十垱遗址为代表（湖南省文物考古研究所 2006）。彭头山文化之后是皂市下层文化（约 5800 BC ~ 5500 BC），集中在洞庭湖地区，分布范围甚广。已经发现了超过 30 处遗址，报道最为详细的是临澧县胡家屋场。另外，大约有 10 处遗址沿长江中游分布，为城背溪文化（约 6500 BC ~ 5000 BC）（裴安平 1996；杨权喜 1991）（参见图 5.1、5.14）。

彭头山遗址 | 面积有 3 万平方米，坐落在一座小山上，比周围平地高出 8 米。已经发掘了 400 平方米，揭露出 6 座房子（有平地起建和半地穴两种）、15 处灰坑和 21 座墓葬。这些文化遗存的分布，几乎看不出有意识的空间规划。彭头山遗址因其夹炭陶中发现炭化稻粒而知名，但因为土壤呈酸性，遗址中几乎没有留下有机质遗物（湖南省文物考古研究所 2006）。

八十垱遗址 | 面积 3.7 万平方米，西面和北面有一条河环绕，东面和南面以

墙和壕沟围护。残墙高度不足1米，墙基宽度不超过6米；壕沟深度和宽度不一，沟8（G8）最深处为1.7米，沟9（G9）最宽处为5.7米。墙未经夯打，只是简单地用挖掘壕沟的土堆筑而成。墙-壕设施建设历时很久，曾经多次重建，因此规模也因时而变。这些设施在防御方面几乎起不了什么作用，很可能是用来防洪的。在1200平方米的发掘区内，发现了24处房址（主要是干栏建筑和平地起建的房屋）、98座二次葬墓葬和80个灰坑。因为处于饱水环境，八十垱遗址出土了丰富的有机质遗物，如木头、芦苇、竹子、藤编和麻织品。鉴定出大约67种植物。除了近1万颗水稻之外，还发现了大量野生植物，如菱角（菱属）、芡实（芡属）、豆类和多种果蔬。动物遗存也鉴定出7个种属，包括鸟类、水牛、猪、鹿和鱼，但无法证实有被驯化的哺乳动物（湖南省文物考古研究所 2006）。尽管并非基于小穗轴的特征，水稻颗粒仍被认为是驯化种。因而需要将来对稻壳形态做进一步研究，以检验这一看法的正确性（Crawford and Shen 1998）。无论如何，遗址出土的植物遗存表明，八十垱人当时利用多种动植物，但水稻可能并非主食。

彭头山和八十垱的陶器器形简单，主要是鼓腹罐、钵、盘和支脚（图5.15，1～5）。制作粗糙，主要使用贴塑法，器壁厚薄不均，多夹炭陶。陶器的外形设计似乎反映了制作者注重便携性的考虑。两遗址出土石器的工具套主要是用河滩砾石制成的砍砸器（70.8%），其次是各种器形的燧石石器（21%），磨制石器只占1.4%（湖南省文物考古研究所 2006）（图5.16）。这种石器组合明显延续了本地区旧石器时代晚期的砍砸器传统（裴安平 1996；王幼平 1997）。陶器和石器技术，以及动植物组合，反映了一个主要基于狩猎采集经济的社会，在具有丰富可食用资源的环境中，食物生产的水平很低。八十垱的墙-壕设施代表了目前所知中国古代最早的防御设施。这样一个公共建筑不仅表明八十垱的定居程度很高，而且说明具有应对类似雨季洪水这种自然挑战的有力的社会应对能力。

皂市下层文化 | 发现数处房址、墓葬和灰坑。胡家屋场的房子地面是用烧土、沙子、碎石和碎陶片一层层垫起来的。与彭头山文化时期相比，皂市下层文化的陶器类型具有多样性。一些陶盘装上了高圈足，饰以精美的刻划纹。大多数陶器仍然夹炭，采用贴塑法。有些陶器器壁较薄，施以白彩，或制成白陶（图

第五章　迈入新石器：新石器时代早期的定居和食物生产（7000 BC ～ 5000 BC） | 165

图5.15　彭头山文化（1 ～ 5）、皂市下层文化（6 ～ 8）和城背溪文化（9 ～ 12）的典型陶器
1. 双耳罐　2、8、9. 陶罐　3、4. 支脚　5. 盘　6、10. 圈足盘　7. 器盖　11. 鼎　12. 支脚（湖南省文物考古研究所 1999：21，2006：彩版4-1、8-1、3、5、25-4；湖北省文物考古研究所 2001b：彩版4-2、7-2、8-2、图版33-4）

5.15，6 ～ 8）。石器组合仍以砍砸器为主（皂市和胡家屋场分别占70%和90%），磨制石器较少，主要是木工工具。在数个遗址中发现炭化稻，胡家屋场还出土了莲藕、李子、山桃、樱桃和柿子的遗存。胡家屋场的动物遗存表明当时人们利用多种动物，有哺乳动物、鸟类、鱼类和贝类，还饲养家猪（王文建，张春龙1993；尹检顺 1996）。

城背溪文化 | 遗址规模较小，位于湖北西部的峡江地区（参见图5.1、5.14，7）。这一区域为高山隔绝，耕地很少。遗址位于不同的地理构造单位上，有些在海拔较低的长江边，如城背溪和枝城北，在雨季常遭淹没。发现了一些房址，以

及动物遗存如水牛、鹿类、多种鱼类和贝类。这些遗址可能是季节性营地,在长江水位下降时捕捞水生动物和其他资源。其他遗址坐落在山上,有些比周围平地高出15～20米。这些遗址以青龙山和金子山为代表,可能是洪水季节的聚落(湖北省文物考古研究所 2001b;杨权喜 1991)。

城背溪文化的陶器,在早期阶段以鼓腹罐、支脚、钵和盘为主。陶罐具有多种用途,既可用于炊煮,又可用来储存。晚期阶段陶器的类型更加多样,如圈足盘、彩陶和磨光黑陶(图5.15,9～12)。陶器采用贴塑法,羼和料有沙砾、贝壳和草类,包括稻草。石器主要是打制砾石石器,器形有斧、锛、凿、刮削器、网坠、砍砸器、石球等,有些刃部经磨光。工具类型表明,它们的主要用途是木工、狩猎和捕鱼(杨权喜 1991)。从人工制品的形制来看,比较适用于流动社群。

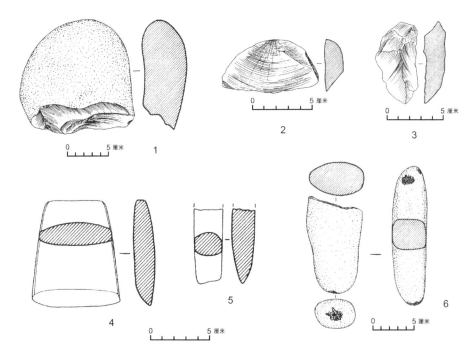

图5.16 彭头山文化的石器
1. 砍砸器 2. 刮削器 3. 雕刻器 4. 斧 5. 锛 6. 杵(据湖南省文物考古研究所 2006:图74-1、77-5、78-9、99-1、11、72-1、3重绘)

城背溪文化遗址强烈地体现出以狩猎采集为主的生计策略，也包括流动式后勤采集。严文明曾经指出，尽管陶胎中夹杂稻类遗物，但这些陶器可能来自于别处的农业社群（严文明 2001）。

小结 | 长江中游早期新石器文化的物质文化因素有一些共同点：都有高比例的打制石器，陶器夹炭，早期阶段陶罐和支脚组合为炊器，晚期阶段陶器出现圈足。尽管所有社群都采用广谱生计策略，但聚落－生业适应方式的区域差异也是很明显的。洞庭湖冲积平原上的人们种植水稻，兴建永久性村落，而峡江地区的居民则继续保持狩猎采集生活方式，很多人口随季节变化而迁徙。

有的考古学者指出，该区域周围很多遗址都受到了来自彭头山和皂市下层文化的影响（尹检顺 1999）。淮河流域的贾湖遗址与彭头山即有很多相似之处，比如都使用鼓腹壶作为随葬品，陶器制作都使用贴塑法并在陶土中羼和植物纤维（河南省文物考古研究所 1999a: 532–533）。长江下游的跨湖桥遗址也发现有类似皂市下层文化风格的陶器（焦天龙 2006）。皂市下层文化的东渐被有些学者解释为稻作文化的发展造成的人口扩张（焦天龙 2006）。由考古记录中遗址的增长量和扩张范围来看，长江中游在公元前六千纪有可能发生过由于人口增长导致人群扩散的情况。然而，人口增长的原因可能更多是缘于广谱生计策略下定居的发展，而不是水稻的种植。当然，稻作农业作为一种经济技术，随着人类迁徙而传播，随着时间推移而逐渐强化，毫无疑问会为新垦殖地区人口的进一步增长做出贡献。

长江下游地区

过去多年以来，我们对河姆渡文化（约5000 BC ～ 3000 BC）之前长江下游地区早期新石器时代的情况所知甚少。由于浙江考古学家的辛勤工作，近年来有了一系列的发现，揭露出早期新石器时代的许多重要遗址，包括小黄山和跨湖桥（约7000 BC ～ 5000 BC）（参见图5.1，5.14，9、10）。

小黄山遗址（约7000 BC ～ 6000 BC） | 位于嵊州，坐落在一处低山环抱

的小盆地中。因为遗址土壤呈酸性，考古记录中几乎没有发现有机质遗存。文化堆积可分3期。第1期遗存与上山遗址有很多相似之处（参见第三章），第2期和第3期的石器和陶器类型则呈现出很强的多样性，部分器形与跨湖桥遗址有一定的相似之处。窖藏坑众多，形状规则（方形或圆形）。石器组合中碾磨器（磨盘和磨棒）居多，还有少量的石锤、穿孔石器（功能不明）、石球和磨制的木工工具。典型陶器有大敞口盆、圜底罐和盘。在地层堆积中发现水稻（张恒，王海明 2005）。对碾磨器的淀粉粒分析表明，小黄山人利用野生植物的范围很广，包括薏米、豆类、栗子、橡子、块茎和水稻（Liu, L. et al. 2010c；Yao, L. 2009）。

跨湖桥遗址（约6000 BC～5000 BC） | 位于杭州市附近的萧山。该遗址的海拔低于海平面约1米，现在位于钱塘江口的南岸，面向杭州湾。古人居住时，遗址西北靠山，东南有淡水水体围绕。现在遗址堆积之上有一层厚达3～4米的潮上带和潮间带沉积物。这种堆积说明了遗址废弃的原因，是由于海平面上升导致海侵造成的。自1990年以来，考古学家已经在此进行了三次发掘，面积达1080平方米（浙江省文物考古研究所，萧山博物馆 2004）（图5.17, 1）。

由于遗址的饱水环境，使得大量的人工制品和有机质遗存得以保存。居所属于干栏建筑，残留下来的木质结构和承重土墙说明了这一点。可以看出有些木料上使用了榫卯技术，还有的斫成梯子的样子，明显是用来爬到干栏上去的。有的窖藏坑采用了木质框架来建造，里面储存橡子（图5.18）。陶器富有特色，器形包括釜、罐、盘、豆、钵，还有大量的彩陶。很多陶器器壁很薄，厚度均匀，制作精美（参见图5.17）。陶器制作技术在中国同时代考古学文化中达到了一个空前的高度。有趣的是，58%的陶器（多数非炊器）是夹炭陶，而这一传统在小黄山陶器组合中已经衰落了（浙江省文物考古研究所，萧山博物馆 2004）。跨湖桥夹炭陶器的出现，可能是长江中游皂市下层文化移民的结果（焦天龙 2006），当时这种技术在皂市甚为常见。

跨湖桥出土了5000多件动物骨骼标本，经鉴定有32种，包括螃蟹、乌龟、鳄鱼、天鹅、苍鹭、海豚、狗、獾、狸、猪、虎、豹、犀牛、梅花鹿和水牛。在这些动物中，猪和狗是家养的，但与野生哺乳动物（鹿和水牛）相比，在数量上

图5.17 跨湖桥遗址及其出土器物
1. 跨湖桥遗址发掘远景 2. 黑陶罐 3. 彩陶罐 4. 陶豆 5. 木柄（可能是骨铲的柄）
6. 骨铲 7. 石锛 8. 木柄（可能是石锛的柄）9. 独木舟 10. 桨（蒋乐平提供）

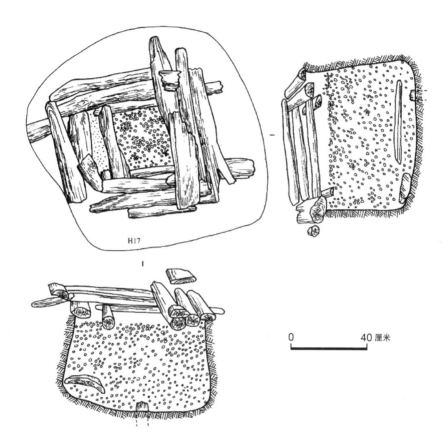

图 5.18 跨湖桥遗址储藏橡子的窖穴（浙江省文物考古研究所，萧山博物馆 2004：图 16）

并不占主要地位。植物遗存多为野生种，包括菱角、橡子、栗子和芡实。发掘出土的 1000 多粒水稻兼具驯化和野生特征（参见第四章）。还发现一把用动物肩胛骨做成的骨铲，可能装上木柄后用于耕作（图 5.17, 6）（浙江省文物考古研究所，萧山博物馆 2004；郑云飞，蒋乐平 2007）。很明显，跨湖桥的生业经济以狩猎采集为主，稻作农业同时也已经建立起来。跨湖桥人过的完全是一种定居生活。

跨湖桥遗址的另一个重要发现是一艘残破的独木舟，它以松木制成，年代在公元前 6000 年。残长 560 厘米，厚 2.5 厘米。遗址中出土了 3 支船桨。在独木舟旁发现了砺石、石锛、木质锛柄，以及石锛废片（图 5.17）。所有这些遗物说明，该遗址是一处村落，兼有制造和维修独木舟的功能。跨湖桥的独木舟相当窄浅，大概只能在河湖中航行，无法出海，但这艘独木舟可能代表了中国东南部最早的水运交通技术（Jiang, L. and Liu 2005）。

长江下游地区的地貌在全新世早期很不稳定，部分原因是受海平面波动的影响。跨湖桥人是在低海面时期居住在这个聚落的，这里最终被海侵摧毁（浙江省文物考古研究所，萧山博物馆 2004）。该地区与跨湖桥同时期可能还存在其他遗址，但今天都沉没在杭州湾之下了。

华南地区

南岭地区江西大湖塘的孢粉资料表明，中国南方热带地区在全新世早中期有一个暖湿期（约10400～6000 cal.BP）。栲/石栎的比例最高值达到30%，草本花粉比例偏低（小于10%）。平均降水量在1800毫米左右，平均气温比现在高1～2摄氏度（Zhou, W. et al. 2004）。

华南早期新石器文化（约6000 BC～5000 BC）典型聚落有两种：贝丘遗址和洞穴遗址，但大多年代不明。广西几处遗址报道比较详细。广西南部南宁地区有不少贝丘遗址，称为顶蛳山文化，例如邕宁顶蛳山遗址（傅宪国等 1998）和南宁豹子头遗址（张龙 2003）。这些遗址坐落在左江、右江和邕江的一级台地上，靠近山区（参见图5.1，5.14，14、15）。古人在此制作形制简单的陶器，大多为夹砂圜底罐；多见蚌器；打制石器包括砍砸器和穿孔石器，磨制石器包括石斧和石锛。死者葬式有多种，例如屈肢葬、蹲踞葬和肢解葬（图5.19, D、E）。动物遗存有牛科动物、鹿、猪和多种贝类，说明这里的人们主要依靠狩猎和采集贝类为生。

洞穴遗址有40多处，很多是从旧石器时代晚期延续到新石器时代的，位于广西和广东的石灰岩地区。洞穴一般面南，前方有开阔的空地，并靠近河流。文化堆积中常见大量螺壳（焦天龙 1994）。桂北的几处遗址，如桂林的甑皮岩和庙岩、临桂的大岩，揭露出很长的文化序列和丰富的遗物。人们制作各种形状和纹饰的

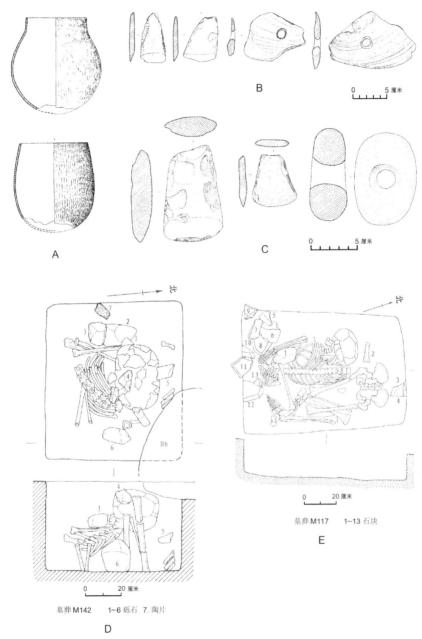

图 5.19 广西邕宁顶蛳山遗址的人工制品和墓葬
A. 罐 B. 骨铲和蚌刀 C. 石斧和穿孔石器 D. 蹲踞葬 E. 肢解葬（据傅宪国等 1998：图 13～15、20、21、26 修改）

陶器，打制和磨制石器，采集野生植物和贝类，同时也狩猎动物。有趣的是，华南洞穴遗址在公元前5000年之后就不再有人居住，这显示出该地区的生业-聚落策略发生了根本性的变化，这一点仍然有待于研究（陈远璋 2003；傅宪国等 2001；中国社会科学院考古研究所 2003a）。

华南早期新石器遗址没有发现一处稻作农业的证据，但在甑皮岩遗址发现了芋头块茎和淀粉粒遗存（中国社会科学院考古研究所 2003a）。华南早期新石器时代人群可能已经从长江流域的邻居那里了解了水稻种植，但是他们仍然延续狩猎采集的生活方式，主要依靠块茎植物、鱼类、贝类和野生动物作为主食。块茎植物资源丰富，长期被人类利用，这些特点可能会引发华南地区块茎作物的驯化（赵志军 2005a）。贝丘和洞穴遗址所达到的定居程度，目前由于缺乏研究，尚不清楚。

讨 论

我们对中国南北方早期新石器文化的考察发现，在时间和空间上它们都体现出在聚落形态、生业适应和社会复杂化方面的广泛多样性。尽管随着时间的推移，定居和食物生产都有一个明显增强的趋势，但在所有地区，狩猎采集仍然以各种方式延续。表现为流动的后勤式集食者策略（社群的一部分人离开永久居所到特定地点采集季节性食物资源，参见第三章），在这种情况下，季节性食物（如坚果、块茎植物、鱼类和贝类）继续构成人们食谱的主要部分。下面我们总结本章的主要观点。

聚落形态、遗址功能和生业策略的多样性

工具组合和动植物遗存资料，可为我们了解生业经济形态提供至关重要的信息。大植物遗存和石器残留物分析都反映出人们对野生食物如坚果、豆类、谷物

和块茎植物的广泛利用。新石器时代早期辽河、黄河流域和长江下游地区工具组合中碾磨器占有很高的比例，表明在广阔的地理范围内普遍存在对野生植物的强化利用。这些地区包括温带森林和亚热带森林区，共同的气候特征具有明显的季节变化。这意味着在夏秋季节自然环境能够提供丰富的动植物资源，但在冬季和早春食物资源又会显著减少。如果一年之中总有食物短缺时期，那么采集和储存淀粉类食物将是应对环境挑战的最好办法。窖藏坑在所有早期新石器遗址中的出现也为这个假说提供了进一步的支持。

食物生产的重大进步也被辽河、黄河和长江流域多个遗址出土驯化谷物所证实（参见第四章）。而耕地稀少地区的人们则倾向于保持狩猎采集生活方式，正如峡江地区城背溪遗址那样。值得注意的是，有些山麓遗址如太行山附近的北福地，可能是季节性营地，人们专门在此采集坚果。

定居方式的多样性

在中国，定居程度与食物生产水平并不直接相关。经常是食物生产水平较低的时期，定居却在很多地方稳固建立起来，这与处理和储存淀粉类食物（例如坚果、谷物和块茎植物）的技术密切相关。

考察那些不符合本章开头所列定居标准的资料，我们知道，定居是一个长期的发展过程，中国各地遗址在时间和空间上均表现出显著的多样性。建筑设施的投入水平差异很大，既有小于10平方米的半地穴式小屋，也有面积超过100平方米的大房子（如兴隆洼）。并不是每一个遗址都表现出明确的空间规划，但对于那些有环壕和围墙的遗址（如兴隆洼、小荆山、贾湖、八十垱）来说，则毫无疑问人们在长期居住策略上投入了可观的人力物力。在考古背景中常常发现灰坑，很多灰坑可能一度用作储存设施。遗址中常见墓葬，有些墓葬似乎有意识安置在住所附近（如贾湖），说明丧葬行为受到了血缘关系的影响。很多遗址的文化堆积很厚，尽管有些遗址如北福地，可能并非长年居住的聚落。

猪和狗是家养动物。特别是猪的驯养，可能是定居生活方式的最佳证据。栽培粟黍和稻的传播带分布广泛,从辽河流域向南直到南岭之北。考虑到自更新世晚期以来,中国南北已经利用芋头、山药和其他块茎植物,很可能块茎植物已经被驯化(参见第四章)。

陶器组合表现出一个明显的趋势,功能特殊的器物比例增加,设计上不再特别考虑便携性。这一变化有一个很好的例证,就是随着时间的推移,早期以厚胎的圜底和平底器为主的器形,后来转化成以纤细的三足器(在北方)和高圈足器(在南方)为常见器形。

很多遗址,如北福地和贾湖,包含原生废弃物和弃置物(特别是器物埋藏坑),这种状况应当被视为流动性居住方式的表现。但同样的遗址,特别是贾湖,在居住区也频繁出现次生废弃物(如房子旁边的垃圾坑),表现出定居性增强的特征。这种混合性的居住特征可能是过渡期的表现,这时旧石器时代传统仍然延续,而新的居住–生业系统,包括适于长期居住的卫生保持行为,正在逐渐影响人们的生活方式。

所有这些现象都表现出当时状况的复杂。尽管很多村落可能长年居住,一些社群的部分人口仍然实行后勤式的集食者策略。这种策略在很多遗址都得到体现,如长江边上的城背溪遗址、太行山麓的北福地和嵩山脚下的铁生沟遗址群。

食物生产发展的多样性

赵志军曾经提出,可以用不同地区的三种形态来说明中国的农业起源问题:第一种形态是中国北方的旱地农业,主要是粟黍耕作;第二种形态是淮河以南、南岭以北的稻作农业;第三种形态是块茎作物,主要分布在南岭以南的珠江中下游地区(赵志军2005a)。这些经济形态的地理分界并不是那么明显,在黄河以南、长江以北地区也存在稻粟混作农业(赵志军2006),在中国北方也种植块茎作物。同样,长江下游和黄淮平原的人们也利用水稻、块茎和水生淀粉食物。

近年来学术界对谷物农业起源进行了深入的研究,已经没有人反对稻和粟的驯化是在新石器时代早期发生的。但块茎植物的驯化,是近年来才提出的一个新课题，特别是在华南地区的甑皮岩遗址发掘之后（赵志军 2005a；中国社会科学院考古研究所 2003a）。这些资料表明，华南地区的生业系统与华北是相当不同的，华南地区与东南亚、新几内亚岛有很多显而易见的共同点，都广泛利用块茎和水果类植物（Bellwood 2005: 134–145）。

考虑到动植物遗存中野生种类比例的绝对优势，以及工具组合的差异，如碾磨石器比例甚高（主要用于处理各种野生植物），而镰刀的比例较低（用于收割谷物和其他植物，未必都是驯化作物），尚不能确定是否可以将这些早期新石器文化归入农业社会（标准是食谱中驯化动植物达30%～50%）（参见表5.3）。

坚果采集和果树栽培的地位

当前我们对于新石器时代早期黄河流域和长江下游地区坚果采集的重要地位已经有了较深入的认识。随着全新世气候趋于暖湿，坚果类的树木，特别是橡树，在中国南北各地繁盛起来。其结果是，很多地方的人们开始利用这些富含营养的植物，逐渐形成了一种包括坚果采集的经济。这种新的适应方式解释了为什么大多数全新世遗址位于河流附近的山麓地带。对于很多山麓环境中的食物资源（包括谷物）来说，很重要的一点是，应该注意到大多数坚果树通常分布在森林边缘和开阔地带（Crawford 1997；Gardner 1997），而处理橡子则需要流动的水源。所以从后勤角度考虑，将聚落安置在河流和山地附近是十分合理的，这样便于获取这些重要资源。将视野放宽到整个东亚，这种生业模式与日本绳文时代的定居狩猎采集文化也是一致的（Habu 2004；Kobayashi 2004；Pearson 2006）。

这一现象引发了新的问题：新石器时代的人们是否已经开始管理经济树种并出现了树木栽培业？还是说他们只是简单地利用野生资源？在民族学和考古学文献中可以看到，在世界很多地方，经济树木的管理也是强化植物性食物利用的一种方式。案例有在南加利福尼亚移植橡树（Shipek 1989），在欧洲的地中海地区种植橡树和其他坚果树（Harrison 1996），在新几内亚岛驯化多种本土果树（Denham 2004），绳文时代的日本选择将栗树栽种在村落旁边等（Kobayashi 2004: 85–

86)。中国新石器时代早期，用于处理坚果的碾磨器在很多生态系统不同的遗址中已经出现，或在山边，如白音长汗和北福地，或在平原，如黄淮平原上的裴李岗文化诸遗址。尽管在山区这种地方野生坚果树是人们采集食物的主要目标，但很有可能，在冲积平原地带人们已经发展出相当高程度的树木栽培业，以提高果实产量。如果这是事实，那么我们就需要重新估计新石器时代早期人们的食物生产的水平。这个假说还需要在未来的研究中进一步验证。

礼仪行为和社会复杂化的多样性

新石器时代早期的人们一定经历了重大的社会、政治和经济变革，例如疆界的争夺、资源的竞争和社群内外关系的冲突。关于这些方面的物质遗存，考古记录中可以观察到两种类型的礼仪行为。一种以兴隆洼文化为代表，家庭似乎是礼仪活动的中心，表现为居室葬和在室内安放人形雕像（Li, X. 2008: 50）。这种家居导向的礼仪活动可能是当时应对等级和经济压力的一种社会反应。北福地居住区出土的动物形象的陶面具也与家居礼仪模式有密切的关系。

第二种礼仪行为的中心是丧葬，贾湖即是如此。社群中小部分人比其他成员享有更精美的随葬品（礼仪用品）。这种丧葬形态表明，掌管礼仪和享有威望的人具有更高的社会地位（Liu, L. 2004: 127–128）。早期新石器文化似乎在本质上是相当平等的，但基于个人的特殊能力和成就的不同，社群成员之间的地位也有差异。

结 论

石兴邦曾经提出，黄河流域旧石器时代晚期向新石器时代的过渡可以分为三个发展阶段：①山区林地文化，以食物采集为特征，以山西南部下川遗址为代表；②山麓文化，是食物生产的起源阶段；③河谷文化，食物生产的初步建立，以新石器时代早期的前仰韶文化为代表（Shi, X. 1992）。石兴邦正确指出了聚落 - 生业模式发展的一般趋势，但我们的分析也说明，在黄河流域，这一转变并非直线发展，从更广阔的地区来看，还呈现出很强的多样性。

早期新石器文化的典型特征是低水平食物生产的广谱生业策略，包括采集野生资源和驯化动物（猪和狗）、植物（粟、黍和稻）。定居的程度在不同的地区也各有差异，从长年定居村落到季节性营地均有。定居的出现应归结于资源管理和食物储存技术的发展，重点是开发富含淀粉的食物，如坚果、块茎、水生植物和谷物。物质文化的地区差异，如陶器形制、工具类型和聚落形态，与不同地区食物资源的多样性密切相关，与当地人群获取食物的不同方法相一致。

正如我们在下一章将看到的，直到新石器时代中期，中国很多地区才建立起强化的农业。未来尚需研究的问题是，在中国，这种长期而有效的低水平食物生产机制，为什么以及如何转化为强化农业的经济形态？

第 六 章

社会不平等的出现：
新石器时代中期

（5000 BC ~ 3000 BC）

第六章 社会不平等的出现:新石器时代中期(5000 BC ~ 3000 BC)

> 古之葬者,厚衣之以薪,葬之中野,不封不树,丧期无数。后世圣人易之以棺椁。
>
> ——《周易·系辞下》

在公元前五千纪和四千纪的大部分时间里,充分发展的新石器时代社群遍布中国大多数地区。聚落数量急剧增加,扩展到更为广阔复杂的范围,表明人口迅速增长。这段气候暖湿的时期,被称为中全新世最适宜期(Mid-Holocene Climatic Optimum),与这些发展密切相关。在此期间,由于季风循环增强,导致气温以百年级为单位急剧增暖。气温年均值与今天相比,大约华南地区要高1摄氏度,长江流域高2摄氏度,中国北方和东北高3摄氏度(Shi, Y. et al. 1993)。中国西北地区升温幅度最高,在距今7290 ~ 6380年(cal.BP)时,腾格里沙漠一带气温比今天高出3 ~ 4摄氏度(Zhang, H. C. et al. 2000)。但是,最适宜期的持续时长和振幅,及其起始和结束的时间,在中国各地并不相同,并且最适宜期之后降温/干旱事件的发生在各地也不同步(An, C.-B. et al. 2006; An, Z. et al 2000; He, Y. et al. 2004)。很多研究表明,这一气候恶化事件在中国北方各地可能发生在大约距今5000年前(cal.BP)(An, C.-B. et al. 2006; Li, Xiaoqiang, 2003; Schettler et al. 2006)。以上就是新石器时代社群所做各种经济和社会决策的环境背景。

新石器中期发生了一些重大社会变革。第一,在适宜的气候条件下,农业为中国南北各地人群提供了最主要的食物来源,人口稳定增长,村落规模增大,社会组织也更加复杂化。第二,农业区人口压力增加,导致农业社群向周边可开垦的地区扩散,使得中国新石器遗存分布更加广泛。第三,在公元前四千纪,社会等级化的迹象显著出现。中国南北各地都开始修建带围墙的聚落，宏伟的大型礼仪建筑出现，明显有别于普通村落，贵族葬在豪华的墓葬中，随葬精美的玉器和其他奢侈品。第四，社会变革在各个地方以不同的形式发生，共同的特点是贵族的出现，毫无疑问他们的地位与所掌握的神权有关。第五，这些早期复杂社会的兴起，与地区间文化互动的浪潮直接相关。在该时期后段，某些器物风格广泛流行，各地普遍出现了一个"龙山形成期"（Chang 1986a: 234–242）。第六，在该时期之末，因为农业活动对环境的破坏，如森林砍伐，再加上气候波动，导致了生态系统的恶化，迫使人们不得不调整自己的社会生业策略。有些地方出现了更为

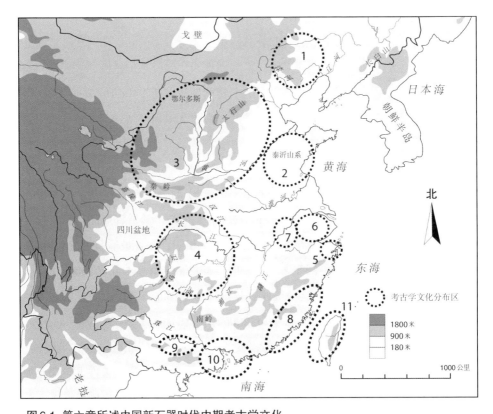

图6.1 第六章所述中国新石器时代中期考古学文化
1. 赵宝沟-红山文化 2. 北辛-大汶口文化 3. 仰韶文化 4. 大溪文化 5. 河姆渡文化 6. 马家浜-崧泽文化 7. 凌家滩-北阴阳营文化 8. 壳丘头类型 9. 顶蛳山第四期文化 10. 咸头岭文化 11. 大坌坑文化

等级化的社会组织，而有些地方社会体系则走向崩溃。

本章我们首先描述诸大河流域几个区域考古学文化的物质遗存概况，包括辽河、黄河、长江流域，以及华南各水系（中国社会科学院考古研究所1984，2010）。然后我们讨论几个主要问题，如社会政治复杂化的发展、区域互动、精神观念的作用和人口的扩散。图6.1显示了本章所述主要考古学文化的分布位置，图6.2则列出了该时期的基本年代框架。

辽河流域

在中国东北，新石器时代早期的兴隆洼文化的后继者是赵宝沟文化（约5200 BC～4500 BC）和红山文化（约4500 BC～3000 BC），它们分布在辽河水系的广大地

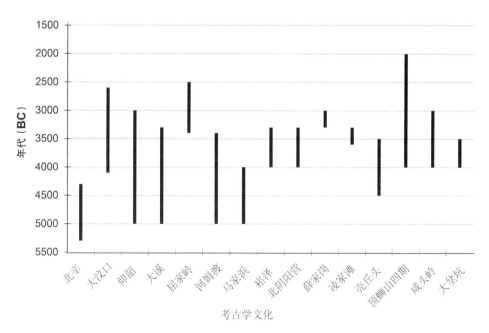

图6.2 新石器时代中期主要考古学文化的年代

区（参见图6.1、6.3）。已经报道的赵宝沟文化遗址近100处，红山文化遗址500多处，但只发掘过数十处。几次区域调查项目的结果表明，兴隆洼文化到赵宝沟文化期间，人口缓慢增加，红山文化时期人口迅速增长，小河沿文化时期又迅速下降（约3000 BC～2200 BC）（赤峰考古队 2002；Li, X. 2008；刘国祥 2006；The Chifeng 2003）。

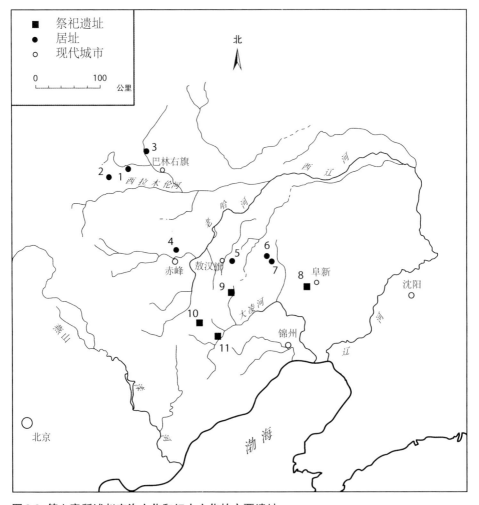

图6.3 第六章所述赵宝沟文化和红山文化的主要遗址
1.白音长汗 2.南台子 3.二道梁 4.西水泉 5.赵宝沟 6.兴隆沟 7.兴隆洼 8.虎头沟 9.老虎山河祭祀建筑群 10.牛河梁 11.东山嘴

根据陶器和石器风格来看，从兴隆洼文化到赵宝沟文化的物质遗存有明显的连续性，但赵宝沟的陶器更加精美，磨制石器也更多。赵宝沟时期是一种混合生业经济，包括狩猎、采集和较低水平的食物生产（Li, X. 2008；Linduff et al. 2002-2004；Shelach 2006）。赵宝沟细石叶的微痕分析发现了收割栽培谷物的证据（王小庆 2008），但至今仍未发现典型的农业收割工具，如刀或镰。礼仪行为总体来看似乎仍然延续了与动物和女性丰产崇拜有关的区域传统，特别表现在泥塑人像/小雕像、玉器和陶器装饰上（Li, X. 2008；Liu, L. 2007；Nelson 1995；沈军山 1994）（图6.4）。社群内部等级制度出现，如少数家庭拥有更精美的陶器，掌管公共礼仪宴飨和贵重物品的远程交换。赵宝沟文化还首次出现了用于社群礼仪活动的纪念性公共建筑，如赵宝沟遗址附近的一座石砌祭坛。这种新型建筑标志着礼仪行为的重大变化，并在红山文化时期得到进一步发展（Li, X. 2008: 51-71）。

后续的红山文化是中国东北第一个复杂社会，修建了令人惊异的礼仪性公共建筑，出现了贵族阶层，他们生前的社会地位在死后通过墓葬中的玉器得以体现。红山文化自20世纪70年代以来有很多新发现，使得该文化成为研究中国复杂社会起源的主要热点之一。红山文化在聚落形态和物质遗存方面展现出一些显著的变化。第一，遗址数量有飞跃性的增长，超过赵宝沟文化时期五倍。第二，陶器类型和纹饰发生了相当大的变化。地方传统仍然保持，但出现了很多新的陶器类型，有些器形和彩陶与黄河流域的出土物相仿。第三，大多数传统石器仍在流行，但出现了两个重要变化：石铲类型多样化；柳叶形和长方形石刀（图6.5, 5、6）开始出现，一般认为是收割谷物之用。第四，房子是半地穴式，多数情况下门道直通灶址，与黄河流域仰韶文化的房子类似。地方文化无疑保持了连续性发展，但也发生了大量新的变化，当是受到了来自黄河流域相邻文化的重大影响（Li, X. 2008: 73-82）。

红山文化的生业经济

考古界大都认为红山文化是农业文化。这个看法基于以下因素：①红山文化

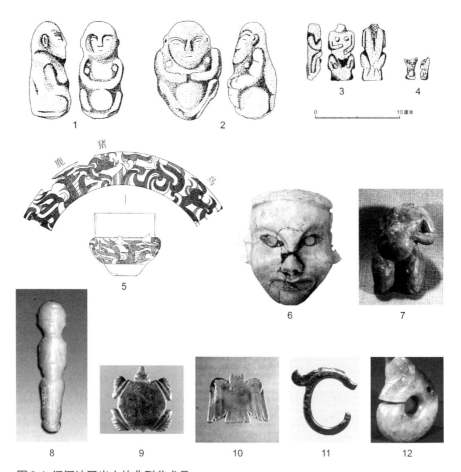

图6.4 辽河地区出土的典型艺术品

1～4. 系列人雕像，分别代表怀孕、出生和婴儿（后台子出土）5. 陶尊上的动物图案（小山出土）6. "女神"头像（牛河梁出土）7. 女性雕像（东山嘴出土）8～12. 玉人、玉龟、玉鸟和玉猪龙（牛河梁出土）（1～5出自赵宝沟文化，6～12出自红山文化）（1～4来自沈军山 1994：图13；5来自 Li, X. 2008：图4.17；8来自国家文物局 2004b：21；6、7、9～12来自辽宁省文物考古研究所 1997：彩版 2、4、28、39、71、88）

聚落密度很高，只有强化的农业经济才能够支撑；②多个遗址出土了家猪，栽培粟黍；③柳叶形和长方形石刀的出现通常被认为是谷物收割的证据；④与黄河流域传统农业地区的交流显著增强，红山文化和黄河流域农业文化之间在房屋建筑和陶器风格方面都有明显的相似性；⑤一种新的精神观念似乎已经建立起来，其

第六章　社会不平等的出现：新石器时代中期（5000 BC ～ 3000 BC）　| 187

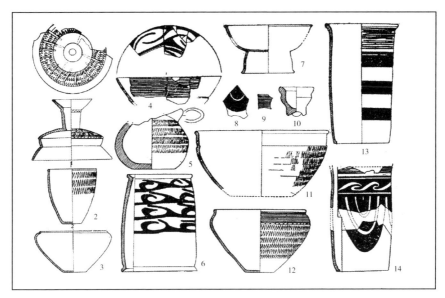

A

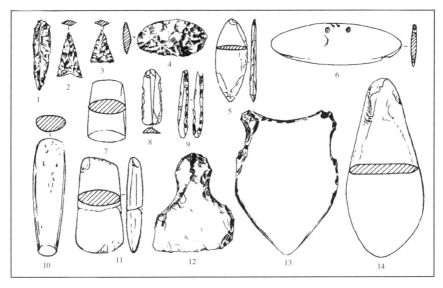

B

图6.5 红山文化的陶器和石器
A.红山文化晚期陶器：1.器盖 2、12.罐 3.碗 4、11.盆 5.壶 6、13、14.筒形罐 7.豆 8、9.彩陶片 10.三足杯 B.工具组合：1.锥 2、3.镞 4.刮削器 5、6.刀 7、11.斧 8、9.石叶 10.凿 12～14.铲（据Li, X. 2008：图5.2、5.5修改）

宇宙观发源于农业人群，注重祈求谷物的丰收（Li, X. 2008: 76-82）。

表6.1 七处红山文化遗址出土石器组合

遗址	石器总数	细石器数量（%）	打制石器和磨制石器	碾磨石器数量（%）（不含细石器）	石刀数量（%）（不含细石器）	文献来源*
白音长汗	134	62（46%）	72	41（57%）	4（6%）	白音长汗2004
南台子	31	13（42%）	18	5（28%）	0	NWKW（2）1997: 53-77
西水泉	278	221（79%）	57	3（5%）	13（23%）	KGXB1982.2: 183-198
嘎查	24	2（8%）	22	4（18%）	1（5%）	KG2002.8: 91-96
牛河梁	387	377（97%）	10	4（40%）	0	KG2001.8: 15-30
水泉	36	20（56%）	16	7（44%）	2（13%）	KG2005.11: 19-29
二道梁	67	14（21%）	53	18（34%）	5（9%）	NWKW（1）1994: 96-113

* NWKW=《内蒙古文物考古文集》，KGXB=《考古学报》，KG=《考古》。

毫无疑问，在红山文化生业经济中农业活动的比重增加了，但目前并不清楚，在生业经济中是否以农产品为主要食物。考古资料展现的仍然是一幅混合经济的图景。对兴隆沟遗址红山文化堆积浮选样本的定量分析表明，植物组合以坚果和果实为主，如橡子［栎属（*Quercus* sp.）］、榛子［榛属（*Corylus heterophylla*）］和山核桃［胡桃楸（*Juglans mandshurica*）］（赵志军2004a）。像之前的兴隆洼文化和赵宝沟文化遗址一样，红山文化遗址也出土了大量细石器，体现出狩猎采集生活方式仍然具有重要地位。碾磨器很常见，但它们在各地工具组合中所占比例相差很大（统计数据不包括细石器），在对7处遗址的统计中，最低占5%（赤峰西水泉遗址），最高占57%（林西白音长汗遗址）（参见表6.1）。如果说碾磨器的存在说明野生植物（如坚果、块茎植物或少量谷物）是主要加工对象，就像第三章和第五章所说的那样，那么遗址中不同工具使用频率的差别可能体现了聚落社群中生业适应方式的多样性。有趣的是，在出土碾磨器比例最低的西水泉遗址中，叶形石刀和类似收割工具的石刀比例最高（23%）。相反，白音长汗遗址中碾磨器的比例最高，石刀类工具的比例也属较低之列（参见表6.1）。工具使用率的这种鲜明对比说明，有些红山文化聚落农业强化程度较高，而另外一些聚落则继续依赖传统的狩猎采集生活方式。

对兴隆洼遗址出土7具人骨的稳定碳同位素分析表明，在新石器时代早期的兴隆洼人食谱中，C_3植物（如坚果和块茎植物，见第四章说明）所占比例平均为14.7%，其中部分可能来自坚果，或者来自取食C_3植物的动物。相反，对同一处遗址较晚两个时期的少量取样分析，发现C_3食物在人类食谱中的比例均下降为0，无论是新石器中期的红山文化（人骨样本数为1）还是青铜时代的夏家店下层文化（人骨样本数为2），均是如此，这说明采取粟类农业造成C_4食物（如粟类，见第四章说明）摄取量普遍上升（张雪莲等 2003）。但是，由于红山文化和夏家店下层文化时期样本过少，所以，兴隆洼遗址的这一分析结果也可能没有充分反映整个辽河地区无论是聚落内部还是聚落之间人类食谱的变化。最后，进一步考虑工具组合的显著差异和其他红山文化遗址植物遗存中野生种类的高比例，我们可以推断，红山文化各遗址的生业适应方式并不是一模一样的。

红山人可能依赖的是广谱生业策略，尽管农业在这一地区扮演了以往从未有过的重要角色。红山文化不同聚落的生业经济也可能存在很大差异。无论这些差异是受到生态条件的影响还是社会因素所致，都是将来应该研究的课题。进一步开展人工制品和牙齿上的残留物分析，在不同生态环境中的多个遗址采取更多的样本，结合浮选法和人骨同位素分析，应该会为认识红山文化生业经济提供更多的细节。

红山文化的聚落形态和礼仪景观

红山文化的典型遗址有两类：一类是以各种公共建筑组成的礼仪中心，另一类是普通村落。礼仪中心遗址仅仅在大凌河流域发现4处，村落遗址数量众多，散布在辽河地区多条河谷中（参见图6.3）（Li, X. 2008: 82–94）。

目前关于红山文化普通村落的聚落形态所知有限，因为这类发掘很少。总体来说，红山文化小型村落的典型特征是有整齐的半地穴式排房，有时排房还分组。墓地在村落旁边，仅有少量墓葬使用石板棺，或者随葬玉器。过去数十年来，红山文化的考古发掘主要集中在大型礼仪建筑上，如祭坛、积石冢和贵族墓。到目前为止发现了4处包含上述遗迹的遗址或遗址群，即牛河梁、东山嘴、虎头沟和老虎山河上游至少7个地点（参见图6.3）。这些遗址均位于大凌河流域的山区，每一处分布范围都很大，遗址核心区是几座礼仪建筑群，主要用于举行祭祀活动（Barnes and Guo 1996; Li, X. 2008）。这些遗址中，辽宁省建平县的牛河梁和喀左县的东山嘴，提供了最佳的信息。

牛河梁｜由16个祭祀地点为主组成的遗址群，每一处地点都有积石冢、祭坛或其他纪念性建筑，分布在50平方公里的山区。它是迄今为止发现的最大的一处礼仪性建筑群。这些遗址建于红山文化晚期（约3650 BC～3150 BC），形成一处壮观的礼仪景观。积石冢有圆形也有方形，很多为贵族墓（图6.6），出土了大量的玉器，包括人形和动物形雕像。在礼仪建筑附近的墓葬和灰坑中发现有泥塑人形小雕像，部分具有女性特征。最知名的遗址是"女神庙"，它坐落在牛河梁区域中心的山顶，由一大一小两座半地穴式建筑组成，大的一座长18.4米，宽6.9

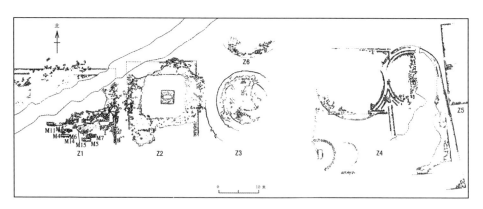

图6.6 牛河梁第Ⅱ地点的红山文化祭坛和贵族墓（郭大顺 1997：图18）

米。在这两座建筑中发现了各种各样的泥塑残块,明显属于人或动物的塑像。人体残块包括手、耳、肩、臂、胸以及其他部位,属于7个个体。只能够辨认出女性特征(如胸),因此这些人像被认为代表了女性,这就是"女神庙"的由来。人像尺寸不一,如耳朵就发现了大小不同的三种,从和正常人一样大到相当于人的三倍大。一具常人大小的人面塑像,眼眶里镶嵌着绿色玉球,是一个前所未有的重大发现(参见图6.4、6)。动物形象有鸟爪和猪龙残块,包括下颚和连接着部分躯干的头部(方殿春,魏凡 1986;辽宁省文物考古研究所 1997;Liu, L. 2007)。

东山嘴 是大凌河附近台地上的一处红山文化晚期遗址(5485±110 cal.BP),三面被黄土山梁环绕。遗址曾被使用了很长一段时间。早期很可能只有一座墓葬和一处房屋,随后逐渐出现石构建筑,很可能是礼仪之用的祭坛。在2400平方米的范围内,发掘出一组石构建筑群。其中心是一方一圆两个石基址。两侧有石墙基,石基址呈对称分布。在圆形基址的附近,曾发现20多件陶塑人像残块,有些被认为是孕妇的形象(郭大顺、张克举 1984;严文明 1984)。

大凌河流域祭祀中心的自然景观为高山和低山丘陵,耕地很少,其中的牛河梁建筑群在红山人的礼仪世界中大概享有最崇高的地位。其在礼仪方面的重要性,从牛河梁遗址周围100平方公里的范围内没有发现居住址这个情况得以体现(郭大顺 1997)。换言之,该地区可能是专门为红山人举行礼仪活动而开辟的一块圣地。

红山文化玉器

红山文化以玉器而闻名,这方面的研究为数众多(席永杰,刘国祥 2006: 247–502)。红山玉器主要出自礼仪区积石祭坛的贵族墓中。到目前为止,在近30处遗址出土或采集了250多件玉器,另外还有100多件保存在世界各地的博物馆或收藏家手里。红山玉器器形主要有动物(龙、猪龙、龟、鸟)、人物、璧、斧、锛、锥、玦、勾云形器、玉管和玉珠(崔岩勤 2006;Li, X. 2008: 74、79)。在第16地点一座最大的墓葬中,墓主人骨盆旁出土一枚人形小玉雕,高18.5厘米,背部有3个穿孔，可能是坠饰（国家文物局 2004b）（图6.4, 8）。玉人呈站姿，双臂屈起抱在胸前，其姿态似乎具有某种宗教含义。这种站姿形象也出现在南方1000公里外凌家滩遗址出土的玉人中。

红山文化玉器制作是一种高度专业化的手工业，生产数量和质量都有飞跃性的提高。关于红山玉料（软玉）的来源已经争论了数十年，近来的研究证明，根据质地、颜色、光泽判断，大多数红山的玉与辽东半岛的岫岩玉近似。岫岩位于牛河梁以东约300公里，岫岩玉矿可能从新石器时代早期就已经开始开发，在中国东北和山东广大范围内的很多新石器文化中都可以看到岫岩玉制品（王时麒等 2007）。这些发现说明，红山工匠可能是通过区域交换系统得到岫岩玉玉料的。考虑到玉料的稀有和治玉技术的专业性，玉器生产可能掌握在专业人员手里。大量高品质玉器的出土表明红山文化玉器工业达到了很高的专业化程度。在牛河梁的积石冢（国家文物局 2004b）和礼仪建筑附近的灰坑（方殿春，魏凡 1986: 14–15）中发现有可能用来制作玉器的小型燧石工具，如钻和刮削器，暗示出贵族可能在一定程度上参与了玉器生产（Liu, L. 2003），但这一假设还需要更多证据的检验。

红山文化的社会复杂化

红山社会的复杂化表现在几个方面。第一，聚落等级化，流域中心地带发展起来几个大遗址，周围环绕众多小型村落，但没有证据表明存在一个统治整个辽河地区的集权政体。第二，以牛河梁和东山嘴为代表的礼仪建筑群的出现，说明各个遗址有明确的功能划分（陈星灿 1990）。该变化表明红山社会强化了礼仪行为的作用，到红山文化后期这一趋势愈演愈烈。第三，修建了许多大型纪念性建筑，如积石冢、祭坛、"女神庙"等。这些大型建筑显然是劳动密集型产物，要求有能力组织和调动多个社群参与建筑活动。第四，礼仪用品制作成为一门专业手工业，特别是玉器雕刻，达到了很高的水平。玉器生产的整个过程包括远距离获取原材料，制作特定形态的玉器，在贵族群体中分配产品。这些活动都需要很强的组织管理能力，比如知识和技术的控制，因此整个生产–分配过程很可能是由贵族掌控的，至少在很大程度上是如此。第五，一些传统的礼仪用具尺寸增大，社会内容增加。动物和女性雕像以及面具是本地区独特的文化/礼仪传统，起源于新石器时代早期的兴隆洼和赵宝沟文化，都是些小型雕像，仅仅发现于家庭居所。而红山时期雕像显著增大，成为公共礼仪建筑中的重要组成部分。这些变化表明，礼仪行为的社会活动单位从家庭扩大到了整个区域（陈星灿 1990；Li, X. 2008: 83-91；Shelach 1999）。

这些社会和宗教特征显示了红山复杂社会的独特性，在公元前四千纪的中国无与伦比。但是，这个推动了如此大规模礼仪图景建设的区域社会政治组织的面貌到底是什么样子的，目前仍不清楚。

红山复杂社会的崩溃

红山文化在公元前四千纪晚期进入全盛时期，大约在公元前3000年前后崩溃。为何崩溃发生得如此迅速尚不清楚，但考古记录显示，随后的小河沿文化（约3000 BC ~ 2200 BC）社会复杂性降低，表现在很多方面，比如人口急剧减少，游牧业基本取代农业，居住的流动性增强，大型祭祀遗址皆遭废弃，不再修建公共建筑，玉器制作绝迹（Li, X. 2008）。

红山文化的崩溃与气候急剧恶化有关，在大约公元前3000年时夏季风减弱（An, Z. et al. 2000）。根据四海龙湾玛珥湖沉积记录，在中国东北，大约公元前2950年时夏季风降水降到最低值（Schettler et al. 2006）。中国东北其他地点也明显表现出在公元前三千纪早期发生了一起延续时间很长的干冷事件，很多学者将红山文化的崩溃与这次干旱事件联系起来（靳桂云 2004；Li, X. 2008）。另外，宋豫秦提出，过度垦殖造成了生态环境脆弱地区的沙漠化，导致农业生产产量下降（宋豫秦 2002）。因为红山文化的生业方式高度依赖粟作农业，长期干旱会导致农业经济破产。如果坚果仍然是红山人的重要食物来源之一，那么气候变化对橡树和其他坚果树的产量也会造成影响。李新伟还指出，红山文化社会政治的崩溃部分归因于贵族阶层应对环境压力的方式（Li, X. 2008）。他的研究显示，红山文化晚期阶段干旱气候持续发展，已经严重影响了生业经济。贵族们不去发展技术促进农业生产，反而乞灵于宗教。这种状况明确表现在他们高度重视礼仪性公共建筑的修建，沉湎于玉礼器的制作和使用之中（Li, X. 2008: 119-132）。总体来说，红山复杂社会的崩溃可能与多种因素有关，如气候波动、土地的过度开发、社会对外部挑战反应不当。第三个因素常常被看作文明象征的物质成就，例如大量的纪念建筑和玉器，实际上只不过是对付反复无常的大自然的应急措施，预告了红山复杂社会最终崩溃的来临。

黄河流域

目前我们对于黄河流域新石器文化中期的认识，来源于下游地区的北辛和大汶口文化，以及中游地区仰韶文化诸遗址定居和农业生活方式的大量遗存。黄河上游地区自全新世以来被使用细石器技术的非农业人群所占据，直到公元前四千纪末叶出现了新石器性质的马家窑文化（Rhode, et al. 2007）。这里我们主要关注黄河中下游地区的情况。

黄河下游地区的新石器遗存，在后李文化之后以北辛文化（约5300 BC～4300 BC）和大汶口文化（约4300 BC～2600 BC）为代表。北辛文化的分布只限于山东部分地区，大汶口文化分布范围则要大得多（图6.1, 2）。大汶口文化持续了大约1700年，晚期与早中期相比，展现出高度的社会复杂性。此处我们只讨论大汶口文化的早中期阶段（约4300 BC～3000 BC），以便于和其他地区的同时代文化相比较。

北辛文化

山东省滕县北辛遗址（图6.7, 1）发现于20世纪60年代，从那之后，北辛文化的遗址陆续发现了近100处，大多数位于泰沂山脉北侧和西北山麓地带的冲积

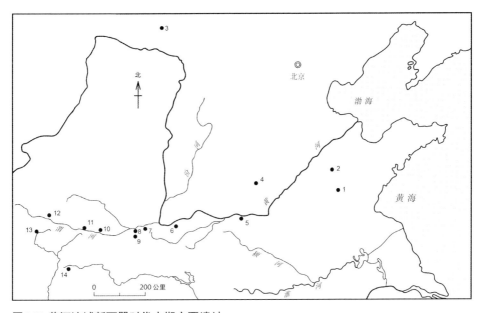

图6.7 黄河流域新石器时代中期主要遗址
1. 北辛 2. 大汶口 3. 石虎山 4. 西水坡 5. 西山 6. 西坡 7. 史家 8. 姜寨 9. 半坡 10. 案板 11. 北首岭 12. 大地湾 13. 高寺头 14. 龙岗寺

平原。大约已有12处遗址经过了发掘。多数聚落是定居村落（最大面积达10万平方米），遗迹有小型房屋、灰坑、陶窑和墓葬（图6.8, A）（山东省文物考古研究所 2005: 84-125）。

北辛文化仍在使用打制石器，但磨制石器（包括铲、刀、镰、斧、锛和凿）更为普遍；在很多遗址还发现了石磨盘和磨棒（图6.8, C）。有些工具，如锥、凿、矛、镞和镰，使用骨、角和蚌壳制作而成。陶器多数为黄褐色，主要器形有鼎、釜、罐、钵和支脚（图6.8, B）。鼎和釜是炊器，釜与支脚组合是一种传统使用方法，在新石器时代早期广泛见于黄河下游地区。正如第五章所述，这可能代表了一种后勤式的流动集食策略（在永久居所之外的特定地点采集季节性的食物资源）。北辛遗址的刀和镰可能用于收割谷物，已经发现了粟黍的遗存；家养动物有猪和狗（山东省文物考古研究所 2005: 84-125）。至少在17处遗址发现了碾磨器，微痕分析和初步的淀粉粒分析指示出这些工具可能主要用于加工坚果和谷物

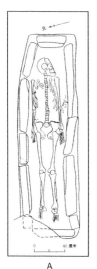 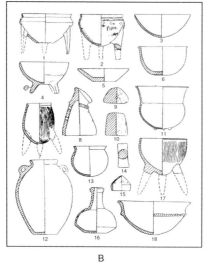 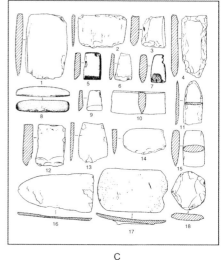

图 6.8 北辛文化墓葬、陶器和石器
A. 大汶口遗址 M1011：1～3. 牙镞　B. 典型陶器：1、2、7、17. 鼎　3、4. 钵　5. 盘　6. 盂　8～10、14. 支脚　11、13. 釜　12. 罐　15. 尖形器　16. 壶　18. 盆　C. 典型石器：1～4、13. 铲　5、9. 锛　6、7、12、15. 斧　8. 磨棒　10、14. 刀　11. 矛　16、17. 磨盘　18. 砍砸器（山东省文物考古研究所 2005：图 34、38 和 40）

（王强 2008）。墓葬发现极少，男性人骨一般随葬镞、矛或其他工具，女性随葬陶器或骨锥（山东省文物考古研究所 2005：123-124）。北辛人明显采取广谱生业策略，狩猎采集活动与动植物的驯化并存；还没有证据表明社会中存在明显的等级分化，劳动分工主要基于性别而定。

大汶口文化

与北辛文化相比，大汶口文化社会复杂化程度要高得多。大汶口早期遗址分布在泰沂山脉周围，但晚期逐渐扩散到一个广大的地域范围，包括山东、苏北、皖北和豫东，这表明随着时间推移，人口有了显著增长，尤其到了大汶口晚期（约 3000 BC～2600 BC），某些地区人口出现激增。在山东已经发现了大约550处大汶口文化遗址，其中20多处经过了发掘（山东省文物考古研究所 2005：132-133；Underhill et al. 2008）。

第六章　社会不平等的出现：新石器时代中期（5000 BC ~ 3000 BC）

这个时期农业已经很成熟，反映在以下方面：出土了更多工具组合中用于收割的刀和镰（图6.9, C）考古堆积中粟黍、稻和大豆的遗存也更为常见。家养动物主要包括猪和狗，猪头和猪下颌常用作随葬品（山东省文物考古研究所 2005: 182-189）。在至少21处遗址中发现有可能主要用来加工坚果和谷物的碾磨器，这些遗址主要是胶东半岛的贝丘遗址和泰沂山脉附近的遗址（王强 2008: 图4.3）。这些资料表明，在某些山地遗址，坚果采集仍然是生业策略的组成部分，但在适宜耕作的地区，农业已经占据主要地位。

已经发掘的大汶口文化遗址，大多是墓地，因此，考古研究主要集中在丧葬形态上。很多大汶口文化墓地，墓葬成排分组排列，可能代表了不同的家族。泰安大汶口墓地是一处典型遗址，早期墓葬规模小，随葬品贫乏；晚期墓葬开始表现出社会等级，少数墓葬（包括少年墓）与其他墓葬相比，规模更大，随葬品更为精美。很多大墓出土100 ~ 200件随葬品，小墓的随葬品则寥寥无几。随葬品

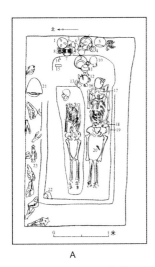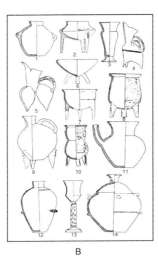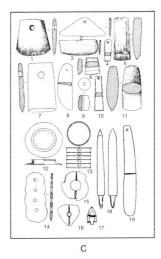

图6.9 大汶口文化墓葬和器物
A.大汶口遗址M13，属大汶口文化中期：1 ~ 13、15、21、22.陶器 14.骨笄 16、17.象牙琮形管 18.石铲 19.骨刀2件 20.骨叉 23.猪头　B.典型陶器：1.壶 2、7、8.鼎 3.瓶 4、5、9.鬶 6.钵 10.甗 11.盉 12.瓮 13.高柄杯 14.罐　C.石器等：1、11.石斧 2、3.石刀 4、8、10.石坠饰 5、6.石镞 7.石铲 9.石珠 12、13.象牙器 14 ~ 16、18.玉器 17.牙镞 19.骨刀（山东省文物考古研究所 2005：图56、58 ~ 61）

中可能与高等级社会地位或礼仪功能有关的物品有龟甲、骨牙雕筒、玉器、黑陶高柄杯和猪下颌骨，它们主要发现于随葬品丰富的墓中（图6.9, A）。在整个大汶口文化时期，具有象征地位的随葬品的墓葬数量总体上升，大汶口晚期墓葬在建墓投入劳动和拥有贵重物品上的差距增大。一般而言，除了少数例外，男性比女性享有更高的社会地位。在同一个墓地中，不同的墓群有不同的丧葬待遇，由此可以看出社会阶层的存在。丧葬制度与大汶口文化以血缘为基础形成社群内部的等级化的出现密切相关（Fung, C. 2000；Liu, L. 2004: 138–141；Underhill 2000）。

大汶口文化体现出复杂社会的存在，典型表现是社会等级既出现在若干血缘族群之间，也出现于单个血缘群体内部的成员之间。丧葬形态表明，奢侈复杂的葬仪一般主要针对个人祖先，特别是男性祖先。这种礼仪行为可能进一步刺激了社会等级化的发展，提升了某些个人和家族的社会地位。这种个人导向的礼仪行为，与下文所述黄河中游仰韶文化的情况正好相反。

仰韶文化

仰韶文化（约5000 BC ~ 3000 BC）代表了黄河中游地区新石器时代农业村落的繁荣时期。之前新石器时代早期的遗址数量少、规模小，主要分布在中原地区和渭河流域的山麓地带。仰韶文化遗址与之相比展现出某些新的面貌：遗址数量激增，分布地域向北扩展到黄土高原和内蒙古地区；聚落规模差异很大，从数千平方米到100多万平方米都有。截至20世纪90年代末，已经发现的仰韶文化遗址有5000多处，发掘了100多处（任式楠，吴耀利 1999），囊括今天河北、河南、陕西、山西，以及内蒙古部分地区（图6.1, 3; 6.7）。定居农业社会已经稳固建立起来，经常发现驯化植物（粟黍和稻）和家养动物（猪和狗）遗存。房子为半地穴式或平地起建，木骨泥墙，形式多样，有些是多间建筑。成年人一般葬在布局规整的墓地，流行一次葬和二次葬（图6.10, A），不同时期和不同地区的葬俗有差异。陶器形制多样，多为红陶，常见绘有几何形或动物形纹饰。在几处遗址发现陶器刻划符号（图6.10, D），但它们的确切含义仍有待研究。石器组合以

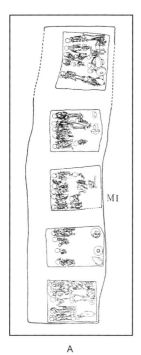 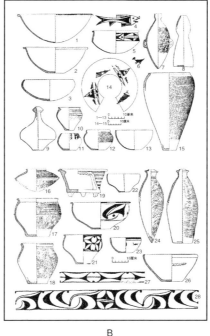 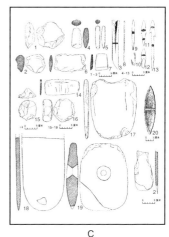

图6.10 仰韶文化墓葬和器物
A.二次葬：陕西横阵遗址M1，属仰韶文化早期 B.半坡（1～15）和庙底沟（16～28）阶段的陶器：1、2、5.盆 3、13.钵 4、6、14.动物和人形纹饰 7.尖底瓶 8、9.壶 10～12、17、18.罐 15.瓮 16.釜 19.灶 20、21、26.盆 22、23.碗 24、25.瓶 27、28.几何形纹饰 C.工具：1.砍砸器 2.刮削器 3.骨刀 4、19.斧 5.锛 6、14.刀 7.凿 8.骨针 9、11、12.骨镞 10.鱼钩 13.鱼叉 15、16.盘状器 17、18、21.铲 20.陶锉 D.半坡（1）和姜寨（2）遗址出土陶器刻划符号（中国社会科学院考古研究所1984：图12、17～19）

磨制石器为主，用于收割谷物的石刀和陶刀是最常见的工具（图6.10,C）（严文明1989c）。碾磨器发现很少，表明与前期相比人们已经很少依赖坚果采集。内蒙古岱海地区的几处遗址（如石虎山）石器组合中碾磨器的比例较高（杨泽蒙2001），在仰韶人到达这里的时候，这里的自然环境基本还保持着原生态。仰韶文化具有广阔的分布范围，其聚落形态和社会组织在时间和空间上也表现出很大的差异性。

仰韶文化早期（约5000 BC～4000 BC） 也被称为半坡时期，此时聚落一般是中等规模，例如，渭河地区几个经过深入研究的遗址面积均为5万～6万平方米。经过大规模发掘的遗址有临潼姜寨（西安半坡博物馆等1988）、西安半坡

（中国科学院考古研究所 1963）、宝鸡北首岭（中国社会科学院考古研究所 1983）和秦安大地湾（赵建龙 2003）（图 6.7、8、9、11、12）。仰韶居民似乎形成了高度的自给自足生活方式，大多数生业必需品来自驯化的动植物，例如谷物、家猪、狗，同时继续进行以前长期从事的活动，如狩猎鹿类、鸟类和其他野生动物，捕捞淡水鱼类和贝类，采集野生植物，制作陶器和石器。这些遗址在空间布局和文化因素方面有显著相似性，姜寨遗址就是一个最好的案例。

姜寨遗址坐落在骊山山麓临河沿岸的台地上。遗址的第1期面积达5万平方米，年代为仰韶文化早期。聚落中心是广场，外围建有一圈房子，房门皆朝向中心广场。整个居住区面积大约2万平方米，以环壕围护，壕沟外是墓葬区，分为

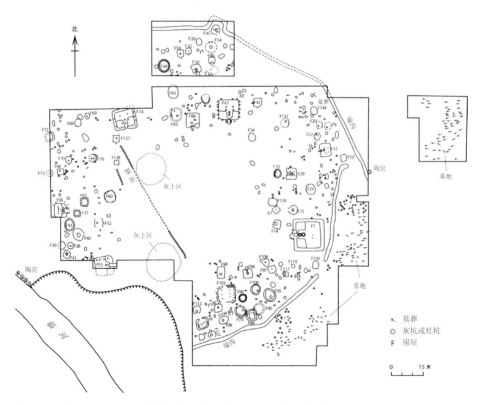

图 6.11　陕西临潼姜寨遗址的聚落布局，属于仰韶文化早期（据西安半坡博物馆等 1988：图 6重绘）

数组。环壕内的房子可以分为5组，或者5个居住单元，每组包括几座中小型房子和一所大房子（图6.11）。夭折的儿童用瓮棺葬在房子旁边，成年死者则葬在壕沟外的墓地。墓葬可能根据亲属世系关系安排，每一处墓地似乎都与壕沟内的某处居住群有空间上的联系。随葬品主要是日用陶器和工具。墓葬之间没有明显差别，表明这是一个相对平等的社会（西安半坡博物馆等1988）。姜寨的人口，根据聚落资料计算为75～125人，根据墓葬资料计算为85～100人（赵春青1995，1998）。根据以上估算，平均人口数量为80～112.5人，平均人口密度为每万平方米53.5人。

中国学者过去称姜寨为母系氏族社会，实行对偶婚；并称中小型房子是氏族成员使用的，大房子是首领或秘密同盟成员的住所（西安半坡博物馆等1988：352–357；严文明1989b）。但通过对姜寨聚落形态进行的空间分析，李润权认为居住单元的分区代表了社群以分节组织（segmentary organization）为基本社会单位，姜寨的社会组织是由不同等级的亲属集团构成，从小到大依次是核心家庭、家族、家族群（血族或氏族），直到村落社群。这样的聚落布局反映了分节组织规则，常见于部落社会，它似乎构成了公元前五千纪渭河流域很多早期仰韶文化聚落的社会组织基础（Lee, Y. 1993）。

仰韶文化中期（约4000 BC～3500 BC） | 这个时期也被称为庙底沟时期。在此期间仰韶聚落全面扩张，之前由细石器文化所占据的北方和西方的很多边缘地区，现在成了仰韶文化聚落的天下（戴向明1998）。仰韶文化陶器风格影响到周围的考古学文化，如红山和大汶口文化，但是这种影响的社会含义尚不清楚。考古记录还表明，区域聚落的等级化有了发展。

豫西灵宝地区的考古调查和发掘，明确提供了这种社会变化的证据（马萧林等1999；魏兴涛、李胜利2003；魏兴涛等2002）。越来越多的遗址表现出鲜明的聚落集中化趋势，仰韶文化早期到中期聚落等级化的程度越来越高。铸鼎原的区域系统调查表明，一些大遗址（面积40万～90万平方米）显然居于区域中心位置，区域聚落形态呈三级体系。以上聚落形态资料暗示人口有了迅速增长，区域社会更加一体化（Ma, X. 2005: 11–28）。

西坡遗址（面积40万平方米）是铸鼎原的区域中心之一（图6.7，6），其布局结构与仰韶文化早期聚落明显不同。尽管仍以壕沟围绕，但其规模之大体现出人口大量增长。遗址中接近中心地带的是一组大中型房子，修建在木骨泥墙的半地穴房址之上。每座房子都有一条窄长的门道，有些房子在地面上涂以红色颜料（朱砂），还有一些出土了加工朱砂的碾磨器，朱砂在丧葬行为方面有重要功能（Ma, X. 2005: 29–50）。

中型房子（面积为75～106平方米）旁边是日常生活垃圾，垃圾中的动物遗存以家猪骨骼为主。村落中似乎已经存在成熟的家猪饲养业，大量的猪被屠宰，很多是在房子附近被消费掉的。大量养猪可能是为了供应礼仪宴飨，宴飨显然是在中型房子附近进行的。住在中型房子里的家族可能负责生产礼仪用品，并举办夸富宴以竞争声望和地位，他们当属于正在上升的贵族家庭（Ma, X. 2005: 74–99）。

最大的一座建筑是F105，总占地面积为516平方米，室内面积达204平方米，门道长8.75米。它的修建估计需要投入大量的劳动力，应当集合了几个村落的力量，其功能很可能是举行礼仪活动，而非家庭居住（Ma, X. 2005: 34–37）。因为它建筑在一座中型房子之上，它的修建过程可能说明了经过社群内部派系的竞争，某些贵族集团建立了统治地位。

在围沟之外发现了一处墓地，至今已经发掘墓葬34座。所有墓葬形制相同，都是两侧带二层台的长方形土坑墓，只不过规模大小和随葬品有所不同。随葬品有陶器、玉器、石器和骨器。玉器有两种：钺和环，在男性、女性和儿童墓中都有出土。墓葬大小与随葬品的数量和质量并非绝对相关。例如，最大的两座墓：M27和M29，未见玉器和象牙器，而一座儿童墓（M11）出土了最多的玉器（3件玉钺）。但总体来说，较大的墓葬随葬品要多一些，小墓一般不见随葬品（中国社会科学院考古研究所，河南省文物考古研究所 2010）。

西坡遗址的居住和丧葬形态都明显意味着社会等级的出现，代表了仰韶文化中最早的复杂社会。未来进一步的发掘将有助于我们更好地认识这个社群的社会组织形式。

仰韶文化晚期（约3500 BC ～ 3000 BC） | 仰韶文化晚期与中期的情况完全不同，中期之时等级化聚落形态只在某些地区孤立出现，到晚期地域性的复杂社会系统在黄河流域的很多地方繁荣起来。两种类型聚落系统的出现见证了这一发展过程。第一种类型见于渭河流域的几处大型地区中心（达100万平方米），包括甘肃的大地湾和高头寺，以及陕西的案板遗址。每处遗址都有一座大型公共建筑位于聚落的中心位置，该遗址也是周围聚落系统的地区中心（郎树德 1986；郎树德等 1983；西北大学文博学院 2000；赵建龙 1990）。第二种类型以河南中部西山遗址为代表，该聚落以夯土城墙环绕（张玉石等 1999）（图6.7, 5）。在渭河流域，大型地区中心的最佳案例当是甘肃秦安的大地湾遗址。

大地湾遗址位于清水河边的山坡上，最早出现在大约公元前5800年，开始是一个小村落，后来规模逐渐扩大，在仰韶文化晚期面积达到了50万平方米。发现大量房址，根据面积和结构可以分为三个等级。三座大房子位于聚落中心，周围是中小型房子，明显可以分为几个组。最大的一座房子（F901）是多间结构，面积为290平方米，如果包括附属建筑占地达420平方米（图6.12）。其平面布局是，一个大房间在中间，几个小房间在其两侧和后面。房址前面有两排柱洞，一排石柱础，说明那里原来有一个很大的门廊。未发现同时期的其他建筑，但在这处房址前发现有一片面积大约1000平方米的踩踏硬土层，表明此地可能是一处举行公共活动的大型广场。房子内出土的陶器有用作储藏的瓮等容器，某些陶器经测量，其容量成比例递减，可能是用于度量谷物之用，另外还有成堆的钵。主房间中心有一个很大的火塘，直径2.51～2.67米。F901可能是一处举行地区性社群活动的中心场所（甘肃省文物考古研究所 2006），活动包括宴飨和再分配。从本章前文所述的聚落形态来看，很可能这些地区的社会组织逐步整合，其领导范围已经超出了本聚落的社群，领导策略主要专注于社群内外的合作（Liu, L. 2004: 85–88）。

与渭河流域的发现相反，仰韶文化晚期的第二种社会发展类型，是一种以政体冲突为特征的聚落体系。这类聚落系统发现于河南郑州地区，此地等距离分布数个中等规模的中心遗址。其中之一是西山的一处带城墙的聚落，面积为25万平

204 | 中国考古学

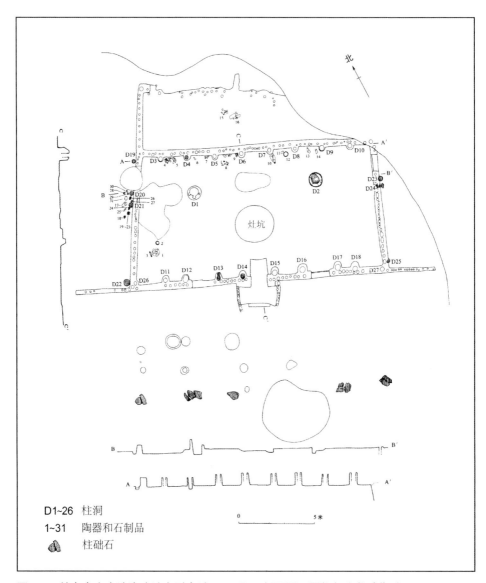

图6.12 甘肃秦安大地湾遗址大型房址F901平、剖面图,属仰韶文化晚期(据郎树德1986:图2重绘)

方米,坐落在河边台地之上。这个聚落似乎经受过暴力的摧残,有些灰坑还发现呈挣扎状的成人骨架,且与动物骨骸混在一起。西山部分陶器并非本地风格,而接近于山东大汶口文化和湖北屈家岭文化。这些非本地文化因素的出现，可能来自其他地方的移民（张玉石等 1999）。来自外部的影响与夯土城墙的建筑同时发生，说明在聚落形态的发展上，群体间的冲突发挥了重要作用（Liu, L. 2004: 166-168）。

中国考古学家将城墙聚落在中国史前史上的出现看作文化演化过程中的一个重大里程碑。它意味着技术、社会组织和领导达到一定水平才能取得的成就。城墙后来成为古代中国城市规划中一个重要的组成部分。但城址在这一时期的出现仅仅是孤例，直到龙山文化晚期，城墙的建造才广泛流行。

礼仪的威力

礼仪行为和信仰系统的重建主要依靠丧葬形态和艺术符号，黄河流域诸新石器文化的礼仪行为在时间和空间上都存在高度的差异性。很多学者认为，新石器时代主要的宗教形式有祖先崇拜和萨满教（或者中国传统的概念"巫"）（Chang 1995；Keightley 1985；Liu, L. 2000a），但在某些案例中，仅仅基于考古证据，很难将这两种形式区别开来。

葬仪中可以观察到敬祭祖先的行为。仰韶文化早期，社群中的死者一般单独或合葬在墓地中，实行一次葬或二次葬。死者受到集体性的敬祭，在考古学上看不出随葬品有显著的贫富差别。这种形态的案例如陕西南部早期仰韶文化遗址龙岗寺，整个墓地被祭祀坑所环绕，未见某个死者比其他人在祭祀上受到特别优待。这一形态表明当时流行群体导向的敬祖礼仪，注重整个社群的利益，延续了新石器时代早期（如裴李岗文化的水泉遗址）的传统（Lee, Y. and Zhu 2002；Liu, L. 2000a）。

群体导向的敬祖礼仪也见于很多仰韶文化中期墓地，这里流行二次合葬（参见图6.10，A）。例如陕西史家遗址，同族死者合葬于同一墓穴中，包括家庭乃至同一父系社群成员。但死者性别比率严重不均，女性偏少，中老年组尤其如此，这意味着很多女性因为嫁到其他社群而未能回到其出生族群入葬（Gao, Q. and Lee

1993)。尽管死者仍然以群体为单位受到拜祭，但其中女性祖先较少，可能对于娘家血亲社群来说，她们已经失去了经济和政治上的重要性。这一现象昭示了考古记录中一个社会变化的起点，这时期人们已经开始在葬仪上区别对待他们死去的祖先，即使本质上仍然是平等社会（Liu, L. 2000a）。

与广泛流行于仰韶文化大部地区的群体导向的敬祖礼仪不同，西坡遗址的墓葬揭示了另一种祖先崇拜方式，即更加注重个人。这种丧葬形态与大汶口墓葬有相似之处，表现出较高程度的等级化特征。

以萨满或者"巫"为特征的宗教行为，出现在河南濮阳西水坡的M45。该墓出土一具身长1.84米的成年男性人骨，也许是仰韶文化神职人员的遗骸。M45还发现三组以蚌壳拼成的大型镶嵌图像，可辨出龙、虎、鹿、蜘蛛、鸟和一名乘龙者的形象（丁清贤，张相梅1989；孙德萱等1988）（图6.13）。死者头向朝南，躺

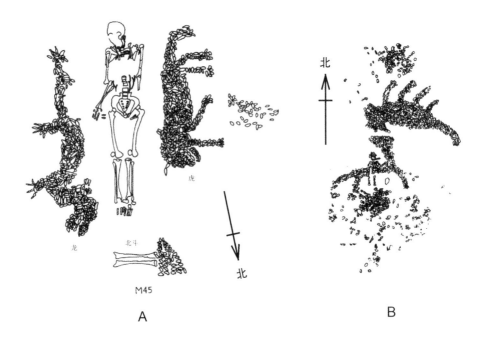

图6.13 河南濮阳西水坡遗址墓葬中随葬的蚌壳镶嵌图像，属仰韶文化
A. M45，男性骨架一具，伴有蚌塑一龙、一虎和北斗 B. 一人乘龙，伴以蚌塑一鸟、一虎及其他动物
（孙德萱等1988：图5；丁清贤，张相梅1989：图4）

在三组图案的中央：龙在东，虎在西，北面是北斗七星（以人胫骨和蚌壳组成）（图6.13，A）。这个排列被认为是二十八宿的一个早期形式，可能说明M45的墓主具有一定的天文知识（冯时 1990）。此人据信当为一名巫师或萨满，身旁图像中的动物则是萨满用来沟通上界的助手（张光直 1988）。以上两种解释，前一个有原科学意味，后一个充满魔幻和宗教色彩，然而并不矛盾，因为通常认为巫师具备穿越超自然世界的理性知识。值得注意的是，尽管墓葬形式精美复杂，却并没有随葬代表个人财富或经济特权的任何物品。这个案例表明，生前控制神权的个人并没有在社群中获得特殊的经济地位并在死后表现出来。

大汶口文化和仰韶文化都出现了社会不平等现象。但大汶口人似乎发展出更为复杂的葬仪，以表达他们社会地位的与众不同；而仰韶社群则采用相对低调的葬仪，不太突出个人的物质财富。在新石器时代晚期，两个地区的这种普遍差别在一定程度上还在延续。

长江流域

长江流域的考古资料证明了新石器时代农业社群的充分发展和人口密度的迅速增长。稻作农业已经稳固建立，稻田和大量水稻遗存的发现可以说明这一点；猪和狗是主要家畜。同时，亚热带地区丰富的野生动植物仍是人类食谱的重要组成部分。在多处饱水遗址出土了大量保存良好的考古遗存，这为认识长江中下游地区社会经济的发展提供了丰富材料。图6.14显示了本节所讨论的主要遗址。

长江中游地区

长江中游地区的考古遗存被称为大溪文化（约5000 BC ~ 3300 BC），根据在重庆附近巫山发现的典型遗址"大溪"命名（图6.14，1）。该文化覆盖地域广阔，包括三峡、江汉平原和洞庭湖地区。大溪文化可进一步分为几个地方类型，如北部的关庙山类型和南部的汤家岗类型，与前期地方文化传统都有密切联系（图6.1, 4；6.14, 2、4）。已发现数百处遗址，面积多为5万~15万平方米。石器组合以磨制石器为主，有少量打制石器，如砍砸器和刮削器。陶器以红陶为主，亦见彩陶，通常夹炭或夹砂。黑陶比例逐渐上升，在湖南汤家岗和高庙遗址发现有精美的白陶（图6.15, B、C）。有些聚落有壕沟围绕，继承了之前八十垱遗址的传统（参见第五章）（张弛 2003: 39–47；中国社会科学院考古研究所 2010: 414–418）。

湖南澧阳平原是新石器遗址最为稠密的地区之一。该地区河流纵横，发现46处大溪文化遗址，与之前的皂市下层文化遗址（只有17处）相比，数量和规模都有明显增长，说明人口有了迅速增加（裴安平 2004）。这些遗址中，澧县城头山

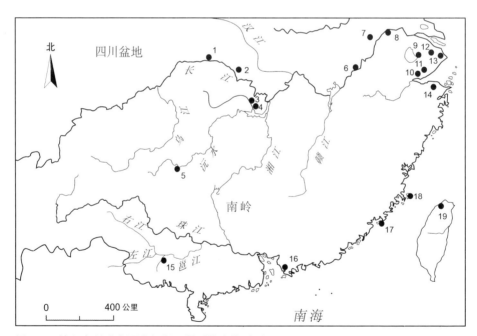

图6.14 第六章所述中国南部新石器时代中期遗址
1. 大溪 2. 关庙山 3. 城头山 4. 汤家岗 5. 高庙 6. 北阴阳营 7. 凌家滩 8. 薛家岗 9. 澄湖、草鞋山 10. 马家浜 11. 罗家角 12. 绰墩 13. 崧泽 14. 河姆渡、田螺山 15. 顶蛳山 16. 咸头岭 17. 富国墩、金龟山 18. 壳丘头 19. 大坌坑

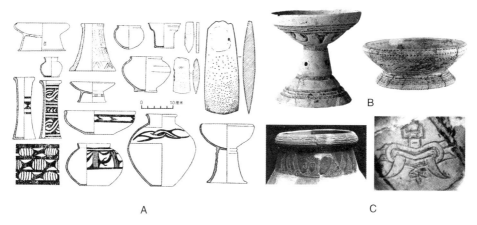

图 6.15 大溪文化陶器
A. 大溪遗址典型陶器 B. 汤家岗遗址出土白陶 C. 高庙遗址白陶纹饰（中国社会科学院考古研究所 1984：图41；湖南省文物考古研究所 1999：22、28）

遗址（图6.14, 3）发掘面积较大。

城头山遗址 | 该遗址位于一块平坦的土墩上，比周围平地高出大约2米（何介钧 1999）（图6.16）。大约公元前4500年开始有人在此居住，人们在聚落周围挖掘了一条壕沟。公元前4000年左右，又修建了城墙，挖掘了壕沟，遗址面积约8万平方米。后来在大溪文化和屈家岭文化期间，城墙和壕沟又重修了多次。围沟与遗址东面的一条河相通，显然是为了水上交通之便，遗址中还发现了一支船桨，也支持这个推测。大溪文化早期堆积中发现了水稻和相关的灌溉系统，年代大约在公元前4500年。在水浸堆积中出土了大量有机质遗物，尤其是壕沟里。城圈内发现了很多房址、墓葬和陶窑。聚落东部有一座祭坛，面积约200平方米，以纯净的黄土筑成。祭坛及周边分布着许多灰坑，出土人骨、烧土、灰烬、陶片、兽骨和水稻遗物。大多数墓葬未见随葬品，但有一座墓M678，墓主人是一位成年男性，身上撒有朱砂，随葬2件玉饰品、27件陶器和1个儿童头骨（湖南省文物考古研究所 2007）。城头山人明显曾举行复杂的葬仪，人们的社会地位的差异可能已经出现。城墙可能具有多种功能，既用于军事防御，也用于抵御洪水。

在城头山遗址发现了中国最早的稻田之一，年代早到汤家岗文化时期（约4600 BC）（参见图6.16），可鉴定出27个植物遗存种类。除了最常见的水稻之外，还发现了很多其他可食性植物，如菱角、薏米、芡实、紫苏、冬瓜、栗子、桃、李子等。无法确定其中有多少是驯化植物，但可以知道城头山人拥有的食物种类非常之多。动物遗存包括近20个种属，可确定其中猪是家养的。野生动物有大象、水牛和大灵猫，说明该地水源丰富，森林茂盛（湖南省文物考古研究所，国际日本文化研究中心 2007）。虽然在城头山人们的食谱中似乎仍有多种野生种类，但它毫无疑问是一个定居的农业社群。

从澧阳平原遗址分布之稠密来看，长江中游大溪文化聚落的人口密度是相当高的（裴安平 2004）。定居生活方式和稻作农业造成本地人口增长，可能导致了向南方的移民。一些考古学家提出，环珠江三角洲地区（也包括香港、澳门和其他岛屿）类似大溪文化类型的彩陶和白陶的出现，年代也在公元前四千纪，可能就来源于大溪文化的传播。迁移路线有多条，其中之一可能是由沅江入西江，然后到达珠江下游（何介钧 1996；邓聪 2007）；或者是经湘江而上，过南岭，到达岭南地区（卜工 1999）。

长江下游地区

本地区代表性的考古学文化有，宁绍平原上的河姆渡文化（约5500 BC～3300 BC），环太湖地区的马家浜文化（约5000 BC～4000 BC）、崧泽文化（约4000 BC～3300 BC），长江下游西部的北阴阳营文化（约4000 BC～3300 BC）、薛家岗文化（？～3300 BC）（图6.1, 5～7）。稻作农业迅速发展，饱水遗址（如河姆渡、田螺山、罗家角等）中出土了的大量稻粒和稻壳遗物，从小穗轴形态可辨认出是驯化稻（郑云飞等 2007）。在4个遗址发现了稻田。最早的稻田发现于田螺山（5000 BC～4500 BC），判断的依据是堆积中包含大量的稻壳碎片、小穗轴基盘、高密度的扇形水稻植硅体，以及高比例的直径超过38微米的禾本科植物花粉。稻田中发现大量炭屑，说明古人以火种方法管理稻田（Zheng, Y. et al.

第六章 社会不平等的出现：新石器时代中期（5000 BC ~ 3000 BC） | 211

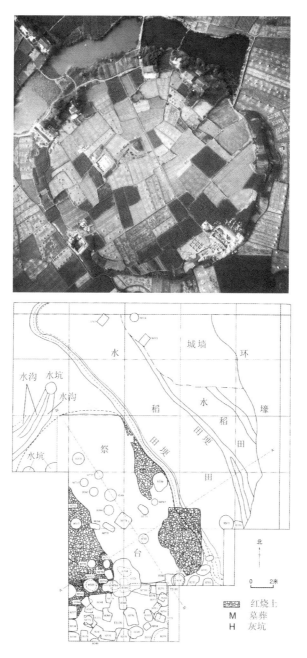

图6.16 城头山城址及古稻田遗迹（湖南省文物考古研究所 2007：彩版1、图109）

2009）。其他三处遗址是江苏省吴县草鞋山、苏州澄湖和昆山绰墩，年代为公元前4000～前3200年（图6.14, 9、12）。稻田的面积和形状不一，一般位于池塘或水井附近，由此可以通过灌溉系统（如沟渠）取水（丁金龙，张铁军 2004；Li, C. et al 2007；邹厚本等 2000）。

手工业专门化高度发展，很多遗址出土的精美玉器说明了这一点。玉礼器一般见于少数有丰富随葬品的大墓，暗示出贵族对礼仪权力的控制。在所有考古发现中，河姆渡文化和凌家滩遗址为认识该地区文化发展的整体面貌提供了最佳案例。

河姆渡文化主要分布在东部沿海地区，姚江沿岸尤其集中。已经大规模发掘了两处饱水遗址：余姚的河姆渡和田螺山（图6.17）。它们坐落在姚江沿岸，相距7公里，年代有部分重合。房子是干栏式结构，木料遗存清晰地表现出榫卯结构。考古堆积很厚，包含大量动植物和人骨遗存。陶器以黑灰陶为主，夹炭夹砂，有些还饰动植物纹饰。出土木桨数支，证明了长江流域船运历史的悠久。有大型动物肩胛骨制作的骨铲，反映了耕作技术的发展。出土大量稻作遗存，既有野生稻也有栽培稻（参见第四章）。尽管水稻是河姆渡人的重要食粮，但他们同时也利用野生植物，如橡子、菱角、野枣、芡实和薏米等（孙国平，黄渭金 2007；浙江省文物考古研究所 2003）。动物遗存中，水生动物数量最多，特别是鱼、蚌和龟，有些动物明显自海中捕捞而来。在多种陆生动物中，有几种鹿数量最多。家养动物有猪和狗（魏丰等 1990）。河姆渡发现的水牛，一度被认为是家养动物，近来动物考古和古DNA的研究表明并非如此（参见第四章）（Liu, L. et al. 2004；Yang, D. et al. 2008）。尽管此时动植物的驯化已经成熟，河姆渡人很可能主要仍以野生食物资源为生。这与同时代长江流域中游地区的情形相似。

河姆渡文化本质上是一个相当平等的社会，物质遗存中没有发现社会分层的证据。近来对江苏张家港东山村崧泽文化遗址（约3800 BC）进行了发掘，在墓葬资料中明确发现了社会分化的证据。该遗址居住区位于中心位置，东面和西面各有一处墓地。东面墓地有27座小墓，共出土140件随葬品。西面墓地有9座大墓，每座墓的随葬品都在30件以上；最大的一座墓M90，随葬品达67件，有玉

图6.17 浙江河姆渡文化
1. 田螺山遗址全景 2. 田螺山遗址发掘现场 3. 装饰猪图案的陶器（出自河姆渡遗址）4. 骨铲（出自河姆渡遗址）5. 木桨（出自田螺山遗址）（1为孙国平先生提供；2为作者拍摄；3、4来自浙江省文物考古研究所 2003：彩版 14-2、26-1；5来自孙国平，黄渭金 2007：图17）

器、陶器和石器。东山村的贫富墓葬分离的空间布局提供了目前所知中国新石器时代社会阶层分化的最早证据（周润垦等 2010）。

  河姆渡文化早期（约 5000 BC～3900 BC）的堆积仅在姚江沿岸 4 处遗址有所发现；河姆渡晚期（约 3900 BC～3300 BC）遗址发现近 40 处，分布地区广大。这一变化说明在公元前四千纪，人口有了迅速增长，物质文化沿东南沿海向岛屿扩散，福建平潭岛壳丘头遗址的发现即为证据（图 6.14，18）。河姆渡人的迁移可能是由以下因素导致的。第一，公元前 4000 年海平面上升导致生态环境恶化，这迫使河姆渡人去其他地方寻找新的资源。第二，建造内河船只和利用淡水生物资源的悠久传统激励河姆渡人跨海迁移。这次移民可能开启了人类跨海移民的大门，是后来南岛语族扩散的最早萌芽（王海明，刘淑华 2005）（详见下文关于华南部分）。

凌家滩遗址（约3600 BC～3300 BC） 位于安徽省含山县，面积160万平方米，南北长约5公里，东西宽200米。所处地形为低山，为太湖山北部余脉，山南是裕溪河，自西向东流过。遗址中心最高点是一处墓地，包括一座用土和卵石分层建造而成的大型平台，面积达1200平方米，还有几座圆形或长方形石祭坛、埋有陶器的祭祀坑，以及许多墓葬。发掘了50多座墓葬，发现大量玉器和石器，因土壤呈酸性，未见有机物。例如墓葬07M23，共出土随葬品330件，其中有200件玉器（图6.18）（安徽省文物考古研究所 2006；张敬国 2008）。

墓葬分组排列，随葬品的数量和质量差异很大，表明存在显著的等级差别。在一些玉器墓中发现了玉器制作的证据，如一把砂岩钻头和大量的玉器废料，说明贵族个人也参与玉器生产。出土最精美、最多随葬品的墓葬群（可能是高级贵族）位于墓地南部，出土最多玉器废料的墓葬（可能是工匠）集中在西北部，北部的墓葬随葬品极少（墓主可能地位较低）。凌家滩的玉器制作区尚未发掘，但玉器制作显示为专业化生产。制作技术令人惊叹：一个玉人上的钻孔直径只有0.17毫米，可以看出很多玉器的制作使用了砂轮。生产集约化程度较高，例如，墓葬98M20发现111件玉芯，应是玉器钻孔后的废料（安徽省文物考古研究所 2006）。

凌家滩遗址玉（石）器器形多种多样，有钺、璧、璜、玦，以及少量人形或动物雕像。发现6件玉人（高度为7.7～9.9厘米），或站或坐，双臂上屈抱于胸前（图6.18, 2）。一只玉鸟，胸部刻八角星纹（可能代表太阳），双翅伸展（宽8.4厘米），翅末端化为猪头状（图6.18, 5）。一玉龙头尾相连，身体构成一个环形，中心有孔，背上有鬃，直径为4.4厘米×3.9厘米（图6.18, 3）。一玉龟，以两片玉料制成腹甲与背甲，长9.4厘米，龟甲之间插入一块玉版，长11厘米。玉版略呈弧形，中心刻有一个复杂的几何形八角星图案（图6.18, 4、6）。三件扁圆形器，截面为椭圆形，每只里面放有1～2根玉棒，认为是模仿龟，用于占卜。其

第六章　社会不平等的出现：新石器时代中期（5000 BC ~ 3000 BC） | 215

他动物形象有鸟、蝉、兔、猪和虎，大多数都是写意风格（安徽省文物考古研究所 2000，2006；张敬国 2008）。

已有很多论著尝试解释凌家滩出土玉器的含义（如安徽省文物考古研究

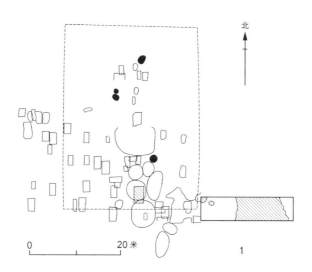

图6.18 凌家滩墓地及出土玉器
1. 凌家滩墓葬分布图 2. 玉人 3. 玉龙 4. 玉版 5. 猪头形翅膀玉鸟 6. 玉龟甲（安徽省文物考古研究所 2006：彩版 20-1、21-1、157-2、199-2、201）

2000；张敬国 2006）。多数学者相信动物形雕像和玉器上的几何形图案反映了古人的宇宙观，因此含玉棒的龟形玉器被解释为占卜工具，而玉人则是描绘了巫师的形象。玉龟版为很多研究者所关注。例如，李新伟提出，弧形玉版可能象征了天穹，玉版上的图案，如八角星（象征着太阳或北极星）可能代表了新石器时代的人类所理解的宇宙（李新伟 2004）。这些玉器很可能是贵族作为礼仪用品使用的，这种情况与同时代辽河流域红山文化所见材料相似（参见 Liu, L. 2007 的综述）。

凌家滩的陶器组合相当独特。尽管有些文化因素与其他遗址相同，但陶器的风格与周边同时代文化却无相似之处。而凌家滩的璜、玦一类的玉器装饰品在长江流域的考古记录中却不断被发现（安徽省文物考古研究所 2006）。因此，凌家滩玉器很可能是通过交换网络传到其他社群中去的。

在这一地区，凌家滩明显据有特殊地位。它是玉器制作和礼仪活动的中心，贵族拥有与超自然领域沟通的神力，玉器显然是沟通的关键媒介，贵族巫师以此抵达神的境界。然而，迄今为止发掘仅限于墓地，故而我们对于凌家滩遗址的居住区以及该地区的聚落形态仍然所知甚少，这方面对于了解凌家滩聚落以及更大区域内的社会组织形态是至关重要的。

礼仪的威力

凌家滩墓地充分说明，礼仪活动及相关人工制品体现了人们对宇宙万物的认识。这可能与农业发展有密切关系，因为农业活动要求人们对天象进行细致的观察，而对天文学有所了解。红山文化和仰韶文化都表现出类似的特点。

玉雕像的若干特征同时见于长江下游和辽河流域的相似遗物。凌家滩玉人立像的姿态与牛河梁的同类器非常相似，都是双臂弯曲，置于胸前，呈站姿。玉鸟（很多是猫头鹰）和玉龟，也常见于这两个地区。有关宇宙的观念，如天圆地方，在红山文化祭祀遗址的积石冢和祭坛有所表现，也见于凌家滩的玉龟和玉版（李新伟 2004）。

这些现象暗示出公元前四千纪后期，上述两个地区之间发生过直接或间接的文化联系。这种联系及其物质表现充当了载体,在史前中国的各地区之间传播宇宙知识和特定形式的贵族行为。

华南地区

华南地区新石器文化的发展以几支地方性文化为代表,如广西南宁顶蛳山第4期、福建沿海壳丘头、珠江三角洲咸头岭和台湾大坌坑(Chang 1969;中国社会科学院考古研究所 2010: 497–505)(图6.14, 15、16、18、19)。

顶蛳山第4期遗存 | 分布在广西,该地区早期新石器聚落主要是贝丘遗址和洞穴遗址,代表了一种狩猎采集和捕捞的生活方式(参见第五章)。年代为公元前4000～前2000年的遗址在该地区仅发现数处,位于山坡、河旁台地和洞穴中,它们的居民已经采取稻作农业。生业经济上的这一变化表现在贝丘的消失和多种类型工具的出现上,包括农业工具和陶器,如白陶(中国社会科学院考古研究所 2010: 500–502)。顶蛳山的植物硅酸体研究表明该遗址在大约公元前4000年的确出现了栽培稻,标志着这一地区农业开始产生(赵志军等 2005)。狩猎采集经济向农业的转变似乎受到其他地方传来的稻作生产的刺激,而非本地起源。顶蛳山第4期的陶器与长江中游的大溪文化和珠江三角洲的咸头岭文化有相似之处,说明它们之间存在大区域的文化互动。尽管仍不清楚这一生业策略的转变是由于新人群的到来还是本地人接受了新引进的技术,但在一定程度上不能排除长江中游稻作社群移民的可能性,长江中游在大溪文化时期人口压力已经存在了。

壳丘头文化遗址(约4500 BC ～ 3000 BC) | 分布在离海岸线不远的岛屿上,代表性遗址有平潭岛壳丘头贝丘遗址、金门富国墩和金龟山遗址(图6.14, 17)。这些遗址的新石器特征高度发展,如发现陶器和磨制石器,但本地找不到来源。壳丘头遗址(约4500 BC ～ 3000 BC)的陶器为手制,火候较低;主要器形有罐、盘和钵,以及少量的豆;最常见的纹饰有贝壳压印纹、戳点纹、刻划纹和绳纹。典型石器组合是石片石器和磨刃小石锛。对器物风格进行比较研究后,

一些考古学者提出壳丘头是来自河姆渡的移民文化（Jiao 2007；王海明，刘淑华 2005）。富国墩遗址出土陶器装饰波状纹、点线纹和贝壳压印纹。富国墩较早的年代（约4700 BC～4000 BC），及其陶器与台湾大坌坑文化的相似性，使得一些考古学家相信这两个文化之间存在联系（Hung 2008；Jiao 2007）。

咸头岭文化（约4000 BC～3000 BC）｜该文化因20世纪80年代发现的典型遗址深圳咸头岭而命名（彭全民等1990）。后来发现在珠江三角洲包括港澳地区存在大量该类遗址，其发现与咸头岭出土物的特点相似。这些遗址都是沙丘遗址或贝丘遗址，可能是季节性营地。工具套包括打制石器和磨制石器。陶器大多为手制，火候低，器形有夹砂釜和罐，以及少量盆、盘和器座。陶器纹饰包括红彩、绳纹、划纹和贝壳压印纹。有白陶和彩陶，显然受到长江中游地区的影响（图6.19）（中国社会科学院考古研究所 2010: 497–500）。

东南沿海的新石器文化表现出强烈的海洋性生业倾向，发展出很强的航

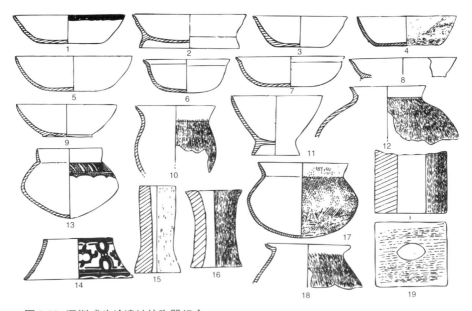

图6.19 深圳咸头岭遗址的陶器组合
1、2、4、5、7.盘 3、8、9.碗 6.盆 10、18.罐 11.豆 12、13、17.釜 14.圈足盘（足部镂空并涂红彩）15、16、19.支座（彭全民等1990：图9）

海能力。学术界长期以来认为，台湾最早的新石器遗存大坌坑文化（约4000 BC～2500 BC）来源于大陆东南沿海地区，包括福建和广东（如 Chang 1964, 1969；Jiao 2007；Tsang 2005）。海峡两岸出土考古资料在文化特征上的相似性一直支持这种观点。这些特征有口沿部饰篦划纹或贝齿纹的绳纹陶（图6.20），琢制砾石器、磨制石锛、中心有孔的石矛、带刻槽的树皮布打棒、作为装饰品的穿孔鲨鱼牙齿、拔牙习俗，聚落形态为沙丘遗址或贝丘遗址（Chang and Goodenough 1996；Hung 2008；Tsang 1992）。多数学者赞同东南沿海地区的新石器时代人群是南岛语族的祖先。他们首先迁移到台湾，最终成为太平洋地区的殖民者，这就是所谓南岛语族的扩散（Bellwood 1995；Goodenough 1996）。这一人口扩散的最初起源可以追溯到公元前四千纪长江中下游人群的南迁。

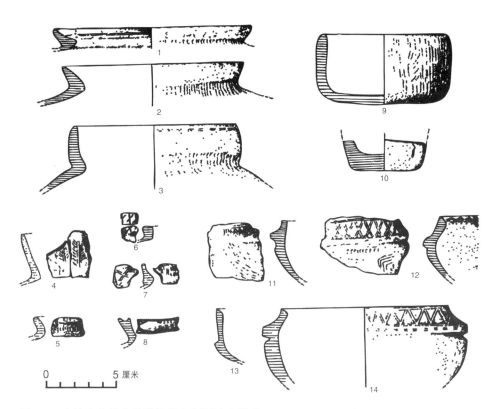

图6.20 台湾大坌坑文化的绳纹和刻划纹陶器（Chang 1969：图82）

结 论

20多年前，张光直就观察到了公元前四千纪发生的两个趋势。第一个趋势是所有区域性文化的分布范围都在扩大，彼此之间的互动关系增强；第二个趋势是每个区域的新石器文化更加复杂化，导致各地都产生了独具特色的文明。张光直将这种相互联系的区域文化发展称作"中国相互作用圈"或"龙山形成期"，最显著的表现是两种典型陶器——鼎和豆的广泛分布（陈星灿 2013）。从考古记录来看，这些陶器似乎是从黄河流域向南传播的（Chang 1986a: 234–242）。

20年后的今天，随着考古资料的积累，我们可以对公元前五千纪到公元前四千纪期间的社会变化有更加深入的观察。关于这个时期，有三个问题最为重要：①掌控礼仪的贵族权威的出现；②跨区域的意识形态系统的形成；③定居农业的长期发展导致的人口扩散。

尽管血缘纽带和经济自足的村落是基本社会单位，但各个社群通过实用品（如石制工具）的交换相互联系起来。在公元前五千纪，大多数农业社群在本质上还是平等社会，但在接下来的一千年里，情况逐渐改变。一些个人获得了某种政治角色，拥有了特殊社会地位，因为他们具有天文、医药和农业知识，或者有从事礼仪活动的能力。社会分化开始在某些地区出现，表现在等级化的聚落形态、大型公共建筑的修建、丧葬行为的社会差别，以及贵族控制贵重物品（如玉器）的制作和分配上。

这时期的艺术品，包括彩绘或刻画的图像以及其他类型的礼仪用品，与人们的精神观念如关于宇宙的知识、祖先崇拜、丰产巫术、动物的超自然力量等密切相关。尽管每个地区发展了自己独特的信仰系统，但各地社群的礼仪背景仍有某些共同因素，例如龙形图像、龟、鸟与圆形、方形等。代表精神观念层面的艺术品和礼仪用品的交换，似乎是这个时期区域互动最重要的形式。贵族成员既控制礼仪知识，也控制礼仪用品的生产和分配，特别是玉器。跨区域礼仪知识的交流可能也是他们完成的，这导致了大范围内某些共同信仰的形成，并在考古记录中表现出来（李新伟 2004）。

人口的扩散在中国南北是一种普遍现象。仰韶文化首先向北传播到内蒙古，之后西上到达黄河上游地区。大溪文化和河姆渡文化则向南扩散，到达珠江流域和东南沿海地区。这些新石器农人带着他们的农业技术和知识，走向新的疆域，显然是为了寻找可以耕作的土地；但来到新的地方，不可避免要重新适应当地的环境。这一事实在内蒙古岱海仰韶文化遗址中有充分的表现，该遗址的狩猎采集经济占很大部分；也表现在东南沿海诸遗址的渔猎经济，这些遗址的文化来源本来是长江流域的农业人群。但不清楚的是，在每个案例中，生业方式的这种转变是移民适应新生态系统的结果，还是受到了本地区土著居民的影响，不管这些土著人数多么微不足道。

考古记录中物质材料的相似性，如陶器类型、装饰图案、纹饰、玉器器形，来源于人们多种多样直接或间接的交流互动。这一趋势在公元前三千纪继续发展，下章将予以讨论。

第七章

早期复杂社会的兴起和衰落：
新石器时代晚期

（3000 BC ~ 2000 BC）

第七章　早期复杂社会的兴起和衰落：新石器时代晚期（3000 BC ~ 2000 BC）

> 禹会诸侯于涂山，执玉帛者万国。
>
> ——《左传·哀公七年》

公元前三千纪，集约农业开始广泛分布于黄河和长江流域，这些地区的考古发现也证明了人口的高度集中和复杂社会的出现。相比之下，狩猎采集社会，有时伴随着低水平的食物生产，在其他很多地区，比如东北、新疆、青藏高原的大部分地区和华南的某些地方，还占据着主导地位。

在人口稠密地区，发生了一些重大的社会变化。其中多数是等级社会精英之间的奢侈品交换成为常态，社群之间的战争不断加剧。政治控制、礼仪权力和物质财富主要集中在少数贵族精英之手。城墙环绕的区域中心频繁出现，其中某些中心可能已经具备早期城市的政治、宗教和经济功能。根据中国古代文献记载，夏代之前的黄河流域可称为"万国"林立。

与之前一个时期相比，新石器时代晚期有大量的材料可资利用，这里不可能对每个地区的考古发现做详细描述。本章我们将对显示出巨大社会变化地区的考古资料加以概述。新石器时代晚期文化及其主要遗址的分布情况见图7.1、7.2和表7.1。

我们讨论的该时期的主要问题有生态变化对社会的影响、聚落形态、人口移动和增长、战争、交换系统、信仰和礼仪活动、技术、社会地位象征物和社会等级等。我们将重点讨论可能引起复杂社会发展和崩溃的因素。近年来，很多考古学家关注新石器时代晚期文化的性质，即这些社会是否是早期国家。关于这个问题的深入讨论，详见第八章。

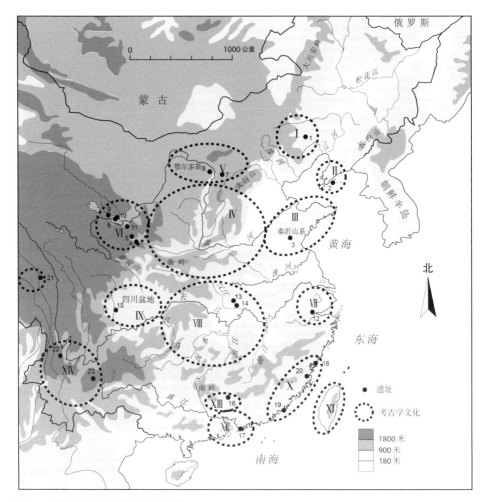

图7.1 新石器时代晚期考古学文化

Ⅰ.小河沿 Ⅱ.小珠山上层 Ⅲ.大汶口晚期-山东龙山 Ⅳ.龙山 Ⅴ.老虎山 Ⅵ.马家窑 Ⅶ.良渚 Ⅷ.屈家岭-石家河 Ⅸ.宝墩 Ⅹ.昙石山 Ⅺ.圆山 Ⅻ.涌浪 ⅩⅢ.石峡 ⅩⅣ.云南各地新石器时代文化 ⅩⅤ.卡若 考古遗址分布：1.小河沿 2.小珠山 3.大汶口 4.石岭下 5.马家窑 6.马厂 7.老虎山 8.大口 9.柳湾 10.阳山 11.半山 12.良渚 13.屈家岭 14.石家河 15.宝墩 16.石峡 17.涌浪 18.黄瓜山 19.大帽山 20.昙石山 21.卡若 22.海门口 23.石寨山

第七章　早期复杂社会的兴起和衰落：新石器时代晚期（3000 BC～2000 BC） | 227

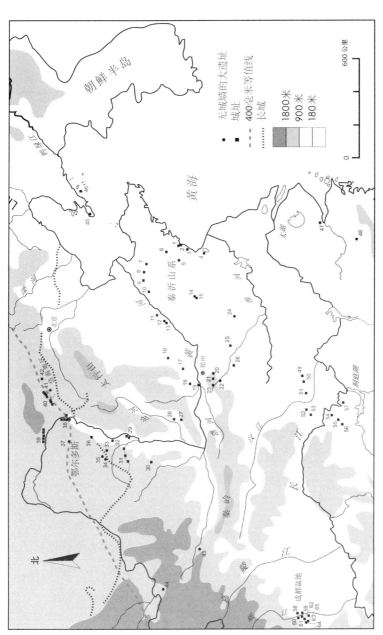

图 7.2　第七章所述公元前三千纪的主要遗址和城址

黄河流域与辽东：1. 丹土 2. 两城镇 3. 尧王城 4. 藤花落 5. 陵阳河 6. 呈子 7. 边线王 8. 桐林－田旺 9. 丁公 10. 城子崖 11. 教场铺 12. 王庄 13. 景阳冈 14. 薛故城 15. 西康留 16. 后冈 17. 孟庄 18. 古城寨 19. 徐堡村 20. 新砦 21. 瓦店 22. 平粮台 23. 王城岗 24. 郝迟寺 25. 平粮台 26. 郝家合 27. 周家庄 28. 陶寺 29. 后寨子峁 30. 关阴挖塔 31. 芦山峁 32. 石峁擦擦山 33. 石峁 34. 火石梁 35. 新华 36. 寨峁 37. 未开沟 38. 清水河流域的石城址 39. 大青山以南地区的石城址 40. 岱海地区的石城址 41. 石虎山 42. 庙子沟 43. 师赵村、西山坪 44. 东乡 45. 郭家村 46. 小珠山、吴家村 长江流域：47. 费角山 48. 好川 49. 门板湾 50. 陶家湖 51. 石家河 52. 马家院 53. 阴湘城 54. 鸡鸣城 55. 鸡叫城 56. 城头山 57. 走马岭 58. 古城 59. 鱼凫城 60. 芒城 61. 双河 62. 紫竹村 63. 盐墩 64. 宝墩 65. 高山

表7.1 中国新石器时代晚期文化年代表

地区	文化	年代表（BC）
辽河流域	小河沿	3000～2600？
辽东半岛	小珠山上层	2200～2000
黄河下游	大汶口晚期 山东龙山	3000～2600 2600～1900
黄河中游	龙山早期 龙山晚期	3000～2500 2500～2000/1900
黄河上游	石岭下 马家窑 半山 马厂	3980～3264 3300～2500 2500～2300 2300～2000
岱海–河套地区	老虎山 大口一期	2500～2300 约2000
长江下游	良渚	3300～2000
长江中游	屈家岭 石家河	3400～2500 2600～2000
长江上游	宝墩 峡江西部	2800～2000 约2000
西藏	卡若	3300～2300
华南地区	广东石峡 珠江三角洲涌浪 福建昙石山	3000～2000 3000～2000 3000～2000

黄河流域

黄河流域一直是研究新石器时代晚期文化的中心，这主要是因为该区域见证了中国最古老的夏商周王朝的兴起。考古学文化的发展可以分成三个大的区域：一、黄河下游的大汶口文化晚期–山东龙山文化；二、黄河中游的龙山文化；三、黄河上游的马家窑–半山–马厂文化（参见图7.1）。

黄河下游地区

黄河下游通常指的是海岱地区，范围包括今天的山东、河南东部、安徽北部和江苏北部，分布着大汶口文化（晚期，3000 BC ~ 2600 BC）和随后的龙山文化（2600 BC ~ 1900 BC）（栾丰实 1997；山东省文物考古研究所 2005: 126–274）。

聚落形态 | 从新石器时代中期到晚期的人口增长，主要通过山东半岛从大汶口文化（547个遗址）到龙山文化（1492个遗址）遗址数量的明显增加而表现出来（国家文物局 2007）。大汶口文化晚期和龙山文化时期的人口增长尤其迅速。已经见诸报道的有20多处城址，其中7个经过发掘得到确认。最早的一个，是五连丹土遗址，始建于大汶口文化晚期并持续使用到龙山文化中期。其他城址均建于龙山文化时期，有一些还延续到岳石文化时期（1900 BC ~ 1500 BC）（栾丰实 2006）。区域中心（有的有城墙环绕）之间的分布距离显示有一定规律（30 ~ 50 公里）。聚落形态以及反映不断增加的战争和暴力的考古证据，则显示区域政体之间存在竞争关系（Liu, L. 2004: 192–207；Underhill 1994；Underhill et al. 2008）。

近年来鲁东南地区的全覆盖式区域调查，为理解聚落形态的变化提供了详细和系统的信息。人口增长通过遗址数量明显增加得以体现，该地区北辛时期只有2个遗址，大汶口文化晚期增加到27个，龙山时期则达到463个。龙山时期聚落的分布也展示出以两城镇（272.5万平方米）和尧王城（367.5万平方米）两个大聚落为中心的遗址集聚过程。这两个聚落代表两个共存的政体。每个中心均以具备四个层级的聚落为特征，但两个中心的聚落形态颇有不同：以两城镇为中心的聚落系统具有比尧王城更明显的凝聚力。这种模式可能代表两个政体不同的统治者控制策略（Underhill et al. 2008）。

一些区域中心显示其为手工业生产中心，制作实用器和显示社会地位的奢侈品。近年来两城镇的发掘已经展现出确凿的石器生产证据（Bennett 2001；Cunnar 2007）。奢侈品如玉器和蛋壳陶器，可能也是在该遗址生产的（Liu, L. 2004: 108）。这些现象暗示人口向大型中心的积聚，部分要归功于这些地方的手工业专业化和生产的发展。

最近的研究显示渤海湾附近的盐业生产，可以追溯到新石器时代。渤海湾西南海岸线拥有丰富的地下卤水，该地区在古代是重要的盐产地。公元前4500～前3000年，沿着海岸线分布着15个大汶口文化遗址。该区域土壤贫瘠，不适合农业生产。考古遗存揭示的某些遗迹，如填满灰烬的灰坑和显示燃烧的迹象等，似乎是用于制盐的设备。这些遗址（广饶县五村）出土的石器、玉器和彩陶明显是从别的地区获得的。这些遗存显示大汶口时期食盐已经是专业化生产，盐已经是一种用来交换的物品。龙山时期，有12个小遗址沿着海岸线的低地分布，与地下卤水的分布情况吻合。城子崖、丁公、桐林和边线王四个城址，等距离分布在泰沂山北部的冲积平原上。沿海遗址面积非常小（1万～2万平方米），可能是盐业生产的季节性居址，并附属于内陆的某些区域中心（王青 2006）。因此，城址中心之间的竞争关系可能和控制自然资源（例如食盐）的生产和贸易有关。

丧葬形态 | 大汶口文化以随葬大量精美随葬品如玉器、象牙制品、精致的陶器、猪下颌骨、獐牙等的墓葬而为世人所熟知（高广仁 2000；邵望平 1984）。酒器和盛食器经常占随葬品的大多数。陵阳河墓地的45个墓葬中发现663个高柄杯，占到整个随葬品数量的45%。例如，墓主人是男性的M25中，73件随葬陶器中有30多件是高柄杯（图7.3）（王树明 1987）。墓葬形式显示特殊的文化传统，其中宴飨是丧葬活动的一个重要部分，社会等级也在整个过程中得到清楚的显示（Fung, C. 2000；Keightley 1985；Underhill 2000, 2002）。

丧葬传统在龙山时期得以延续，正如精英墓葬的丰富随葬品组合所显示的那样，酒器和盛食器所占比例最大。随葬品包括精美的蛋壳高柄杯、玉器、鼍鼓、猪头骨或猪下颌骨等。在几个墓葬遗址中，如诸城呈子（杜在忠 1980），考古证据显示丧葬活动中存在进行祖先崇拜仪式的规律性模式：对某些特定墓葬从下葬之日开始长期而持续地举行献祭。祖先崇拜礼仪也开始和社会等级系统交织在一起：在特定的家族和世系中，祖先拥有很高的社会地位，并享有政治、宗教和经济等方面的荣耀。祖先崇拜仪式是政治制度的一部分，在依旧以血缘关系为基础的社会，也起到了强化社会分层的作用（Liu, L. 2000a）。

居住形态 | 安徽蒙城尉迟寺（2800 BC～2600 BC）是座保存完好的大汶口

第七章　早期复杂社会的兴起和衰落：新石器时代晚期（3000 BC ~ 2000 BC） | 231

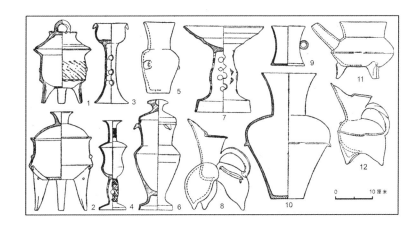

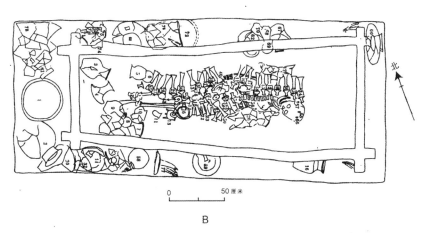

图7.3 大汶口晚期文化墓葬及随葬品
A.陶器类型：1、2.鼎 3、4.高柄杯 5.背壶 6.瓶 7.豆 8、12.鬶 9.杯 10.壶 11.盉（邵望平 1984: 90）B.陵阳河 M25，有丰富的随葬品，包括30多个高柄杯，且多放置在尸骸上方（王树明 1987: 71）

晚期村落（张莉，王吉怀 2004；中国社会科学院考古研究所 2001）。一些房址中出土了大量陶器，可能暗示频繁的宴飨活动曾在此举行（Liu, L. 2004: 96–100）。宴飨活动存在于很多复杂社会中，是那些有野心的个人为了获得和维持权力与威望，所采用的一种竞争地位的行为方式（Dietler and Hayden 2001）。这样的活动可通过大汶口文化的丧葬和居址资料清楚地显现出来。

符号和象征 | 大汶口晚期文化的大口尊上发现了20多个象形符号,可分为8种类型(图7.4,1)。大口尊是一种大型容器,有时发现内有动物骨骼,且经常出土在墓葬和房址中,其功能可能和某种礼仪活动有关。此外,山东邹平丁公和江苏高邮龙虬庄遗址发现的陶片上刻有多种符号(图7.4,2、4),其年代大概都在公元前2000年上下。陶器刻划符号的性质是一个很有争议的话题。就大口尊上的象形符号来说,一些学者坚持认为它是文字,类似于甲骨和金文中的文字或族徽;有的学者则相信它仅仅是具有特定意义的符号或标志。有学者试图破译丁公陶文,但是尚未达成共识(冯时 1994;Keightley 2006;龙虬庄遗址考古队 1999:图

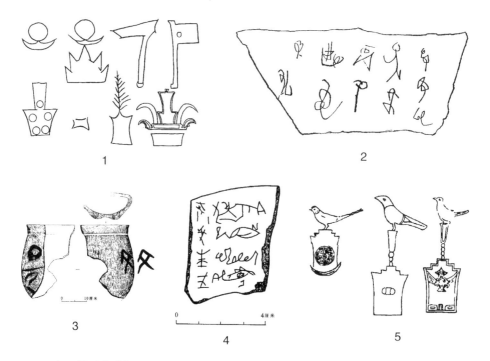

图7.4 新石器时代晚期陶器和玉器上的刻划符号
1. 大汶口大口尊上的刻符 2. 山东丁公陶片上的刻划符号 3. 山西陶寺陶器上的文字符号 4. 江苏龙虬庄陶片上的刻划符号 5. 良渚玉器上的刻划符号(1来自山东省文物考古研究所 2005:图75;2来自冯时 1994:图3;3来自冯时 2008:图1;4来自龙虬庄遗址考古队 1999:图323;5来自任式楠 1996:327)

323；山东省文物考古研究所 2005: 201-204, 278；Yang, X. 2000: 68-72）。

衰落 | 海岱地区的龙山文化大约在公元前2000年开始衰落，其标志是聚落数量骤减、大部分区域中心消失，这暗示着人口密度的降低和政治复杂性的减弱。龙山晚期一些地区的人口开始下降（例如鲁东南的两城镇），然而其他地区的区域中心仍旧在接下来的岳石文化中继续存在（如鲁北地区的城子崖）。也有证据显示大汶口文化时期人口向西移动，因为公元前三千纪初期，很多大汶口晚期遗址出现在安徽东北部和河南中部（陈洪波 2007；Liu, L. 2004: 185-188）。引起这些变化的确切原因尚不清楚，可能是自然和人为的双重灾难所致，不太可能由单一的灾难性事件引发。

黄河中游地区

这一广阔地区拥有多样性的地形和植被。它包括河南、河北南部、山西南部和陕西中部（参见图7.1）。考古学文化通常分为龙山文化早（庙底沟二期）、晚两期。以陶器类型学为基础，可以划分为10个区域变体，通常被称为不同的类型。

此时，这里的人口密度急剧增长。全国普查结果显示，河南、山西和陕西等省遗址的数量分别从仰韶时期（总数3556）的800、716和2040个，增加到龙山时期（总数4302）的1000、1102和2200个（国家文物局 1991, 1999, 2006）（图7.5）。考虑到仰韶文化延续的时间是龙山文化的两倍，从仰韶到龙山实际的人口增长率应该比上述数据所显示的更加显著。

聚落形态显示多数地区的聚落分为三级，至少发现了9个有城墙环绕的区域中心，皆在河南和山西南部（参见图7.2）（Liu, L. 2004: 159-191）。中原地区的区域中心面积通常不足50万平方米，且彼此之间接近等距离分布，暗示政体之间存在竞争关系。其中一个例子是河南登封王城岗。在比较封闭的地理区域，比如山西临汾盆地，陶寺遗址作为一个大型区域中心出现，可能占据了整个盆地数百年。这些遗址坐落在随后早期王朝的兴起之地，因此，考古工作者对这里的城址发展和历史归属特别感兴趣。

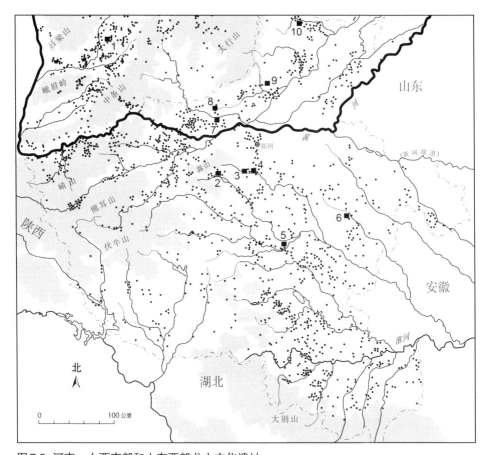

图7.5 河南、山西南部和山东西部龙山文化遗址
城址：1. 陶寺 2. 王城岗 3. 新砦 4. 古城寨 5. 郝家台 6. 平粮台 7. 徐堡 8. 西金城 9. 孟庄 10. 后冈 11. 景阳冈

王城岗 | 位于河南中部冲积平原的台地上。该遗址延续时间很长，从新石器时代早期一直延续到青铜时代。龙山文化时期，该地区以多中心竞争的聚落系统为特点，其中某些中心有夯土城墙环卫。王城岗（约2200 BC～1835 BC）就是这样一个城址，它是颍河上游22个无城墙小遗址的聚落中心。这里先是于公元前2200年出现两座小城（面积均为大约1万平方米），随后又在大约公元前2100～前2050年建成一座大城（35万平方米）。遗址中发现了大量灰坑，其中一

些里面有人牲遗存。根据这里发现的石钻头和石毛坯判断，它也是手工业生产中心，用于制作石铲、石斧、石刀和石镰等（北京大学考古文博学院，河南省文物考古研究所 2007；河南省文物研究所 1992）。

一些学者根据文献记载，推断王城岗的位置与夏王朝开创者大禹所建的都城阳城相符。自从1977年发现两个小城，说明其可能是与普通民众隔离的贵族居住中心以来，王城岗经常被认为是夏王朝的龙兴之地（河南省文物研究所 1992）。近年来发现的大城又引发出一个新的解释：小城是传说中大禹的父亲鲧所建，而大城是由禹本人所建（北京大学考古文博学院，河南省文物考古研究所 2007: 789–791）。尽管如此，这样的说法未能解释王城岗两座城址建筑时间暌违100年的问题。

陶寺遗址（2600 BC ~ 2000 BC） ｜该遗址位于黄河中游地区最复杂的区域中心，坐落于临汾盆地中部的崇山（塔儿山）北坡，四周被群山环抱。陶寺（300万平方米）是龙山文化晚期的一个大型中心，周围被众多小遗址所环绕，共同形成三层聚落等级（Liu, L. 1996b）。可将该遗址分为早、中、晚期三个阶段，每阶段持续了大约200年。小城（56万平方米）建于早期，大城（289万平方米）建于中期（图7.6）。从考古资料可以明显看到社会分层。1000多个已发掘的墓葬可以分成三个等级。大部分是仅有少量随葬品或完全没有随葬品的小墓；占少数的大型墓葬（＜1%）出土了数以百计的随葬品，包括精美的陶器、玉器、鼍鼓、石器、木器以及外来的礼仪用品（图7.7）。玉器中的琮和璧甚至与远至长江下游良渚文化的同类品相类似。贵族生活在由城墙护卫的宫殿之中，与生活在半地穴房屋和窑洞中的普通人相隔离（Liu, L. 1996a, 2004；严志斌，何驽 2005）。

其他发现也令陶寺遗址颇显独特。南部小城发现了一组夯土台基和若干夯土方柱形遗存（IIFJT1），时代属陶寺中期（参见图7.6）。这组夯土建筑与一个夯土筑成的圆心构成一个半圆形平面结构（图7.7, 12）。整个建筑占地约1万平方米，被认为是确定季节变化的天文观测台（何驽 2007a）。一些考古学家对此持怀疑态度，但这一解释也得到天文学家强有力的支持（刘次沅 2009；武家璧等 2008）。在一个大墓（IM22）中发现了一个漆杆（长180厘米），被认为是在陶寺中期

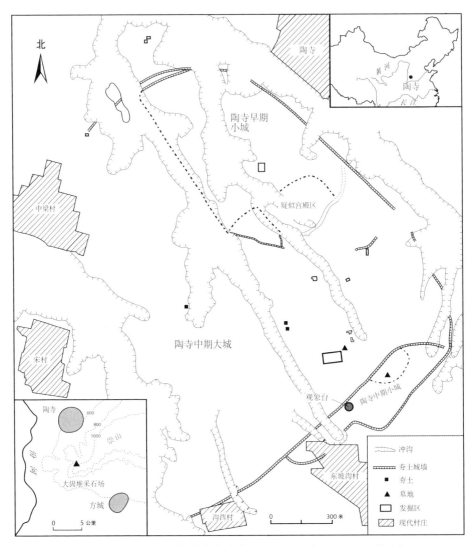

图 7.6 新石器时代晚期龙山文化的陶寺遗址（据严志斌，何驽 2005：图1修改）

（2100 BC ~ 2000 BC）用于测量春分、秋分和冬至日影长度的圭表（何驽 2009），进一步暗示陶寺的权贵者可能参与了天文观测。倘若此结论可靠，那么这个建筑就是中国最早的观象台。因为季节变化对于新石器时代的农业社会至为关键，观象授时可指导农业活动，所以陶寺权贵可能通过掌握天文知识和制定历法而拥有

图 7.7 龙山晚期陶寺遗址的遗物和遗迹
1. 铜铃 2. 跟玉璧附着在一起的铜齿轮形器 3. 玉琮 4. 玉璧 5. 石磬 6、7. 玉饰件 8. 贵族墓葬 9、10. 彩绘陶器 11. 陶礼器 12. 观象台平面图（据解希恭 2007：彩版；国家文物局 2002：27；何驽 2007a：图 7 修改）

重要的礼仪权力。因此，这个遗址的重要性也可能归功于其礼仪功能。

陶寺是中国最早发现铜器的新石器时代遗址之一。一座小墓中出土的一件铜铃，可能是由多范合铸而成（张岱海 1984）；一座中型墓葬出土了一件与玉瑗合在一起的齿轮形砷青铜器（国家文物局 2002: 27）；在宫殿基址内还发现了一片可能是盆口沿的铜残片（何驽等 2008）；时代均属陶寺晚期。然而，这些金属制品是本地制作还是通过交换得来，目前尚不清楚。值得注意的是，该时期的金属制品不见于贵族墓葬惯常随葬的奢侈品名单。直到几百年之后的二里头时期，把青铜器作为最重要的身份象征的传统才发展起来（Allan, S. 2007）。在陶寺的一件陶器上发现了两个朱书象形文字（图7.4, 3）。学者们对这些象形文字有多种解释。何驽认为其中一字是"尧"，尧是传说中前王朝时代的王（何驽 2007b）；冯时将这两个字隶定为"文邑"，认为它们指的是夏代都邑的名字（冯时 2008）。

陶寺还是一个制作石器的遗址，发现了大量的石毛坯和加工工具（如石锤）。陶寺南约7公里的大崮堆山还发现了采石场（参见图7.6）。大崮堆山采石场发现的石器类型和陶寺的类似，包括实用工具（铲、斧、楔子、凿和刀等）和礼仪用品（石磬）（陶富海 1991；王向前等 1987）。陶寺的贵族可能控制了来往大崮堆山原料场的通道；石器制作似乎完全由该城址内的众多家庭完成，产品则多用于和周围地区的社群进行交换（Zhai, S. 2011）。

陶寺遗址的所有发现均显示它是该地区最重要的经济、政治和宗教中心，并参与手工业生产，见证贵族阶层的出现。它显示出早期城市的某些特点，但是其政治统治可能仅限于群山环抱的临汾盆地。在龙山时期，临汾盆地以南的运城盆地，也见证了快速的聚落积聚过程和大型聚落中心在绛县周家庄的出现。该遗址大约有200万平方米，被壕沟所环绕，周围还有大量小型聚落。周家庄与陶寺同时代，是山西南部出现的另一个区域中心（戴向明等 2009；Drennan and Dai 2010）。

陶寺似乎在其晚期经历了一场政治动乱。大城被毁；早期的宫殿区成为手工业生产区，用于制作石器和骨器，特别是骨镞；宫殿区附近出土的许多人骨证明暴力活动的存在；最后，某些贵族墓葬被破坏和扰动（Liu, L. 2004: 109-113；严志斌，何驽 2005）。这些发现在时间上和崇山南麓方城出现的另一个大型遗址相一致（参见图 7.6），显示盆地内部族群之间的激烈冲突（Liu, L. 1996b）。然而，陶寺晚期该聚落是什么样的社会组织仍不清楚。该阶段没有大型墓葬，但是聚落似乎仍旧拥有密集人口，石器生产还在继续。

从公元前二千纪开始，陶寺遗址废弃了，区域聚落系统也从考古记录上消失了。这个中心聚落崩溃的过程和原因至今不明，有学者提出陶寺遗址是被公元前 2000 年前后的洪水毁坏的（夏正楷，杨小燕 2003）。陶寺遗址是在晚期经历了一个逐渐衰落的过程，还是在 4000 多年前由于某个灾难性事件而突然中断，尚待进一步研究。

某些考古学家试图将陶寺和传说中"五帝"的两个史前圣王尧和舜联系起来。根据古代文献记载，尧、舜的活动地点就在晋南地区（解希恭 2007）。陶寺观象台的发现被认为支持了古代文献中关于尧在天文方面的功绩（何驽 2004）。但在我们看来，记载这些传说的文献比陶寺文化所处时代晚了 1000 多年，因此不应该用来决定陶寺的历史属性。

社会组织 | 龙山时期的区域中心显然展现了不同水平的复杂社会。一个有意思的现象是陶寺和王城岗之间的聚落形态和丧葬模式颇不相同。一方面，陶寺遗址代表了一个社会等级和个人地位通过丧葬活动明显表现出来的社会。另一方面，王城岗遗址是河南地区众多由城墙环绕的聚落的代表，但并没有发现随葬品丰富的贵族墓葬。这样一个引人注目的差异，不应该被简单看作考古工作不充分的结果而被忽视，它很可能和龙山贵族精英不同的领导策略有关（Liu, L. 2004: 249–251）。

北方地区

北方地区包括山西北部、陕西北部和内蒙古中南部；该地区的大部分区域涉及广义的鄂尔多斯地区（参见图 7.1）。根据陶器类型学研究，该地区有多个区域文化变体，龙山时代晚期的考古遗存，通常指的是老虎山文化（2500 BC ~ 2300

BC）和大口文化（约 2000 BC）。该地区由不同的地貌组成，如黄土高原、山脉、湖泊、沙漠和黄河河套地区的冲积平原。由于地处北部干旱地区和南部温暖地区的交界地带，环境易受气候变化影响，生态也比较脆弱。这里在全新世出现过几次气候波动（Guo, L. et al. 2007；Xiao, J. et al. 2006），这些变化常与该区域的人口增减相吻合（田广金，郭素新 2004）。

生业经济 | 公元前五千纪，当中全新世气候最适宜期到来时，这里也出现了最早的农业人口。这一情况可能是仰韶文化从人口密集的中原地区向北扩张的结果。这里优越的自然条件对仰韶文化居民具有很强的吸引力，农业村落因此很快铺展开来。考古证据显示，随着时间流逝，野生动物数量开始下降，而家养动物特别是食草动物在比例和种类上均呈增长趋势。例如，在内蒙古中南部地区，靠近岱海的石虎山遗址（约4500 BC），发现15种野生动物遗存，其中包括水牛。家猪和狗仅占所有动物可鉴定标本数（NISP）的10%（黄蕴平 2001）。在1000年之后的同一地区，黄旗海庙子沟遗址（3500 BC～3000 BC）动物群仅有7种野生动物，而家猪和狗的比例则占可鉴定标本数的23%（黄蕴平 2003）。在河套地区的陕北榆林火石梁遗址（约2150 BC～1900 BC）发现19种动物，其中野生动物仅占可鉴定标本数的19%。家养动物（占可鉴定标本数的81%）主要是绵羊和山羊（59.22%），其次是猪（12.62%）和牛（8.74%）（胡松梅等 2008）。火石梁是该区域第一个显示畜牧经济兴起的遗址。这一情形在伊金霍洛旗的朱开沟遗址（2000 BC～1500 BC）得以延续，这里的动物群仅有6种野生动物（8%），羊（山羊/绵羊）（41%）和牛（24%）在全部动物的可鉴定标本数上远多于猪和狗（28%）（图7.8）。

其他遗物也显示出该区域有趣的变化。内蒙古中南部，仰韶文化时期的炊器以平底罐为主，而龙山文化时期则变为斝和甗，平底罐传统完全改变（田广金 1991a,b）。这一变化不仅反映了中原地区的文化影响，而且也暗示了主要食物的改变。另外，公元前三四千纪大多数遗址出土碾磨石器（磨盘、磨棒）非常普遍。例如，凉城石虎山遗址一期（仰韶早期），碾磨石器（55件）占所有工具（157件）的35%，橡子（*Quercus* sp.）遗存也被发现（田广金，秋山进午 2001：

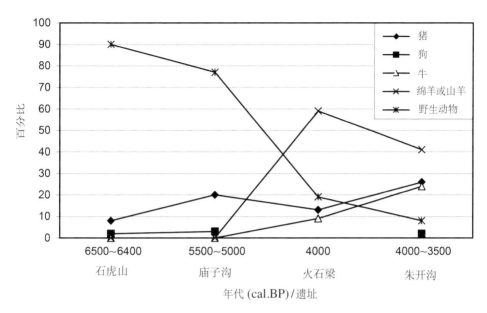

图7.8 北方地区新石器时代和早期青铜时代动物群中野生动物和家养动物的比例变化

71-75)。相比之下,龙山文化时期的碾磨石器在数量上显著下降,但在几个遗址的房址中发现了地臼,它可能是和木杵配套使用(田广金,郭素新 2004)。尽管微痕分析或残留物分析还没有应用到这些工具的研究上,但碾磨石器数量的下降似乎与中原地区的情况类似。正如几个研究所显示的,其他地区的碾磨石器似乎主要用于加工橡子(如 Liu, L. et al. 2010a,b,c;Yang, X. et al. 2009)。与此相应,民族志资料显示,杵臼是谷物去壳的有效组合工具(尹绍亭 1996)。对北方地区工具改变的一个简单解释是,采集经济逐渐被谷物种植经济所取代。对陶器和工具功能方面的深入研究,将有助于理解这些物质文化方面的变化。

这些变化均显示出公元前三千纪的北方地区走向集约农业和畜牧业的趋势。这种结果可能是由多种原因造成的,比如人类对自然资源的过度开发、因为狩猎和集约农业导致野生动物自然栖息地的减少、中全新世气候最适宜期结束导致的气候恶化等。

防御工事 | 龙山时期,一些遗址开始建筑石墙以加强防御。有四个石城比较

集中的地区。第一个在陕西北部，这里发现了20多处石城遗址，主要分布在吴堡、横山、子洲、神木和佳县等地。时代最早可到仰韶晚期，最晚则迟至商代，但大部分城址属于龙山时期。这些遗址多位于河流附近的山顶，石墙建在自然断崖上以保卫聚落（图7.9）。这些石城遗址大多被没有围墙的小遗址所环绕，暗示这些城址可能向邻近地区的人们提供庇护。这些材料由于只是近年来的新发现，还没有完全公布，估计还会有更多类似的城址被发现（陕西省考古研究院 2005；王炜林，马明志 2006）。第二个集中分布区位于黄河拐弯处东北的清水河流域，发现5个城址和至少6个无城墙遗址，时代属龙山早期。第三个集中分布区是黄河以北的大青山南麓，时代属龙山文化早期。在5个遗址群（平均每群有2～4个遗址）中至少发现13个城址，呈线形分布，彼此相隔约5公里。第四个区域由10个遗址组成，分布于岱海地区，时代属龙山晚期。另外岱海以西、蛮汗山以南也发现7个石城址（韩建业 2003；田广金 1993；魏坚，曹建恩 1999）。

这些石城址大致分布在400毫米等降水量线附近，这条线把中国分为两部分：东部季风气候区和西北内陆地区。有意思的是，这些遗址也位于长城附近区域，而建于历史时期的长城基本是农业和畜牧业两种生态区的分界线。夏季风强度的

图7.9 陕西北部的石城址
A. 龙山早期横山县金山寨遗址的地貌景观（右下图）和石城墙 B. 龙山中晚期五堡县关胡疙瘩遗址的地貌景观（陕西省考古研究所 2005）

变化对于当地的温度和降雨量有重大影响。岱海地区经历了公元前2450～前2150年的寒冷干燥期（Xiao, J. et al. 2006），这与老虎山文化时期石城的出现事件相一致。石城的建设可能是族群之间冲突的结果，也有部分原因大概是气候波动、生态系统恶化和人口压力所致。

社会组织和奢侈品 | 我们没有足够的资料讨论该地区的社会组织形式，考虑到石城的修建和族群之间的战争应该需要管理和领导，所以推测可能在某些社群里存在较为发达的社会分层现象。存在高级复杂社会的另一个暗示是在陕北的一些遗址发现了大量玉器（大部分是软玉），比如延安芦山峁、神木新华等。主要器形有斧、刀、牙璋、琮、璧和各种坠饰（杨亚长 2001）。大部分玉器是由当地人偶然发现而不是考古发掘得来的，不过最近在神木新华的发掘为揭示玉器的功能提供了绝佳机会。新华遗址的99K1祭祀坑中发现了32件玉器（原料主要是阳起石、透闪石和蛇纹岩），器形有钺、铲、刀、斧、环、璜和璋。这一祭祀坑中还发现了鸟骨。很多玉器很薄，某些仅有2～3毫米厚，没有尖锐锋刃，说明没有实用功能。该祭祀坑被12个墓葬环绕，说明这些玉器可能用于与墓葬有关的礼仪活动（陕西省考古研究所，榆林市文物保护研究所 2005）。陕北没有发现玉矿，该地区地质也不具备形成软玉的条件（黄翠梅，叶贵玉 2006）。因此，这些玉的原料来自何处、在哪里加工制作都还不清楚。

某些玉器和中国其他地区的发现相似，比如琮、璧和牙璋等，暗示有关这些礼仪用品的某些特殊知识和信仰系统可能被不同区域的贵族精英所共享。北方地区显然是一个更大的区域互动系统的组成部分。

黄河上游地区

黄河上游地区主要是马家窑文化（3300 BC～2000 BC），分布于甘肃、宁夏、青海及四川部分地区（参见图7.1）。该文化以彩陶为特征，系安特生于20世纪20年代首先发现，被称为甘肃仰韶文化。当时它被认为是西方文化传播的结果，并由此带来中原地区仰韶文化的彩陶（Andersson 1925）。后来的考古调查显示，恰恰与此相反，马家窑文化源于华北地区的仰韶文化，特别是庙底沟类型发展的变体，由过渡阶段的石岭下期发展而成（参见第1章）。到目前为止，已经发现了1400多处马家窑文化遗址，其中大约20处经过考古发掘。马家窑文化经常被分为三个阶段：马家窑期、半山期和马厂期。石岭下和马家窑遗址的分布显示出聚落随时间从东向西扩散的趋势（谢端琚1986；中国社会科学院考古研究所2010）。马家窑文化的发展，部分可能因为中全新世气候最适宜期仰韶文化核心地区的人口压力，导致人们到周围人口稀少的地区开发新的耕地。

马家窑文化的生业以农业和狩猎-采集为主。甘肃东乡林家遗址（约2900 BC～2700 BC），和仰韶文化十分相似的石刀和陶刀的数量很多，但也发现了通常与狩猎-采集活动相关的镶嵌细石叶的骨柄石刀；从灰坑中还发现了大量的黍和大麻籽；家养动物有猪和狗等，被狩猎的野生动物也有很多种，有鹿、野猪、羚羊和河狸（郭德勇，孟力1984）。多个遗址还发现牛、羊（山羊/绵羊）的遗骸，它们有时用于葬祭，被判定为家养动物（格桑本1979；青海省文物管理处考古队1978），但这些鉴定尚没有被证实。

马家窑文化的农业活动显然是仰韶文化传统的延续，但是马家窑文化流行的狩猎-采集活动和可能存在的畜牧活动是对当地干旱和寒冷环境的适应。与北方地区和辽河流域的情况类似，农业和畜牧业轮流主导着中国的西北部地区。

大部分已发掘的遗址都是墓地，常出土大量作为丧葬献祭之用的陶器（图7.10, 1）。虽然很多墓葬出土随葬品，但是就随葬品种类和数量的差异而言，不平等现象有随时间推移而发展的趋势。比如青海乐都柳湾遗址，马厂期的872座墓葬中出土了11000多件陶器。最富裕的墓是M564，墓主人是一名男性，随葬陶器95件，大部分陶壶都绘有各种几何图案（青海省文物管理处考古队，中国社会科学院考古研究所1984）。又如青海民和阳山，富裕的墓葬不仅随葬陶器，还出土标志礼仪权力和社会等级的物品，如陶鼓、大石斧、大理石管和珠子等（青海省文物考古研究所1990）。

阳山墓地发现了12个祭祀坑，有些出土动物骨骼、陶片或者大大小小的石块，有一些还显示出火烧痕迹。大多数灰坑（其中的10个）靠近两个随葬品丰

第七章 早期复杂社会的兴起和衰落：新石器时代晚期（3000 BC ~ 2000 BC） | 245

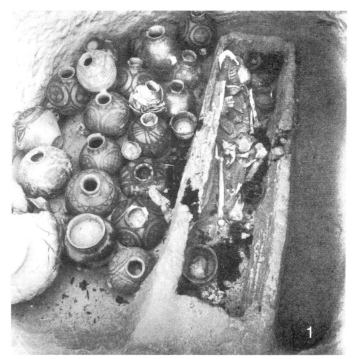

图7.10 马家窑文化遗存
1. 青海柳湾M895，马厂类型墓葬 2. 师赵村陶器上X光透视风格的人头像，属半山时期
3. 柳湾彩陶壶表现两性特征的人物造型，属马厂时期（1、3来自青海省文物管理处考古队、中国社会科学院考古研究所1984：彩版2，图版14；2来自中国社会科学院考古研究所1999a：彩版2）

富的墓葬，墓葬出土礼仪用品（陶鼓）。有些祭祀坑的时代比墓葬晚200～300年（青海省文物考古研究所 1990）。这些资料显示祭祀是专门为这两个墓葬举行的，礼仪活动可能始于随葬陶鼓墓的建成，而在该墓地停止使用之后仍然继续进行。可以想象这些被祭祀坑环绕着的墓葬，其主人应为该社群的首领，他们作为祖先被子孙后代长期纪念和崇敬（Liu, L. 2000a）。

马家窑文化大量精美的彩陶非常有趣，对其所做的解释涵盖了从生业方式到人类思想的各个方面。比如，李水城将彩陶发展与早期农业人口的分布联系在一起（李水城 1998）。安赋诗认为墓葬中的彩陶壶是葬礼中用于地位竞争的象征性器物（Allard 2001）。吉德炜将中国西北地区包括马家窑文化在内的所有陶器，归入造型或功能比较简单的类型，与中国东部地区形制精美和工艺复杂的陶器形成鲜明对照（Keightley 1987）。按照吉德炜的说法，中国西北地区的这些简陋陶器，反映出人们之间不太显著的社会差异。

陶器上的艺术形象为探索古代的信仰系统提供了丰富信息。柳湾陶罐上描绘了一个拥有女性乳房和男性生殖器的人像。属于半山时期的甘肃广河半山的陶盆（Chang 1995）和天水师赵村的罐（中国社会科学院考古研究所 1999a）均装饰人像，身体具有X光透视的风格（图7.10, 2、3），它们被解释为萨满的形象（Chang 1995）。

黄河上游的另外一个特点，就是其具有作为贸易通道联系东西方的功能。著名的河西走廊，成为后来丝绸之路的一部分，见证了古代来自各个方向的文化影响。比如在甘肃天水西山坪发现了6种栽培谷物。经过加速器质谱仪（AMS）检测炭化种子，稻米、粟、黍和燕麦种植的时间大约在公元前3000年左右，小麦和大麦的栽培则大约在公元前2600年左右（Li, X. et al. 2007）。这些作物，除了粟黍，均非本地起源，稻米来自长江流域，小麦、大麦和燕麦来自西亚。西山坪的发现曾被认为标志着西亚谷物在中国的最早出现，这也是首次在一个遗址集中发现这些谷物（参见第四章）。但是西山坪植物遗存的年代测定存在问题，其分析结论在考古界一直受到质疑。

马家窑文化以拥有中国最早的青铜器而知名，甘肃东乡林家出土一把锡合金的青铜刀（约 2900 BC ~ 2700 BC）；马厂时期（2300 BC ~ 2000 BC）甘肃的遗址发现了更多的红铜和青铜制品（孙淑云，韩汝玢 1997）。如果青铜冶炼技术是从中亚引入的，正如很多人认为的那样（如 Mei, 2000），这一技术可能首先到达黄河上游地区（更多讨论详见第九章）。

东北地区

东北地区包括辽宁、吉林和黑龙江三省。当黄河流域农业发达时，狩猎采集经济仍不同程度地持续存在于沿海和更北的干旱地区。辽东半岛的工具组合以狩猎、捕鱼和采集工具为主，但一种典型的收获工具——收割石刀，以及小米遗存则在大约公元前 3000 年的小珠山出现。生活在辽东半岛的人们似乎和山东龙山文化有频繁联系，正如辽东半岛出土的蛋壳陶和玉器所显示的那样，两地的此类出土遗物非常相似（Liu, L. 1996a）。辽东是连接中原和朝鲜半岛的一个枢纽，很多共同的文化因素可以在上述两个地区发现（Nelson 1993）。

辽河西部地区，红山文化之后是小河沿文化，其在人口密度和社会复杂程度等方面均有明显下降。缺乏收割工具，镞和细石叶等狩猎采集工具的发现，表明其生业经济主要依靠狩猎采集（Li, X. 2008: 117–131）。与北方地区相似，西辽河地区也对气候变化非常敏感。从红山到小河沿的转变反映了农业和狩猎采集生活方式的交替，而这一现象在其后整个历史时期不断重复。

更北方的冲积平原和山地，包括吉长地区、松嫩平原和长白山区，狩猎、捕鱼和采集生业在整个公元前三千纪一直持续。农业直到公元前 2000 年之后才引入该地区（Jia, W. 2007）。有意思的是，辽东半岛的很多贝丘遗址如小珠山和郭家村，还出土了碾磨石器，推测可能是用于加工坚果和其他野生食物（刘莉 2008）；另外，在小珠山和郭家村进行浮选研究时也发现了少量小米（金英熙，贾笑冰 2008）。这些现象显示广谱生业经济在东北地区比相邻地区的延续时间要长。

长江流域

过去常常认为长江流域对于中国文明的发展无足轻重，然而近年来的大量发现说明并非如此。和黄河流域的考古发现相似，长江流域的很多区域中心建有城墙，社会等级明显反映在丧葬制度中，手工业生产高度发达，显贵集团涉足奢侈品或威望物品的交换。良渚、屈家岭晚期、石家河、宝墩等文化在公元前三千纪代表了新石器时代晚期形成的复杂社会（参见图7.1）

良渚文化

良渚文化（3300 BC～2000 BC）分布于浙江北部和江苏南部，以环太湖地区为主。该文化于1936年首次在杭州附近的良渚发现，文化遗存以黑陶为特点，当时被认为是黄河流域龙山文化的传播所致（施昕更1938；夏鼐1960）。直到20世纪70年代，良渚文化才被当作一个地方文化类型，可能和龙山文化同时，甚至可能略早（夏鼐1977）。到目前为止，已经发现200多处良渚遗址，其中很大一部分是墓葬，且常常随葬玉器。有关良渚文化的研究有很多，玉器研究尤多（如徐湖平1996；浙江省文物考古研究所1999）。

良渚遗址往往成片分布，每个片区似乎都有一个中心，或是具有大型公共建筑，或是拥有丰富随葬品的墓葬。这些中心有余杭莫角山、武进寺墩和青浦福泉山等（张弛2003；张之恒1996）（图7.11）。

莫角山遗址群 | 经过深入调查，揭示出一个复杂的聚落系统。通过调查和发掘，考古工作者在天目山南北冲积平原约34平方公里范围内发现135处遗址。大部分遗址面积很小，仅1万～2万平方米，可能是居址；但几个大型遗址显然具有特殊功能。主要中心是位于莫角山的一个人工堆筑土台，高约10米，面积约30万平方米。其上发现几个面积达3万平方米的夯土建筑基址。该地点很可能是遗址群的政治中心。莫角山西北的反山是一个高等级贵族墓地。这也是一个人工营建的土丘，面积约2700平方米，高出地面约5米，其上发现的11座墓葬出土

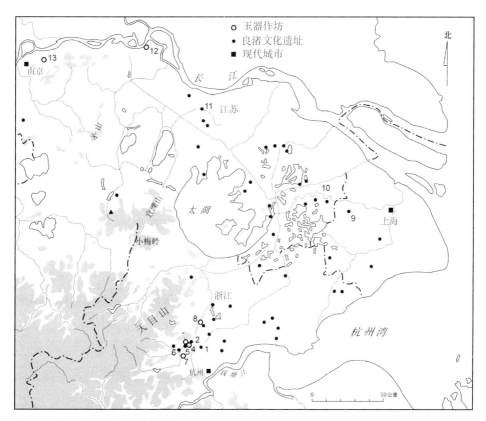

图 7.11 出土玉器的主要良渚遗址
1. 良渚 2. 瑶山 3. 卢村 4. 安溪 5. 莫角山、反山 6. 汇观山 7. 文家山 8. 杨墩 9. 福泉山 10. 赵陵山 11. 寺墩 12. 磨盘山 13. 丁沙地（据徐湖平 1996："良渚遗址分布图"修改）

了1100件玉器。莫角山、反山和周围一些小遗址，被一个巨大的夯土城墙所环绕（总面积290万平方米）。距城墙很远的地方有瑶山和汇观山两个祭坛，均贴近北山。这些夯土台建筑在自然山丘之上，贵族墓葬就挖在夯土台上。有几个地点可能是玉器或陶器的手工业生产中心。卢村和文家山发现了玉料、半成品和玉器制作工具，长坟和横圩里则发现大量废陶器。遗址群的北边有一条长墙，长5公里，宽20～50米，部分用夯土建筑，部分用砂子和卵石堆筑。该墙与天目山平行，两者之间没有发现遗址。一些考古学家认为该墙的功能是防洪（图7.12）。这些遗址并非处于同一时期，大部分可以确定年代的遗址属于良渚中晚期（3000

BC～2300 BC），城墙属于晚期。莫角山城内很多地方的良渚文化晚期地层上均有淤土层，暗示这些遗址的废弃可能和洪水有关（刘斌 2008；浙江省文物考古研究所 2005）。

社会等级很明显地体现在丧葬活动中。大部分小墓没有随葬品，而大型墓葬则往往随葬数百件玉器和陶器。福泉山遗址有四个人骨架没有按照合乎礼仪的方式埋葬，被认为是人牲（黄宣佩 2000）。很多遗址的贵族墓葬出土大量玉器（Huang, T.-m 1992；牟永抗，云希正 1992）。大部分玉器是几何形的，也有一些被雕成拟人、动物形象。典型玉器是内圆外方的琮和璧。典型图案是所谓的神人兽面纹，经常出现在不同玉器上，在玉琮上尤为常见（图7.13, 1、2）（王明达 1988）。这种图案表现了一种半人半兽的动物形象：上面像人，戴着羽冠，显示出人的胳膊和双手；下面像动物，圆睛利爪。关于玉琮及其图案的含义，许多学者已经提出过各种看法（李新伟 2004），比较流行的解释是把兽面纹看作萨满的形象，琮是贯通天地的法器（Chang 1989）。

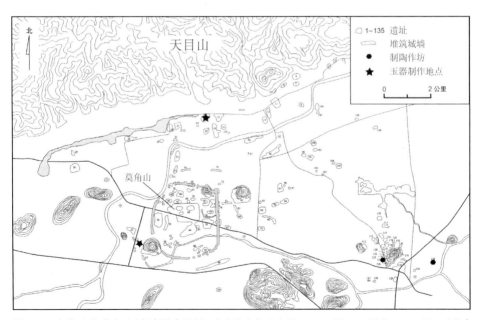

图7.12 良渚文化莫角山遗址群（据浙江省文物考古研究所 2005：图10；刘斌 2008：图1重绘）

图7.13 良渚文化玉器
1. 玉琮 2. 玉器上的人兽母题 3. 反山M23发现的玉璧（浙江省文物考古研究所 2005：图38，彩版 137、1076）

玉料很可能来自于当地的山区和河岸，比如小梅岭（Jing, Z. and Wen 1996；闻广，荆志淳 1993）。玉器加工显然是在某些良渚遗址进行的，因为在这些遗址曾发现玉器加工工具和半成品，包括余杭的卢村、文家山和安溪，德清的杨墩，句容的丁沙地和丹徒的磨盘墩等（蒋卫东 1999；南京博物院考古研究所 2001）。大多数此类遗址位于余杭境内，说明贵族精英墓葬中发现的玉器系良渚本地生产，莫角山遗址群的发展也和玉器生产有关（参见图7.11）。

某些贵族精英可能与玉器生产有关。在几个贵族墓葬中，发现了大量特殊的半成品玉石器，有璧、琮或钺等（蒋卫东 1999；Liu, L. 2003）。在福泉山的一座贵族墓葬（M60）中还发现了石钻头（黄宣佩 2000）。文家山曾发现20个玉钺穿孔的孔芯，在该遗址的一座贵族墓葬（M1）中出土了34件玉钺（刘斌 2008）。这些现象显示不仅高等级的人物可能是玉器制作的艺术家，而且加工特殊形式的玉器可能逐渐成为贵族手工业者高度专业化的活动。良渚玉器及其象征意义，对于其他地区的新石器时代文化有重要影响。

在良渚玉器和陶器上发现一些象形符号，其中一个反复出现的母题是一只鸟站在祭坛上，祭坛用符号装饰，其中两个符号被看作太阳和月亮（图7.4, 5）（任式楠 1996；Yang, X. 2000）。这一主题与最早出现在河姆渡的太阳-鸟图案遥相呼应（Wu, H. 1985）。很多学者认同这些符号具有象形文字或图形文字的性质，作为一种族徽或族标，在后来的商代甲骨文中得到了进一步的发展；但是它们不像是有意书写的部落名字，要确定读音是非常困难的，而读音是文字的基本要素。因此，与大汶口文化大口尊上的符号一样，这些图案不是文字系统的一部分（Boltz 1986；Keightley 2006）。在良渚的几种陶器上发现了刻辞符号（Yang, X. 2000: 72-73）。这些符号都可能用于交流，可能被当作原始文字，但是均不能视作文字系统。

显然，良渚是等级社会。有考古学家认为良渚文化是处于国家水平的社会（苏秉琦 1997；张忠培 2000），因此莫角山遗址群可能是一国之首都，而反山和瑶山的贵族墓地则可能是王陵（严文明 1996）。该区域有许多遗址群与莫角山共存，对聚落形态的深入研究，必将有助于确定莫角山是否是控制了整个良渚地区的主要中心。

公元前三千纪晚期，良渚文化走向衰亡。尽管良渚风格的某些陶器和工具一直延续到随后的马桥文化，但礼仪用品（特别是玉器）、贵族墓葬和大型土墩完全消失（黄宣佩，孙维昌 1983；李伯谦 1989；朱国平 1996）。良渚文化的消失引起很多关于这个高度发达的复杂社会崩溃的思考。一些考古学家认为，由于在生产玉器和建造大型墓丘方面过度能量消耗，导致社会内部出现危机，是良渚文化崩溃的主要原因（赵辉 1999）；也有学者认为来自龙山文化的入侵是另外一个主要原因（宋建 2004）；还有一些学者提出自然灾害如洪水和海侵说（Stanley et al. 1999；王富葆等 1996；吴建民 1988；俞伟超 1993）。这些原因都有可能对良渚社会系统的崩溃产生了作用。与天目山平行的防洪墙建筑和莫角山遗址群良渚堆积上发现的淤土层，似乎特别支持洪水假说。

当良渚文化在太湖地区消失时，一些位于良渚核心区域之外的公元前三千纪末的遗址却显示出浓厚的良渚文化特征。比如浙西南遂昌县的好川墓地，出土的大部分玉器和陶器与良渚文化遗址遗物几近相同（陆文宝 1996）。因为好川的文化遗存（不仅是奢侈品，还包括实用器）和良渚文化非常近似，某些学者认为好川墓地显示了良渚崩溃之时其人口曾向南迁徙的情况（王明达 2004）。

屈家岭（3400 BC ～ 2500 BC）和石家河（2500 BC ～ 2000 BC）

地处长江中游的江汉地区，东到大别山，南至洞庭湖，西达三峡，北及南阳盆地，分布着屈家岭和石家河两种文化。两支文化各有将近1000处遗址在该地区被发现，有证据表明两种文化在许多遗址曾先后存在。远古时期该地区曾被大水淹没，因此遗址通常位于地势较高的地方。这些遗址往往聚集成群，某些中心遗址还有城墙环绕。目前已至少发现9处这样的城址。

这些城址的建筑方式相似，它们均位于高地和靠近河流或湖泊的平坦冲积平原之间。首先挖出宽阔的壕沟，从壕沟中挖出的泥土则被堆筑为城墙。结果城墙内的地势是倾斜的，居住区通常位于地势较高的地方。很多城址始建于屈家岭文化晚期，在石家河中期之后被废弃，面积从7.8万～120万平方米不等，最大的城址是湖北天门石家河遗址（马世之 2003）。

石家河遗址群｜由40多处遗址组成，分布于东西两河之间约8平方公里范围内的大小台地上。大溪文化时期这里是一个小村落，屈家岭文化晚期则发展成为大型城址，石家河文化晚期又遭到废弃。遗址群核心区的面积约120万平方米，由断续的城墙环绕，城内东北角有一个由壕沟（近100米宽）环绕的小城。整个遗址区西北高，东南低，按照县志的说法，这里过去曾是一个古湖泊（王红星

2003；张弛 2003）（图 7.14）。

规模巨大的建筑遗存似乎和控制洪水有关。王红星曾指出洪水威胁通常来自于西北方的汉江（王红星 2003）。1935 年，汉江决堤导致天门县 1570 平方公里的区域被淹没。遗址东西两面的河流，近年来在雨季也是发生洪水的源头。该区域

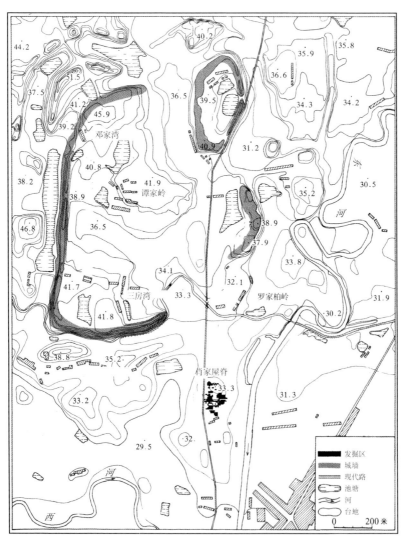

图 7.14 石家河遗址群（据石家河考古队 1999：图 2 修改）

古代地理环境可能与现在相似，因此修建城墙是为了防御来自西北、西南和东方的洪水，而没有城墙的东南方低地则可能具有泄洪功能。

该遗址的几个地点似乎具有不同功能，有些是手工业生产中心。邓家湾和谭家岭发现房址、灰坑、礼仪活动区和100多座墓葬。此外，有两个坑出土了数千件小型泥塑雕像，有鸟、鱼、鸡、狗、羊、乌龟、猪、象、虎和抱鱼人像等（图7.15）。绝大多数陶塑品都属于废次品，发现时与大量窑渣共存，说明系生产区垃圾。三房湾也曾发现数万件红陶杯（石家河考古队2003；张弛2003；张绪球1991）。罗家柏岭发现了数百件纺轮和疑似玉石作坊的建筑遗存，河东岸靠近该遗址的地方还出土了大量石器半成品（湖北省文物考古研究所，中国社会科学院考古研究所1994）（图7.14）。另外，石家河遗址群南部肖家屋脊居民似乎专门生产陶器。石家河早期某些墓葬出土了100多件同类型陶器，表明这些墓主人可能是陶工（石家河考古队1999）。

石家河时期（约2200 BC～2000 BC），人们使用瓮棺埋葬死者，并以玉器作为随葬品。在肖家屋脊，各墓随葬玉器的数量多寡不一，从一无所有到几十件不等。最富裕的瓮棺葬（W6）随葬56件玉器。这些玉器似乎使用同一种原材料，大部分是半成品，说明它们是在该遗址加工的（石家河考古队1999；张弛2003）。

大部分石家河玉器是从几个石家河晚期遗址中发现的。玉器的类型包括人头像、玉琮、鸟、鹰、龙、蝉和凤。其中大部分与良渚文化的出土物相似，显示出来自东方的强烈文化影响（王劲1996）。石家河遗址群在很多方面与莫角山遗址群相似。它们均有疑似防御洪水的外城和建于中心的小型内城，各种专业化的手工业生产作坊分布于遗址群的不同位置，玉器多为本地加工，并在丧葬活动中用作表示地位的象征。

石家河文化结束于公元前2000年。此时所有的大型城墙均遭废弃，聚落面积缩小，数量减少。和良渚文化彻底消失不同，石家河文化似乎在人口上经历了相当程度的减少。一些遗址表现出中原龙山文化的特征。有学者认为石家河人口减少，系龙山文化向南扩张及由此引起的不同人群之间的战争所致（张弛2003）。

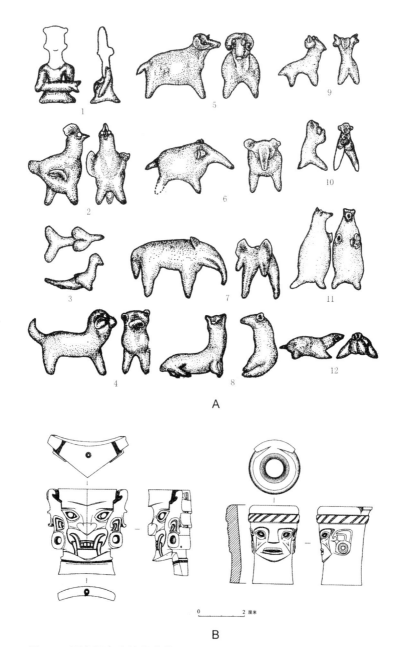

图7.15 石家河出土的艺术品
A.陶塑人像：1. 人捧鱼 2. 鸡 3. 鸟 4、8. 狗 5、9. 绵羊 6、7. 象 10. 猴 11. 不明动物 12. 乌龟（比例不详）B.肖家屋脊出土的玉人头像（A据张绪球 1991：56 修改；B来自石家河考古队 1999：316）

无论如何，在新石器时代结束时，整个长江中下游地区，人口分布开始变得稀疏起来。如此大规模的人口减少不像是由单一的自然灾害引起的；可能是包括自然和社会因素在内的多种原因，造成了这些早期复杂社会的崩溃。

宝墩文化（2500 BC ~ 1700 BC） | 它是最近才命名的考古学文化，分布于成都盆地和附近的低山地区。这些遗址大部分是近年发现的。沿岷江分布的几个城址构成该文化的核心区域。城址面积从10万到60万平方米不等（陈剑 2005；李水城 2010；马世之 2003）。城墙均建在台地上，呈矩形或不规则形，方向则依随附近河流的走向。这样的聚落布局可能也和控制洪水有关，这是整个历史时期成都平原城市规划一直关心的问题。宝墩和古城村两个城址的发掘，在遗址中心均发现了大型公共建筑基址。根据工具组合判断，该地区的生业经济以农业和狩猎采集为主要方式（江章华等 2001）。很多聚落建造大型城址和公共建筑，显示复杂社会组织的存在；然而，在聚落内部的文化遗存方面，很少发现社会不平等的迹象。正在进行的区域调查和发掘，无疑将为重建该地区的社会组织提供更多信息。

中国南部和西部地区

由于研究的薄弱，有关中国南部和西部新石器时代文化发展的研究成果远不及黄河长江流域丰富。近些年来情形开始发生变化，主要得益于地方考古研究机构的快速发展，和苏秉琦"区系类型"理论的提出，后者特别强调中国文明的多地区发展。另外，中国台湾和大陆考古学者之间的学术交流、中国与其他国家的国际合作，也使得我们在了解这些区域文化发展方面取得了很多突破，在原南岛语族人口的扩散方面尤其如此。这些古代南方边境地区，不仅对重建中国早期文明的多地区起源至关重要，也对了解东南亚区域间的互动非常关键。

中国东南部

在这个地理环境高度多样化的地区,古人采取各种生存策略以适应不同的生态环境,不同的聚落类型代表了形态各异的新石器时代晚期文化。农业村落遗址位于内陆地区,稻作农业的遗存十分明显。相比之下,沙丘和贝丘遗址则沿海分布,人们主要依赖水生资源。上述生业经济以广东北部的石峡文化、珠江三角洲的涌浪文化与福建的昙石山文化、黄瓜山文化等为代表(参见图7.1)。公元前二千纪,在中国北方地区进入青铜时代以后,新石器时代文化在该地区延续了数百年。

石峡文化(约3000 BC ~ 2000 BC) | 显然是农业社会。在石峡遗址,稻粒、稻壳、稻茎叶和农业生产工具均发现于墓葬之中。还发现了很多玉器,包括琮和璧,某些玉器与良渚文化的相似。从墓葬形式和陶器器形看,石峡文化具有自己的特点;但其物质文化又显然与江西及长江下游地区的新石器文化关系紧密,这些地区的农业在此之前已经经营了数千年(石峡发掘小组 1978;苏秉琦 1978b)。这些联系似乎显示上述人口密集的农业地区,其人口曾向南迁徙,这种现象在整个新石器时代经常发生。

涌浪文化(约3000 BC ~ 2000 BC) | 分布于珠江三角洲和香港地区,以沙丘遗址为代表。当人们在沿海地区居住下来的时候,海平面很低,海山之间的陆地范围比现在广阔得多。房屋多建在山脚下。海平面上升之后,这些遗址频遭水患,形成沙丘遗址。香港的涌浪遗址,石器主要包括石斧、铲、镞和网坠;陶器类型简单,大部分是罐和釜;陶器装饰绳纹和各种拍印纹;只发现少量墓葬,房屋可能是干栏式的。涌浪的某些物质文化特征和石峡文化(农业社会)相似,石器和陶器特征的比较,显示二者有交换和(或)迁徙关系。但是,涌浪的生业经济显然依靠狩猎采集和捕鱼,几乎未发现农业生产证据(安志敏 1997;香港古迹古物办事处 1997)。这种现象有两种可能的解释:第一,涌浪文化的人群成功地适应了沿海环境,尽管与农业人口保持联系,但不需要发展农业;第二,这些早先的农人迁徙至海洋生态环境后,放弃了农业生产活动。

昙石山文化（约3000 BC～2000 BC）和黄瓜山文化（约2300 BC～1500 BC） | 分布于福建东南海岸地区，以贝丘遗址为主要特征。人们主要依靠海洋资源及狩猎陆生动物为生。没有证据显示昙石山文化遗址有农业活动的迹象，但是霞浦县黄瓜山遗址却发现了稻米、小麦和大麦的炭化种子和植硅石。这种变化说明在公元前三千纪末期的沿海地区，农业已成为海洋经济的补充。石锛是主要石器，发现很多有段石锛。这种典型特征延续了1500多年，显示出发达且得以长期延续的交换网络的存在。昙石山文化遗址的许多石锛系使用非本地生产的火山岩制成。对福建东山县大帽山遗址（约3000 BC～2300 BC）出土石锛的化学成分分析显示，人们可能从远自台湾海峡中部的澎湖列岛获取原材料。另外，大帽山出土的很多陶片和石器与同时期澎湖列岛和台湾西部遗址的出土物相似，表明三者之间存在密切的文化联系。如此长距离穿越台湾海峡的航行，可能构成了原南岛语族人扩张机制的一部分（Jiao 2007）。

有很多理论对原南岛语族人口从中国大陆到台湾，再到东南亚南迁的动力做出解释。贝尔伍德提出，采用稻作农业导致的人口压力是迁徙的主要原因（Bellwood 1997）。张光直和古德纳夫认为，人口向南扩张是对寻求丰富的海洋和热带雨林资源的一种反应（Chang and Goodenough 1996）。科彻认为，由于流行嫡长子继承制导致家族内部分家，而非嫡长子可通过开拓新疆域成为新的族群始创者而受到尊敬的意识形态，导致古代的南岛语族人向太平洋地区扩张（Kirch 2000）。臧振华则指出人们对海洋生计方式的适应性起到了决定性作用（Tsang 1992；综合讨论参见 Jiao 2007）。焦天龙认为，不同时期会有不同原因：当倾心于海洋探索时，海洋适应性会充当主要角色；南迁的动机也可能是在新石器时代早期寻找新的资源，到新石器时代晚期稻作农业发达时，则转向寻求更多的农业耕地（Jiao 2007: 258-259）。

中国西南和西部地区

公元前三千纪，包括西藏、云南和贵州地区的中国西南地区新石器时代文化进一步发展。多山的地形导致该地区的物质文化组合有很多区域变体，其中大部分在最近几十年才得以了解。总体来说，关于这些地区古代社会发展的知识还很有限。

新石器时代文化也蔓延到了青藏高原，以分布在西藏东北部的卡若文化为代表。典型遗址昌都卡若（1万平方米）坐落在澜沧江西岸的二级阶地上，海拔3100米，文化堆积近2米，该聚落的碳素年代为公元前3300～前2300年。人们住在房屋里，使用陶器，打制、磨制石器，加工细石器。其物质文化更类似于四川而非甘肃和青海地区。据报道，其生业经济以狩猎、采集、小米种植和家猪饲养为特征（Aldenderfer and Zhang 2004；西藏自治区文物管理委员会，四川大学历史系 1985）。

公元前3000年之前的云南新石器时代遗存非常稀少，但是公元前三千纪的遗址已经在以下三种地理环境中被发现：河旁台地、靠近河流的洞穴和湖边贝丘。石寨山文化是此地区见诸报道最早的新石器时代文化，其遗址多是靠近湖泊的贝丘遗址。贝壳堆积通常规模很大，厚4～6米。石质工具主要是石斧和石锛，陶器有各种类型的盘、罐和杯。一些陶器的陶胎中夹杂稻壳和小穗轴，表明水稻此时已被种植（黄展岳，赵学谦 1959; 肖明华 2001）。近年来剑川海门口的发掘，在靠近剑湖的地方揭露出一处饱水的干栏式建筑聚落。其新石器时代堆积（约3000 BC～1900 BC）包含了极丰富的物质遗存，包括水稻和黍。水稻可能是从长江流域引入的，而黍则明显来自于西北地区。海门口的一些石刀表现出与西藏卡若石刀相似的特点，显示出两地之间的文化联系（闵锐 2009）。云南一直是周围地区文化和民族交流互动的十字路口，几条大河从西北向东南穿过该地区，形成中国和东南亚之间主要的交通线路，后来则发展成西南丝绸之路。新石器时代的人类可能已经开始沿着这些路线迁徙并从事贸易活动了。

在新疆，早于青铜时代大约公元前2000年之前的考古学文化，似乎以细石器为主要特征，还没有准确测年。该地区尚未发现明确的新石器时代文化遗存。

总之，中国南方和西南地区的新石器时代发展晚于北方地区。这些迟来的新石器时代文化经常被看作携带农业生产技术的农业人口向南迁徙的结果。在公元前三四千纪，似乎有几波来自长江中下游地区的人口迁徙浪潮（Zhang, C. and Hung 2008），并最终在公元前三千纪扩散到东南亚大陆地区（Bellwood 2005；Higham 2009）。东南亚地区新石器时代社会之间相似的物质文化支持这一假说。某些文化特征率先发生在长江流域，随后又相继在中国南方地区和东南亚地区出现。这些特征包括丧葬活动、水稻种植、家畜饲养、制作磨制石器和蚌器加工、陶器类型和装饰特别是刻划纹和印纹陶等（Rispoli 2007）。这样的物质文化扩散，很可能伴随着人口及其语言的传播（Bellwood 2006；Higham 2002）。

结 论

新石器时代晚期文化的发展多姿多彩。沿着大河系统特别是黄河、长江流域分布的复杂农业社会繁荣昌盛，周围地区的大多数小社群却以简单社会组织形式继续保持广谱生业经济模式。从进化的角度看，公元前三千纪是一个过渡时期，其间新石器时代的复杂社会发展为最早的国家社会，很多文化所显示的特征成为后来文明的基本要素，比如青铜冶铸、原始文字、明显的社会等级和集聚的区域聚落形态等。这些新石器时代文化（比如陶寺、两城镇和良渚）是否可被称为国家尚有争议，但是越来越多的中国考古学家相信它们就是国家。这个问题将在下一章讨论。在我们看来，判定哪些新石器时代文化符合国家的标准并不重要，这些论断基于如何对国家这一概念进行定义。作为一个考古学家，更重要的是提供有关这些复杂社会是如何发展、运转和改变的信息。

此时的考古学文化尽管有很多区域类型，但不少复杂社会仍共同存在某些特征：农业剩余是形成社会复杂化的经济基础；由于贵族精英通过控制礼仪权力创造和保持其政治权威，因此威望礼仪用品的生产和交换对于社会地位和贵族精英网络的形成至关重要。并不是所有表现出高度社会复杂程度的区域文化，都能演进为国家水平的社会组织并持续发展。比如陶寺和良渚均是公元前三千纪最发达的复杂社会，都形成了高度分层的政治体系，贵族精英阶层可以通过操控礼仪权力获得并维持其政治地位。然而，令人关注的是，它们均在大约公元前三千纪末期从考古记录中消失了。

陶寺和良渚不是仅有的在该时期消失的文化。遗址数量下降和区域中心废弃是黄河、长江流域等地区的普遍现象。到公元前二千纪初期，很多非常发达的复杂社会从考古记录上消失了。由于全新世中期大暖期的消退和很多地区经历了气候波动，因此环境变化经常被认为是某些复杂社会衰落的主要因素。很多考古学家提出这一变化和古代文献上记载大洪水的发生是一致的。传统上认为大禹治理了洪水，大禹是传说中4000年前夏代的"开国"之王。尽管洪水神话形成的历史背景需要单独研究（Lewis 2006），但是一些科学研究已经证实中国在公元前2200～前2000年经历过一次气候恶化事件（吴文祥，葛全胜 2005；Wu, W. and Liu 2004；夏正楷，杨小燕 2003）。公元前三千纪末的一些新石器时代遗址也显示了发生洪水的证据，比如河南辉县孟庄（河南省文物考古研究所 2003）和浙江莫角山。因此，尽管大禹治水的故事可能有杜撰的成分，但是众多河谷地区频繁的灾难性洪水可能摧毁了很多史前遗址，这些事件因而成为古人的集体记忆，通过口耳相传而流传下来。

总之，这些新石器时代复杂社会的兴起和衰落，显示了不同社会群体之间，以及自然力量和人类社会之间多种多样的复杂关系。这些社会系统的兴起和衰落经常和气候波动相对应，这样的对应关系似乎可以用于解释考古记录中公元前2000年前后新石器时代文化的终结。尽管如此，气候变化不能做如此简单的解释，很多情况下，社会反应和领导策略决定最终的社会变化。考古学家面对的特殊挑战是要解释为什么二里头文化这样的早期国家能够成功进化，而众多类似的复杂社会却在同一时期走向崩溃。这个问题将在下章讨论。

第 八 章

中原地区早期国家的形成：
二里头和二里岗

（1900/1800 BC ~ 1250 BC）

第八章 中原地区早期国家的形成：二里头和二里岗（1900/1800 BC ~ 1250 BC）

> 国之大事，在祀与戎，祀有执膰，戎有受脤，神之大节也。
>
> ——《左传·成公十三年》

中国是世界上为数不多的几个不受外界影响而独立形成早期国家文明的地区之一。关于国家起源的问题可以通过历史和考古的方法来研究。长期以来，中国一直保持着记录历史的传统，这无疑为早期国家和文明起源的研究提供了重要线索。同时，被认为和国家都城有关的大遗址的考古发掘，也为研究早期国家出现地区的社会、政治和技术发展提供了丰富的资料。可以说，中国早期国家的起源涉及四个相互关联的问题，即国家形成、城市发展、文明出现和王朝历史的开始。

当今中国考古学界新旧思维模式并存，因此国家的形成也就成为争议颇多的问题之一。尽管学者们想方设法整合这两种思维，但无论在理论还是实践上，两种思维都矛盾重重。首先遇到的问题出现在先于晚商殷墟（约1250 BC ~ 1046 BC）的早期国家，确切地说是文字系统尚未出现的史前国家上。对于早期国家的研究往往不得不求助于历史文献资料，然而这些文献资料却是在国家出现大约一千年以后才编撰完成，因此，学者们对于如何将这些文献资料用于考古研究争论不休。其次，对于国家的概念也没有统一和严格的定义。学者们使用不同标准来讨论国家问题，导致在一些问题的讨论上造成混乱。第三，在中国考古学者的文章中，"国家"和"文明"经常互换，"文明"一词比"国家"使用得更为普遍。因为"文明"的含义常常比"国家"更宽泛，不同学者对这两个概念的定义不同，因此许多有关解释也就模糊不清（张光直 2004；陈星灿 1987）。

此外，早期国家的研究涉及很多学科，包括考古、历史和人类学。这些领域的学者经常使用不同的方法来解释不同的问题，因此，对早期国家出现的时间、地点和原因的解释也千差万别。由此看来，对于早期国家形成过程的研究，应当从整合不同的思维和方法入手。在这个章节中，我们首先回顾一些关于早期国家的研究方法，然后讨论重建公元前二千纪初期出现的早期国家的考古学证据。

方法和定义

大致说来，研究国家的形成主要有四种方法，而这四种方法基本上可以看作考古学家对国家的不同定义。

夏鼐的古典进化论方法

"文明"和"国家"两个词的交替使用首先由夏鼐开始。他写道："文明一词用来指一个社会已由氏族制度解体而进入有国家组织的阶级社会的阶段。"（夏鼐 1985: 81）受戈登·柴尔德（Gordon Childe）城市革命思想的影响，夏鼐设定了四个基本可通过考古发现检测的标准来定义文明和国家：①国家级的政治组织（以阶级分化为特征）；②政治、经济和文化或宗教活动的中心；③文字；④金属冶炼。他进一步指出，中国文明在二里头文化时期（1900 BC～1500 BC）已经出现，二里头文化或至少二里头文化晚期的中心在河南伊洛地区（夏鼐 1985: 79-106）。

夏鼐认为自己是一个保守的考古学家（夏鼐 1985: 96）。当他那篇关于中国早期文明起源问题的文章在20世纪80年代发表的时候，二里头是当时唯一一个能最大限度符合国家定义标准的遗址。即使从现在的考古资料看，也没有哪个同时期或略早的考古学文化能够超出二里头所反映出的社会复杂化程度。夏鼐的观点更多强调考古证据而较少关心文字资料，这在中国并不普遍，因为大多数关于二里头的文章总是试图将它和王朝社会联系起来（参见杜金鹏，许宏 2006；中国社会科学院考古研究所 2003b）。然而，一些新的研究结果显示，夏鼐的观点值得重新关注。在用各自的方法进行系统研究之前，考古资料和有关史前社会的历史文献应该分别对待（Liu, L. 2004: 9–10; Liu, L. and X. Chen 2003; Liu, L. and H. Xu 2007）。

苏秉琦的新石器时代文明进程

苏秉琦对于文明的看法较夏鼐激进，但他在使用"文明"一词时并没有给出明确定义。他将一些5000多年前的新石器时代文化特征看作文明的曙光和古国的出现。这些特征有城址、龙形玉器、大型公共建筑和不同等级的墓葬。因为这些特征可以在很多地区发现，所以苏秉琦将这种情况描述为文明出现时的"满天星斗"，并进一步指出，5000多年前，许多地区都在向文明迈进（苏秉琦 1999: 119-127）。他所引用的例子来自不同遗址中的器物和遗迹在形制上的变化，因此，苏秉琦提出的模式与其说是有关国家形成的过程，倒不如说是有关文化进化的过程。

苏秉琦的观点已经被中国许多考古学家和历史学家接受。他们认为文明或国家的起源应当追溯到新石器时代（如李学勤 1997a；严文明 2000；张忠培 2000）。这些早期文明包括许多考古学文化，如仰韶文化晚期、红山文化、大汶口文化、屈家岭文化、良渚文化和龙山文化，它们都可追溯到公元前4000～前2000年（张忠培 2000）。在这些研究中，分层社会的出现、公共建筑的修建以及聚落防御工事等都被频繁引用作为早期国家出现的标志（如李学勤 1997a: 7–10）。虽然不同的观点早已出现（如安志敏 1993a；陈星灿 1987），但是这种观点在最近几年的势头却很强劲，因为几个新石器时代晚期的新发现表明，在公元前三千纪时，大型公共建筑如城墙已经开始修建，高级社会组织也已经发展起来。这些复杂的新石器时代发现以陶寺、王城岗和良渚遗址为代表，正如前几章中提到的，这些遗址都有大型的夯土城墙。但是，这些遗址目前发现的考古资料并不足以确定它们已经是国家。

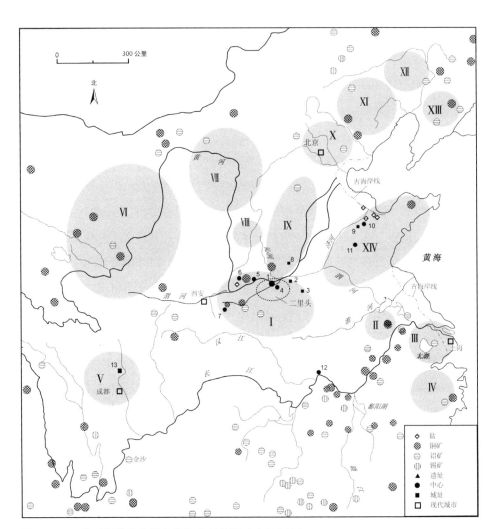

图 8.1 二里头时期的考古学文化和自然资源（金属和盐）
文化：Ⅰ.二里头 Ⅱ.斗鸡台 Ⅲ.马桥 Ⅳ.点将台下层 Ⅴ.三星堆 Ⅵ.齐家 Ⅶ.朱开沟 Ⅷ.光社 Ⅸ.下七垣 Ⅹ.大坨头 Ⅺ.夏家店下层 Ⅻ.高台山 ⅩⅢ.庙后山 ⅩⅣ.岳石 遗址：1.二里头 2.大师姑 3.望京楼 4.南洼 5.南关 6.东下冯 7.东龙山 8.孟庄 9.城子崖 10.史家 11.尹家城 12.盘龙城 13.三星堆（文化分布区域来自中国社会科学院考古研究所 2003）

历史学方法

现代考古学出现之前，历史文献是解释社会发展的唯一资料。这些历史文献将文明起源追溯到古史传说的三皇五帝时期。由中国考古学家自己开展的现代考古始于20世纪20年代，是中国古史传统、西方科学方法和不断上升的民族主义相互影响的结果。它最初的目标是重建中国历史（Falkenhausen 1993；Liu, L. and X. Chen 2001a；参见第一章）。早期历史王朝，也就是后来所说的帝国之前的"三代"（夏、商和周，总体上来讲时间为公元前2100～前200年），都是在黄河中游地区或称中原地区发展起来的。寻找三代的国都一直都是现代中国考古学的目标。过去一个世纪的考古调查已经发现了许多大遗址，某些大遗址在时间和空间上确实与文献中提到的早期王朝都城吻合。这些遗址包括新砦、二里头、郑州、偃师、小双桥、洹北和殷墟，它们都位于中原并且显示出政治中心的特征（图8.1）。这些发现激发了中国考古学家们重建中国早期王朝历史的热情，许多文章都将这些遗址和古代文献中提到的夏商时期的都城联系起来。总体看来，历史学方法在中国已经成为主流。

然而历史学方法在实践中是有问题的。古代文献经常简略而模糊不清，况且在晚商之前的早期青铜时代遗址中并没有发现能够说明遗址性质的文字。这样的话，引用各种古史传说就会导致一个考古遗址可能对应多个古代城市或地方。因此，对于哪个遗址对应哪个古代都城，考古学家们各执己见，争论不休。只有安阳殷墟除外：遗址出土的甲骨文使它毫无争议地成为商代最后一个都城。

就方法论来讲，历史学方法也是颇具争议的。由于这些文献完成的时代很晚近，许多学者认为文献中提及的地名不应该被用于现代研究认定的史前考古遗址。尤其是对二里头文化的解释争议较多，二里头文化的一部分是作为第一个王朝——夏的遗存来看待的。与此相对，批评意见对此提出质疑，因为遗址中并没有发现相关文字证据来支持二里头和夏的关系。这种争论暴露了中国考古中历史学方法的缺点，这就意味着需要用其他方法来研究史前复杂社会（参见 Liu, L. and Xu 2007）。

社会考古学方法

这个方法主张运用西方人类学理论和多学科合作方法来研究国家的形成。由于近年来一系列中外合作项目在中国开展，这种方法在中国考古学中日渐流行起来。

在山东东南部和河南伊洛盆地开展的两个中外合作项目尤其关注国家的形成问题。这两个项目通过进行全覆盖式区域调查和发掘，从区域的角度运用聚落考古的方法研究社会变化（如 Adams and Jones 1981；Fish and Kowalewski 1990；Kowalewski 1989；Wright 1984）。社会考古学方法将国家定义为至少有两个社会阶层的社会，即统治阶层和平民阶层。统治阶层以集权化的决策过程为特征，这个决策过程无论是外部还是内部都很专业化。外部是指对下属地区的管理，内部指集权化的决策过程被分成若干独立的活动，这些独立的活动可以在不同时间不同地点进行（Marcus and Feinman 1998: 4；Wright 1977: 383）。另外，国家级的社会组织经常产生于一个至少有四个等级的区域聚落系统，这相当于存在三个或更多政治阶层（Earle 1991: 3；Flannery 1998: 16–21；Wright 1977: 389；Wright and Johnson 1975）。本书采用的就是这个定义。

山东东南部和伊洛盆地的区域聚落模式显示，这两个地区的人口在新石器时代不断增长。在山东东南部，两个大的新石器时代晚期聚落——两城镇和尧王城作为区域中心出现，每个聚落都管辖着一个有三个政治阶层的聚落体系，然而它们却在公元前二千纪初期消失了。对于它们政治组织本质的判断，还需要通过更多的考古发掘工作以获得更多的材料（Underhill et al. 2008）。

伊洛地区的情况较为特殊。公元前 2000 年左右，大多数地区人口的增长和社会复杂化进程都经历了一个低谷，伊洛盆地的聚落模式在二里头时期却显示出人口快速凝聚的过程。一个大的城市中心在二里头遗址（300 万平方米）出现，860 平方公里范围内的调查情况表明伊洛盆地存在一个三级政治结构（Liu, L. et al. 2002–2004；许宏等 2005）。国家形成的过程从伊洛地区的考古材料中明显地显现出来。

第八章　中原地区早期国家的形成：二里头和二里岗（1900/1800 BC ~ 1250 BC）　｜271

另外，最近的两项研究试图阐明国家和文明这两个概念之间的关系。艾兰认为，一般的精英文化往往伴随着一系列特殊的宗教活动，这种精英文化最早在二里头区域中心形成（Allan 2007）。因此二里头代表了大约公元前2000年的最高政治组织形式（国家），和二里头相关的一般精英文化可以叫作文明。对于这两个概念，诺曼·叶斐（Norman Yoffee）和李旻也给出了类似解释，他们认为作为社会的政权中心国家是在城市出现的，而作为文明的一系列文化价值则被几个早期的小国共享（叶斐，李旻 2009）。这两个概念的区分有助于厘清物质文化圈和政治实体之间的某些模糊解释。

本书作者赞赏的社会考古学方法，显示出在早期国家研究中的巨大潜力，为评估一个考古学文化所反映的社会复杂程度提供了客观标准。这种方法不以历史文献为蓝图进行解释，独立的考古学研究所产生的结论最终却可以和文献资料相比照。

本章我们将聚焦早期青铜时代的国家，即二里头、二里岗以及周边地区的文化。我们不把二里头和夏朝联系在一起，我们认为二里头的文化归属是有争议的；但是我们也并不排除这种可能性，夏作为一个族群或朝代，在古代可能存在过，果真如此，其物质遗存将来最终会在考古资料中辨识出来。

寻找夏朝

二里头文化，得名于1959年在河南西部偃师二里头发现的大型青铜时代遗址。二里头遗址由徐旭生发现，他当时希望发现历史文献中记载的位于伊洛河流域的夏的国都（徐旭生 1959）。到目前为止，在黄河中游地区已发现300多个遗址呈现出和二里头文化相同的物质文化特征（参见图8.1，I）。

二里头文化的年代约为公元前1900～前1500年，和文献记载的夏朝（2070 BC ~ 1600 BC）部分重叠（夏商周断代工程专家组 2000）。因为这个考古学文化在时间和空间上与古代文献记载的夏朝晚期相符，因此大多数中国考古学家坚信二里头文化和夏朝晚期存在直接联系（杜金鹏，许宏 2006），夏朝早期文化在先于二里头的文化中应当可以发现。这种观点导致学术界对于介于龙山晚期和二里头文化之间的一个阶段——新砦期的研究。在寻找夏朝的考古学遗存中，新砦和二里头成为关键的研究对象。

新砦期

新砦期最早命名于20世纪80年代，是河南西部一组特征鲜明的、早于二里头晚于龙山的陶器组合。到目前为止，新砦期陶器组合已经在超过15处遗址中发现，但这些遗址往往不只发现新砦陶器组合。可能还有更多的遗址含有新砦陶器组合，有待于将来被证实。已经发现的新砦遗址主要分布在嵩山周围，这一地区有两个中型的中心，即新密新砦和巩义花地嘴（庞小霞，高江涛 2008）。

新砦遗址 | 位于嵩山东部的冲积平原，双洎河北岸（图8.2, A）。该遗址年代最早的遗迹是龙山晚期的坚固城墙，说明了新砦遗址在该地区的重要地位。随后出现的新砦期见证了聚落的整个发展过程。该遗址被两个同心的外壕和内夯土墙，以及护城河环绕。城墙内面积约70万平方米，外壕内的整个遗址面积约100万平方米。新砦遗址较高的社会政治地位可以由在新砦出土却未在一般聚落中发现的器物窥见一斑，包括铜器、玉器和精美的陶器。另外还发现大型半地穴式建筑（面积大约1400平方米），据发掘者分析可能和仪式活动有关（图8.2, B）。二里头文化早期的遗迹在本遗址也有发现，但较为零星，说明此时人口密度较低（参见赵春青 2009）。

花地嘴遗址 | 位于伊洛河东部的黄土台地之上。该遗址面积约30万平方米，由四条同心的壕沟环绕。发现房基、陶窑和灰坑。一些灰坑显然是用作祭祀的，出土大量器物，包括礼仪用的玉器（如玉钺、玉铲、玉璋和玉琮）和装有谷物、动物骨骼的陶器。陶器中有两个装饰着复杂花纹的陶缸（顾万发，张松林 2005；顾问，张松林 2006）。

最近，一系列从新砦到二里头的^{14}C加速器质谱测年样品提供了一个从龙山

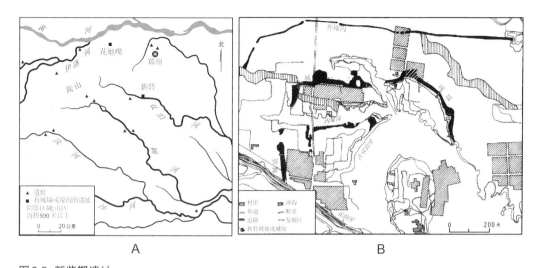

图 8.2 新砦期遗址
A.新砦期主要遗址（据庞小霞，高江涛 2008：图1修改）B.新砦遗址布局（据赵春青 2009：图1修改）

晚期（约2200 BC～1855 BC）到新砦（约1870 BC～1720 BC），再到二里头时期（约1750 BC～1530 BC）的年代序列（张雪莲等 2007）。测年数据显示，这些文化的年代晚于之前发表的数据，尤其是二里头文化的开始时间。这些新数据有待于更多遗址样品的检验。

新砦遗址的惊人发现引发了新一轮认定城址历史属性的讨论。新砦遗址被认为是夏代第二个王——夏启的国都（许顺湛 2004；赵春青 2004），或者是来自东方取代夏的后羿和寒浞的国都（顾问 2002）。这些说法均假设夏是一个统一的强大王朝，曾经占有新砦文化分布的地区，并且新砦是夏初一系列王先后定都之地。

然而，我们对新砦期的区域聚落模式知之甚少，因为并没有发现多少新砦期遗址，而且它们的面积也不清楚。新砦和花地嘴的关系也不清楚，这两个遗址的直线距离只有大约50公里，但实际通行距离却要远得多，因为他们被嵩山分隔开来。考虑到这两个遗址相距较远，因此它们可能是相互竞争的两个地区中心，每个中心各统治着嵩山一侧的一些小型聚落。新砦所在地区龙山晚期的聚落系统以多中心为特征，这些地区中心（王城岗、瓦店、古城寨和新砦）都有城墙或壕沟环绕（参见第七章和图7.2）。新砦时期新砦城址在规模和遗存情况上与其他龙山时期的城址相比没有大的区别。这说明新砦期与本地区龙山时期的社会发展模式非常相似，以多个中型政治中心为特征，这些中心之间为争夺权力和统治地位而竞争。这种认识和传统上认为的夏是一个统一的集权政体的观点相左。

二里头文化和二里头国家

二里头文化的分布范围远大于新砦。二里头文化遗址大多集中在黄河中游地区，包括河南中部、西部和山西南部。这些遗址可归为两类：河南二里头类型和山西东下冯类型。具有二里头文化因素的遗址分布向南可到长江中游，西南至丹江流域分布，这些都是二里头文化向南扩张的证据。伊洛盆地和嵩山周围的邻近地区是二里头文化的核心区域。在这里，二里头遗址（300万平方米）是主要中心聚落，在它周围的冲积平原和黄土台地上分布着200多个较小的聚落，二里头与它们形成了一个具有三级政治结构的聚落系统。洛河在历史上曾多次改道，二里头现在位于洛河南岸，但在古代它却位于洛河北岸的冲积平原上。二里头所处的位置不仅拥有伊洛河水系提供的便利的交通系统，盆地周围的山脉也成为天然的防御屏障（北京大学考古文博学院，河南省文物考古研究所 2007: 665-775; Liu, L. et al. 2002-2004; Qiao, Y. 2007; 许宏等 2005)（图8.3）。

伊洛盆地之外，二里头文化的范围之内，已发现两个城址。一个是距二里头东北约70公里的荥阳大师姑遗址（51万平方米），该遗址出土的青铜工具和玉器（如琮）表明这里曾有地位较高的居民。另外一个城址是位于二里头东南约100公里的新郑望京楼遗址（参见图8.1, 3）。这两个遗址都被认为或是军事要塞用以防御夏的敌人，或是夏的附属国（张松林，吴倩 2010；郑州市文物考古研究所 2004）。无论何种解释，在二里头最高中心聚落并没有发现防御工事，而外围的次级中心聚落却有城墙环绕，这一事实揭示了一个不同于之前龙山时代的政治版图。龙山以有多个相互竞争的政治实体为特征，每个政治实体都占有一个相对小

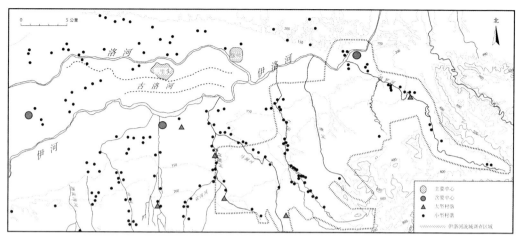

图 8.3 伊洛地区二里头文化遗址的分布，显示二里头和偃师商城的关系

的领地。相比而言，二里头则是一个大范围内单一中心的政治系统。

二里头城市中心

二里头遗址年代最早的发现是三个小型的仰韶文化晚期（约 3500 BC ~ 3000 BC）聚落，还有一个小型的龙山文化早期（约 3000 BC ~ 2600 BC）聚落。在龙山聚落废弃和二里头文化移民进入之间有个约五六百年的时间间隔。之后二里头迅速发展成本地区最大的城市中心。考古发现显示二里头已经有了明显的社会分化，一方面是一般的小型半地穴式房子和有少许随葬品的墓葬，另一方面是权贵阶层的大型夯土宫殿建筑和随葬丰富青铜器、玉器、绿松石、子安贝、象牙和白陶的墓葬，两者形成了强烈对比。另外，二里头的陶器上发现 40 多个符号，其中某些在形式上与后来的甲骨文相似。有些学者认为这些符号是传说中夏的文字（曹定云 2004），有些学者却不认为他们能够代表一个文字系统（图 8.4）。

对于二里头文化的年代范围，目前仍在讨论。2000 年以前检测的二里头遗址出土的几十个样品的 ^{14}C 数据显示为公元前 1900 ~ 前 1500 年，但最近从新砦和二里头获得的有机样品的 ^{14}C 加速器质谱测年数据却显示为公元前 1750 ~ 前 1530

图8.4 二里头出土器物

1、2. 高岭土制成的白陶爵、鬶 3、4. 铜爵和铜斝 5. 镶嵌绿松石的铜牌饰 6. 带有动物纹样的铸铜陶范 7. 玉钺 8. 墓葬出土的绿松石龙形器和铜铃 9. 陶器上的刻划符号（1、2来自中国社会科学院考古研究所1995：图版5、54；3、4来自马承源1996：图63、82；5～8来自杜金鹏，许宏2005：图版5，6.3、4，7.1；9来自中国社会科学院考古研究所1999b：图128）

第八章　中原地区早期国家的形成：二里头和二里岗（1900/1800 BC ~ 1250 BC） | 277

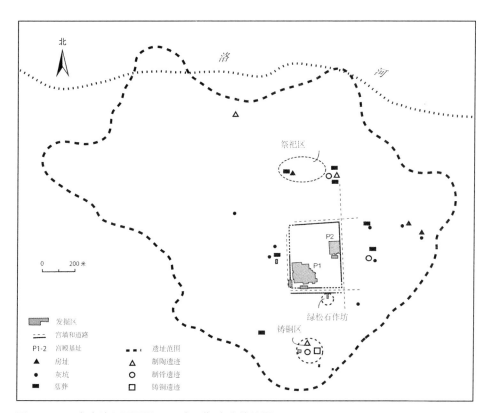

图8.5 二里头遗址平面图及二里头三期遗迹的位置

年（张雪莲等 2007）。另外，从二里头遗址南15公里的灰嘴遗址出土的炭化种子中获取的一系列 ^{14}C 加速器质谱测年数据支持前一个年代范围（Lee et al. 2007）。因此从新砦和二里头得出的加速器质谱的测年数据可能并没有涵盖整个二里头文化的年代，需要对更多遗址出土的样品进行测年。所以，本书仍使用公元前1900~前1500年作为二里头文化的年代范围。

根据陶器类型学研究，二里头文化可分为四个时期，但每个时期的确切年代很难确定。就像本章稍后讨论的那样，我们对于二里头城市中心发展过程的理解是建立在40多年的田野发掘和研究基础之上的（杜金鹏，许宏 2005, 2006；中国社会科学院考古研究所 1999b, 2003b）（图8.5）。

二里头一期 | 此期遗址面积超过 100 万平方米，已经成为伊洛地区最大的中心。如此快速的人口集中只能用周边地区人口向二里头迁移来解释。这一时期出土了许多权贵阶层使用的器物，例如白陶、象牙和绿松石器以及青铜工具；聚落布局并不清楚，因为这一时期的堆积被后来的堆积严重破坏了（Liu, L. and Xu 2007）。

几种手工业产品在该遗址生产，如小型青铜器、陶器和骨器。从发现的炉渣可以看出青铜铸造可能仅局限于小型器物，因为只发现了刀。工具包括各种不同的农业和渔猎工具（Liu, Li 2006）。二里头首先作为一个具有许多手工业作坊的大型聚落发展起来，这些手工业作坊既生产权贵用品也生产人们的日常用品，而二里头的人口可能既从事手工业生产，也从事农业劳动。这一特点见于二里头遗址存在的大部分时期。

二里头二期 | 此期是二里头的鼎盛时期，初级城市中心已经形成。

遗址的面积在这一时期最大，达到 300 万平方米。在遗址的东南部发现一组夯土建筑群，这个建筑群被四条相互交叉的宽约 20 米的道路分隔开来。这些建筑和后来商时期的宫殿相似，面积很大，布局复杂。在宫殿建筑群外的东北和西南部发现了中型的夯土基址和墓葬。在这个建筑群中，有两个紧挨着的夯土基址、一个木结构的排水系统，宫殿南部还有一大片夯土。两组有着丰富随葬品的高等级墓葬在宫殿的院落发现。一座（No. 3）出土一具 30～35 岁成年男性的骨架，随葬器物有青铜器、玉器、漆器、陶器和子安贝。一个由大约 2000 块绿松石和玉料制成的龙形器置于骨架的上部，表明墓主人拥有较高的社会地位（图 8.4, 8）（Liu, Li 2006；Liu, L. and Xu 2007）。

陶器和骨器继续在此生产。青铜器作坊位于遗址的东南部，宫殿群南边道路以南约 300 米处，由夯土墙圈包围。其他手工业作坊，如绿松石作坊，也位于夯土墙圈内。在靠近青铜器作坊的地方发现了房址，以及小孩和成人的墓葬，表明手工业者和他们的家属集中居住在这个地区。手工业生产区，主要是高等级物品的生产区分布在宫殿区附近，因此这些生产活动很可能是由国家控制的附属手工业者进行。凯西·科斯汀（Cathy L. Costin）把附属手工业者定义为，从事高等级物品的生产，这些高等级物品主要供给其赞助者，尤其是国家这种复杂社会中的权贵或统治机构使用（Costin 2001）。这样的话，附属手工业可能在二里头二期就已经出现了。这些手工业者主要从事青铜器和珍贵石制品的生产（Liu, Li 2006；Liu, L. and Xu 2007）。

在所有工具中，农具占了很大比例（42%）。这说明可能存在大量的农业活动，以满足不断增长的人口需要（Liu, Li 2006）。

二里头三期｜二里头作为城市中心继续发展，厚厚的文化堆积和剧增的灰坑、房址、墓葬和陶窑的数量表明，人口密度和手工业生产均迅猛发展（Liu, Li 2006）。

就城市中心而言，有几项显著的新进展。第一，宫殿群（10.8万平方米）周围建有大约厚2米的夯土墙，形成宫城。第二，二期宫殿被废弃，六个新建筑被修建，建筑模式更加规范化。第三，与增长的宫殿建筑数量相比，宫城内的生活设施如水井和窖藏坑，数量锐减。这些变化说明宫殿区成为特殊区域，专供一小部分上层人物居住并从事某些特殊活动。第四，在围墙环绕的手工业作坊区内，北部有一个面积约1000平方米的区域，散布着很多绿松石废料，明显是用来生产绿松石器的。这与该时期权贵阶层墓葬中镶嵌绿松石的若干青铜牌饰相呼应。另外，青铜器作坊开始生产礼仪用器，主要是作为酒器的爵和斝（图8.4, 3、4），这些青铜礼器主要发现于二里头的贵族居住区和墓葬（Liu, L. and Xu 2007）。

和前两个时期的发现相比，本期农具的比例相对于手工业产品有所下降。这一变化表明，随着手工业生产专业化的发展，二里头人口的食物来源也越来越依赖于贡赋和交换。二里头三期时，箭镞的数量（377枚）也明显增加，大约是二期（35枚）的10倍（Liu, Li 2006）。这可能是二里头为获取重要资源，尤其是金属和盐，在地域上不断向外扩张时对武器需求增加的缘故（Liu, L. and Chen 2003: 57-84）。

城市中心宫殿区周围青铜器作坊的集中分布，表明在生产高等级物品方面国家垄断的增强。相比而言，骨器和陶器作坊在遗址的分布更加分散，表明独立手工业也在同时发展（Liu, Li 2006）。

二里头四期和二里岗下层｜这一时期的文化堆积不仅集中在中心区域，遗址外围也有分布。聚落面积仍和前一时期相同（300万平方米）。修建于二里头三期的宫殿建筑和四条相互交叉的道路仍在使用。另外，此期至少修建了三个新建筑。所有的手工业作坊也在这一时期继续使用。墓葬中出土的青铜容器和之前相比，数量增多，类型增加，质量提高（Liu, L. and Xu 2007）。除了那些用于家庭手工业生产的工具（如针和锥）外，工具的数量都在增加。箭镞数量的增加尤其明显，可能表明区域军事冲突的发生（Liu, Li 2006）。显然，二里头依然保持了当时伊洛地区最大城市中心的地位。

在四期晚段，二里头东北6公里的偃师出现了另一个大型聚落，考古学家们称之为"偃师商城"。偃师商城开始只有一个小面积的宫殿建筑群，之后才发展成一个大型有防御工事的城（200万平方米）。发现的遗物具有二里岗类型（早商）的特征。偃师商城的兴起和二里头最后一个时期在年代上明显有重叠，这个情况引发了学者们对这两个遗址关系的激烈争论。近年来学术界的观点倾向于认为，偃师在二里头文化腹心地区的出现反映了商征服夏的历史（杜金鹏，王学荣 2004；中国社会科学院考古研究所 2003b）。

在二里头，很少有二里岗下层早期遗存发现。因为二里头四期（约1560 BC～1520 BC）和二里岗下层（约1600 BC～1415 BC）（张雪莲等 2007）在年代上有部分重叠，二里头居民可能继续生产和使用二里头四期类型的陶器，然而在附近的偃师商城却生产二里岗类型的陶器。假如情况果真如此，陶器生产和社会政治组织之间就有很大关系。我们需要对陶器的来源做更多分析，才能理解这两个遗址陶器的生产和分布。

二里岗上层 | 高等级物品的生产，尤其是青铜器的生产，在二里头四期之后完全停止。在二里头遗址与二里岗上层（约1450 BC～1300 BC）有关的文化遗存有小型房址、灰坑和墓葬。它们集中分布在面积约30万平方米的宫城范围内。此时，二里头似乎已从城市中心变成了一个普通村落。

二里头的衰落不仅和偃师商城的兴起在时间上重合，而且也与在其东约85公里的郑州出现的另一个更大的城址相呼应。青铜工具、武器和礼仪用具的生产是郑州商城的主要特征（河南省文物考古研究所 2001）。郑州商城的金属制造技术和青铜器类型显示出它和二里头有着很强的连续性，反映出这两个中心密切相关。考虑到包括手工业者在内的二里头城市人口可能向郑州商城迁移，因此二里头的没落也许是一个人口迁徙的战略决策。

二里头的城市规划和人口

二里头在城市规划方面表现出某些规律性模式，清晰地反映出等级结构的存在。宫殿群基本位于遗址中心，下层贵族的居址和墓葬集中在靠近宫殿区的东部和东南部。这个由不同等级贵族居住的区域范围最大，延续的时间最长，也是城市扩张的核心地区。位于宫殿群北部的祭祀区，分布着形式特殊的建筑及其附属墓葬。封闭式的青铜器和绿松石作坊紧挨着宫殿区的南部，说明贵族对这些高等级用品生产的严格控制。一般平民的居住区和墓葬位于遗址西部和北部的边缘地带（参见图8.5）。

二里头的人口数量很难判断。有一项研究估计二里头高峰时期（三期）的最大人口数量是18000～30000人，平均数约24000人。二里头的人口不仅包括贵族和手工业者，也包括农民，这一点可以从发现的大量农具体现出来（Liu, Li 2006）。但是遗址上墓葬和房址经常相互叠压，没有专门的墓葬区。如果规划有序、边界清楚的墓葬区域反映了一个有血缘关系的社会群体结构的存在（Goldstein 1981: 61），那么二里头基本上没有发现这样的证据。这与许多新石器时代遗址（Liu, L. 1996a, 2000a）以及安阳晚商殷墟遗址（Tang, J. 2004）形成了鲜明的对比，这些遗址均揭示出构成聚落重要组成部分的排列有序的亲族墓地。

二里头遗址的同一区域交替作为居住地和墓地也可能暗示着人口的频繁移动。这一人口迁徙的现象在整个二里头文化范围内都可以观察到。二里头作为一个政治实体在地域上快速扩张并伴随着人口的移动，将二里头的物质文化传播到周围地区，尤其是资源丰富的地区（Liu, L. and Chen 2003: 69-84）。

如果二里头最早可能是因为周边人口迁入而形成的话，这些早期迁入者应来自不同的小型血缘群体，而不是来自一个具有血缘纽带联系的共同体。这样解释二里头人口的最初形成过程比较合适，即二里头城市中心的最初形成是不同群体的人们被一个共同的城市规划所制约而形成人口集团，而这些人并不是来自早已存在的单一族群，如夏或商。显然，今后有关二里头国家的出现和城市化的研究有待于和传统概念上的早期王朝区别开来，因为传统概念上的早期王朝经常暗示着一个有单一血缘关系的族群。

二里头的青铜冶炼和礼仪

二里头遗址已经发现100多件金属器物，质地有红铜、铅和锡铜合金、铅铜合金、锡铅铜合金和砷铜合金。尽管青铜器并没有显示出标准化的合金比例（金正耀 2000；梁宏刚，孙淑云 2006），但铅和锡是被有意加在一起制成合金的。砷青铜很少（只有一件），但是它显示出二里头和西北地区某些偏远文化间的联系，例如甘肃四坝文化（梅建军 2006）。尽管合金的构成缺乏标准的配比，而且器物形制都很简单，但是二里头的青铜冶炼技术明显已经超出原始阶段，二里头已成为当时中国最大的青铜器生产地。

二里头青铜冶炼的主要革新成就是使用块范法制作作为贵族用品的礼器。酒器和炊器最早在二里头三期出现，是祖先祭祀仪式中最重要的媒介，用以增强统治阶层的合法性。中国整个青铜时代的统治者都保留着这个传统（Chang 1983）。

青铜器作坊中发现了用来铸造礼器、武器和小型木作工具的陶范（中国社会科学院考古研究所 1999b）（图 8.4，6），但是没有发现用来制作农具的范。金属产品和国家政治紧密相关，"国之大事，在祀与戎"，而非农业。

在同时代的遗址中，二里头是唯一发现用块范法生产青铜礼器证据的遗址。因此，这个技术可能已经被一个特殊的依附于二里头高层统治者的手工业团体所垄断。虽然在二里头周围的几个遗址，如铜矿资源丰富的中条山附近的东下冯和南关遗址也发现了青铜器的生产，但是这些遗址仅生产工具和武器，而且使用的是没有块范法复杂的双面石范法（Liu, L. and Chen 2003: 69–73）。

块范技术应是在专门铸造青铜礼器的过程中被发明或得到显著提高的，青铜礼器是中国青铜时代最重要的政治、宗教和经济力量的象征（Chang 1983）。块范技术也使二里头与同时期周围地区甚至世界其他地区的冶金技术区别开来，后者的青铜制品常常是非礼器的装饰品或日用品。

二里头文化的青铜礼器主要出自二里头遗址，说明二里头的统治者不仅垄断了青铜礼器的生产，也垄断了青铜礼器的分配。这些礼器是最珍贵的器物，被社会地位最高的统治阶层所占有。

最早的青铜容器如爵、斝、盉是酒器，它们与青铜器出现之前贵族墓葬中发现的同类白陶器形相仿（图8.4, 1、2）。这些酒器的类型承袭自与礼仪宴饮相关的陶器传统，宴饮作为祖先崇拜仪式的一部分可以追溯到新石器时代（Fung 2000; Keightley 1985）。从新石器时代到青铜时代，作为礼器的此类器物风格一致，暗示仪式长期延续。一种新的物质材料能够得到统治阶层的重用，是因为其产品在传统仪式中有意义并且能够发挥作用。新的金属材料正因为具有这样的潜力，才得以运用到业已存在的贵族用品系统当中。这一转变发生在二里头时期，此时手工业者模仿传统陶礼器器形首次使用新的冶金技术，从此开始生产复杂而昂贵的青铜礼器（Liu, L. 2003）。

块范法青铜器生产使用多个陶制内范和外范，这需要明确细致的劳动分工、对原料的有效控制和高度复杂的技术和管理水平（Bagley 1987; Barnard 1961, 1993; Chase 1983）。只有高度分层的社会组织才能够满足它们，它们反过来也会进一步促进社会的复杂化进程（Franklin 1983, 1992）。

二里头中心和周边地区

二里头周围是洛阳盆地肥沃的冲积平原，是农业发展的理想之地。然而，这个冲积平原却没有多少城市化发展所需的非农业自然资源，比如建造宫殿的木材，制作石器的石料，制作白陶的特殊陶土，制作贵族用品的绿松石，制作青铜器的铜、锡、铅，冶炼青铜合金和烧造陶器的燃料，以及本地区日常生活所需的盐。二里头发现的许多名贵器物，如原始瓷器和玉器，显然来自其他地方。不过上述物品大多可以从距二里头20～200公里的范围内得到，但也有一些来自二里头东南500多公里外的长江中游地区。二里头中心和周边地区的关系，说明在一个复杂的政治经济系统中，最高中心行使支配权，而地方中心的低级贵族则通过争取权力和社会地位构筑他们的社会关系网络。

二里头中心地区 | 最近在二里头核心地区进行的区域系统调查和发掘发现了一些次级地区中心（参见图8.3），其中有些是因为生产某种特殊的礼仪或日常产品发展起来的。例如，偃师灰嘴就是一个石器生产中心，主要生产用于外运的石铲（陈星灿等2010a, b；Owen 2007；Webb et al. 2007），登封的南洼则是制作白陶的地点之一（韩国河等2006, 2007；Li, B. et al. 2008）。石铲主要发现在伊洛地区，而白陶则在更大的范围内发现。值得注意的是，尽管二里头接受来自这些生产地点的产品，但这些产品的生产和分配好像并没有被二里头所控制。相反，地区中心之间可能会直接交换产品，比如白陶和石器（Liu, L. et al. 2007a）。

这些情况表明，尽管二里头是本地区最大的政治中心，但是依然存在分层的权力系统。中心地区的独立手工业者制作权贵和非权贵使用的产品，在供给城市权贵物质需求的过程中并不仅仅扮演次要角色，他们通过自己的手工业技能积极地获取社会地位和财富。在二里头核心地区国家的形成过程中，有许多来自社会不同层面的相互竞争的利益团体，非官署手工业者似乎在这个权力结构中也扮演着重要角色（Liu, L. et al. 2007a）。

二里头周边地区 | 二里头政权依靠在其周边地区设立军事据点，迅速向西北、西部和南部扩张。这些军事据点包括中条山的东下冯、南关和秦岭山区的东龙山。二里头文化的器物在长江中游的盘龙城也有发现，显示出其开拓更遥远地区的野心。这些遗址都靠近重要的自然资源（参见图8.1）。

盐可以从中条山的河东盐池获得，这是二里头文化范围内唯一的主要产盐区。湖北西北部的郧县有着丰富的绿松石资源，但是二里头绿松石器的来源还不确定。铜矿在中条山、秦岭和长江中游地区储藏丰富。对中条山铜矿的开采在二里头时期已经开始（李建西，2011）。考古证据还表明冶铜业出现在南关、东下冯和东龙山这些地区中心，由此显示了二里头文化扩张的动力（Liu, L. and X. Chen

2001b, 2003）。然而，二里头遗址出土的青铜器成分和铅同位素分析显示，二里头二期和三期的合金属于一个来源，但目前难以确定源自何处。三期和四期之间，合金成分发生了变化，二里头四期的大部分青铜器可能使用来自东部山东地区的合金（金正耀 2000）。

总之，二里头已经是一个高度分层的社会，也是一个在地区政治、宗教和经济方面起重要作用的城市。人口稠密，阶层分化，其居民从事农业和各种手工业，生产奢贵用品和日常用品。二里头国家可以理解为一个地域国家（Liu, L. and Chen 2003: 79-84），是由一个集权的统治集团通过不同层级的地方行政官员和行政中心控制大面积地域的政治实体（Trigger 2003: 92-94）。

二里头国家的近邻

在二里头文化器物组合的分布范围之外，发现了许多考古学文化（中国社会科学院考古研究所 2003b: 440-658）。每个文化可能由一些独立的、互动的并且和二里头国家也有互动的政体组成。这些文化间的互动以多种方式存在，如交换、贸易、战争和人口迁徙。早期国家周围的同时期文化包括东部的岳石文化、北部的下七垣文化、更北部的夏家店下层文化、西部的齐家文化、西南部的三星堆文化和东南部的马桥文化等（参见图 8.1）。本章我们仅关注二里头的近邻，也就是下七垣文化和岳石文化。

下七垣文化

下七垣文化（约1800 BC ~ 1500 BC）分布在河南北部和河北南部，从陶器类型来看，很明显源于本地区的几个龙山文化传统，并发展成不同的地方类型。学术界对于下七垣文化地方类型的命名并没有统一的意见，但总体来讲，从北到南分别是岳各庄、漳河和辉卫类型。考古学家已经发现了80多个下七垣文化遗址，它们主要沿太行山脉和黄河故道之间的冲积平原分布（中国社会科学院考古研究所 2003b: 140–164）。

大部分下七垣文化遗址的面积很小，例如，沿洹河发现的14个遗址均不足5万平方米（Jing, Z. et al. 2002）。然而，也出现了几个中等规模的地方中心，其中辉县孟庄是一个城址（12.7万平方米）（参见图 8.1, 8）。在该城址一个夯土遗迹中发现的三个人头盖骨说明战争和暴力的存在（河南省文物考古研究所 2003）。城址的部分功能可能是保护周围地区的居民。

二里头文化和下七垣文化以沁河和部分黄河为界，二里头文化遗址在其南，下七垣文化遗址在其北（参见图 8.1）。这两个文化群体之间似乎存在冲突和暴力的关系。荥阳大师姑是一个二里头文化的城址，位于黄河以南约13公里（王文华等 2004）。武陟大司马位于沁河以南约5公里，发现了两具有明显剥头皮特征的人骨（陈星灿 2000；杨贵金等 1994）。这两处遗址位于二里头文化的东北部前沿地区。

下七垣文化受到周围不同文化的影响。孟庄的陶器明显受到二里头文化的影响（河南省文物考古研究所 2003），而一些出土于河北的青铜器，如环首刀、銎式镞、喇叭形耳环，则具有明显的北方地区特征（中国社会科学院考古研究所 2003b: 154–155）。

许多考古学家试图将下七垣文化诸类型和古代文献中提到的前王朝国家对应，例如认为漳河类型是先商文化，辉卫类型是韦族为主的文化（河南省文物考古研究所 2003；中国社会科学院考古研究所 2003b: 140–164）。因为陶器类型不见得和某个政治实体相对应，所以我们并不清楚在下七垣文化分布范围内存在多少政治实体。不管怎样，聚落形态和物质遗存均显示下七垣文化可能由多个政体组成，它们相互竞争并和二里头国家存在冲突。下七垣诸政体的社会复杂化程度比二里头国家要简单得多。

岳石文化

岳石文化（约1900 BC ~ 1500 BC）主要分布于山东、河南东部和江苏北部

（参见图 8.1），和二里头文化及部分二里岗文化同时期。其核心位于环泰沂山地区；当二里岗文化扩展到东部时，岳石文化已经开始衰落，并且向胶东半岛退却，但一些岳石文化晚期遗址在公元前1500年后继续存在（山东省文物考古研究所 2005: 280-325）。

岳石文化部分是直接在山东龙山文化传统上发展起来的，部分由周边地区文化变异而来。山东地区已经发现340多处岳石文化遗址（山东省文物考古研究所 2005: 284）。和已经确认的山东龙山文化遗址数量（1492）相比（国家文物局 2007），从龙山文化到岳石文化，人口密度明显下降。这个趋势在山东东部比在山东西部更明显。例如，在东部沿海地区，区域系统调查结果显示，岳石时期的遗址分布非常零星（Underhill et al. 2008）。相较而言，山东北部地区岳石文化的社会复杂化程度可能和龙山时期相似。在章丘城子崖，夯土城墙继续修建。在淄博史家发现了一个祭祀坑，里面出有355件器物，包括陶器、工具、装饰品和刻字卜骨。卜骨上的文字读作"六"和"卜"，在字形结构上和晚商的甲骨文相似（山东省文物考古研究所 2005: 280-325；张光明等 1997）。

岳石文化的陶器没有龙山文化的精致，以褐色夹砂陶和灰色泥质陶为主。这些厚重的陶器曾被认为是文化衰退的证据，然而其他遗物则显示了农业生产的发展。岳石文化的主要农具有铲、镰、刀和镢（图8.6）。在从龙山到岳石文化的许多遗址中，农业工具在整个工具套中的数量也成比例增长，表明农业在日常经济生活中的作用不断增加（山东省文物考古研究所 2005: 320）。

金属器物，主要是小型工具和装饰品，包括镞、镰、刀、锥子、钻和环，在岳石文化的多处遗址中都有发现（图8.6）（栾丰实 1996a: 319-322）。根据对尹家城出土的9件金属器物的分析来看，它们属于五种合金，即红铜、锡青铜、铅青铜、锡铅青铜和砷青铜；冶炼方法主要是单范铸造，但是某些器物的刃部在铸造后经过了冷锻或热锻。目前在泗水、新泰、莱芜和蒙阴等地发现了少数几个铜铅矿，在历城还发现了一个砷铜矿，某些矿似乎在古代就已经被开采。所以，岳石的红铜和青铜器可能是本地制造的。在尹家城出土的金属遗物中可以看到多种技术和合金成分存在，说明该地区处于冶金术的早期阶段（孙淑云 1990）。

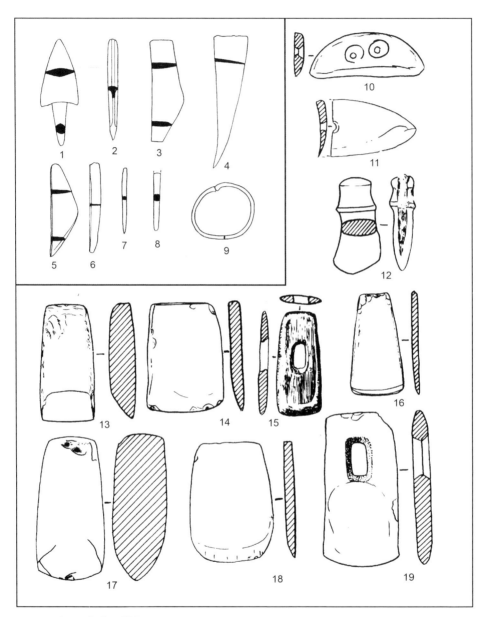

图8.6 岳石文化出土器物
1.镞 2、7、8.锥 3~6.刀 9.环 10、11.刀 12.斧 13.锛 14、16、18.铲 15.方孔石器 17.斧 19.镢（1~9铜器；10~19石器）（山东省文物考古研究所2005：图96、97）

岳石文化的遗址中没有发现长距离贸易的奢侈品，如玉器或精美的随葬器物。该文化似乎和周围地区特别是与以二里头和郑州商城为中心的早期国家交往频繁。属岳石文化器物的陶器、石刀和石镞，在河南的二里头和二里岗文化遗址中多有发现（栾丰实 1996a: 330–332）。岳石文化范围之外集中发现的岳石文化遗物的地点是郑州小双桥，这是商代中期的主要政治中心。在这里发现近40件石镞，主要出土于有人和动物牺牲的祭祀区（宋国定等 1996）。镞是岳石文化的特殊器物，为长方形或方形，有一个方形的钻孔和两面或三面刃（参见图 8.6, 19）。有考古学家认为，这些镞是商和岳石文化之间战争的战利品（任相宏 1997）。这些来自不同遗址的岳石文化遗物反映了岳石和其他文化之间的关系，可能包括贸易、战争和人口移动。

在晚商甲骨文中，"人方"通常被用来指称山东南部和江苏北部地区的人民，他们是商王征伐的对象（Chang 1980: 252）。晚商甲骨中的"人"字和周汉文献中出现的"夷"字指居住在东方的同一群人，这一观点已经被广泛接受。因此，居住在东方的人一般被周人称作"东夷"，许多中国考古学家经常使用这个词来代表岳石文化（栾丰实 1996a；严文明 1989a）。显然这些夷人并不属于一个族群。考古学按照陶器的类型学分析将岳石文化划分为几个不同的地方类型，但是不大可能将陶器类型和族群直接联系起来（Cohen 2001）。

二里岗文化和二里岗国家

二里头文化四期阶段，有两个城址分别在偃师和郑州出现，与其相关的文化遗存被称为二里岗文化（约1600 BC ～ 1400 BC）。郑州商城的面积是二里头的四倍多，因而成为黄河中游地区的主要中心，偃师商城似乎是郑州商城之下的次级中心。二里岗文化的分布范围要远远大于二里头，二里岗文化的核心地区至少存在三级政治组织。和二里头时期不同，大部分的二里岗地区中心都修筑防御工事，暗示战争日益加剧。这些变化重新定义政治版图，在华北地区形成了一个更加复

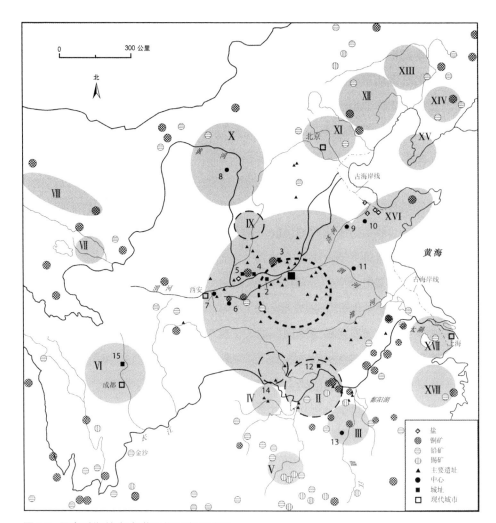

图 8.7 早商时期的考古学文化和主要遗址

考古学文化：Ⅰ.二里岗 Ⅱ.盘龙城 Ⅲ.吴城 Ⅳ.宝塔 Ⅴ.湘江地区印纹陶 Ⅵ.三星堆 Ⅶ.卡约 Ⅷ.四坝 Ⅸ.光社 Ⅹ.朱开沟 Ⅺ.大坨头 Ⅻ.夏家店下层 ⅩⅢ.高台山 ⅩⅣ.庙后山 ⅩⅤ.双坨子Ⅱ ⅩⅥ.岳石 ⅩⅦ.马桥 ⅩⅧ.湖熟（遗址和文化分布据中国社会科学院考古研究所 2003b）遗址：1.郑州 2.偃师 3.府城 4.南关 5.东下冯 6.东龙山 7.老牛坡 8.朱开沟 9.大辛庄 10.史家 11.前掌大 12.盘龙城 13.吴城 14.皂市 15.三星堆

杂的、军事化的国家社会（图8.7）。

郑州商城和偃师商城经常被中国考古学家认为是商代首都，特别是偃师商城还被视为夏商分界线的界标（高炜等 1998）。然而，这种观点颇具争议。在本书中，当提到二里岗文化的政治复杂程度时，我们更愿意使用"二里岗国家"一词，但是在描述相关的物质遗存时，我们仍使用中国考古学文献中习用的"早商"一词。

二里岗核心地区

河南中部和伊洛盆地是二里岗文化的核心地区，郑州商城和偃师商城两个大型城址为主要中心和次级中心。

偃师商城｜在二里头四期晚段，一组被夯土城墙（4万平方米）环绕的大型宫殿群在二里头东北6公里的偃师修建，宫殿群所在的区域被称作"宫城"。之后又有一圈夯土城墙（80平方米）在它周围修筑，这块围起来的区域被考古学家称作"小城"。最后，第三重城墙即外城城墙（厚17～21米）相继营建，被称作"大城"，这样整个遗址形成一个大型防御城市（200万平方米）（图8.8, A）。偃师商城早期地层出土的遗物融合了二里头和过渡类型的文化因素，所谓过渡类型就是下七垣（或先商）和二里岗（或早商）类型之间的特殊阶段；晚期地层则主要属于二里岗文化。在城内有大型的仓储设施、陶器作坊、青铜器作坊、居民区和墓葬。宫城被分成三个区：南部的宫殿区，有至少6个大型建筑；中部的祭祀区（约3000平方米），发现大量植物、人骨及猪、黄牛、羊、狗、鹿、鱼的骨骼；北部是一个人工水池，通过排水系统连接城外水系（图8.8, B）（杜金鹏 2003, 2006；王学荣 2002）。从大型防御工事的修建和大规模祭祀活动的举行来看，偃师商城显然具有特殊的军事和礼仪功能。

郑州商城｜郑州北依黄河，西南面向嵩山，东南则是一望无际的冲积平原。古代的郑州东部湖泊遍布。整个遗址面积约25平方公里，中间有两座夯土城墙：一座是长方形的内城（约300万平方米），一座是近圆形的外城（约18平方公里）。内城发现几十个夯土基址，规模从100平方米到2000平方米不等。这些夯

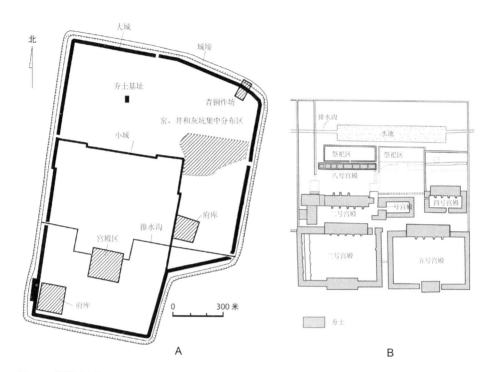

图 8.8 偃师商城
A. 偃师商城平面图 B. 宫殿区的主要建筑和遗迹（据中国社会科学院考古研究所 2003b：图 4、5；杜金鹏 2006：图 2 重绘）

土基址集中分布在内城东北部，可能是宫殿和宗庙遗存（图 8.9）。靠近北城墙的东北部地区可能是举行仪式的地方，因为有竖立的大石和埋有人骨和兽骨的祭祀坑。近 100 个人的头盖骨出土于一个靠近建筑基址的沟中，许多头骨有锯切痕迹（刘彦锋等 2010；袁广阔，曾晓敏 2004）。这些头盖骨可能来自宗庙附近用于祭祀的人牲（河南省文物考古研究所 2001）。

墓地、居住区和手工业作坊大多分布在外城内，也有一小部分分布在外城外。这些作坊生产用于仪式和日常生活的青铜器、陶器和骨器，有些是专门制作某类产品的专业作坊。铭功路的陶器作坊主要生产两种器物：泥质陶盆和陶甑。南关外青铜器作坊位于内城南墙外约 700 米处，主要生产礼器、工具和武器（图 8.10，A）。紫荆山青铜器作坊在内城北墙外 300 米处，生产武器、小型工具，以及

第八章　中原地区早期国家的形成：二里头和二里岗（1900/1800 BC ~ 1250 BC）| 293

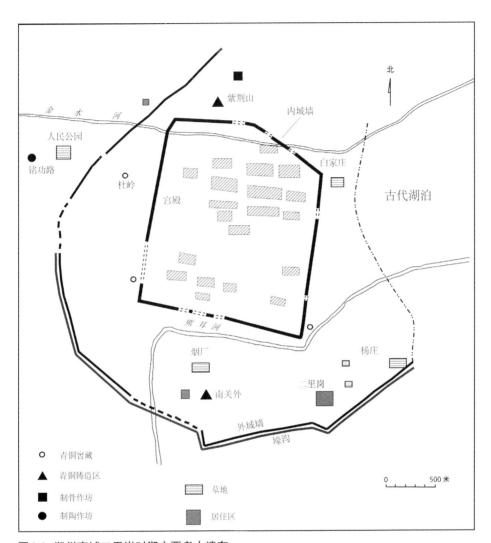

图 8.9 郑州商城二里岗时期主要考古遗存
（据刘彦锋等 2010：98；袁广阔，曾晓敏 2004：图 1 重绘）

少量的车马器和礼器（安金槐等 1989；河南省文物考古研究所 2001: 307-383）。这两个青铜器作坊是二里岗文化时期唯一能够提供铸造礼器确切证据的地点。和二里头一样，二里岗青铜礼器的生产显然被二里岗国家中心的最高统治集团所垄断（Liu, L. and Chen 2003: 92-99）。

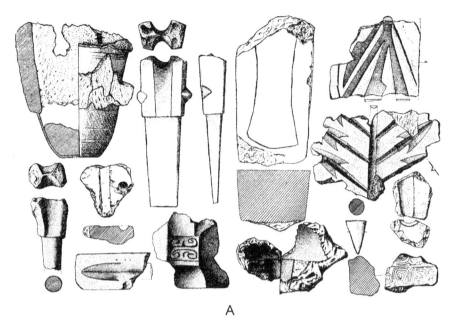

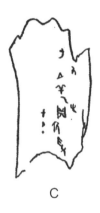

图 8.10 郑州商城二里岗文化的出土器物
A. 南关外青铜器作坊出土陶范，表明礼器、武器和工具在大型中心铸造（安金槐等 1989：图 6）B. 南顺城街窖藏出土的青铜器组合，包括二爵、二斝、二戈、一钺、一簋和四方鼎（河南省文物考古研究所 1999b；彩版 2）C. 郑州二里岗出土带有 12 个文字的动物骨骼（河南省文物考古研究所 1959：图 12）

在郑州二里岗发现两片刻字兽骨：一片有12个字，一片仅有1个字。这些字和发现于殷墟的甲骨文相似（河南省文化局文物工作队 1959: 38）（图 8.10，C）。

郑州商城的人口很难估计。从它的规模之大，手工业作坊之多和为数众多的建筑工程来看，郑州的人口一定比二里头的多得多。如果我们使用二里头的人口密度（60～100人/万平方米），就像前面讨论的那样，郑州的人口估计是7.8万～13万，平均人口是10.4万。大量的人口可能参与大型建筑的建设（如城墙与宫殿），据某些学者推算，至少要有1万人工作10年才能完成郑州商城城墙的夯筑（河南省文物考古研究所 2001: 1020-1021）。

郑州商城的人口被内城城墙分开，统治阶层及其附属集团主要居住在内城，而从事手工业生产的手工业者和平民主要居住在外城。和二里头一样，早商青铜器被用于仪式和战争，而非农业生产。相反，石、骨和蚌制工具在郑州的许多地区都有发现（河南省文物考古研究所 2001: 154-160）。所以，郑州的城市人口结构也和二里头相似，包括统治阶层、手工业者和农民。

社会阶层分化明显，战争更为普遍。其军事特征反映在防御性城墙的建筑、人牲的使用，以及骨器作坊中的原料大部分为人骨（河南省文物考古研究所 2001: 460-482）。

郑州商城出土的许多青铜礼器和二里头的器形类似，也有新器形出现，如方鼎（图 8.10，B）。郑州商城出土的最大方鼎高1米，重86.4公斤（河南省文物考古研究所 1999b）。这种新器形在商代显然是被最高等级的王室所拥有，是地位的象征（杨宝成，刘森淼 1991）。郑州商城青铜器生产的规模比二里头要大得多，这可以从外城内发现的三个青铜器窖藏看出来。这三个青铜器窖藏共出土28件青铜器，总重量超过500公斤（河南省文物考古研究所 1999b）。这些器物可能只是郑州商城生产青铜器的一小部分，因为没有发现大墓，而大墓中往往会随葬许多青铜器。

关于郑州商城的性质，大量讨论文章多强调郑州是古代文献中记载的商朝都城。这种观点随着该地区考古新发现的不断涌现和仍在不断细化的陶器类型学和年代分期而变得复杂。时至今日，中国考古学家仍没有达成一致意见，一般被认为是"隞"都（如河南省文物考古研究所 2001: 1026–1027）或"亳"都（邹衡 1998）。

二里岗的扩张

二里岗国家通过在周边地区设立军事据点来扩张它的势力，这一政治策略最早被二里头国家所使用。许多此类遗址曾是二里头文化设置在其周边地区的中心，现在又成为二里岗文化的设防城堡。这样的据点在南方的盘龙城，西方的东下冯、南关和东龙山，以及东方的大辛庄都有发现（参见图 8.7）。这个扩张趋势同先前的二里头一样，显然也是为了获取重要资源和珍稀物品，比如金属资源、盐、玉和原始瓷等。核心和周边地区之间的互动形成了相互依赖的关系。周边地区的中心提供原材料和珍奇物品，作为贡赋被送到核心地区，以支持核心地区的城市发展和手工业生产，有助于等级社会政治结构的巩固发展。反过来，核心地区重新分配由王室监督生产的、限量的高规格产品（主要是贵族物品，如青铜礼器），以及从周边地区获得的舶来品或珍奇物品，例如盐和原始瓷（这些瓷器中可能装有高等级物品），作为给地方权贵的回赠（Liu, L. and Chen 2003: 102–130）。

西部扩张 | 二里岗向西的扩张表现为在二里头时期的两个地区中心（山西南部的夏县东下冯和垣曲南关）建立军事防御工事。从二里头时期开始，这两个遗址就被用来获取和运输当地最珍贵的资源：中条山的铜和河东盐池生产的池盐（Liu, L. and Chen 2001b, 2003）。东下冯的一组仓储设施在形式上看可能和古代文献中记载的盐的储存有关（图 8.11）。通过对仓储遗迹地面采集土样进行化学分析，证实这些设施曾被用来存储大量的盐，这些盐可能被运送到二里岗国家的其他地区（Chen, Xingcan et al. 2010）。

东部扩张 | 济南大辛庄和滕州前掌大是山东境内最早设立的二里岗文化的地区中心，各中心周围都有一群小遗址。它们是安插在岳石文化腹地的殖民点，统治集团显然来自二里岗。物质遗存显示，遗址群形成的初期，本地岳石文化因素和二里岗文化因素共存，但随着二里岗政治统治的加强，岳石文化因素逐渐消

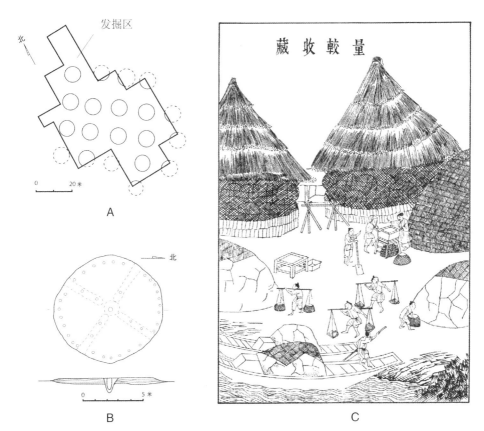

图8.11 夏县东下冯二里岗文化的盐储设施和文献记载的盐仓
A. 东下冯的一组盐储设施遗迹 B. 东下冯盐存储设施的结构举例（据中国社会科学院考古研究所等1988：图138、139重绘）C.《天工开物》中描绘的盐仓（Sung 1966：113）

褪。早期国家对该地区感兴趣明显是因为它的资源，包括海洋产品（例如珍珠和贝壳）、农产品（例如谷物）和金属（方辉 2009）。盐是否也被二里岗人开发还不清楚，但是如果晚商时期山东北部地区密集的盐业生产活动证据确凿（李水城等 2009；王青 2006），那么这一资源可能也吸引了二里岗国家的注意，但是我们仍缺少足够的证据来说明这一点。

南部扩张｜二里岗文化到达长江中游地区，以湖北盘龙城、江西吴城和湖南皂市为代表（Liu, L. and Chen 2003: 116–130）。

盘龙城靠近湖北武汉黄陂盘龙湖，是早期国家在长江中游地区建立的最大军事据点。它始建于二里头时期，可能被用来开发和运输该地区丰富的铜矿和其他资源。选择该地点很明显是出于交通便利的考虑。这里很容易和几条主要的水上交通路线连接起来，东南可达长江，西南可抵汉水，向北通过发源于大别山的几条河流可以直接进入河南境内（参见图8.7）（Liu, L. and Chen 2003: 75-79, 116-119）。

图8.12 盘龙城
1. 盘龙城遗址宫殿、手工业生产中心、居住区和墓葬的分布（据湖北省文物考古研究所 2001a: 图4重绘）2. 宫殿复原图 3. 原始瓷器 4. 坩埚 5～8. 贵族墓葬出土的青铜礼器（盉、爵、尊、提梁卣）（湖北省文物考古研究所 2001a: 644之彩版9-1、10-1、11-1、13-1、2、24）

二里头时期，盘龙城（约20万平方米）有几个小型聚落，可能从事陶器生产并且冶炼青铜，这可以由陶窑和坩埚的发现得到证实（图8.12, 4）。盘龙城也出土原始瓷器（图8.12, 3）。就目前的材料而言，既不清楚二里头在多大程度上直接控制本地区的铜矿，也不清楚金属是否确实被运到北方（湖北省文物考古研究所 2001a；Liu, L. and Chen 2003: 75–79）。

二里岗上层时期，社会快速发展，此时的盘龙城被两个同心的夯土城圈所包围。最近发现的外城面积约290万平方米（刘森淼 2002），内城（7.5万平方米）位于遗址的中心地区，建有包括大型建筑的宫城。在内城和外城城墙之间，发现了墓葬、居住区和青铜作坊。和青铜冶炼有关的坩埚、炉渣和孔雀石已经在五个地点出土（湖北省文物考古研究所 2001a）。盘龙城的双重城墙和偃师、郑州商城的结构非常相似，和中原地区早商城市物质遗存的某些特征也很相近。这些特征包括青铜器的类型和风格、建造大型建筑和城墙的技术，以及宫殿建筑的布局等，均显示出盘龙城和中原地区密切的依附关系（如 Bagley 1999；湖北省文物考古研究所 2001a: 493）。几个贵族墓葬出土大量的青铜器和坩埚，说明盘龙城权贵集团和金属资源的控制密切相关（图8.12, 5～8）（湖北省文物考古研究所 2001a）。

坩埚和炉渣的发现证明青铜冶炼已经在盘龙城进行。许多人认为盘龙城出土的青铜器是本地铸造的，因为附近有丰富的铜矿资源。但是本地铸造青铜礼器缺少足够的证据（如铸范），学者们并不能指出用来铸造盘龙城青铜器的金属矿的具体地点。尽管铜和锡好像有共同的来源，但铅并不是本地生产的（湖北省文物考古研究所 2001a: 517–573）。鉴于从北部二里岗遗址出土的青铜器和从盘龙城出土的青铜器在形态上相似，盘龙城的青铜器很可能是在郑州铸造，然后才运到盘龙城的[1]。同样的情况也发生在其他地区中心，如东下冯和垣曲。这种现象与二里头文化青铜器的生产组织特征一致，显示了一贯的政治策略，也就是由国家最高

---

[1] 最近对盘龙城墓葬出土青铜器上的黏土残留物研究显示，黏土来自本地而非北方，说明盘龙城的青铜器是本地生产的（南普恒等 2008）。但是这个结论颇具争议（金正耀 2009，个人交流）。

统治阶层垄断礼器的生产和分配。

盘龙城南方的江西吴城是另一个二里岗时期发展起来的城址（61万平方米）（江西省文物考古研究所，樟树市博物馆 2005）。和盘龙城一样，吴城的物质遗存显示以二里岗文化因素为主，但也存在本地文化因素。和盘龙城在二里岗时期之后衰落的情况相反，吴城在晚商时期开始繁荣起来并成为地区中心，本地文化因素也日益增强。这一变化将会在第十章详细讨论。

二里岗对长江中游地区的关注可以从它连续开发该地区丰富的金属资源得以体现，这是早期国家统治阶层控制和操纵礼仪权力的最重要的政治策略。二里岗的统治者至少瞄准两个主要的铜矿资源：江西瑞昌铜岭（刘诗中，卢本珊 1998）和湖北大冶铜绿山（黄石市博物馆 1999），这可以由这两个遗址发现的二里岗文化遗物及相关的采矿和冶炼遗存加以证明（Liu, L. and Chen 2003: 116–123）。

为方便把珍贵的南方物资运抵北方，盘龙城和吴城发挥了交通枢纽的作用。另外，至少有四条线路，或陆路或水路，可能被早期国家用来运输重要资源和贵重物品。沿着这些路线，二里岗国家建立了更多的地区中心和小型军事据点，以便进一步开发当地资源，并保证奢侈品和战略物资的有效运输（图8.13）（蒋刚 2008；Liu, L. and Chen 2003: 50–54）。

小 结

二里岗国家对于重要资源的需求量非常庞大，它获取的资源包括河东盐池的盐、东方的海产品、长江流域的原始瓷和周围地区的金属等。考虑到统治阶层的仪式中经常供奉动物牺牲和食物，那么谷物和牲畜也一定是国家定期需要的重要物资。

二里岗国家的文化扩张程度惊人。扩展到周边地区的二里岗文化因素不仅包括高等级的物品，如青铜器和玉器，还有陶器、房屋结构、埋葬习俗和城市规划等。特征鲜明、组合稳定的二里岗陶器在二里岗之外许多地区都有发现，这是一个很有趣的现象。日常使用的普通陶器通常是本地生产的，陶器的样式和工匠的

第八章　中原地区早期国家的形成：二里头和二里岗（1900/1800 BC ~ 1250 BC） | 301

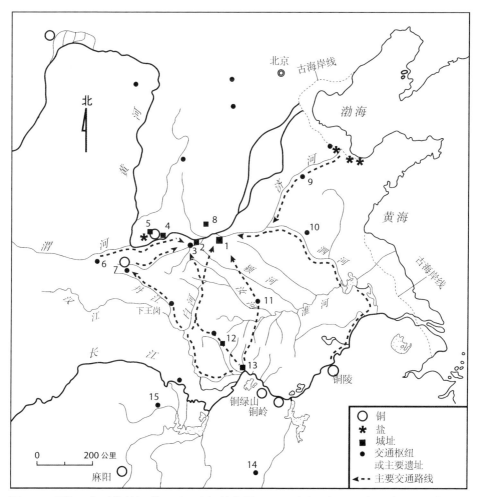

图8.13 早期王朝时代的河道、重要资源的位置以及通过交通枢纽把中原地区大型中心和南部长江中下游、西部渭河流域和东部沿海地区连接起来的四条主要运输线路
1.郑州 2.偃师 3.二里头 4.垣曲 5.东下冯 6.老牛坡 7.东龙山 8.府店 9.大辛庄 10.前掌大 11.繁汤 12.王家山 13.盘龙城 14.吴城（据Liu Li.and Chen 2003：图10；蒋刚 2008：图8修改）

技术传统有很大关系，因此二里岗周边地区的陶器很可能是由从二里岗迁出的陶工生产的。二里岗物质文化特征的广泛分布，也很可能直接源于迁往周边地区殖民的二里岗人。这种由国家组织的移民情形与后来的文献记载是一致的。根据文献记载，在西周时期，手工业者如陶工是和统治阶层一起被分封到新的领地定居

的（Hsu and Linduff 1988: 153–154）。可见这一传统大概可以追溯到史前国家时代。

许多学者认为，二里岗文化和殷墟晚商文化属于连续发展的（通过中商）的同一个考古学传统。如果殷墟已经被甲骨文确定为晚商，那么二里岗就应该被解读为早商。二里岗向周边地区的扩张改变了二里头文化的政治版图，它打破了二里头国家和北方下七垣及东方岳石的平衡关系，打通了通向南方长江流域的运输路线，也进一步加强了对西方的控制。尽管并不是所有二里岗文化区都可以视为早商版图，但是通过早商王朝的发展，可以说二里岗国家的政治权力在公元前二千纪中期达到了顶峰（孙华 2009）。

二里岗扩张的后果：中商的分权化

二里岗大约在公元前 1400 年停止扩张，郑州商城及核心地区和周边地区的许多地方中心被废弃，标志着高度集中的政治经济系统的终结。引发这种转变的原因尚不清楚，但可能是因为社会政治冲突和突发的动乱。珍贵的青铜礼器被慌忙埋在郑州的枯井或灰坑中，这样的例子有三个，这些青铜器窖藏均被定为二里岗上层结束时期（参见图8.9的窖藏地点；图8.10, B）。这些青铜器可能是动乱时期为了安全起见故意埋在那里的，青铜器的主人以为很快还会回来（陈旭 1986；河南省文物考古研究所 1999b）。这种情况可以和周原发现的青铜器窖藏相比，后者被认为是西周的贵族为了躲避敌人的攻击从国都逃跑时埋藏的（中国社会科学院考古研究所 2004: 62）。

随着郑州的衰落，几乎所有的二里岗核心及邻近地区原有的中心都从考古记录中消失了。同时有几个新的大中型中心在其他地区出现，如郑州小双桥和安阳洹北，但它们均比郑州商城的规模小很多。较远的周边地区中心继续发展。虽然商文化遗存分布很广，但是当地的文化特征明显增强（图 8.14）。这些变化表明一个新的文化阶段的开始，即中商（约1400BC～1250BC）（Tang, J. 2001）。一般说来，中商是一个政治不稳定时期，表现为王朝集权削弱，政体间相互竞争加

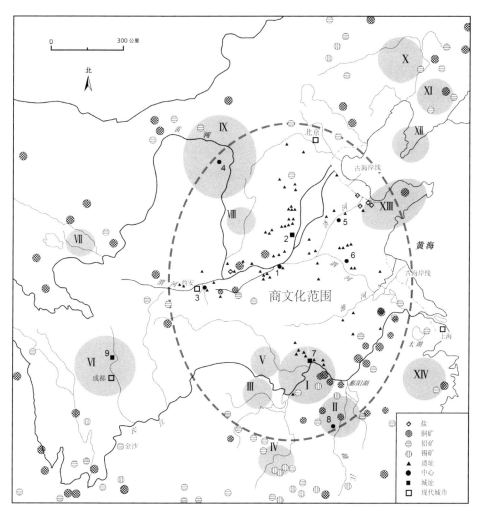

图8.14 中商时期的考古学文化分布
考古学文化：Ⅰ．盘龙城 Ⅱ．吴城 Ⅲ．宝塔 Ⅳ．湘江地区印纹陶 Ⅴ．荆南寺 Ⅵ．三星堆 Ⅶ．卡约 Ⅷ．光社 Ⅸ．朱开沟 Ⅹ．高台山 Ⅺ．庙后山 Ⅻ．双砣子三期 ⅩⅢ．岳石 ⅩⅣ．湖熟（遗址和文化分布据中国社会科学院考古研究所 2003b）遗址：1. 小双桥 2. 洹北 3. 老牛坡 4. 朱开沟 5. 大辛庄 6. 前掌大 7. 盘龙城 8. 吴城 9. 三星堆

剧，地方权力上升。

小双桥 | 面积150万平方米。位于郑州西北约20公里（参见图8.14，1），已经发现大型的宫殿夯土基址、祭祀坑和铸铜遗迹。祭祀坑位于宫殿附近，内有大

量人骨和动物骨骸（主要是黄牛和狗）。牛祭坑中发现的一些陶缸上有用朱砂书写的文字，可分为数字、几何图形和其他类别。它们和一百年后安阳出土的甲骨文在形式上相似（图8.15）。对小双桥遗址的功能，中国考古学家一直争论不休，或认为是文献中记载的商代都城隞，或认为是和郑州商城有关的举行祭祀的地方（宋国定 2003；中国社会科学院考古研究所 2003b: 274-275）。

洹北商城｜考古学家在殷墟对面洹河北岸进行调查时发现了一个城址，修建于中商晚期（详见第十章和图10.4），称之为"洹北商城"。城圈的规模（470万平方米）超过了郑州商城的内城，城内的几个夯土基址构成了宫殿区，考古工作者对其中的两个宫殿基址（F1和F2）进行了发掘（何毓灵，唐际根 2010；唐际根等 2003a；Tang, J. et al. 2010a；唐际根等 2003b；唐际根等 2010c）。F1（1.5万平方米）是一个大型方形建筑，有东、西配殿。主殿面阔10间，两侧各有一个廊道和一些小型附属建筑。根据其布局及发现的40多个以人和动物为牺牲的祭祀坑判断，该建筑应该是宗庙建筑。F2（0.6万平方米）是一个小型建筑群，位于F1北29米。主殿面阔4间，四周有回廊环绕。F2可能是商朝贵族居住的地方，因为庭院里罕有祭祀坑的发现（杜金鹏 2004；唐际根等 2010b）。

洹北商城的发现对于廓清商代最后一个都城（文献中称作殷）的发展有重要意义，目前对于它的认识部分来自过去80多年对洹河南岸殷墟遗址的发掘。洹北商城的发现引起了一场关于该遗址历史归属的争论。从年代讲，洹北介于小双桥和殷墟之间。这些政治中心的先后出现被解释为商人不断迁都的结果，但是如何把文献记载的都城和具体考古遗址对应起来，并没有一致意见。洹北商城或被认为是河亶甲所居的相，或被看作盘庚所迁的殷（中国社会科学院考古研究所 2003b: 276-277）。

这种将考古遗址和文献记载的都城对应起来的研究存在一个概念性错误。这种研究假设商朝王室的历史像古代文献描述的那样，是连续单线继承的，并且所有的都城都被正确记录在文献中。然而，我们看到的商王谱系是被后来的历史学家修订过的，这个谱系可能并没有完全反映商代历史中的所有元素，包括一些政治中心的存在。例如，在为政治权力而进行的宗族斗争中，一些失败的宗族支系

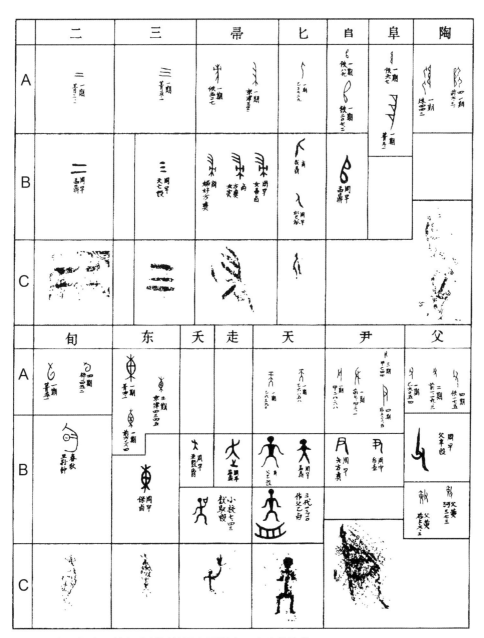

图8.15 小双桥发现的部分刻划符号和甲骨文、金文的比较
A.甲骨文 B.金文 C.小双桥符号（宋国定 2003：表1）

可能被胜利的统治集团在后来撰写历史时当作不合法的，因此忽略不记。在这种情况下，考古资料和现存的历史文献显然是不可能对应的。

结　论

　　二里头和二里岗早期国家出现在中原的时候，其社会复杂化程度远超周围地区，这些地区此时还没有出现国家等级的政体。我们并不是以中原中心论的观点看待中国文明的发展，却难以否认，社会政治复杂化的核心地区最早出现在中原。核心地区和周围地区之间的互动不能简单解释为贸易或是平等伙伴之间的互惠活动，因为反映互动关系的物质主要是国家核心地区统治集团所需要的战略物资和贵重物品。我们将这些互动解释为地域国家霸权统治下贡赋系统在物质上的表现（Liu, L. and Chen 2003: 131–148）。这并不是简单地将西方理论强加到中国材料上，而是概括中国早期国家的性质，这有助于和世界上其他文明进行跨文化的比较研究（参见 Feinman and Marcus 1998；Trigger 2003；Yoffee 2004）。就像艾兰、叶斐和李旻所说的那样，二里头—二里岗核心地区的政治统治及其前所未有的文化扩张，为了解中国国家和文明的形成提供了很好的例子（Allan 2007；Yoffee and Li 2009）。

　　这些早期国家是否发明了文字系统，现在还不清楚。然而，二里头、二里岗和小双桥陶器和动物骨骼上发现的文字，与晚商甲骨文非常相似，暗示中国的文字系统在史前有一个很长的发展过程。

　　早期国家的地域扩张从二里头开始，在二里岗时期达到顶峰。总的趋势是，在一些周边地区，中原文化的物质组合在扩张初期占绝对优势，然后和本地传统融合，渐渐地本地文化特征占了上风。这个物质文化的变化过程和政治本土化的趋势相呼应，导致了晚商时期多中心的政治景观。从长远的历史角度看，从二里头到中商这段时间是第一个政治集权和分权的循环，这样的循环在后来的中国王朝历史中多次出现。

第八章　中原地区早期国家的形成：二里头和二里岗（1900/1800 BC ~ 1250 BC）

20多年前，张光直提出，中国早期文明的发展道路与近东和欧洲颇有不同。他认为中国文明的出现是通过政治革命造成物质财富的集中，而不是通过生产方式的技术革新实现的。他还根据当时的考古资料指出，中国早期城市是一个等级化的政治中心，由宫殿、墓地、居民区和手工业作坊等组成，而不是一个建筑林立的大都市（Chang 1983: 124-125；1986a: 362-364）。保罗·惠特利（Paul Wheatley）也提出过类似观点，他认为中国早期城市中心是一个礼仪综合体。以郑州和安阳为例，城市中心是礼仪和行政领地，主要由王室、祭师和少部分挑选出的手工业者所占有，农民和大多数手工业者则居住在周围乡村地区（Wheatley 1971: 30-47）。罗泰也进一步指出，在中国城市化的初期阶段，城市是社会政治组织和宗教活动的中心，它们缺少古希腊城市和中世纪欧洲城市的特征；他还指出，这些早期中国城市在文化上与周边乡村地区并无不同（Falkenhausen 2008）。所有跨文化比较的结果都是富有启发性的，指向一条中国早期国家/文明发生的独特道路。

新的考古资料使得这些观点可能需要修改。根据城市布局和人口分布，早期中国城市清楚地显示出等级规划，尤其可以从宫城或内城城墙的布局看出来，它们将不同的人群分隔开来。尽管政治宗教权贵是中心，但各种手工业也是城市发展的重要组成部分。一些大规模的手工业作坊既生产权贵们使用的物品，也为城市和周边地区制造日常生活用品。因此，经济功能也是中国早期城市的一个重要部分。城市人口也要比周围地区多，从考古资料看，城市和乡村的区别主要从聚落形态（如规模）和物质遗存（如高等级物品和居址的集中程度）中体现出来。城市人口不仅包括统治阶层和手工业者，还包括农民。城市中相当一部分人口可能从事城市建设，比如修建夯土宫殿和城墙，这些工作是城市存在期间需要不断进行的。

核心地区和周边地区的城市在设计上也不一样，这是因为它们在整个政治系统中的功能不同。核心地区表现出的城市化程度高于周边地区，周边地区的城镇只是按照它们特殊的需要（如盐仓和青铜器作坊）仿照相应的核心城市而建（如宫殿结构和防御设施的修建）。所以，早期城市的功能是多样的，而早期城市化的特征是由其所在的早期国家的性质决定的。

统治阶层对于青铜礼器的痴迷是独特的早期中国文明产生的主要原因之一。这种痴迷是和统治阶层对于礼仪权力的渴望交织在一起的。礼仪权力是通过青铜器体现的，青铜器是各种宗教仪式必不可少的组成部分（Chang 1983）。礼仪权力通过权贵祭祀王室祖先和自然神灵的宗教仪式获得，国家统治者因此获取和维护其政治合法性，而着眼于控制主要资源和剩余农产品的军事扩张更有助于传播统治者的价值观念及其物质体现，有利于达到相关的政治目标。从这个角度讲，我们就可以理解为什么统治阶层将垄断礼器的生产和分配作为首要任务；理解为什么中国青铜时代，青铜工业几乎毫无例外地用于礼仪和军事目的，而在农业生产中并不扮演重要角色；理解为什么早期城市主要是礼仪和政治中心而经济功能较弱。正如本章开始引用的《左传》所言："国之大事，在祀与戎。"国家的政治仪式倾向似乎从古代中国国家形成的初期就已经开始了。

第 九 章

公元前二千纪早期北方边疆及其周边地区的青铜文化

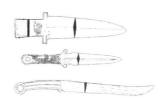

> 西海之南，流沙之滨，赤水之后，黑水之前，有大山，名曰昆仑之丘。……有人戴胜，虎齿，有豹尾，穴处，名曰西王母。此山万物尽有。
>
> ——《山海经·大荒西经》

中国长城以北的大多数地区为农业经济的边缘区，在历史上属于过渡地带。在这里，北方牧业民族与南方农业民族发生过激烈碰撞。在气候适宜的全新世大暖期，长城建成之前很久一段时间里，生活在这些北方地区的居民大部分为农民。但从公元前三千纪末期至公元前二千纪早期，在游牧经济全面出现之前，北方部分地区开始经历着由原始农业向农牧业并存的混合经济转变。目前已经确认的该阶段考古学文化主要有夏家店下层、朱开沟、齐家、四坝、天山北路。这些考古学文化从中国东北一直延伸到西北地区，在地域上涵盖了辽宁西部、河北北部、内蒙古、陕西北部、山西北部、宁夏、甘肃、青海和新疆东部（图9.1）。

位于中原北部边缘地区的这些考古学文化，以拥有青铜器和日益增长的牧业经济成分为显著特征，它们受到了来自同时代中亚和欧亚草原地区青铜文化的强烈影响，这些文化包括阿尔泰地区和米努辛斯克盆地的阿凡纳谢沃（Afanasievo）文化与奥库涅夫（Okunevo）文化，以及分布于阿尔泰至叶尼塞河广大地域的安德罗诺沃（Andronovo）文化（Mallory 1989: 223–227），欧亚草原的塞伊玛—图尔宾诺（Seima-Turbino）文化，分布于叶尼塞河中游米努辛斯克盆地的卡拉苏克文化（Karasuk）（Chernykh et al. 2004; Chernykh 1992: 215–233, 264–271）（参见图9.1；表9.1）。在北部边疆地区发现的这些青铜武器、工具和独具草原风格的装饰

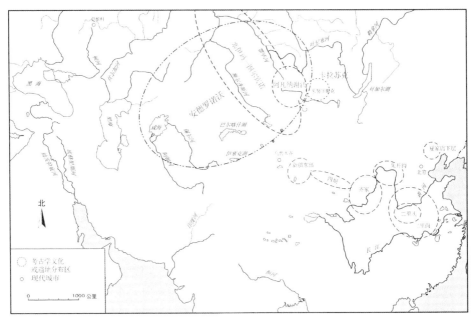

图9.1 公元前三千纪晚期到二千纪早期，中亚、欧亚草原地区青铜时代以及中国北方边疆地区的考古学文化（Chernykh 1992：图67、90）

品几乎可以与草原部落同类器物相媲美（Kuz'mina 2004；Mei 2000），这些文化在中国考古学中被统称为"北方青铜文化"。

表9.1 中国北部及欧亚草原考古学文化年表

考古学文化	年代（BC）
夏家店下层	2000～1400
朱开沟	2000～1400
齐家	2200～1600
四坝	1900～1500
天山北路	2000～1550
阿凡纳谢沃	3300/3200～2600/2400
奥库涅夫	2500～1600
安德罗诺沃/塞伊玛－图尔宾诺	2100～1500
卡拉苏克	1600～700

北方边疆地区诸文化与二里头和二里岗早期国家大致同期，且与中原地区人群之间存在着各种层面的交流。一些北方地带的青铜文化因素在黄河流域核心地区亦有发现。文化交流持续跨越欧亚大陆，把东西方连接起来。从这个大视野看，北方边疆地区诸文化充当着文化交流的媒介，推动着中原农业文明与中亚及欧亚草原畜牧业文明间的跨地区交流。

目前，中国早期文明在多大程度上受到中亚及欧亚草原文明的影响，是考古学家比较热衷的一个课题。事实上，青铜铸造业已经引起了很多关注。长期以来，学术界存在着两种不同的意见：一种认为中国青铜器为本地起源，另一种认为中国青铜器来源于欧亚草原地带（Kuz'mina 2004；Linduff 2004；Linduff and Mei 2009）。北方边疆地区文化很可能是解决这一问题的关键。

公元前二千纪至公元前一千纪北方边疆地区的社会形成问题受到了考古学家和历史学家的普遍关注。其中一部分学者致力于地区历史的重建（如田广金，郭素新 2005；杨建华 2004），还有一部分学者则尝试着探索边疆地区青铜文化兴起的动力（如 Di Cosmo 1999, 2002；Linduff 1998；Mei 2009；Shelach 1999, 2009a, b）。

北方边疆地区社会的出现及其独特文化的形成其实有着环境、社会和技术诸多原因。这些原因包括全新世最适宜期之后的气候变化，欧亚草原与中亚地区游动畜牧业的出现，以红铜为基础的金属冶炼技术的传播，中原地区早期国家的政治扩张，北方边疆诸地区社会复杂化程度的发展等。本章要讨论的时间范畴是公元前二千纪前半期。我们将在东西方文化交流的背景下，重温这一地区的考古学资料，探讨社会经济变化背后的深层原因。图9.2标注了本章所提到的主要遗址及其所处的地理位置。

环境因素与文化背景

北方边疆地区位于东亚季风带的北部边缘，因此，它们经常受到季风波动的影响。在中全新世气候适宜期，新石器时代的聚落向北和西北地区扩张，以至于几乎所有北方边疆地区全部被农业村落所占据，最具代表性的如红山文化、仰韶文化和马家窑文化（参见第六章）。这种情况直到气候适宜期结束之后的公元前三千纪末期才有所转变。

对同属内蒙古中部的鄂尔多斯（Guo, L. et al. 2007；Li, Xiaoqiang et al. 2003）和岱海地区（Xiao, J. et al. 2006；Xiao, J. et al. 2004）所做的花粉和湖心钻孔分析结果，反映了全新世中期小尺度的气候变化。研究表明两地区均经历过从全新世中期的适宜期（8100～3300 cal.BP）到全新世晚期（约3300 cal.BP 以来）气候恶化的转变，其间还经历过多次气候波动。肖举乐等人的研究表明，在距今4450～3950年（cal.BP），气候寒冷干燥；在距今3950～3500年（cal.BP），气候温暖而略显潮湿；在距今3500～2900年（cal.BP），气候温和而略显干燥（Xiao J. et al. 2004）。这一地区的生态体系脆弱且易于变化，迫使人们不断采取新的策略来应对环境变化。因此，该地区生业经济从农业向牧业的转变，是人类适应环境的结果。

欧亚草原有大片草场适于放牧，但是直到公元前二千纪前期，大规模的游牧经济还未形成。这一新生活方式的产生与该地区社会经济发展的三个基本因素有关，而这些基本因素都在遥远的西方经历了长期的发展：第一，家养食草动物——羊与牛的引进；第二，马与马车的引进；第三，冶金术的发展。这些变革极大地刺激了畜牧业的发展，也促进了人口迁徙和以拥有贵金属及家畜为基础的社会分层。在这种新型社会组织下，寻求新的牧场和矿区，日用品和奢侈品的交换，为争夺权力和地位所进行的战争，等等，均可能为某些物质文化和礼仪行为的传播提供了动力（Anthony 1998）。毫无疑问，公元前二千纪早期草原地区人民的活动及其物质文化和技术，对中国北方边疆地区诸文化的形成产生了深远影响，由此我们可以发现该地区金属器的使用逐步增多，适于放牧的食草动物逐渐增长，源于西方的农作物比如小麦和大麦的种植也增加了。

位于南部中原地区早期国家的形成，也对与之相邻北方地区诸文化的发展产生了很大影响。寻找金属矿藏和其他资源如玉石，很可能成为早期国家统治阶级向广袤的偏远地区扩张的主要动力（参见第八章）。

这种双向的交流和互动无疑影响了北方边疆地区诸文化的形成，但是就像本章将要论述的那样，社会的内部动力才是决定这些社会发展与衰落轨迹的首要因素。

夏家店下层文化

夏家店下层文化，因内蒙古赤峰市夏家店遗址的发掘而命名。它的发现揭示了在地层上有叠压关系的两个独特的青铜时代文化，即夏家店下层文化和夏家店上层文化（中国科学院考古研究所内蒙古工作队 1974）。夏家店下层文化（约2000 BC～1400 BC）分布范围较广，其中心地区位于内蒙古东南部的西辽河流域。这一文化区主要包括老哈河、大凌河和小凌河，南部以滦河为界，把它与大坨头文化区隔开（中国社会科学院考古研究所 2003b: 593–605）（参见图9.2）。

生业经济和聚落形态

目前的西辽河地区属于半干旱和干旱地区，分布着山脉、高原和河流。大约有十几个夏家店下层文化遗址经过发掘，为了解其生业经济提供了重要材料。夏家店下层文化的房屋平面均为圆形或方形，有半地穴式和地面式两种，用夯筑或用土坯或石块砌筑。有学者研究，房屋大小不一，面积从1.5平方米到23平方米不等（Shelach 1999: 99）。房子附近往往分布着窖穴。陶器主要有鬲、甗、盆、罐等，采用泥条盘筑、模制和快轮技术制作。石器组合主要包括石锄、石刀和石斧（中国社会科学院考古研究所 2003b: 595–600）。克拉沁旗大山前遗址出土的动物遗存表明，夏家店下层文化居民摄取的蛋白质主要来自家畜，特别是猪（48.2%）、牛（24.3%）、绵羊/山羊（15.3%）和狗（10.9%）（王立新 2004: 256）。目前考古学界普遍认为，虽然夏家店下层文化的畜牧业已发挥重要作用，但其主要生计方式仍为农业。

该地区也开展过一些考古调查项目，发现了数以百计的夏家店下层文化遗

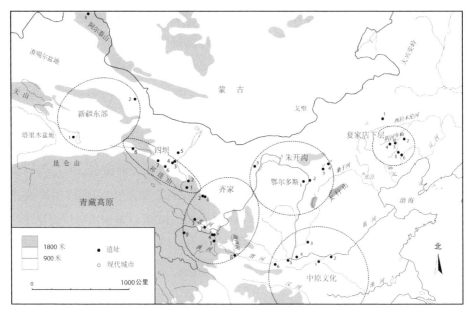

图9.2 第九章所述主要考古学文化
夏家店下层文化：1.大井 2.大甸子 3.二道井子 4.半支箭河流域诸遗址 5.牛河梁 6.东山嘴 朱开沟文化：1.朱开沟 2.西岔 3.石虎山 4.庙子沟 5.霍各乞 齐家文化：1.齐家坪 2.皇娘娘台 3.柳湾 4.秦魏家 5.大河庄 6.海藏寺 7.喇家 8.师赵村 9.尕马台 四坝文化：1.东灰山 2.四坝滩 3.火石梁 4.缸缸洼 5.白山堂铜矿遗址 6.干骨崖 7.火烧沟 8.鹰窝树 新疆：1.古墓沟、小河 2.天山北路 3.克尔木齐 中原地区诸文化：1.二里头 2.郑州 3.下靳 4.清凉寺 5.横阵 6.老牛坡

址（赤峰考古队 2002；Linduff et al. 2002–2004；Shelach 1997；徐光冀 1986）。从小河沿文化（约3000 BC～2200 BC）到夏家店下层文化，该地区的遗址密度急剧增加。比如，在半支箭河流域221平方公里的范围内，通过考古调查仅确认了6处小河沿文化遗址；但是夏家店下层文化遗址却发现了155处。多数遗址分布于河流附近的台地上，还有一些坐落在河流之间的山顶上。这两种处于不同位置的遗址可能存在功能上的不同。距离河谷很近的遗址，主要是为了方便耕种和取水，根据遗址表面的陶片密度分析，这些遗址多成群分布，人口密集。成群分布的遗址多坐落在距离农田较近的低台地上。在一些地区还发现了可分为三个层级的聚落群，迄今为止所知的最大聚落可达23万平方米。另外，坐落在山顶的聚

落似乎人口较少，但却往往建有厚重的围墙和门道，拥有圆形建筑基址和大面积的人工平整地面（赤峰考古队 2002）。新近发现最具代表性的带有围墙的聚落是赤峰市二道井子遗址（3万平方米），它保存有较为完好的壕沟、围墙、房屋、窖穴、墓葬和道路，还发现了大量人工制品（图9.3）（曹建恩，孙金松 2009）。

考古学家认为，这些山顶上的遗址应是当时的政治中心、礼仪中心，或河谷地区聚落居民战时避难的场所（Linduff et al. 2002–2004；Shelach 1999；徐光冀 1986）。这些具有防御性质的遗址，其石围墙比例随地区聚落形态的不同而有所差别。在沿阴河200平方公里的范围内，73%的夏家店下层文化遗址（51/70）建

图9.3 内蒙古赤峰二道井子夏家店下层文化石城址（曹建恩，孙金松 2009）

有石头墙或壕沟（Shelach 1999: 91）；而在半支箭河中游（221平方米）范围内，仅有8%（12/155）的夏家店下层文化遗址建有石墙或石砌建筑，这些遗址均位于海拔800米以上的高地上（赤峰考古队2002）。

在半支箭河流域，共发现145座遗址。这些遗址似乎集聚成群，分布在山脉和冲积平原上，大多数群落都有以石头围墙或石头建筑为特征的遗址（图9.4）。有3座遗址面积最大（10万～20万平方米），12座遗址面积次之（4万～6万平方米），130座遗址面积较小（小于4万平方米），形成一个三层结构的聚落群（图9.5）。最大的遗址（KX8）位于山上，可以俯瞰周围低地，它的附近还有两座有石墙环绕的遗址（参见图9.4）。KX8所在的位置彰显了其特殊的地位及其作为地区中心的功能。然而，其等级规模曲线略呈凸状（参见图9.5），表明不同中心之间存在竞争关系。这样的聚落群在赤峰其他地区和山西运城盆地亦有发现。这些聚落群的规模与性质反映了政治整合的规模和区域性政权集中的程度。因此，夏家店下层文化所反映的政治整合程度要低于中原地区的龙山文化晚期与二里头文化（Drennan and Dai 2010）。

半支箭河流域的聚落形态与夏家店下层文化的社会冲突模式相吻合。与已经出现大型中心组织的二里头文化聚落形态不同，夏家店下层文化存在多个中等规模的地区中心，很可能这些地区中心彼此之间或与外面的敌人存在竞争关系。到目前为止，还未发现任何一个较大的能够统治整个区域的中心或政权。

埋葬方式和社会组织

赤峰地区的大甸子遗址是发掘最完整、报道最详细的一处墓地，为了解夏家店文化的社会组织结构提供了弥足珍贵的资料。大甸子遗址既包含了带有夯土墙的居址（7万平方米），也包含了有804座长方形土坑竖穴墓葬在内的墓地（1万平方米）。整个墓地可以分为三个区，每区下面还可以细分为不同亚区（图9.6）。大多数墓葬为单人葬，许多有木质葬具。随葬品有工具、陶器、贝壳、玉器和少量金属器。一些陶器在烧制完成后再进行繁缛的彩绘，很可能是专门为随葬而制

图 9.4 半支箭河流域调查区内的夏家店下层文化遗址（据赤峰考古队 2002：图 3 重绘）

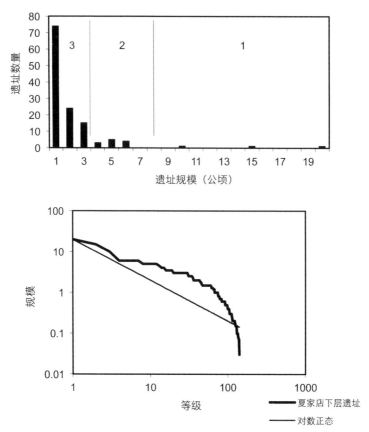

图9.5 半支箭河流域调查区夏家店下层文化所见三个层级的聚落群及呈凸状分布的等级规模曲线

作的（图9.7，1、4）（中国社会科学院考古研究所 1996）。

考古学家将大甸子墓地的墓葬分为大、中、小三类，其中一半以上为中型墓。根据墓葬排列方式及其随葬品可以推测大甸子墓地是以血缘关系为基础进行埋葬的，不同家族之间存在等级差别。而且，性别之间存在明确的劳动分工，这从女性几乎全部随葬陶纺轮，男性大都随葬石斧的组合关系得以清楚表现（中国社会科学院考古研究所 1996: 214–221）。墓葬方向也能反映性别差异，所有女性头向东北，所有男性头向西南。女性龋齿现象较严重，表明女性可能比男性摄入

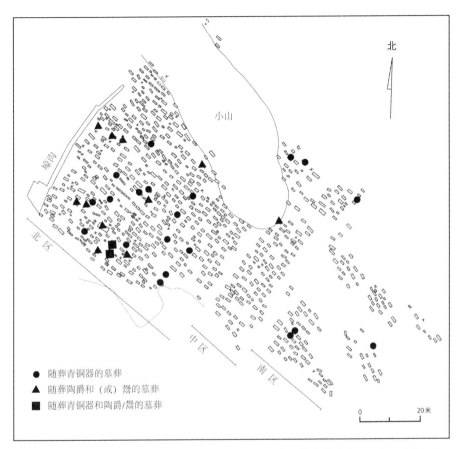

图9.6 大甸子墓地出土青铜器和二里头风格陶爵、陶鬶的墓葬分布（据中国社会科学院考古研究所 1996：图22重绘）

了更多的含碳水化合物的食物（潘其风1996）。

  有关墓葬结构和随葬品的更为精确的统计分析结果表明，个人的社会地位可能是与生俱来的，男性的社会地位高于女性，然而并未发现哪种类型的随葬品归社会上层所独有（Shelach 2001a）。大甸子墓地埋葬仪式的重点在所使用的200年间可能经历过一些变化：早期阶段，着重点可能放在葬礼的仪式方面；晚期阶段强调的则可能是用于标志死者身份地位的随葬品（Flad 2001）。而且，青铜器和两种代表贵族身份的陶器——仿照二里头同类器制成的爵和鬶的空间分布，似乎

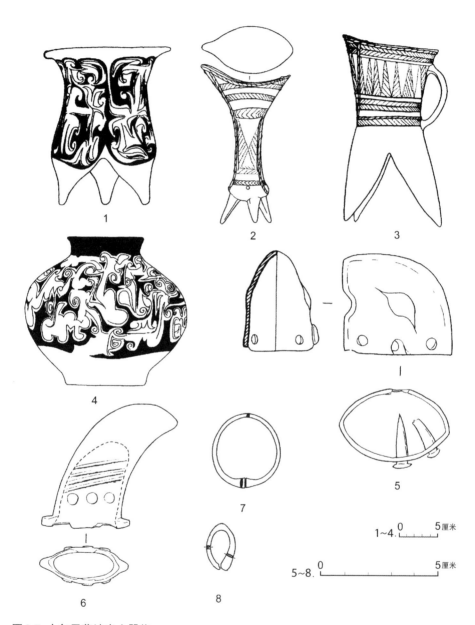

图9.7 大甸子墓地出土器物
1、4.彩绘陶器 2、3.二里头风格的陶爵、陶鬶 5.斧柄端铅帽 6.青铜权杖头 7.青铜指环 8.金耳环
（据中国社会科学院考古研究所1996：图86、95修改）

普遍出现于墓葬北区（参见图9.6），表明社会分层已经在大甸子社会出现。

冶金术

金属制品在夏家店下层文化的近10个遗址中均有发现（Shelach 1999: 106），其中以大甸子遗址出土的金属器最多，共有60件，多数为环。金属制品有青铜杖头和铅杖头、原本装在斧头木柄端部的铜帽、铜耳环、金耳环和铜指环等（图9.7, 5～8）。青铜制品使用铸造和冷锻两种工艺（中国社会科学院考古研究所1996）。夏家店下层文化遗址出土的金属器和中国西北地区、南西伯利亚和中亚地区的同类器较为相似。尤其是喇叭口状的耳环，同时发现于夏家店下层文化和中国西北地区同时期的许多遗址中，也发现于欧亚草原地带的赛伊马—图尔宾诺文化以及安德罗诺沃文化的遗址中（Bunker 1998; 林沄 1994；Linduff 2000: 11-13）。大甸子遗址的青铜制品主要由铜锡合金和铜锡铅合金冶炼而成（李延祥等2003），这种冶金技术与欧亚东部地区青铜时代文化的技术较为一致（Mei 2003）。

夏家店文化分布范围内富含金属资源。在大甸子所在地的敖汉旗已经发现了金、铜、锡、铅的矿藏。在它北面的西拉木伦河与洮儿河之间，大兴安岭南部10万平方公里的范围内则发现了铜、锡富集矿。其中的一些矿藏显然曾被古人开采过（李延祥等 2003）。西拉木伦河上游以林西大井遗址为中心，已经发现了一定数量的古代采矿与冶炼遗址（参见图9.2）。这些遗址的年代属公元前一千纪的夏家店上层文化时期（李延祥，韩汝玢 1990；李延祥等 2006a, b）。很可能该地区的采矿活动在公元前二千纪便已经开始了，但还需要证据来证实这个推论。

相比之下，考古学家已经发现青铜铸造的证据。在辽宁省凌源县牛河梁转山子遗址和小福山遗址均发现坩埚残片。化学分析确认其用于熔炼氧化铜矿石。对坩埚残片所做的热释光年代测定结果是距今 3494 ± 340 ～ 3100 ± 310 年（2300 BC ～ 800 BC），显然属于夏家店下层文化时期（李延祥等 1999）。另外，赤峰地区东山嘴遗址夏家店下层文化窖藏中还出土过铸造圆珠状铜饰物的陶范（李恭笃 1983）。

这些证据均表明夏家店下层文化遗址出土的青铜器和金器大多数应该是本地生产的。值得一提的是，夏家店下层文化的这些金属器均为装饰品，没有工具或容器。虽然也发现了几件具有中原风格的青铜容器，但在夏家店下层文化中实属偶然，它们很可能反映的是该地区与商文化之间的交流，而非代表本地生产。

文化交流

夏家店下层文化与周邻地区乃至遥远地区文化之间存在联系。大甸子墓地发现具有二里头文化风格的陶器20多件，爵和鬶（图9.7，2、3）分别出自13座随葬品比较丰富的墓葬中，这些墓葬大多数位于墓地北区（参见图9.6）。这些器物显然在随葬之前已使用过很长时间，因为其表面仍残留烟熏痕迹（中国社会科学院考古研究所 1996: 219）。在二里头文化中，爵和鬶是具有仪式功能的典型酒器。这种二里头风格陶器分布区的东北边缘止于大甸子遗址。这些器物很可能是本地生产的，因为其表面纹饰（阴刻几何图案）具有地区特点，表明了它与位于其东面的中国东北地区嫩江平原文化以及与它西面的欧亚草原尤其是安德罗诺沃文化之间的联系（林沄 1994；王立新，卜箕大 1998）。大甸子遗址这种混合风格器物的出现是不同文化融合的结果。

大甸子遗址混合的物质文化面貌似乎与其混合的人群构成颇相一致。体质人类学研究表明，大甸子由两群形态特征不同的人群构成。第一群接近分布于黄河流域的人种，第二群与东亚及北亚蒙古人种近似。大甸子聚落遗址因此可以称得上是一个大熔炉，它包含了北方和南方的不同人群。值得一提的是，第一群接近于黄河流域的人种，主要分布于墓地的北部和中部，大多数二里头风格的容器也发现于北部墓葬中（参见图9.6）。出土二里头风格容器的墓葬，有3座人骨保存较好足资鉴定。研究发现，2副骨骼为男性，属于第一种人群；1副骨骼为女性，属于第二种人群（潘其风 1996）。尽管抽样数据偏小，在大甸子墓地仍可发现中原地区男性和二里头风格陶器之间存在清楚的相关性。这种相关性很可能意味着二里头地区的部分人群尤其是男性已经迁徙到辽河地区。

二里头文化人群出现于富含金属资源的东部地区（如大甸子）并非偶然。同样的情况在山西南部和长江中游地区也有发现（参见第八章；Liu, L. and Chen 2003）。夏家店下层文化丰富的铜、锡和铅资源可能早已吸引着在偏远地区寻求珍贵金属合金的二里头贵族阶层。但是，这种推论仍需未来更多的考古资料加以证明。

夏家店下层文化居民对外来物质文化的喜好远不止如此。除金属器之外，由玉、大理石、绿松石和玛瑙制成的器物也用于随葬，但当地并不出产这些原料。大甸子总共出土了659个海贝，大多数用作头饰或衣饰（中国社会科学院考古研究所 1996）。有研究认为中国新石器和青铜时代遗址中出土的子安贝大多来源于印度洋，途经中亚地区传入，虽然确切的传播路线和贸易方式目前仍不清楚（彭柯，朱岩石 1999）。

夏家店下层文化与其周邻文化之间的交流是双向的。一种可能专门用作随葬、经烧制后再进行彩绘的陶器，其纹饰与商青铜器上的饕餮纹很相似（参见图 9.7, 1、4），虽然这种相似性还很难解释。夏家店下层文化与燕山南麓的大坨头文化的某些因素也非常相似，如这两个文化所出土的青铜指环和耳环（中国社会科学院考古研究所 2003b: 605–608），显示它们均受到草原文化的影响。

种种观察表明，夏家店下层文化诸政体是分层组织的，政权内部斗争激烈，贵族阶层通过珍贵物品的远程交换追逐权力。人口的大幅增长和农业生产的增加可能导致对自然资源的过度开发，从而对该地区社会造成压力并引起政体内部的冲突。总之，夏家店下层文化诸政体规模相对较小，并未形成一个统一的区域范围的政治实体。它们与中原地区的国家社会存在交往，但似乎从未被纳入中原国家的管辖范围。

朱开沟文化

朱开沟文化（约2000 BC～1400 BC）主要分布于内蒙古中南部地区，以出土一套风格独特的器物群而著称。有 40 多个朱开沟文化遗址经过调查或发掘。其分布范围东达岱海左近，西抵贺兰山区，北至阴山，南到延河谷地与吕梁山区（中国社会科学院考古研究所 2003b: 575-584），其中心则在河套地区。该地区西、北、东三面被黄河环绕，其间分布着沙漠、山脉和冲积平原。河套以东地区多山，还点缀着一系列湖泊和盆地（参见图9.2）。这种复杂多变的地貌结构，为该地区多样的生业经济——农业、畜牧业和采集狩猎——提供了不同的生态环境（田广金，史培军 2004）。

生业经济

在仰韶时代，当最早的农业人群到达河套地区时，该地区还拥有丰富的、物种繁多的野生动植物资源，狩猎—采集是重要生计方式。但经过两千多年对环境的过度开发，自然资源濒临衰竭（参见第七章）。到公元前二千纪初期，人们开始主要依赖家养动物和栽培农作物为生，畜牧业也有一定发展。在陕西北部的火石梁遗址（约 2000 BC），绵羊／山羊（59%）和黄牛（9%）占可鉴定动物标本数（NISP）的 68%。相似的情况也见于伊金霍洛旗的朱开沟遗址（约 2000 BC ～ 1400 BC），在该遗址的可鉴定标本数量（NISP）中，绵羊／山羊占 41%，黄牛占 24%。在这两个遗址中，野生动物分别只占 19% 和 8%（胡松梅等 2008；黄蕴平 1996）。

在该地区生态系统发生变化的过程中，朱开沟文化也经历了从新石器时代的农业经济向早期青铜时代的畜牧业经济的转变，北方地区青铜文化的某些早期特征也开始形成。该地区的物质遗存表现出周邻不同文化传统的混合，也反映出不同族群之间错综复杂的关系。

朱开沟遗址

内蒙古伊金霍洛旗朱开沟遗址是该地区发掘最好、研究最深入的遗址（内蒙古文物考古研究所，鄂尔多斯博物馆 2000；田广金 1988）。该遗址地处鄂尔多斯高原东部，海拔1400米（参见图9.2）。遗址附近有一条朱开沟河，河水自东北向西南流，最后汇入黄河。由于过度采伐森林造成水土流失，遗址所在地被冲沟分成若干相对独立的小台地，植被稀少。遗迹主要分布于东西长约2公里、南北宽约1公里的沟掌处。低台地上的居址部分似乎仍可以分为三个区域，然而大多数墓葬位于居址周围地势较高的台地上。朱开沟遗存可以分为五个阶段，分别对应龙山晚期（第一、二期）、二里头时期（第三、四期）和早商时期（第五期）。龙山时期其文化传统开始形成，并受到来自渭河流域和山西南部地区文化的强烈影响，一些风格独特的陶器，尤其是蛇纹鬲，在本地得以发展并成为北方地区文化的典型器物（田广金，郭素新1988）（图9.8）。

在二里头时期（第三、四期），地区传统仍在继续，一些陶器和埋葬习俗还表

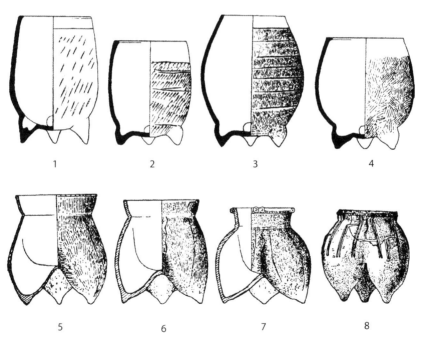

图9.8 朱开沟出土陶器
1～4. 三足瓮，二至四期，地区传统 5～7. 朱开沟文化发展起来的蛇纹鬲，二至四期
8. 贝加尔湖地区的蛇纹鬲（据田广金，郭素新1988：图6、7修改）

现出强烈的来自西南方黄河上游地区齐家文化的影响。齐家文化的典型文化因素有高领双耳罐、以男性为中心旁边附有女性和儿童骨骸的多人合葬。很明显，齐家风格的陶器经常在墓葬中与朱开沟风格的陶器共出。也可见红铜和青铜器物，不过数量较少，仅限于工具和装饰品，风格与北方地区的同类器很相似（图9.9）。

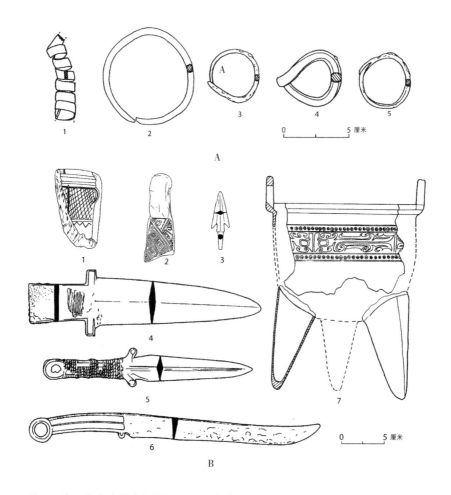

图9.9 朱开沟出土的青铜器和手工业生产工具
A. 三、四期青铜器：1. 装饰品 2. 环 3、4. 指环 5. 耳环 B. 五期的生产工具和青铜器：1. 石斧范 2. 云雷纹陶拍 3. 镞 4. 戈 5. 短剑 6. 环首刀 7. 鼎（据内蒙古文物考古研究所、鄂尔多斯博物馆 2000：图61、87、192、215；田广金 1988：图31修改）

齐家文化的陶器与葬俗出现于朱开沟文化,一般认为与齐家文化人口的迁入有关(Linduff 1995;2000:内蒙古文物考古研究所,鄂尔多斯博物馆 2000: 280)。

在第三、四期的随葬品中,齐家风格的陶器占15%～16%,齐家风格的青铜器占4%。齐家风格的陶器和埋葬风俗普遍出现于朱开沟遗址中,青铜器则多见于居址的南部与东部,在齐家风格和非齐家风格的墓葬中均有发现(图9.10)。如果我们相信某种形式的陶器和葬俗反映更多的是人群差别,而非社会地位的不同,那么这些陶器的随葬模式似乎说明,尽管齐家移民已经和朱开沟本地人群融为一体,但他们仍然把自己的陶器生产传统和葬俗保持了数百年。与此不同,青铜器在空间上的有限分布,则可能表明青铜器已经跨越了族群界限,而成为代表身份地位的器物。

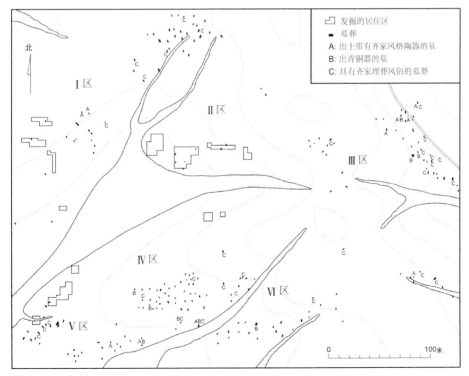

图9.10 朱开沟遗址三、四期文化出土青铜器以及发现齐家风格陶器和葬俗的墓葬分布
(据内蒙古文物考古研究所,鄂尔多斯博物馆 2000:图2修改)

表9.2 朱开沟三、四期墓葬齐家文化因素所占比例

	朱开沟墓葬	有齐家文化陶器和葬俗的墓葬	青铜器	墓葬总数
第三期	138（85%）	24（15%）	6（4%）	162
第四期	64（84%）	12（16%）	3（4%）	76

朱开沟第五期与二里岗文化大致同时。当地风格的陶器如蛇纹鬲和花边口罐，构成该时期陶器的主体。此外，很多青铜器表现出强烈的北方地区特征，如环首刀、短剑和耳环，它们一般被称为"北方系青铜器"（参见图9.9）。

在第五期，来自中原地区二里岗文化的因素开始渗入，出现了二里岗风格的陶器和青铜器。商文化青铜鼎和爵的残片在朱开沟五区居址的一个灰坑中被发现，戈在几个墓葬中被发现（参见图9.9）。其中，在墓葬M1052中同时发现了二里岗风格的陶器与戈（图9.11）。二里岗风格的陶器在居址和墓葬中均有发现，很可能是在当地制造的。因为在这一地区还发现了制陶工具，包括两个带有云雷纹图案的陶范（参见图9.9），而这种图案多出现于二里岗陶器的表面。

在第五期的40座墓中，19座墓（48%）出土随葬品，多数为实用器。仅有6座墓葬（15%）出土青铜器，包括商文化风格的戈和北方地区风格的刀、短剑、耳环、牌饰和珠子（参见图9.9）。所有出土青铜器的墓葬，墓主人均为男性，因此，青铜器很可能是代表个人成就和地位的象征物。由于发现了铸造斧头的石范，因此推测某些青铜器可能为本地生产（参见图9.9）。

根据陶器与青铜器类型的不同，可以对15座墓葬的文化归属进行分析，最后可以确认存在着三种不同的类型。

A：朱开沟类型（10座墓葬，占67%），仅出土朱开沟文化陶器或北方系青铜器。这种墓葬占大多数，可能是当地人的墓葬。

B：混合类型（3座墓葬，占20%），出土朱开沟文化陶器、北方系青铜器和商文化的青铜器。这些很可能是通过使用商式青铜器来体现其身份地位的当地人墓葬。

C：商文化类型（2座墓葬，占13%），仅出土商文化的陶器和青铜器，很可能是商人的墓葬（表9.3）。

第九章 公元前二千纪早期北方边疆及其周边地区的青铜文化 | 331

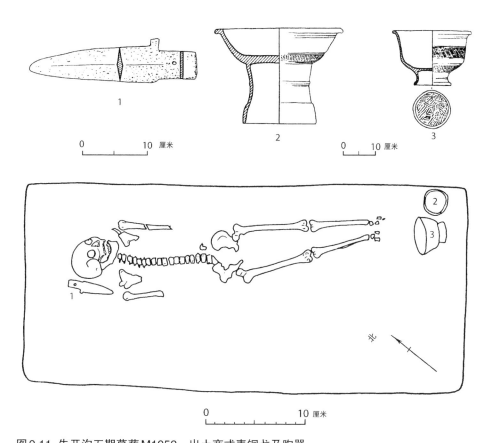

图9.11 朱开沟五期墓葬M1052，出土商式青铜戈及陶器
1. 青铜戈 2. 陶豆 3. 陶簋（内蒙古文物考古研究所，鄂尔多斯博物馆 2000：图182）

表9.3 朱开沟遗址五期墓葬出土陶器和青铜器所表现的文化归属
（共15座墓葬）

墓葬编号	随葬品	文化归属（数量，百分比）
1070	朱开沟文化陶器、北方系青铜器	A型 （10，67%） 朱开沟类型
4020	朱开沟文化陶器、北方系青铜器	
1019	朱开沟文化陶器	
1027	朱开沟文化陶器	
1064	朱开沟文化陶器	
1084	朱开沟文化陶器	
2006	朱开沟文化陶器	
3016	朱开沟文化陶器	
4005	朱开沟文化陶器	
5020	朱开沟文化陶器	
1083	朱开沟文化陶器、北方系青铜器、商式青铜器	B型 （3，20%） 混合类型
2012	朱开沟文化陶器、北方系青铜器、商式青铜器	
1040	北方系青铜器、商式青铜器	
1052	商式陶器、青铜器	C型（2，13%） 商文化类型
2003	商式陶器、青铜器	

第五期墓葬的空间分布情况表明，A型墓葬在整个遗址均有发现，而B型和C型墓葬却相对集中于遗址的中心区域（图9.12）。值得一提的是，作为随葬品，朱开沟文化陶器和商文化陶器在朱开沟遗址中并不共存。另外，朱开沟文化的陶器在两座墓葬中与商文化青铜戈共存，但未发现一座商文化陶器与北方系青铜器共存的墓葬。

检验居址中青铜器的分布是一件有意义的事。在第五期，居住区范围内共发现4座房址和61个灰坑，大约一半青铜器（13件，总数为27件）出土于五区的1座房址（F5001）和2个灰坑（H5003、H5028）中。在这些青铜器中，共发现3件具有商文化风格的礼器（2鼎、1爵）残片、4件具有商文化风格的镞和1把具有北方地区风格的刀（郭素新1993）。值得注意的是，五区的1座房子（F5002）使用了中原地区的建造技术，与二里头遗址的房子很相似（内蒙古文物考古研究

第九章　公元前二千纪早期北方边疆及其周边地区的青铜文化 | 333

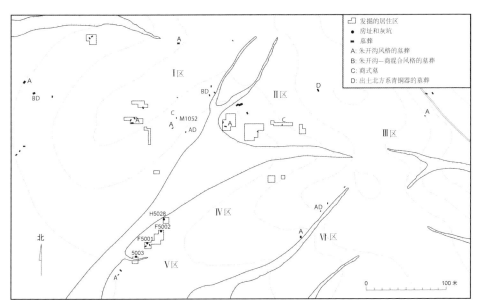

图9.12　朱开沟五期遗存分布，显示与商式器物相关的墓葬、房屋和灰坑（据内蒙古文物考古研究所，鄂尔多斯博物馆 2000：图2重绘）

所，鄂尔多斯博物馆 2000：285）（参见图9.12）。这说明居住在五区的部分人群可能与中原国家存在着紧密联系，而且占有独享商文化青铜礼器的特权。

　　从墓葬和居址的材料可以看出，商文化的器物在遗址的大部分地区均有发现。如果出土商文化风格陶器的墓葬（C型墓葬）和具有中原风格建造技术房址的出现，代表其人群属于商人的话，那么可以推断，朱开沟的一部分居民保持了商文化传统。与此相反，商文化青铜武器（如戈）和北方系青铜器，大多数人均可使用，但商文化的青铜礼器仅限于和中原政权密切相关且继续实施二里岗国家等级传统的小部分人群使用。这种现象表明，朱开沟出现了明显的社会分化，这种分化不限于社会地位，也包括文化和族群。

　　总之，朱开沟聚落由多种人群构成，人群之间和睦共处，不见内部冲突迹象。但是，具有不同背景的人群并未完全融合，特别是贵族阶层，青铜礼器的有限分布可以证明。商文化贵族似乎保持着自己独特的文化认同，把自己和其他人群区分开来。早商时期的这种情况与存在齐家文化因素的早期阶段很不一样。

朱开沟很可能是一个贸易中心，充当中原货物与北方边疆地区货物交换的媒介（Linduff 1995，1998）。更为重要的是，如之前所讨论的，朱开沟很可能是早商国家积极经营的前哨基地，以便寻求资源特别是金属矿藏（Liu, L. and Chen 2003: 106–109）。然而，商人在朱开沟经营的时间很短，不久之后（晚商时期）鄂尔多斯地区即演变为带有强烈草原文化特点的地区青铜文化（详见第十章）。

冶金术和北方地区传统的形成

乌拉特后旗霍各乞青铜时代铜矿遗址占地面积25平方公里（国家文物局 2003: 618）（参见图9.2），发现了坩埚、矿石加工工具、矿井和大量炉渣。这个采矿遗址很可能为其他生产金属合金的遗址提供金属原料。考虑到该遗址与朱开沟遗址的距离很远（超过300公里），朱开沟很可能在其邻近地区开采金属资源，不过迄今为止还不清楚确切地点。

朱开沟遗址的33件金属制品经过检测分析发现，第三、四期的金属制品（仅分析13件）与齐家文化的同类器较为相似，大部分由纯铜和锡青铜制成（李秀辉，韩汝玢 2000）。这种成分的金属制品在齐家文化亦有发现（孙淑云，韩汝玢 1997）。因此，很可能是齐家文化的人群将冶金术带到了河套地区。

第五期所有金属制品均为青铜（铜、锡、铅合金和铜、锡合金），但是合金的成分比例差别很大。3件商式青铜礼器和4枚镞（共发现6枚镞）均含有大致相同比例的锡和铅，铅含量较高（占20.4%～37.5%），锡含量较低（占8.7%～16.5%）。而该时期其他铜器均含有较少比例的铅（占0～12.7%），但锡的含量变化较大（占5.4%～35.9%）（李秀辉，韩汝玢 2000）。

含铅量高的青铜合金并非北方地区传统，这种合金见于二里头、郑州和盘龙城出土的武器、工具和容器（郝欣，孙淑云 2001；李仲达等 1986: 表4；中国社会科学院考古研究所 1999b: 399），年代稍早于朱开沟第五期或者与其相当。朱开沟出土的商式青铜礼器和镞很可能是在中原地区生产的。它们比较稳定的合金构成也表明其生产的专业化水平较高。与此相反，朱开沟出土的其他器物很可能是在不同地点铸造的，也包括朱开沟遗址本身，原材料则来源于不同地区。值得一提的是，商式戈与北方地区典型器物的青铜合金构成较为一致，这表明它们很可能是当地生产的。朱开沟遗址戈的空间分布较为分散，这和北方系青铜器的空间分布模式相近，似乎也为本地生产的结论提供了佐证。

朱开沟形制多样的青铜武器和装饰品，也可能表明了河套与欧亚草原地区之间存在广泛的文化互动。朱开沟遗址出土的单面刃环首青铜刀、双面刃青铜短剑、牌饰和铸造斧的石范均为北方系青铜器传统的最早实例（郭素新 1993；田广金，郭素新 1988）。环首刀发现于齐家文化、四坝文化、新疆东部的天山北路墓地，以及塞伊玛—图尔宾诺和卡拉苏克文化（Chernykh 1992: 图 73–76；Mei 2003: 图 3–6）。朱开沟的短剑与米努辛斯克地区卡拉苏克文化常见的同类器尤为相似（Chernykh 1992: 图 91–92）。塞伊玛—图尔宾诺和卡拉苏克文化在欧亚草原地区均属于游动的畜牧业经济，其年代与朱开沟第五期相当，约为公元前 16～前 15 世纪（Chernykh 1992: 215-234, 264-269）。假如这些草原居民是游动的牧民和金属手工业者，那么朱开沟文化发现的某些青铜器很可能起源于草原地带，并作为商品被带至朱开沟。不过，仍不清楚朱开沟文化与卡拉苏克/塞伊玛—图尔宾诺文化之间的交流是如何进行的，因为我们对处于中间地带的蒙古地区知之甚少。

朱开沟文化在约公元前 1500 年之后便消失了，但它的某些文化因素在草原地带依然存在。比如，内蒙古和外贝加尔湖地区的几个遗址都出土过朱开沟文化的典型器物——蛇纹陶鬲（参见图 9.8，8）。从公元前二千纪后半期开始，与朱开沟文化颇多相似之处的北方系青铜器，普遍分布于广袤的草原地区和中国北方（田广金，郭素新 1988）。在河套，北方系青铜器的生产在朱开沟文化之后仍在继续。内蒙古清水河县的西岔遗址（120 万平方米），从仰韶时期便有人类在此活动，经过龙山晚期及朱开沟文化，直到商周时期仍在使用。该遗址东距朱开沟约 100 公里（参见图 9.2），在它的晚期不仅出土了北方系青铜器（直銎斧、刀和耳环等），还出土了铸造北方系青铜器的陶范（曹建恩，孙金松 2004）。朱开沟和西岔遗址出土的青铜铸造证据，表明河套地区作为北方系青铜器中心发展出风格接近草原地区传统的自己的青铜工业。

朱开沟遗址的人骨观测表明，朱开沟居民随着时间推移发生了某些变化。与北方蒙古人种的游牧居民相比，朱开沟居民和黄河流域的农业人群有更多相似之处（潘其风 2000）。朱开沟7具人骨的线粒体DNA分析结果表明，朱开沟人群的母系遗传结构与内蒙古后来的人群较为相似，也与蒙古地区和中原地区的现代人比较接近（王海晶等 2007）。这些研究均表明朱开沟人群在与其他地区互动或迁入北方或南方的其他地区之后，仍保留了本地的连续性。这种认识与考古发现朱开沟文化的分布基本一致。

齐家文化

齐家文化因甘肃省广河县齐家坪遗址的发现而得名。20世纪20年代安特生为了寻找仰韶文化彩陶的西部起源而发现此文化。安特生认为，因为齐家文化并不出土金属器，仅出土单色陶器，齐家文化应属于他在甘青地区发现的最早的考古学文化（Andersson 1925, 1943）。自安特生发现齐家文化以来，考古学家共确认了1000多处齐家文化遗址，发掘了20多处，并建立了详细的考古学年代框架。我们现在知道，齐家文化是一种青铜时代文化，年代为公元前2200～前1600年。齐家文化人群多居住于黄土地区，黄河上游的数条支流流经此地，北部为腾格里沙漠，南部有祁连山。齐家文化的分布中心是渭河上游、洮河中下游和湟水中下游，但整个齐家文化分布于东西700公里、南北600公里的范围内，包括陕西西部、甘肃、宁夏、青海东部和内蒙古中南部（参见图9.2）（张天恩，肖琦 2003；中国社会科学院考古研究所 2003b: 535-537）。

聚落形态和生业经济

黄河上游是东亚季风区的边缘地带，对气候变化十分敏感。齐家文化的繁荣期处于一个气候干冷的时期，在距今4300～3700年（cal.BP）（Wu, W. and Liu 2004: 157），这种气候无疑会对齐家文化人们的生活方式产生影响。

通过对渭河上游葫芦河地区新石器和青铜时代遗址的考古调查，发现随着时间推移，聚落形态也发现了变化。从新石器时代的常山下层文化（约2800 BC～2200 BC）到齐家文化，遗址数量增加了370%（从80处到376处），然而遗址的平均规模和文化层厚度分别递减了61%（从10万到3.9万平方米）和38%（从1.6米到1米）。表明从前齐家文化到齐家文化阶段，该地区的人口数量虽然还在增长，但聚落规模逐步减小，流动性逐步增强。农业聚落不断增加的流动性，很可能是因为气候恶化及对土地的过度开发，使土壤肥力迅速下降，导致人们频繁更换居住地（李非等1993）。

齐家文化聚落大多位于河边，遗址面积从不足1万平方米到20万平方米不等，但大多数遗址的面积为5万～7万平方米左右。聚落的平面布局多有变化。一些遗址的居址和墓葬交错分布（如大何庄和师赵村），另外一些遗址的居址和墓葬是分开的（如乐都柳湾和永靖秦魏家）（中国社会科学院考古研究所 2003b: 535–548）（参见图9.2）。

齐家文化以多种形式的罐为主要陶器组合，陶器大多施有红彩，带双耳或三耳，或有高领，一些陶罐表面绘有简单几何图案（图9.13）。其生业经济以种植谷物和畜养动物（主要是猪）为主，食草动物的畜牧业和狩猎作为辅助经济的比例不断增加。比如，在永靖大何庄遗址，发现了长方形半地穴式房屋，地面施白灰，周围还有窖坑和墓葬（图9.14）。发现了不同类型的工具、陶器、动物骨骼以及炭化粟。一些猪和绵羊/山羊的下颌骨作为随葬品出现在墓葬中。出土的所有动物骨骼（最小个体数是256个），大部分是作为殉牲在墓葬中被发现的，其中猪骨占76%，羊骨占22%，牛骨占2%（中国科学院考古研究所甘肃工作队 1974）。临潭磨沟3枚人牙的淀粉粒分析为人类消费植物食物提供了直接证据。检测表明，人

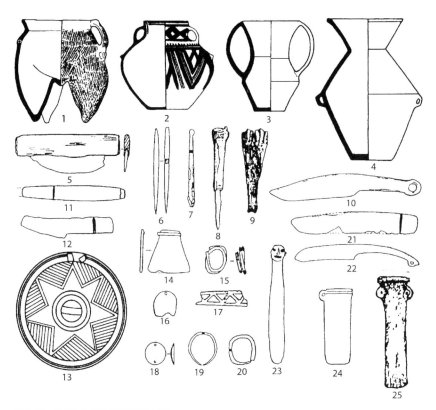

图9.13 齐家文化陶器和青铜器
1. 鬲 2. 双耳罐 3. 双大耳罐 4. 高领罐 5. 骨柄刀 6、8、9. 锥 7. 钻 10～12、21、22. 刀 13. 镜 14. 斧 15. 指环 16. 牌饰 17. 刀柄 18. 泡 19. 镯 20. 耳环 23. 匕 24、25. 斧（据中国社会科学院考古研究所 2003b：图8-27：1、15、38、44；李水城 2005：图2修改）

们的主要食物为谷物（小米和小麦/大麦），其次是豆类和其他植物（Li, M. et al. 2010）。很多遗址发现细石器，河西走廊诸遗址的发现尤多。武威皇娘娘台遗址发现了近900件细石器工具（比如石镞和刮削器）、200件细石核和2000件细石叶（郭德勇 1960）。居址频繁更替以及畜牧业和狩猎业在经济成分中所占比例的日益增加，表明齐家文化时期人们的生活方式已经开始从农业向农牧业并重转变。

在大何庄和秦魏家两个齐家文化遗址中，发现了直径4米左右并设有出入口的石头圈遗迹（谢端琚 1975b；中国科学院考古研究所甘肃工作队 1974）。在大何庄，共发现了5个这样的石头圈，在一些石头圈附近发现了动物骨骼和卜骨（参见图9.14）。这些石头圈通常被解释为某种祭祀遗迹，动物遗存则被视为祭品。但是，这种解释受到了菲茨杰拉德-胡柏的质疑，她认为这些石头圈同某些游牧文化中的同类石头建筑遗存非常近似（Fitzgerald-Huber 1995: 39），后者的石头圈是作为加固帐篷的重石而设置的（参见Cribb 1991: 171）。因此，齐家文化的石头圈很可能是草原地区的游牧人群为了寻求牧场和金属资源而搭建的帐篷遗存（Fitzgerald-Huber 1995: 52）。

根据现已发表的材料，可以判断这些石头圈很可能是与居址相关的设施而非祭祀遗迹。第一，与其他长方形半地穴的房子相似，这些石头圈也被灰坑和墓葬包围；第二，与房子类似，这些石头圈也有不同朝向，这和很多游牧文化中祭祀遗迹多有固定朝向的现象明显不同（Steven Rosen 2005，私人交流）；第三，3块卜骨出土在石头圈附近并不特殊，因为在遗址其他地方也发现了11块卜骨；第四，一具无头的牛骨架与石头圈F1有7米之遥，这与它到其他2个石头圈和1座房址的距离基本相同，且出土于一块空地，所谓与F1相关并不易确定（参见图9.14）；

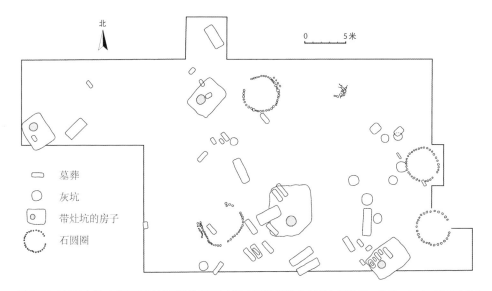

图9.14 齐家文化大何庄遗址西部发掘区（据中国科学院考古研究所甘肃工作队 1974：图4重绘）

第五，在石头圈附近发现的动物主要是牛和山羊／绵羊，猪的数量相对较少，说明石头圈与食草动物之间的关系较为密切。尽管如此，与世界其他地区考古发现的游牧民族所使用的石构建筑相比，大何庄石头圈的结构仍相对简单（参见 Rosen, S. 1987, 1993）。因此，大何庄石头圈的性质还有待于进一步的考古发现来解释。

埋葬方式

齐家文化墓葬反映出明显的社会分层，属于同一家族但社会地位不同的人埋葬在事先规划好的同一片墓地之中。大多数墓葬为长方形土坑竖穴墓，也有一些洞室墓。因社会地位不同，其随葬品数量和质量也有很大差别：穷人没有任何随葬品，而一些富人却有数十件随葬品，如陶器、玉器、宝石和动物下颌骨等。

大多数墓葬为单人葬，也有一些遗址发现多次埋人的墓葬（毛瑞林等 2009）。齐家文化墓葬最显著的特征是整个齐家文化分布区常见多人合葬墓。多数均为1名男性旁边伴随1名或2名女性，通常男性多仰身直肢，女性多侧身屈肢，面向男性。多数墓葬的随葬品均置于男性身边（图9.15）。

关于这种埋葬习俗有多种解释。最初它被解释为父系社会中女性对丈夫的殉葬行为（魏怀珩1978；张忠培1987）。菲茨杰拉德－胡柏则提出了更具挑战性的解释，她认为这种埋葬形式与印欧语系地区人们独特的殉夫习俗相似（Fitzgerald-Huber 1995: 38）。她将齐家文化与米哈伊尔·格里亚兹诺夫（Mikhail P. Gryaznov）所研究的欧亚草原相比较，后者在经历了从狩猎向农牧业经济的转变后，男性的社会地位空前提高，并从别的部落掠夺女人。因失去部落保护，妻子们可能不得不为死去的丈夫陪葬（Gryaznov 1969）。菲茨杰拉德－胡柏进一步指出，正如格里亚兹诺夫所描述的（Gryaznov 1969: 94），齐家文化的殉夫习俗，墓葬所见死者的排列方式与欧亚草原鄂毕河流域的塞伊玛－图尔宾诺东部分支的殉夫人群非常近似。

然而，最近对齐家墓葬的研究显示，这些墓葬中某些骨骼并不完整，表明很

第九章 公元前二千纪早期北方边疆及其周边地区的青铜文化 | 341

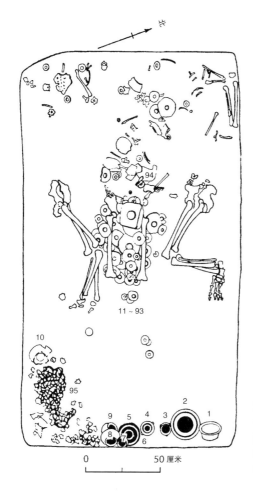

图9.15 齐家文化皇娘娘台墓葬M48，男性居中，两女性居于两侧，随葬品多放在男性身上
1～10. 陶器 11～93. 石璧 94. 玉饰 95. 石废料（魏怀珩 1978：图17）

可能是死于不同时期的同一家族成员的二次葬（叶茂林1997）。但并非所有多人葬都属于二次葬，因此，这种解释很可能只适用于部分墓葬。

如果齐家文化的墓葬确实反映了殉夫习俗，那么考古学家还没有找出齐家文化墓地中的外来人群。对青海乐都柳湾291座墓葬出土人骨所做的分析表明，该遗址（约2500 BC～1900 BC）人群在体质特征上明显表现出从半山、马厂到齐家文化的连续性，属于蒙古人种，与蒙古人种的东亚类型最为接近（潘其风，韩康信1998）。对此有两种解释。第一，殉夫这种新的埋葬习俗，可能是文化影响的结果，而非由人群迁入所导致。但我们仍然无法解释为何齐家文化的人群接受了这一习俗。第二，欧亚草原的人群包括欧罗巴人种和蒙古人种，而蒙古人种与齐家文化人群存在交流。如果草原人群的蒙古人种与齐家文化人群属于同一人种，而他们与欧罗巴人种之间的交往并不频繁，那么其骨骼形态就可能没有发生明显变化。尽管如此，其他考古学资料似乎支持齐家文化与遥远的欧亚大陆文化之间存在交流。就像第四章所提到的，齐家文化发现了中国最早的家马，它们通常与羊和黄牛一起作为动物殉牲出现（Flad et al. 2007）。这种埋葬传统与中原地区迥异，却与草原地区相似。欧亚草原对该文化最显著的影响是冶金术，随后将讨论这个问题。

玉石礼器

很多齐家文化遗址出土了玉石礼器，它们经常发现于墓葬，最为典型的例子便是武威皇娘娘台（魏怀珩1978）、天水师赵村（中国社会科学院考古研究所 1999a: 174, 213）和民和喇家遗址（任晓燕等2002）。在这些玉石器中，璧最为常见，其次是琮和环（图9.16）。

比如，在皇娘娘台的62座墓葬中，约三分之一的墓葬出土玉石礼器（共260件，多数为璧）和生产废料。随葬品最多的墓葬（M48）为一男两女合葬墓，男性位于中央，两位女性居于两侧，侧身屈肢面向男性。这座墓共出土了83件石璧、1件玉坠饰、304件小型玉石废料和10件陶器，石璧均放置于男性骨骸附近（参见图9.15）。这些玉石器大部分为本地生产，在距离皇娘娘台1.5公里之遥的海藏寺发现了玉器作坊遗址（叶茂林1997）。

青海民和喇家遗址是迄今为止发现最大的齐家文化遗址（20万平方米），它距离黄河很近，周围有壕沟环绕。在房址F4中，发现了4块玉料，其中2块玉料和2件玉璧放置在室内地面上，另外2块则置于陶罐中。这些玉料似乎是开采得到的，而非从河流中捡到的籽料。在喇家遗址中还采集到璧、斧、锛和刀等玉器（参见图9.16）。喇家很可能也是一处玉器加工场所（叶茂林，何克洲2002）。

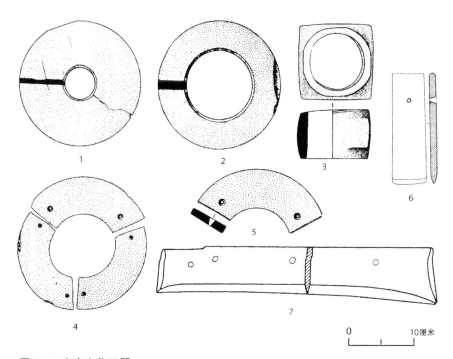

图 9.16 齐家文化玉器
1. 璧 2. 环 3. 琮 4. 复合璧 5. 璜 6. 锛 7. 刀（1 ~ 5. 师赵村；6、7. 喇家）（据中国社会科学院考古研究所 2003b：图 8 ~ 29；叶茂林，何克洲 2002：图 1 修改）

玉璧和玉琮是长江下游地区良渚文化的典型器物。齐家文化玉器不及良渚文化玉器精致，种类也较少，年代也较晚。山西南部龙山文化遗址出土玉器的情况与齐家文化比较接近（参照下文文化交流部分），表明存在自东向西的文化影响。齐家文化墓葬中玉石礼器的使用，表明齐家文化的人们接受了来自东方的某些意识形态传统，在跨地区的社会等级体系中用以表示其身份地位。

虽然齐家文化玉器在当地制造的证据很明确，但玉料产地仍不清楚。黄河中上游的齐家文化和龙山文化玉器，以黄色调与低浓度之中性灰色为基础，是沉积构造特征的软玉，其代表有布丁石（pudding stone）与韵律条带（rhythmic banding）（闻广 1998）。这种材质的玉与甘肃临洮出产的玉料很相似。杨伯达检测了齐家文化的 35 件玉器，发现出土于 18 个遗址的玉器属于新疆的和田玉（杨伯达 1997）。

很可能齐家文化的玉料有多处来源，既有本地的也有长途贸易所得到的。

冶金术

公元前三千纪，黄河上游的红铜和青铜制造业开始发展起来（参见第七章）。齐家文化的冶金术开始走向全面繁荣，在至少10个齐家文化的遗址中出土了100多件红铜和青铜的器物。这一数量大大超过了同一地区公元前三千纪时期的早于齐家的马家窑和马厂文化出土的金属器总量。齐家文化的金属器主要为小型工具和装饰品，如刀、锥、环、斧、镜、青铜牌饰和矛头。大多数早期的器物均为纯红铜制成，铅铜合金、锡铜合金、铅锡铜合金以及砷和红铜的合金也有发现；锻造和铸造技术也在同时使用（Mei 2003；任式楠 2003；Sun, S. and Han 2000b）。

祁连山发现了多处金属矿藏。矿石成分很复杂，包括不同比例的红铜、锡、铅和砷。直至今天，仅甘肃地区就发现了200多处12种以上的不含铁成分的金属矿。这些早期金属制品的遗址分布于河西走廊，与这些矿藏地的距离非常近（孙淑云，韩汝玢 1997，图11；Sun, S. and Han 2000a, b）。一些齐家文化的金属器很可能是当地制造的，皇娘娘台遗址发现的炉渣可以作为证据（郭德勇 1960）。这都说明金属工匠利用本土资源，制造出各种合金的产品。假如齐家文化的金属器都很小，主要作为实用器使用，而且遍布整个地区，那么很可能这些金属作坊规模很小，但均具备独立生产的能力。

文化交流

齐家文化似乎与周围诸文化均存在着交流，与东部地区的交流最为显著。齐家文化因素见诸陕西东部地区相当于二里头和齐家文化时期老牛坡类型的很多遗址。这些因素有华阴横镇的男女合葬习俗，西安老牛坡墓葬中将璧置于人骨之上的习俗，以及在很多老牛坡类型遗址中发现双耳或三耳罐（张天恩 2000；张天恩，肖琦 2003）。老牛坡位于齐家与二里头之间，因此很可能充当了二者交流的媒介。

齐家文化的玉器，如玉琮、玉环和三联璧，其原型可以追溯至山西南部的龙山文化遗址，比如芮城清凉寺（山西省考古研究所 2002）、襄汾陶寺（高炜，李健民 1983）和下靳（宋建忠，薛新民 1998）等。这些遗址的年代均早于或相当于齐家文化时期。

另外，二里头文化的两种器物——陶盉和镶嵌绿松石的青铜牌饰也发现于齐家文化遗址（Fitzgerald-Huber 2003: 65–70；李水城 2005: 266；张天恩 2002）（图9.17）。二里头文化的盉可能用于宴饮仪式。这种类型的器物在齐家文化遗址出现，表明二里头文化礼制已影响到它的西邻。甘肃天水发现的一件青铜牌饰与二里头遗址的同类器非常近似，推测它很可能是在二里头生产的（参见第八章）。一件带有4个小孔、长41.2厘米的齐家类型玉刀在喇家遗址出土（参见图9.16, 7）（叶茂林，何克洲 2002），这种类型的玉刀在二里头遗址也有发现（中国社会科学院考古研究所 1999b: 250, 342）。目前并无证据显示二里头遗址生产玉器，因此很可能某些二里头玉器是从齐家文化得到的。

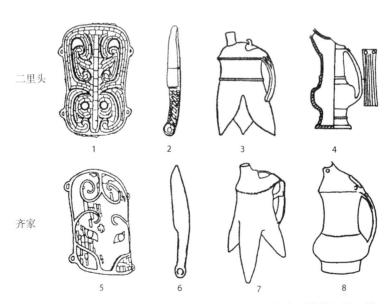

图9.17 二里头（1～4）和齐家文化遗址（5～8）出土镶嵌绿松石的青铜牌饰、环首刀和陶盉的对比（据李水城 2005：图17修改）

正如已有资料所显示的那样，齐家文化与其东邻之间的交流似乎是双向的，很可能既有人口迁徙，也有物品交换。考虑到奢侈品的生产和使用代表身份地位，因此齐家文化很可能受到了来自其东面文化传统的影响。

齐家文化最引人注意的文化互动是在西北方向展开的，金属器的广泛使用和畜牧业在经济生活中所占比例的增加就是这种互动的结果。中国考古学家对齐家文化冶金术起源问题有两种不同观点。某些学者认为齐家文化铜器是独立发明的，它经历了由红铜到青铜的本土发展过程（孙淑云，韩汝玢 1997；张忠培 1987）。另有学者认为齐家文化冶金术的突然繁荣应归因于西方文化的影响（安志敏 1993b）。最近，又有一些学者通过与欧亚草原物质文化进行比较研究，对后一种观点做了进一步阐释。比如，菲茨杰拉德-胡柏和梅建军指出，大多数齐家文化金属器，包括銎斧、矛、曲背刀、骨柄锥和骨柄刀，均与阿尔泰和米努辛斯克盆地的奥库涅夫文化，尤其是鄂毕河上游罗斯托夫卡（Rostovka）和索普卡（Sopka）东部塞伊玛—图尔宾诺文化的同类器近似（Fitzgerald-Huber 1995: 40–52；Mei 2003）。塞伊玛—图尔宾诺文化主要来源于两种不同的文化共同体，即阿尔泰冶金工匠和骑马人群及东西伯利亚针叶林带的游猎人群，最后形成由武士、游牧民和冶金工匠组成的族群（Chernykh et al. 2004；Chernykh 1992: 215–233）。塞伊玛—图尔宾诺文化包括细石器、畜牧业和冶金业在内的诸文化特征，与齐家文化均非常相似。显然齐家文化与擅长冶金术的欧亚草原游牧人群有密切联系（Fitzgerald-Huber 1995, 2003）。

在青海贵南尕马台发现了一面饰有星纹、周围附以阴刻平行线纹的铜镜（参见图9.13, 13），这表明此遗址与新疆和中亚西部地区存在文化接触。类似风格的铜镜在新疆东部天山北路遗址也发现过一件（遗址位置参见图9.2）（Mei 2003: 36–37）。这种星纹图案在阿富汗巴克特里亚-马吉安那（Bactrian-Margiana）地区和土库曼斯坦南部的安德罗诺沃文化青铜器上也有发现（Fitzgerald-Huber 1995: 52–53）。

齐家文化与欧亚草原之间的联系是一个非常有意义的研究课题。一些学者认为两者的文化交流是间接的，很可能在河西走廊和欧亚草原之间存在着一系列中间环节。沿河西走廊西部一带已经确认的中间环节包括甘肃西部的四坝文化和新疆东部的天山北路遗址，这些遗址多属公元前二千纪前半期，年代与齐家文化重合（Li, S. 2003；Mei 2000, 2003）。最近对天山北路出土人骨的线粒体DNA检测表明，齐家文化人群与天山北路人群的确存在密切的遗传关系（高诗珠 2009）。另外，欧亚草原文化很可能有别的途径经由蒙古到达河西走廊，但我们对蒙古地区的考古发现缺乏了解（参见Fitzgerald-Huber 1995: 51；Mei 2003: 38）。

齐家文化人群似乎也充当了中原地区与草原地区之间的交流媒介。不过，他们与草原文化之间的交流方式与其和东邻之间的交流方式迥异。虽然有学者提出齐家文化与草原文化之间的交流是双向而非单向的（Li, S. 2003；Mei 2003），但实际上新疆以西的草原地区并未发现齐家文化器物，可见草原地区对齐家文化的影响是主要的。

值得一提的是，虽然在齐家文化很多遗址中发现了金属器，但这些金属器并没有纳入通过墓葬仪式表现的奢侈品系统。相反，玉石礼器甚至陶器似乎才是齐家文化权贵阶层表示身份地位的主要标志（如Fitzgerald-Huber 2003: 65；Liu, L. 2003: 14）。齐家人群表现出对中原及当地文化传统的偏好。

四坝文化

1948年在甘肃省山丹县四坝滩遗址发现了一组陶石器，四坝文化因此得名（安志敏 1959）。该文化南抵祁连山，北达巴丹吉林沙漠，西至疏勒河，东达甘肃武威，分布于河西走廊东西约800公里的狭长地带（参见图9.2）。数个碳素测年结果表明，四坝文化的年代为公元前1900～前1500年，与齐家文化大致同时。仅有部分遗址如玉门火烧沟、民乐东灰山、酒泉干骨崖等经过发掘。发掘均为墓葬，因而我们对四坝文化的聚落形态知之甚少（李水城 1993；中国社会科学院考古研究所 2003b: 558–562）。

生业和聚落分布

四坝文化的陶器组合主要是夹砂红陶罐，多数饰有几何图案。陶器类型学分析表明四坝文化有多种文化渊源。首先，它主要来源于马家窑文化马厂类型之后分布于同一地区的"过渡类型"；其次，它受到来自东部齐家文化的影响；第三，它又与其东南部的卡约文化（1600 BC ～ 700 BC）存在交流。

石器有打制和磨制两种，器形有斧、刀、锤、盘状器、磨盘、磨棒、臼、锄和石球等。特别是在玉门沙锅梁和火烧沟遗址的墓葬中还发现大量细石器（李水城 1993）。东灰山遗址出土动物骨骼主要为猪和鹿，其次为绵羊和狗（祁国琴 1998）；还出土多种农作物，有小米、小麦、大麦和黑麦等（李璠等 1989）。

根据生态环境，四坝文化遗址可分为两种类型。第一种类型的遗址有玉门沙锅梁和火烧沟，分布于河西走廊北部的草原地带。该地区人群主要以畜牧和狩猎为生，表现在考古记录上就是经常出土牧畜骨骼和细石器。第二种类型的遗址代表是位于祁连山脉北部山麓地带的酒泉干骨崖遗址。山麓地区拥有肥沃的土壤和丰富的水资源，属于传统意义上的农业地带。这些地区可能主要被农业居民所占据，因此遗址的分布密度较大，文化堆积较厚，且很少出土牧畜骨骼和细石器（李水城 1993: 116-117）。

值得一提的是，虽然四坝文化的墓地多使用时间较长，且被反复利用，但迄今为止并未发现任何居址。这可能说明四坝文化居民的流动性相对较强，因此在考古学上并未留下与居址相关的遗迹。这种情况与欧亚草原某些流动性逐步增强且越来越以畜牧业为主要生计方式的文化相似，比如里海西部的颜那亚（Yamnaya）遗址（Anthony 1998: 102-103）。

东灰山和火烧沟遗址出土人骨的体质人类学研究表明，人群属于蒙古人种，且与东亚蒙古类型最为接近，这种情况与齐家文化略同（朱泓 1998）。很多考古学家把四坝文化与文献记载中的"羌人"相提并论（李水城 1993: 119-120）。根据《后汉书·西羌传》记载，河西走廊的羌人为游牧人群，他们逐水草而居，以游牧为生。考古所见四坝文化的特征与文献记载中的羌族颇相一致。

埋葬方式

四坝文化的墓葬在同一墓地中排列方式较为一致,且距离居址较近,但其葬俗因地而异。火烧沟墓地主要为偏洞室墓和竖穴土坑墓;干骨崖墓地以多人合葬的石棺葬为特征;东灰山墓地主要为长方形土坑竖穴墓,葬式为二次葬或男女合葬;在安西的鹰窝树墓地中并未发现人骨,推测可能实行火葬(李水城1993:106)。

大多数墓葬有数量和质量不同的随葬品,包括动物牺牲、石器、陶器、金属制品、玉器和贝壳等。在东灰山的249座墓葬中,约三分之二的墓葬均出土1~20件随葬品。在火烧沟312座墓葬中,超过三分之一的墓葬出土金属器,其中一些金属制品是权力和地位的象征,如权杖头(甘肃省文物考古研究所,吉林大学北方考古研究室 1998)。这些埋葬仪式上的差别表明四坝文化中已经出现了社会分化。

冶金术与文化互动

金属制品在墓葬中比较常见,其种类有红铜、青铜、银和金器。270多件红铜和青铜制品在四坝文化遗址中被发现,包括刀、斧、锥、手镯、牌饰、耳环、鼻环、泡、镞、矛和权杖头(图9.18)。这些器物与欧亚草原和中亚地区的同类器风格显然比较相似。青铜权杖头与中亚和近东地区有密切联系;金耳环和银鼻环是中国此类器物的鼻祖,同类器物仅发现于中亚及其以西地区。尽管形式与西方相似,某些四坝文化金属制品还是表现出技术上的革新。与西方使用的失蜡法不同,火烧沟权杖头系采用块范法铸造而成(Bunker 1998;Li, S. 2003;李水城、水涛 2000;Mei 2003)。

铸造和锻造技术同时得以使用。在火烧沟遗址发现了石镞范,表明金属器是当地生产的(孙淑云,韩汝玢 1997: 图8)。有意思的是,四坝文化金属器大部分是锡铜合金和砷铜合金,这与新疆东部天山北路比较相似,却与齐家文化金属器

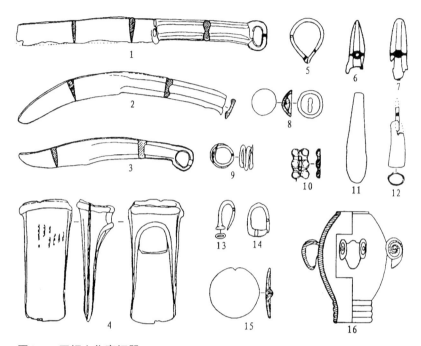

图9.18 四坝文化青铜器
1～3.刀 4.有銎斧 5、13、14.耳环 6、7.镞 8.泡 9.指环 10、15.装饰品 11.匕 12. 骨柄锥 16.权杖头（1～10、12～15.干骨崖 11、16.火烧沟）（李水城 2005：图3）

多红铜和锡铜合金的做法迥异。砷铜合金属西方冶金传统。砷铜技术在乌拉尔河流域比较流行，而锡铜合金却常见于公元前二千纪早期的阿尔泰和哈萨克斯坦东部地区。四坝文化和新疆东部同时代遗址很可能充当了欧亚草原和齐家文化之间的交流媒介（Mei 2003: 37–38），而这些合金成分的差别是由各地金属器生产遗址附近的金属矿藏成分不同造成的（李水城 2005: 262）。

在甘肃西北部的缸缸洼和火石梁还发现了两处青铜作坊遗址，里面都发现了炉渣、铜矿石和木炭。青铜生产可能开始于公元前2135年，并一直持续至约公元700年。这两个遗址出土的青铜器均为砷铜合金，大部分铜矿石来源于附近的白山堂铜矿址（参见图9.2）和其他尚未发现的铜矿。青铜时代的人们是种植小麦和粟类谷物的农民（Dodson et al. 2009）。目前还不清楚这些遗址与考古学文化之间的对应关系，因为陶器研究还未开展，不过遗址均位于四坝文化范围内。这些发现表明，青铜生产确实是在本地进行的。

四坝文化的器物组合表明四坝文化扮演着东西方文化交流媒介的作用。两种不同类型的四坝文化遗址共存于不同生态区，并拥有相似的陶器组合，表明农业社会和畜牧–狩猎社会之间存在着紧密的交流关系，而且这种交流并不限定在狭小的地区范围内，而可能延伸到欧亚草原广袤的地域，这可以从四坝遗址中发现很多欧亚草原和中亚风格的铜器得到印证。值得一提的是，位于四坝文化区西部代表着狩猎/畜牧经济的火烧沟遗址，出土了大量的金属器（200多件），其数量超过了所有其他四坝文化遗址出土青铜器的总和。这表明狩猎/畜牧经济社会可能通过金属产品的生产和交换在东西方文化的交流中发挥了重要的作用。

新疆东部的早期青铜文化

位于中国西北部的新疆维吾尔自治区，在地理学和人类学意义上均属于中亚东部地区，帕米尔和兴都库什山脉将其与中亚西部分隔开来。山脉周围的河谷成为两个地区交流的通道。新疆地区的地形特点为"三山（昆仑山、天山和阿尔泰山）夹两盆"，塔里木盆地在南，准噶尔盆地在北（参见图9.2）。沙漠盆地边缘为分散的绿洲，绿洲地区人口相对密集，农牧业生产盛行。随着西部使用金属器的人群迁徙到新疆地区，这种类型的经济大约在公元前2000年开始兴起，并且代替了当地的旧石器和中石器文化传统（Chen, K. and Hiebert 1995）。也正是由于沙漠地区极端干旱的气候条件，这些新移民的多数墓葬均发现了保存很好的有机物，比如干尸，为研究古代人类的文化提供了非常丰富的信息。

公元前二千纪前半期的新疆东部，在中西方交流中起到了关键作用。位于天山山脉东端的新疆东部，东连河西走廊，西接塔里木盆地。该地区有三个遗址较为重要：古墓沟、位于塔里木盆地东缘孔雀河谷的小河墓地和哈密盆地的天山北路文化（也称雅林办、雅满苏矿或林雅）。

古墓沟和铁板河墓地

古墓沟墓地位于罗布泊西侧的孔雀河下游台地上。目前,测得的8个放射性碳素测年数据跨度很大,主要集中于公元前2100～前1500年(An, Z. 1998: 56-57;中国社会科学院考古研究所 1991: 303–304)。42座墓葬可以分为两种类型。第一种类型比第二种类型早,包括36座竖穴土坑墓,有棺,棺上覆盖羊皮或草席。均为直肢葬,死者头戴毡帽,身裹毛毯。第二种类型包含6座竖穴土坑墓,每座墓穴地表有7圈环状立木,呈放射状向外展开(图9.19,4)。两种墓葬出土的器物较为相似,有草、木、骨、角、石和金属几种质料的器物。一座墓葬尸身胸部的衣服上缀着一小包碎麻黄枝。随葬品还有小麦和羊、牛、骆驼、鹿、盘羊和鸟等动物遗存(图9.19)。金属器均为红铜残片,根据木器上的残留痕迹,发掘者认为古墓沟人很可能已经开始使用青铜砍切工具。从随葬品看,古墓沟人种植谷物,同时狩猎野生哺乳动物和鸟类,并从周围河流捕鱼。他们还会加工皮革,纺织毛线,做毛毡并从事玉石器加工等手工业生产(Barber 1999;Kuz'mina 1998;Mallory and Mair 2000;王炳华 1983,2001a: 29–48)。

在罗布泊的铁板河周围也发现了一处相似墓地,出土了一具3800年前的保存完好的女性干尸(图9.19,3)。经检测,其年龄为40～45岁,身高155.8厘米。她的肺部有大量黑色颗粒状沉积物,表明她曾生活在有大量烟尘和风沙的环境中。这可能反映了当时妇女的家居条件和罗布泊的沙漠环境(王炳华 2001a: 29–48)。

由于墓葬中并未出土陶器,因此很难确定古墓沟和铁板河墓地之间的文化联系。两墓地人骨的体质人类学分析均表明其人群属于高加索人种,学术界对此并无异议。对古墓沟10具人骨的线粒体DNA分析结果表明,这些人群的确与欧罗巴人种很接近(崔银秋等 2004)。韩康信也认为,根据人骨形态学研究,古墓沟第一种类型的墓主人与阿凡纳谢沃文化人群接近,第二种类型的墓主人与安德罗诺沃文化人群较为接近(韩康信 1986)。阿凡纳谢沃文化是分布于哈萨克斯坦东部和西伯利亚西南部草原地区最早的一支青铜时代文化(公元前三／二千

第九章　公元前二千纪早期北方边疆及其周边地区的青铜文化 | 353

图9.19 新疆古墓沟的考古发现
1. 石雕女像　2. 装小麦的草编小篓　3. 铁板河出土的女性干尸　4. 古墓沟发掘（王炳华2001b：图30、33、35、45）

纪），而随后的安德罗诺沃文化（公元前二千纪）则分布于从里海到蒙古的广大地区（Chen, K. and Hiebert 1995: 249）（参见图9.1）。这两种文化的人群均为欧罗巴人种，因此很难将阿凡纳谢沃文化的头骨与安德罗诺沃文化的头骨区分开（Kuz'mina 1998: 68）。

古墓沟墓地埋葬仪式及其随葬品的诸多因素均显示其与欧亚草原文化之间的联系。尤其是红铜制品，与阿凡纳谢沃文化的同类器在风格和原材料上均十分相似。古墓沟出土的动物种类也与阿凡纳谢沃文化保持一致。墓葬出土纺织物和墓葬结构本身，也和阿凡纳谢沃文化及安德罗诺沃文化的同类物比较接近（Kuz'mina 1998: 68-69）。因此古墓沟墓地为阿凡纳谢沃文化和／或安德罗诺沃文化人群在公元前二千纪早期到达新疆东部地区提供了明确证据。但迄今为止并不清楚这些人群与位于其东部的蒙古人种是否发生直接接触，因为该遗址并未发现有关这种交流的考古证据。

小 河

位于罗布泊孔雀河下游的小河遗址，在20世纪初期被当地猎人发现，之后瑞典考古学家福尔克·贝格曼（Folke Bergman）对其进行了局部发掘（Bergman 1939）。这些早期发现揭露出一处前所未知的大型史前墓地，人骨和随葬品均保存完好。最近考古学家对整个遗址进行发掘，为了解新疆地区失落的古文化提供了许多新资料。

小河遗址（2500平方米）外观为一个约7米高的椭圆形沙丘，它由上下叠压的数层墓葬构成，显示遗址使用时间较长（图9.20）。但是，由于曾经严重扰乱，只有一半墓地保存下来。从2002年至2005年，考古学家发掘了167座墓葬，出土了数千件器物和大约30具保存完好的干尸。根据地层堆积和墓葬形式可以把墓地分为五期，不过，仅有上面两层（1～2层）（1690 BC～1420 BC）墓葬经过比较详细的报道（小河考古队 2005；伊弟利斯等 2004, 2007）。

所有墓葬均有木棺，每座木棺前面竖一立木。男性墓葬与女性墓葬前面的立

第九章　公元前二千纪早期北方边疆及其周边地区的青铜文化 | 355

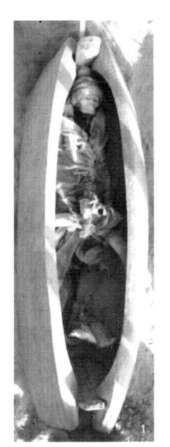

图 9.20　新疆小河墓地及出土遗物
1. 盛在木棺中的女性干尸　2. 毡帽　3. 木面具　4. 靴子（皆自 M13 出土）5. 小河墓地（伊弟利斯等 2007：图 2、14、20、24、27）

木形态不同。女性墓葬前面的立木象征男根,男性墓葬前面的立木呈木桨形。立木上多悬挂草束、牛头、小金属环或牌饰。超过80%的墓葬为成人墓,墓主仰身直肢,头朝东。死者身裹毛织斗篷,脚着皮靴,毡帽上装饰羽毛、毛皮和毛线。斗篷外置草编篓,并随葬小麦、小米和破碎的麻黄小枝。墓中多随葬木面具、木偶、牛头骨和羊的骨骼(参见图9.20)。

其中一座墓葬较为特殊,它外观呈房屋状,显示较高的等级。在该墓葬中有两堆牛头骨,垒成7层,置于棺两侧;1个石质权杖头、1件铃形铜器、1枚带有金环的铜镜发现于棺底;墓葬周围还发现许多木雕人面像、牛头和羊头。

干尸带有明显的高加索人种特征,但由于未出土陶器,小河墓地人群的文化属性目前还不清楚。小河墓地上层墓葬的埋葬习俗,好像和被许多短立木环绕的古墓沟第二种类型墓葬比较相似,这表明小河墓地晚期墓葬与古墓沟墓葬约略同时,其年代大约为公元前二千纪早期。而小河墓地早期墓葬年代早于古墓沟墓葬。与古墓沟的情况相似,小河墓地的人群很可能与阿凡纳谢沃文化、安德罗诺沃文化人群存在某种联系。该墓地17具人骨的线粒体DNA检测结果表明,其人群的遗传结构较为复杂,包括欧洲和中亚因素,与乌兹别克斯坦和土库曼斯坦的现代人种有着某种亲缘关系(谢承志 2007)。

小河墓地的人群显然经营农业与畜牧业。他们种植小麦和粟,饲养羊和牛,也狩猎野兽。该遗址发现的粟很可能是新疆地区最早的粟类遗存。小河居民还有一些不见于中亚其他地区的特殊习俗,他们很可能是新疆绿洲地区青铜时代最早的人群之一。不过,有关他们的起源及其与周边地区居民的关系,还有待于进一步研究。

天山北路

天山北路遗址靠近哈密市。从1988年以来,已经发掘了700多座墓葬,揭露出一处连续使用数百年的大型青铜时代墓地(约2000 BC ~ 1550 BC)(哈密墓地发掘组 1990;Li, S. 2002)。墓葬为土坑竖穴墓和竖穴土坯墓两种。葬式均为屈肢葬，女性头向东北，男性头向西南。随葬品有陶器、青铜器、银器、骨器和石器。陶器均为手制，有灰陶和红陶两种。一些陶器饰有三角纹、之字纹、水波纹、点纹和植物图案。天山北路陶器可分为两组：A组包括单耳或双耳罐、双耳盆，与四坝文化的同类器较为相似；B组包括口沿部有两个把手的深腹罐或球腹罐，与新疆西北部阿尔泰地区克尔木齐墓地的陶器有密切关系。此外，克尔木齐墓地的器物组合也显示出它与南西伯利亚、蒙古西部青铜文化之间的某种联系（Li, S. 2002），这些青铜文化很可能与卡拉苏克文化、安德罗诺沃文化相关（水涛 1993）（图9.21）。

天山北路遗址发现很多红铜和青铜制品，包括小型工具、装饰品和银簪。其形制与西部的欧亚草原文化以及东部的四坝、齐家文化较为相似，包括环首曲背刀、背上带两个小突起的刀、管銎斧、匕首、镰、背面装饰图案或素面的镜、环状耳环、泡以及骨柄锥（李水城 2005；Mei 2000，2003: 36–37）（图9.22）。银饰

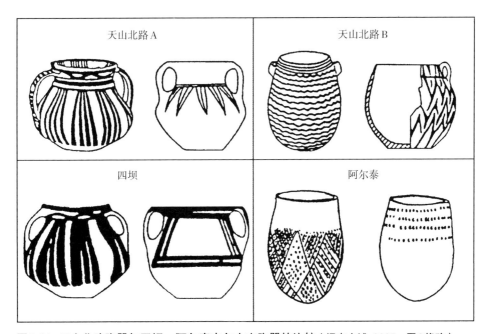

图9.21 天山北路陶器与四坝、阿尔泰克尔木齐陶器的比较（据李水城 2005：图8修改）

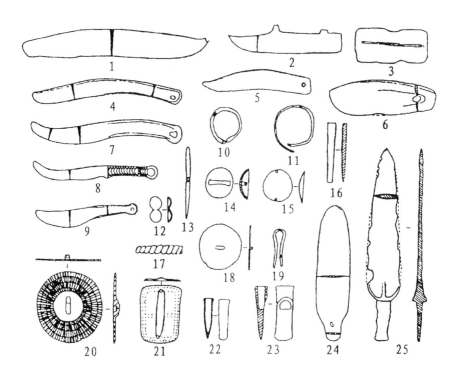

图 9.22 新疆东部天山北路遗址出土的金属器
1、2、4、7～9. 刀 3、21. 牌饰 5、6. 镰刀 10、11. 耳环 12. 联珠饰 13. 锥 14. 扣 15. 泡 16. 凿 17. 管 18、20. 镜 19. 别针 22、23. 透銎斧 24. 矛 25. 短剑（李水城 2005：图7）

品在欧亚草原和中国北方边疆地区使用较为频繁（Bunker 1998）。

经检测的19件金属器中，15件是锡铜合金，1件是红铜制品，3件属于加入了少量的砷和铅的锡铜合金。制作工艺有冶铸、锻造、退火热处理和冷锻等技术。占主导地位的锡铜合金和砷铜合金也显示出其与欧亚草原西部及北部如塞伊玛—图尔宾诺文化和安德罗诺沃文化之间的联系（Mei 2000: 38-39, 2003: 36-37）。

天山北路墓地物质文化显现出来的多样化，与线粒体DNA的检测数据颇为吻合。对该单倍群的人类群体分析表明，中国西北地区、西伯利亚和中亚地区的人们都对天山北路人群的线粒体基因库做出了贡献。就东亚地区人群而言，齐家文化的喇家组与天山北路人群具有密切亲缘关系（高诗珠 2009）。

除了有适合农牧业生产的绿洲沃土外，新疆地区的金属矿藏很可能也吸引了其他地区青铜时代的人群。铜、锡和铅等金属矿藏，在新疆地区分布很广，但产量有限。对公元前一千纪新疆西部尼勒克县奴拉赛矿冶遗址的研究表明，该遗址可能生产砷铜。这一发现有望填补冶金术自西向东传播过程中所缺失的新疆部分。但是，由于奴拉赛矿冶遗址年代很晚，因此很难确定这些金属矿藏是否被公元前二千纪前半期进入新疆地区的青铜时代人群开采过（Mei 2000: 50-57; Mei and Shell 1998）。

新疆地区这些使用金属的早期遗址清楚地表明了东西方不同地区人群之间的关系，最典型的例子就是来自于西方的高加索人种、冶金术和栽培小麦，以及源自东方的陶器。因此，新疆东部可能充当了公元前三千纪晚期和公元前二千纪早期中国西部与欧亚草原之间最早交流的枢纽。天山北路遗址尤其重要，不仅因为其物质文化表明了跨地区交流的存在，而且线粒体 DNA 研究也证实了沿东西方向的双向基因交流。尽管如此，目前的资料并不支持新疆地区是公元前三千纪冶金技术从草原地区向中国西部传播的跳板的观点，因为新疆地区发现的最早金属器（约 2000 BC），晚于公元前三千纪晚期中国北方地区龙山文化和齐家文化的金属器。

结 论

长久以来，北方边疆地区充当了中国与欧亚草原之间文化交流的媒介，并持续着前所未有的跨地区交流活动。北方边疆地区与周边文化交流的主要物品是身份地位的象征物，表明这种交流很可能是上层贵族为了保持和维护其社会地位而结成联盟，并从遥远地区寻求财富与权力。这种现象在全世界很多地区都存在，包括草原地带的青铜时代文化（Hanks and Linduff 2009）。

促使这种交流的因素主要有三个：第一，中亚和欧亚草原文化向东扩展；第二，二里头和二里岗早期国家向北方和西北地区的扩张；第三，北方边疆地区文化日益增强的社会复杂化及随之而来的各政体为追逐权力和威望而展开的竞争。

中亚与欧亚草原文化向东扩展

欧亚中部草原和沙漠地带的植被记录显示，在大约公元前2200年，由于气候变化，植物开始适应更加干燥的生态环境。河谷地带的落叶林减少，取而代之的是干燥的草原地貌，新的生业经济——畜牧业应运而生。特别值得一提的是，环境的变化催生了马、马车和金属器的应用，促使青铜时代人群流动性的加强以及畜牧业的普及。从公元前2000～前1800年，欧亚草原畜牧人群急剧膨胀，原因包括气候持续干燥，乌拉尔山脉东部的哈萨克斯坦发现新的金属矿藏，流动的畜牧业向东传播，流动的畜牧人群与中亚地区定居者之间的文化交流（Anthony 2007；Hiebert 2000）。

在欧亚大陆东部的草原地区，冶金术的发展和游牧业的增长，很明显是经济与政治双重驱动的结果。在公元前二千纪，金属器的生产转而注重其身份象征意义，因此冶金业不再仅仅生产实用器，金属器开始成为不同社会阶层和个人追逐权力的媒介。因为金属资源稀缺，且分布不平衡，控制重要金属资源和贸易通道就成为拥有冶金业的游牧民的头等大事，因此，冶金业的发展，促使人们寻求新的金属矿藏，导致社会网络和交流的扩展，结果是跨地区范围的更加广泛的人口流动（Frachetti 2002）。

欧亚草原畜牧文化流动性的加强，使得该地区人群可以到遥远的南方和东南方寻找新的金属矿藏资源，与中国北方地区建立直接或间接的文化交流。在这种环境、经济及社会政治背景下，北方边疆地区快速汇入草原文化的洪流中。因此，该时期北方边疆地区大量发现金属器和畜牧文化遗迹并不奇怪。

畜牧专业化的出现需要与之共存的农业经济人群为其单一的畜牧业食物提供辅助农产品（Cribb 1991）。相反，农业人群尤其是贵族阶层也追逐可供消费与象征身份地位的畜牧产品。这种互惠关系促使北方地区畜牧人群与农业人群进行交流，因而也促使北方边疆地区诸文化由农业向农牧业生产方式转变。

草原地带文化交流最突出的表现，就是北方地带出现了源自遥远西北地区的三种不同类型的文化因素，这包括草原风格青铜制品的广泛使用（某种形式的工具、武器和装饰品）；畜牧动物（牛、羊，偶尔也有马）数量的增长，这些动物经常被用于牺牲；小麦和大麦的种植。然而，这三种文化因素在北方地带并不同时出现，而是以不同的组合方式有选择性地出现在不同地区。这种现象说明这些文化影响来源于广袤草原的不同区域，目前考古学家对这些区域还缺乏足够的研究。

中原国家的政治扩张

正如第八章所述，二里头和二里岗早期国家以空前的速度走向政治集权化、城市化和对边远地区的领土扩张，其领土扩张甚至远及北方边疆地区。扩张的一个重要动力，便是获得制造贵族物品——如青铜器和玉器——的原材料。对原材料的追求刺激了这些早期政权与拥有资源的偏远地区文化间的交流。在边疆地区文化中发现的此类贵族物品，有一些是从中原地区输入的，还有一些则是当地工匠模仿中原地区同类器制造的，反映出自内而外的文化移动。显著例子便是二里头风格的爵和斝在辽河流域的大甸子墓地和黄河上游的几个齐家文化遗址中出现，以及商的青铜礼器在河套地区的朱开沟出现。这三个地方附近均存有丰富的矿产资源。另外，草原风格的青铜器也在二里头文化遗址中有所发现，表示贵族物品的内流。中原早期国家及其边远地区之间的交流很可能既包括人口迁徙，也包括远距离的商品贸易。

二里头和二里岗早期国家向北方边疆地区文化辐射的范围并未超出夏家店下层文化、朱开沟文化和齐家文化的分布地区。二里头和二里岗早期国家的中原文化特征，在从核心地区向西辐射的过程中逐渐减弱，同时，与草原地区之间的文化交流则不断加强。这两个中原早期国家向北部扩张的时间似乎相当短促。二里岗之后的商代中晚期，中原地区国家经历了分裂和重组（参见第八、十章），军事竞争成为其与北方地区文化交流的主调。

北方边疆地区的社会复杂化进程

最近的许多研究多关注北方边疆地区社会复杂化发展和经济转型的动力问题。考古学家主要采用两种方法研究这个问题。第一种方法是强调外部环境与人类社会之间的相互关系，认为气候变化和人类活动带来的环境恶化导致新经济方式的产生，即人们越来越依赖游动的畜牧业（如靳桂云 2004；李非等 1993；水涛 2001a, b；宋豫秦 2002；田广金, 史培军 2004）。第二种方法关注内因，认为政治体系、领导策略和跨地区交流最终导致经济方式从农业向畜牧业的转变（如 Linduff 1998；Shelach 1999: 193–194、232，2009a: 68–70）。在我们看来，这两种观点不过是强调了同一社会现象的不同方面，把两者结合起来才有助于理解北方边疆地区的社会经济变化。

正如本章前面所述，在全新世中期大暖期之后，气候的确出现频繁波动。最近的古环境研究表明，在距今约4000年前（cal.BP）全球气候出现突变（Wu, W. and Liu 2004）。但是，气候变化并未对中国全境造成同样影响，也未对不同地区造成同等水平的生态破坏。干燥寒冷的气候在中国西北的出现早于中国北部和东北地区，这很可能归因于季风系统的变化模式和不同地区的小环境变化。从考古学上可以观察到，当夏家店下层文化和朱开沟文化仍以农业经济为主的时候，齐家文化和四坝文化已经开始实施农牧经济（水涛 2001b; 田广金，史培军 1997）。

但是，在所有这些地区出现的阶段性环境恶化，很可能都要归因于气候波动和人类的过度开发。比如在辽河地区，全新世的农业社会经历了周期性的发展与衰落。农业在一些文化中逐渐走向高度繁荣，但随之急剧衰退，就像红山文化时期（大约1000年）、夏家店下层文化时期（大约500年）、辽代（大约200年），以及清代晚期（几十年），农业经济经常突然中断，似乎是由于人类活动导致的生态恶化（比如说沙漠化）所致。这中间间或出现的畜牧业和人口减少，才使得自然资源得以恢复（宋豫秦 2002: 31–54）。

气候恶化伴随着环境的过度开发导致了传统农业社区自然资源的枯竭。而这种情况可能导致三种后果：不同社会团体之间的竞争加剧、人口迁徙到其他地区和经济方式的转变。北方边疆地区考古学文化中均能观察到这些现象。如在夏家店下层文化中普遍出现防御用的石墙建筑；为了寻求更好的农耕地，齐家文化人群迁徙至朱开沟；当环境变得适宜游牧时，某些四坝文化居民转而从事畜牧生产。

政治组织很明显在社会变化中扮演了重要作用。在北方边疆地区的所有文化中，上层贵族多使用通过远距离交换得到的象征身份地位的贵族物品，尤其是玉器、宝石、金属器和贝壳。形式近似的玉石器，特别是璧和琮，在广袤地域的诸多遗址中均有发现，这表明某种共同信仰体系的初步形成和跨地区贵族网络的出现（Liu, L. 2003）。

在大多数情况下，我们并不清楚贵族阶层如何管理资源的开采、生产流程和贵重物品的利益分配，但大甸子、朱开沟和皇娘娘台等遗址中仅有少数墓葬随葬贵族物品，说明并非所有社会成员均有同样的机会获得这些资源。考古学资料表明，制作这些贵族物品的工匠，很可能享有较高的社会地位。

金属制品的生产与流通也促进了社会复杂化的发展。金属饰品、工具和武器显然在青铜时代受到珍视。贵族阶层对这些物品的需求，导致其对相关资源和贸易路线的控制，从而进一步促进了跨地区的交流。然而，没有证据显示北方边疆地区对金属矿藏资源生产和分配存在集权式的控制。因此，金属生产可能仅在地区范围内进行着分散的小规模的经营。这种情况与中原地区早期国家城市中心二里头和郑州商城所见截然不同。

北方边疆地区的聚落资料也显示存在多中心模式，即表现为有一系列小型地区中心（夏家店下层文化和齐家文化最大的遗址面积分别为25万平方米和20万平方米）。在夏家店下层文化中，石城的建设很可能说明政体之间存在冲突，也意味着没有一个统一的政治实体。这种情况也与中原地区集权的二里头和二里岗早期国家有所不同。

所有这些现象均说明，在公元前二千纪前半期，北方边疆地区诸文化已经发展出很高的社会复杂化水平。由于因应气候变化、对贵族物品与权力的争夺，以及与周边文化的交往，最终导致其文化与社会面貌的形成。这些边疆地区的青铜时代文化通过加强畜牧业生产改变其经济策略，通过与草原地区人群的密切交流形成其社会和文化网络。虽然他们与中原文化之间的交流很明显，但其实政治上是独立于同时期的二里头和二里岗早期国家的。

第 十 章

晚商王朝及其周邻

（1250 BC ~ 1046 BC）

第十章 晚商王朝及其周邻（1250 BC ~ 1046 BC）

> 天命玄鸟，降而生商，宅殷土芒芒。……邦畿千里，维民所止，肇域彼四海。
>
> ——《诗经·玄鸟》

公元前二千纪后半期，中国的政治格局发生了很多变化。商代中期（约 1400 BC ~ 1250 BC）的中原地区，政治动荡，权力旁落。此时出现了其他区域中心，例如安阳洹河北岸的洹北商城（参见第八章）。随后，商王朝在洹水南岸建立起最后一座都城，开启了晚商时代（约 1250 BC ~ 1046 BC）（Tang, J. 2001）。商王朝迅速重新获得对其周围地区人民的政治统治和军事管理优势。这时候，边远地区的区域文化也迅速发展成为国家社会，但与商王朝的关系不尽相同。欧亚草原半农半牧社会与中国农业社会之间的交流逐步加强。这些交流是全方位的，具体表现为北方地区青铜制品传播至南方的广袤地区（可远至云南），马和马车来到商境，商文化风格的青铜器和玉器则到达远离商文化中心的偏远地区。

我们在本章主要讨论商代晚期的考古学文化，将按照图 10.1 所示考古学文化的分布来讨论。

研究问题

自 20 世纪 20 年代现代考古学在中国建立之后，晚商一直是早期中国文明研究关注的中心。无论中国还是西方，大量研究均依据考古遗存、甲骨卜辞、青铜铭文和古代文献来重建商代的社会与思想体系。许多地区发现的丰富考古遗存，均显示这是一个高度发达的王朝。安阳成为大型城市中心，也出现了显著的社会

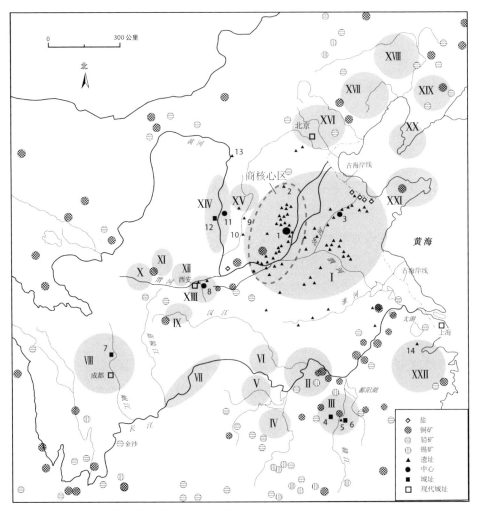

图10.1 晚商时期的区域考古学文化和主要遗址
考古学文化：Ⅰ.商 Ⅱ.盘龙城 Ⅲ.吴城 Ⅳ.对门山－费家河 Ⅴ.宝塔 Ⅵ.周梁玉桥 Ⅶ.路家河 Ⅷ.三星堆 Ⅸ.宝山（城洋青铜器群）Ⅹ.刘家 Ⅺ.先周 Ⅻ.郑家坡 ⅩⅢ.老牛坡 ⅩⅣ.李家崖 ⅩⅤ.光社 ⅩⅥ.围坊三期 ⅩⅦ.魏营子 ⅩⅧ.高台山 ⅩⅨ.庙后山 ⅩⅩ.双砣子三期 ⅩⅪ.珍珠门 ⅩⅫ.湖熟 遗址：1.殷墟 2.台西 3.大辛庄 4.吴城 5.大洋洲 6.牛城 7.三星堆 8.老牛坡 9.旌介 10.桥北 11.高红 12.李家崖 13.西岔 14.东苕溪地区陶窑址（中国社会科学院考古研究所 2003b）

分层、高度专业化的手工业和文字系统。这一时期,商王朝统治着周边地区的很多政体,并频繁发动对外战争。

近年来晚商成为探讨中国早期国家性质与形成过程的重要对象,讨论主要集中于商王朝势力辐射的范围、国家的性质以及它与周边地区其他政体的关系等。有些学者认为,商是一个拥有广袤领地的疆域国家(territorial state)(Trigger, B. 1999);而另外一些学者则认为,商是一个面积狭小的城市国家(city-state)或分支性国家(segmentary state)(Keightley 1999;林沄 1998b;Yates 1997)。一些考古学家尝试根据商文化风格的陶器和青铜器的分布来划分商的政治边界,认为其版图相当广大,包括整个黄河中下游地区,南则可达长江北岸(如宋新潮 1991)。而惠特利(Wheatley 1971: 97)认为,商的疆域仅限于黄河中游的商文化核心区。即便是利用相同的资料,学者们对商的疆域问题也不总能得出同样的结论。比如,李伯谦根据青铜器上的族徽和甲骨卜辞,提出晚商政权无远弗届,其物质文化分布范围大致即是其政治统治范畴(李伯谦 2009)。它北达河北北部,南至河南南部,西迄陕西中部,东抵山东东部。而吉德炜根据甲骨卜辞,则把晚商形容为一块瑞士干酪,中间充满非商的空洞,而不是把商文化看作一块整体的"豆腐"(Keightley 1979–80: 26)。不少中国学者的观点与吉德炜的意见相似。比如,宋镇豪指出,商和非商政体的版图形成一个锯齿状、环环相扣的政治格局(宋镇豪 1994)。王震中也认为,商的版图是以王畿为中心,由周边的四土和属国构成。这些附属国与商王朝的关系复杂多变,附属国与敌对的族邦方国混杂,总体呈犬牙交错的状态(王震中 2007)。

总之,就概念而言,我们不能用现代的疆域概念来理解商的疆域。就像吉德炜所观察到的,商的治国方略并非中央集权式的官僚统治(Keightley 1983)。再者,就方法论而言,很难仅仅依靠考古学遗存判定商王朝的疆域。比如,具有仪礼功能的甲骨卜辞和青铜铭文,虽然为了解商王朝统治者的活动范围提供了宝贵信息,但这样的信息本身也是不完整甚至带有偏见的。因此,我们需要把这些资料与考古学证据和传统文献结合起来,才能更好地理解商与其周邻广大地区政体之间的关系。为了这个目的,我们采用将商中心区与边缘区相分离的方法来分析这个问题。因此，我们首先回顾在安阳殷墟遗址发现的商中心区的考古学文化，然后重点关注商中心区与其边缘区之间的交流。讨论后者时，我们将从如何获得资源和信息这个角度展开。采取这种中心-边缘式研究方法的原因，并非认为中原地区之外的社会文化发展不重要，而是因为这是理解区域之间关系性质，特别是某些物品跨地区传播的一条有效途径。

商人的世界

商与其周邻政体之间的空间关系作为考古学研究的一个重要课题而备受关注。甲骨文关于晚商的描述有如下三个范畴：一、商或大邑商，包括商最后的也是最大的都城——殷（商灭亡后被称为殷墟）及其邻近地区，可视为商中心区；二、土或四土，指的是东土、北土、西土和南土，可以视为商统治下的许多附属政权的领地；三、方或四方，通常指商疆域之外的非商政体，比如土方、羌方、鬼方。很多研究者致力于根据青铜器铭文和甲骨卜辞来研究这些附属国家和非商政体的地理位置（如 Chang 1980；Keightley 1983；李学勤 1959；岛邦男 1958；宋新潮 1991；宋镇豪 1994；王震中 2007）。

大邑商、四土和四方的概念可以用同心圆的图形来表示，不同的圆形分别代表从都城向遥远的边缘地区辐射的不同界域（参见王震中 2007）。但是，这种理想的疆域划分模式容易产生误导，因为它给人的印象是商的统治边界非常清楚，并且对其所有附属政体实行霸权统治。然而正如上文所述，事实可能并非如此。有关商的政治疆域，目前多采用岛邦男的看法。他根据甲骨卜辞，将商的主要同盟国和敌国的位置在地图上标示出来，在殷墟的各个方向都发现集中分布的政体（岛邦男 1958）。最密集的一群政体，似乎是在殷墟西北方向沿黄河分布的，正如甲骨文所记录的那样（Keightley 1983），它们与商关系密切（图 10.2）。将这个地图上标出名字的政体和图 10.1 所显示的考古学文化分布区相对照，两张图很明显给我们提供了完全不同类型的信息，两种信息可以相互补充，因此有利于我们的

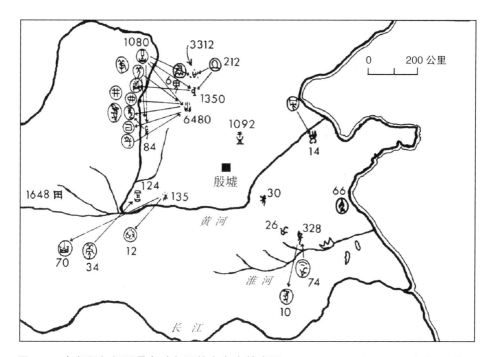

图10.2 岛邦男根据甲骨卜辞复原的有名字的方国（数字系各方国的分数，是吉德炜计算出来用以表示诸方国和商关系的密切程度，注意分数最高的方国均在西北地区）(Keightley 1983: 图 17.2)

研究。很明显，考古学文化的数量要少于商文字记载中的政体数量。一般来说，用器物组合命名的某种考古学文化，多反映该地区人民采取了相同或相似的生业模式；而同一区域内不同名称的人群和政体的出现——就像商时期文字所记录的那样——则意味着该地区政治组织较为分散。

殷墟：晚商都城遗址

晚商王朝以现在的河南安阳殷墟为新首都。在洹北商城遗址莫名其妙地被废弃之后，殷主要沿洹河南岸发展。洹河流域的区域考古调查表明，从中商到晚商人口显著增长，这从遗址的数量和规模呈现急剧增长（大约从20个发展至30个），尤其是中心遗址规模增长很快（从5平方公里到30平方公里）可以得到证明（图10.3）（唐际根，荆志淳 1998，2009）。

殷墟的发现缘于甲骨卜辞的释读。殷墟的发掘始于1928年，是由李济领导的第一代中国考古学家完成的（Li C. 1977）。该遗址一方面为考古学家和历史学家提供了认知中国早期王朝物质文化和社会的机会，另一方面也能用于验证古老的文献记录。经过几代考古学家80多年的发掘，大量资料有助于我们了解这个城市遗址的基本布局，但是我们仍无法看到它的全部。

殷墟面积大约24平方公里，商文化遗迹分布相当密集。如果将遗址边缘零散

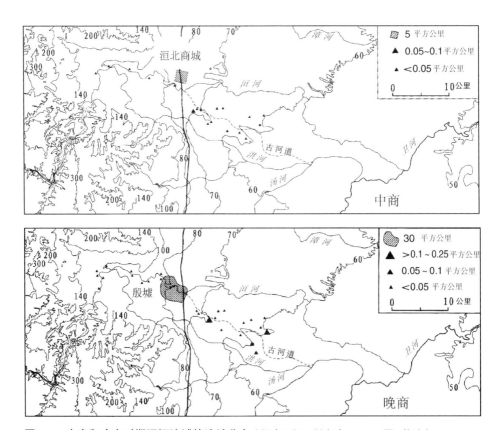

图10.3 中商和晚商时期洹河流域的遗址分布（据唐际根，荆志淳 2009：图1修改）

分布的遗迹也包括在内，那么这座古代城市最盛期的面积接近30平方公里。作为当时中国最大的政治中心，殷墟有很多足以与其他同时期遗址相区别的特质。位于洹河南岸小屯村的大型宫殿遗址，占地约70万平方米。在其中3.5万平方米范围内，共发现53座夯土台基；一些属于宫殿基址，另外一些是含有埋葬动物和人牲的祭祀坑，属于王室宗庙建筑。也发现了贵族墓葬（包括著名的妇好墓）和手工业作坊遗址。在洹河北岸的西北冈则发现了王陵，包括贵族墓葬和许多埋葬人和动物的祭祀坑。制造青铜器、陶器、玉石器和骨器的许多手工业作坊，遍布整个遗址。低级贵族、平民的墓葬和居址多成片分布（图10.4）（中国社会科学院考

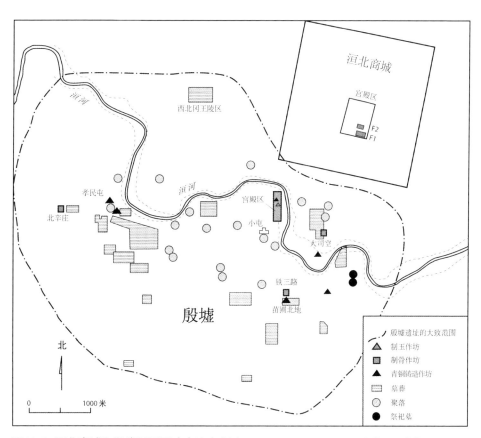

图10.4　洹北商城和殷墟平面图（中晚商）(据Tang, J. 2001: 图1; 岳占伟, 王学荣 2007: 图1、2修改)

古研究所 1994b）。殷墟似乎就是由几十个这样的居民区组成的。每个区均具备房屋、窖穴、水井、道路、排水及储水系统等要素（唐际根，荆志淳 2009）。就像墓葬资料和甲骨卜辞所显示的，从殷墟看，商的社会组织是以血缘关系来维系的（Tang, J. 2004；朱凤瀚 2004）。

除了发现大量青铜器、玉石器、象牙器、陶器和骨器外，甲骨卜辞和青铜器铭文所展示的文字系统，表明中国已进入有文字的历史时期（Chang 1980；Keightley 1978b；Li, C. 1977；中国社会科学院考古研究所 1994b）（图10.5）。根据甲骨卜辞和殷墟出土遗存所提供的丰富信息，考古学家把这一晚商遗址分为四个时期，进而考察商代的政治、社会、经济和思想体系（如Bagley 1999；Chang 1980；Childs-Johnson 1998；Keightley 1999, 2000）。最有趣的是，甲骨卜辞印证了古文献有关晚商王朝世系的记载（Chang 1980），进一步证实晚商在漫长的中国历史进程中确实属于一个非常独特的时代。

晚商社会有着高度的社会分层，墓葬类型表明殷墟至少存在六个不同的社会阶层（Tang, J. 2004）。虽然多数贵族墓葬在很久以前已被洗劫一空，但仍有一些保存完好的墓葬为考古学家所发掘，它们揭示出商王室贵族成员所拥有的特殊物质遗存。例如，妇好墓共随葬了1928件随葬品，有青铜器、玉器、陶器、石器、蚌器和象牙器，还随葬了近7000件海贝（中国社会科学院考古研究所 1980）。最近在花园庄发现的墓葬M56，是一个军事首领的墓，共出土1600多件随葬品，主要为青铜器和玉器（中国社会科学院考古研究所 2007）。

就像二里头和二里岗时期的主要城市一样，殷墟不仅是政治中心，也是手工业生产中心，且手工业专业化程度超过以前任何一个时代。其主要产品包括青铜器、骨器、玉石礼器和陶器。还发现了3个骨器作坊。铁三路作坊遗址发掘出32吨动物骨头（李志鹏等 2010），说明骨器生产规模巨大。北辛庄和大司空的骨器作坊可能主要是生产发簪的，花园庄南地的陶器作坊主要是生产陶豆的（中国社会科学院考古研究所 1994b: 93–96, 439–441）。

某些手工业比如玉器和青铜器的生产，很可能被王室直接控制。在宫殿区范围内，考古学家确认了两种遗迹，很可能与制作玉石璋进行碾磨和抛光的手工业

第十章 晚商王朝及其周邻（1250 BC～1046 BC） | 375

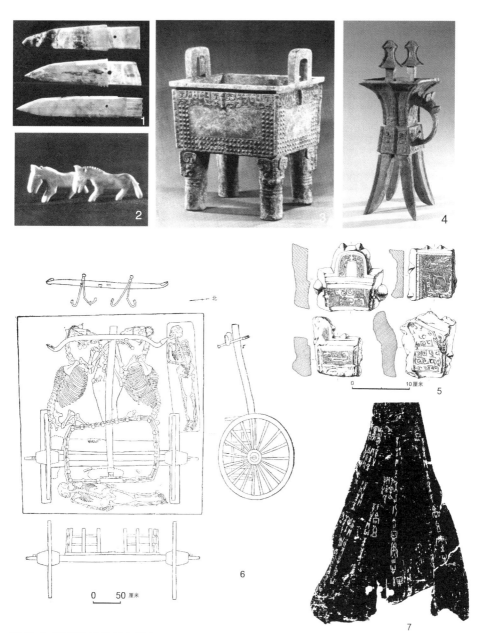

图10.5 晚商殷墟的考古遗存
1. 玉戈 2. 玉马 3. 青铜方鼎 4. 青铜斝 5. 铸造青铜礼器的陶范 6. 随葬的车、马和御手 7. 甲骨文
（1～4来自中国社会科学院考古研究所1980：彩版1、10.1、18.1、30.2；6来自岳占伟、王学荣2007：图6；7来自Keightley 2000：图9）

作坊相关（中国社会科学院考古研究所 1987, 1994b）。在殷墟还发现了6个青铜冶铸遗址，尽管它们并非同时。青铜作坊的数量随时间推移而逐渐增多，可能是用于满足日益增长的需求。从陶范的形式看，这些作坊生产种类繁多的青铜器，包括礼器、武器和工具。宫殿区南约700米处的苗圃北地青铜作坊（1万平方米），在殷墟各个时期均在使用（Li, Y.-t. 2003；中国社会科学院考古研究所 1994b: 42-96）。不过，殷墟发现最大规模的青铜冶铸遗址，位于安阳孝民屯附近。它有2个作坊，两者相距约200米，分别占地4万和1万平方米（参见图10.4）。产品有各种不同种类的礼器、工具和武器，还发现了一些此前从未发现过的最大型容器的陶范（图10.5, 5）。其主要使用时期是殷墟第三期和第四期（岳占伟，王学荣 2007）。

中国考古学家认为，苗圃北地和孝民屯的青铜作坊均在王室直接控制下进行生产（岳占伟，王学荣 2007；中国社会科学院考古研究所 1994b: 83-93）。值得注意的是，苗圃北地青铜作坊作为殷墟最早的青铜生产地之一，位于宫殿区南部，这种空间格局与二里头和郑州所见相当一致。其后兴建的孝民屯作坊却距离宫殿区较远，规模也比苗圃北地青铜作坊更大，这种情况很可能说明殷墟青铜器生产的控制权在逐步下放。

晚商时期对青铜合金的需求巨大。比如，妇好墓发现了468件青铜器，总计重达1625公斤（中国社会科学院考古研究所 1980: 15）。这个数字是早商时期郑州3个窖藏出土青铜器总重量（大约510公斤）的3倍（河南省文物考古研究所 1999b）。妇好是商王武丁的配偶，她的墓葬仅属于中型墓（22平方米），比西北冈王陵11座王墓（107～192平方米）要小得多。从这些发现不难想象殷墟青铜生产的规模（Chang 1991）。

与早商一样，殷墟铸造青铜器的大部分金属原料（铜、锡、铅）可能来自长江流域。考古学家已经在江西铜岭（江西省文物考古研究所，瑞昌市博物馆 1997）和湖北铜绿山（黄石市博物馆 1999）发现晚商时期的铜矿开采遗迹，这两个遗址均位于长江中游地区。此外，对殷墟出土178件青铜器的铅同位素分析结果表明，很多青铜器均包含一种特殊的高放射性成因铅（high-radiogenic lead）。

高放射性成因铅青铜器多发现于殷墟第一期和第二期（分别占78%和81%），第三期比例迅速下降（38%），第四期则基本消失（金正耀等1998）。由于高放射性成因铅在中国非常少见，它很可能来源于云南东北的永善金沙厂附近地区，该地区富含铅、锡、铜矿（参见图10.1）（金正耀2003；金正耀等1995）。

从其他地区获取的资源并不止金属一项。商王朝贵族阶层试图从边远地区得到的贵族物品和重要资源，还有海贝、玉、宝石、盐、原始瓷、用于占卜的龟甲、大量动物（如牛、绵羊/山羊、狗、马等），还有用于祭祀的人牲等。问题是商王朝如何获得这些物品。

晚商国家控制的领土范围似乎远比早商时期小（Tang, J. 2001: 图5），反映出商王朝的衰落。与作为首都盛极一时的殷墟同时，商王朝统治区周围出现了几个大型区域中心，在这些地区还发现了风格各异的青铜器，有的还出土了当地铸造的复杂的青铜礼器。这种新的政治格局——渐弱的中心被周边渐强的政体所环伺——重新定义了当时的权力关系。晚商时期，商王朝再也不能像早商时期那样，在边远地区建立据点掠夺资源。因此，寻求资源的不同机制就此形成。

商及其周邻

就像甲骨卜辞和青铜铭文所显示的那样，殷墟与其他区域政体之间的关系随着形势的改变而不断变化。为了满足自己的需求，商王采用各种手段与周邻政体周旋，包括贸易、赏赐、索取贡品、联姻、联盟和发动战争等（Chang 1980: 248-259；Keightley 1979-80；李伯谦2009）。这些均可能从考古资料中找到线索。为了解这种交往的本质，我们需要观察周边地区的物质文化和考察中心地区与边缘地区不同种类物品的流动情况。下面我们将集中讨论6个区域，即北方的台西、东方的山东、南方的吴城、西南方的三星堆、西方的老牛坡和西北方的黄土高原（特别是河套地区）。

北方的台西遗址

在殷墟北方，商文化遗址分布于河北省的大部分地区，仅海河流域已发现100多处商文化遗址。石家庄地区的遗址更为密集，还出土许多带有族徽的青铜礼器。该地区很可能是商文化核心区的组成部分。其中最重要的遗址之一是藁城台西遗址，其年代从商代中期延续到殷墟早期。在该遗址发现了房屋、水井、墓葬以及大量的陶器、工具和青铜器（河北省文物研究所1985）。

台西遗址共出土172片原始瓷和106片印纹硬陶器的残片，器形与南方地区（如江西吴城）出土的同类器较为相似（图10.6，1～3）。原始瓷和印纹硬陶均是使用特殊陶土制作的高质量陶器，烧成温度很高。这种技术起源于中国南方地区（彭适凡1987）。此类陶器在中国北方地区仅有少量发现，多出土于贵族墓葬和大型地区中心遗址。作为中国北方地区的一个非城市遗址，台西发现的此类陶器数量显得异常多。

近数十年来，关于商代原始瓷的起源问题，考古学家们一直争论不休。一些学者根据微量元素分析结果，认为它起源于中国南方（罗宏杰等1996）；另外一些学者则认为南北方都有多个生产中心（朱剑等2008）。最近在浙江省东苕溪流域中游地区所做的调查和发掘，发现30多处生产原始瓷和印纹硬陶的商代窑址。该地区生产的很多原始瓷器与商文化中心区特别是殷墟发现的同类器非常接近。这些发现支持此类陶器产自中国南方的观点（郑建明等2011）。而在北方地区几个商文化遗址中（如郑州、小双桥和安阳）发现了原始瓷的残次品，有学者认为这是北方地区出产原始瓷的证据（安金槐1960；孙新民，孙锦2008）。而最近对山东大辛庄原始瓷的微量元素分析表明，其构成元素明显与江西吴城不同，因而支持商代原始瓷应有多个生产中心的意见（朱剑等2008）。

台西遗址的原始瓷和印纹硬陶器均出土于居址，不见于墓葬中。这表明这些器物是供居民日常使用的，与生产地区所在地的图景吻合。一片原始瓷废片表明其为本地制造。此外，台西遗址还发现了马鞍形石刀（图10.6，4），形制与江西吴城用作制陶工具的石刀和陶刀非常相似（见本章吴城部分的讨论），吴城是商代

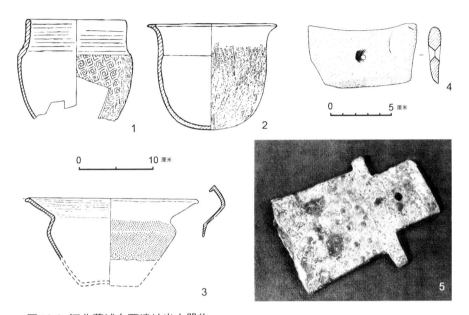

图10.6 河北藁城台西遗址出土器物
1、2. 几何印纹硬陶尊、罐 3. 原始瓷尊 4. 马鞍形石刀 5. 铁刃铜钺（长11.1厘米）（河北省文物研究所 1985：彩版 1；图 42-5、44-1、2 和 46-1）

原始瓷和硬陶生产中心（江西省文物考古研究所，樟树市博物馆 2005）。

虽然有充分证据显示这些珍贵陶器的主要生产中心位于中国南方地区，但我们也不能排除北方地区的商人曾尝试仿制南方风格的原始瓷器（Chen, T. et al. 1999）。台西遗址很可能是商王朝的工匠仿制南方传统陶瓷器的遗址之一，以满足当地人群对这种器物的需求。

台西遗址很可能具有某种军事上的重要性。在发现青铜器的19座墓葬中，有14座墓葬出土武器，包括一件该时期罕见的铁刃铜钺（图10.6，5）。台西显然与分布在其北方以围坊三期和魏营子文化为代表的北方地区文化有某种联系（参见图10.1）。因为台西遗址出土了北方地区风格的工具和武器，包括有銎镞、有銎矛和羊首短剑（河北省文物考古研究所 1985: 81-83）。因此有人认为，台西遗址位置险要，在商代具有重要的战略地位（宋新潮 1991: 72-75）。

东方的山东

二里头和二里岗下层文化时期，整个山东地区均被土著的岳石文化所占据。然而，在二里岗文化上层早段，具有典型二里岗器物组合的聚落在山东北部的济南大辛庄出现。该遗址成为早商人群侵入山东地区的第一站。商代中期，当河南地区遭遇政治动荡和权力分散时，山东地区的商代聚落数量迅速增加，尤其在两个地区最为显著：济水流域的大辛庄聚落群和滕州薛河流域的前掌大聚落群。在这些新聚落发现的贵族阶层的器物组合，均为典型商文化风格的青铜器和玉器，而象征本地岳石文化身份地位的彩绘陶完全消失。这表明商王朝在该地区成功实施殖民，用商人权贵取代本地的权贵阶层（陈雪香 2007；方辉 2009）。

殷墟时期，商人扩张到山东大部分地区。土著人群被迫向胶东半岛迁徙，在考古学上以珍珠门文化为代表（参见图10.1）。拥有大型中心的几个商人聚落群分布在泰沂山脉左近及沿海地区（图10.7）。某些大型遗址很可能是早期国家政治中心。这些政体好像与商王朝中心区保持着紧密联系，比如它们的物质文化就与殷墟非常相似。很多学者认为山东也在商王朝的统治之下，即文献记载中的"东土"（陈雪香 2007；方辉 2009）。

商人东扩显然是为了获取更为丰富的自然资源，如金属、盐、各种淡水和海洋的水产品，同时掌握运输线路。比如，济南大辛庄位于古济水南侧，而济水又是连接渤海湾和黄河的通道。因此该地区中心位于这条主要交通线路的要津，从山东北部获得的物资正可以经此运达商王朝中心区。同样，前掌大聚落群距离古泗水较近，泗水又把淮水和中原地区连接起来；商人向该地区的扩张也便于物资从东南地区流向商王朝中心区（方辉 2009；Liu, L. and Chen 2003: 113–116）。

考古学上已经找到山东沿海地区盐业生产的大量证据。"盔形器"在山东北部80多个遗址中被发现，它们集中分布于渤海湾沿岸地区，与地下卤水的分布带恰相吻合。盔形器残留物的化学分析表明它们曾用于制盐。盐业生产似乎是季节性的活动，是由内陆地区居民组织实施的。盔形器由内陆居民制造并运输到制盐遗址，结果盐和海产品又被带回至内陆地区（图10.8）。这些遗址的年代均属于

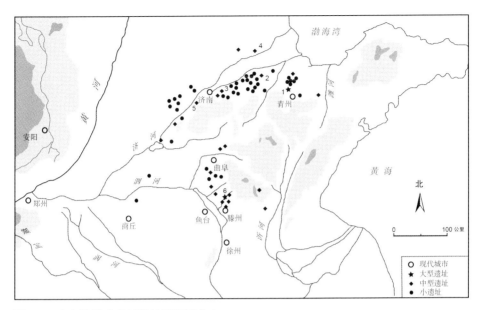

图 10.7 山东地区晚商时期的聚落群分布
遗址：1. 苏埠屯 2. 史家 3. 大辛庄 4. 兰家 5. 小屯 6. 前掌大（遗址位置来自陈雪香 2007：图 4、5）（所示为古代水系）

晚商和周代，说明此地大规模的盐业生产开始于殷墟时期（李水城等 2009；王青 2006；王青，朱继平 2006）。盔形器可以分为几种类型，同一形制的器物大小相似，表明这些器物也是盐业贸易和分配时所使用的标准量器（方辉 2004）。

根据殷墟出土卜辞，商王朝有名为"卤小臣"的官员，意为"掌管盐的小官"，表明其在盐业生产和分配中的支配地位。有趣的是，在山东北部城市滨州商文化的一座墓葬中也发现了带有两个"卤"（即"盐"）字的青铜器（图10.9, 2）。该遗址属于地处盐业生产区的兰家聚落群。墓主人很可能是盐官"卤小臣"，即商王朝派来管理盐业生产的官员。也有可能在山东北部聚落群中出现了多个地区中心，其功能之一便是收集和分配食盐（方辉 2004, 2009）。

在前掌大贵族墓葬与安阳王陵中均发现了镶嵌贝壳的漆器（图10.9, 3）。前掌大位于《禹贡》中"徐州"之地（包括山东南部和江苏北部），《禹贡》记录了不同地区向中原王朝的朝贡情况。根据这个文献，来自徐州的主要贡品有珍珠、

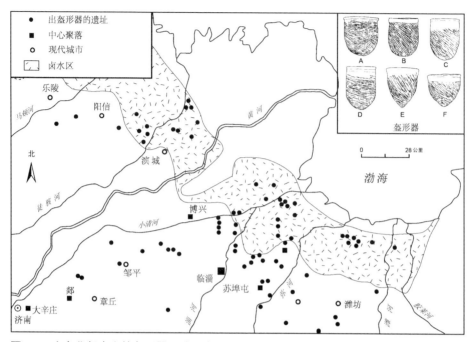

图10.8 山东北部出土的盔形器及地下卤水资源的分布
盔形器: A、B.晚商 C.商周 D-F.西周（据王青，朱继平 2006：图2和李水城等 2009：图7重绘）

贝壳和桐木，其中后两类可以用作制造漆器的原料。事实上，在江苏北部丘湾铜山遗址中发现了大量贝壳，可以识别的淡水贝类有7种，这7种贝类均能生产珍珠。这与《禹贡》的记载正相符合（方辉 2009）。《禹贡》成书年代很晚（约公元前5世纪），却记载了此前一千年左右成熟的古代朝贡制度。尽管《禹贡》不能作为复原商代经济制度的证据，但很多考古发现确可与《禹贡》中的记载呼应。这表明该文献可以为我们了解古代中国某些地区的自然资源提供有效线索（邵望平 1989）。

山东也有铜、铅矿（孙淑云 1990）。位于山东北部的史家遗址群距离山东最大的铜矿——长白山铜矿很近。在邹平县郎君遗址还发现了制作青铜工具的陶范，说明当地存在金属工业（方辉 2009: 78）。不过，山东地区青铜礼器的风格与殷墟高度一致（图10.9, 1），因此，并无可靠证据表明山东地区生产青铜容器。很

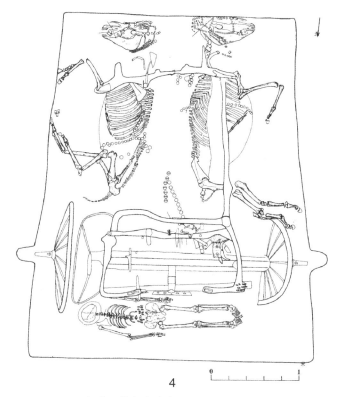

图10.9 晚商时期山东地区的考古遗存
1. 典型商式青铜鼎 2. 滨州兰家村出土青铜器所见 "卤" 字铭文 3. 镶嵌贝片的漆器 4. 前掌大墓地M40车马坑（1、3、4来自中国社会科学院考古研究所 2005：彩版5、33，图95；2来自方辉 2004：图7）

可能绝大多数山东出土青铜礼器来自殷墟。

商人在很长一段时间内试图控制其东部边疆地区，他们与不同地区土著岳石人群的关系也不一样。在大辛庄遗址群，早商文化与岳石文化传统陶器共存，表明该地区在一段时间内同时并存着两种不同的人群。而在前掌大聚落群，当早商文化进入该地区时，其物质文化似乎表现为纯粹的商文化。这种情况在前掌大遗址的葬俗中最为明显，如随葬典型商文化风格的青铜器及有车马坑陪葬等（图10.9，4）。此外，商代晚期，商王朝对山东地区的影响日益强烈。带有商人名字的器物在山东地区屡有发现，说明该地区或多或少处于殷墟贵族的直接控制之下。但是，该地区国家并非一直与商王朝保持隶属关系。商有时也会对它发动战争，卜辞中记载位于山东南部的薛国便是例证（方辉 2009）。某个特定地区"商化"的过程，可被理解为就是解决拥有至高无上权力的商王朝与形势多样化的地方之间的矛盾的过程（Li, M. 2008）。

然而，山东地区的物质文化基本与商文化中心区的文化保持一致，包括陶器、青铜器、玉器、甲骨卜辞及埋葬方式等（参见图10.9）。因此，很可能山东大部分地区均在商人统治之下。

南方的吴城遗址

位于长江中游的盘龙城，是早商王朝最重要的据点，到晚商时期却消失了。相反，江西樟树吴城成为区域中心。吴城遗址位于赣江支流的萧河南岸，距离铜矿很近（参见图10.1）。该地区最早的中原文化遗存始于二里岗文化时期。吴城文化遗存可以分为三个时期，分别相当于中原地区编年体系的二里岗文化上层、殷墟早期和殷墟晚期。面积约61万平方米的夯土城址始建于二里岗文化上层时期，到殷墟时期该遗址扩大到400万平方米。其器物组合表现出强烈的中原文化特征，且与当地文化传统共存（江西省文物考古研究所，樟树市博物馆 2005）。

在城墙内共发现建在高地上的4个生活区，在此发掘出房屋、水井、灰坑和窖藏。在城址中心还发现了祭祀区，内有红土台基、规整的道路、大型建筑台基和数量众多的柱洞（100多个），某些柱洞可能与建筑相关。在城址东北部发现了数处生产印纹硬陶和原始瓷器等高质量陶器的窑址，还发现了铸造工具和武器的青铜作坊。出土遗物有青铜工具、武器和礼器，原始瓷和硬陶器，制陶工具如马鞍形背的石刀和陶刀以及用来制作工具和武器的石范。但并无证据显示青铜礼器是在当地铸造的。在陶范和石范表面已经发现了120个文字符号，不少与甲骨文相似。多数仅有1到2个符号，也有多达12个的（图10.10, 4）（江西省文物考古研究所，樟树市博物馆 2005）。吴城文字符号和甲骨文相似，表明吴城文化的部分人群，尤其是担任管理职务的识字工匠，很可能来自中原地区。

　　吴城的功能似乎主要跟金属和原始瓷的生产相关，这两种物品正是商王朝核心区贵族追逐的对象。江西拥有丰富的铜矿资源，其中最有名的便是铜岭铜矿，从二里岗时期便已经被开采（江西省文物考古研究所，樟树市博物馆 2005）。很多地点还发现青铜铸造的遗迹，在江西12个地点发现铸造工具和武器的石范便是明证（彭明瀚 2005: 123,129–131）。

　　吴城的原始瓷器和硬陶器与中原地区出土的同类器风格相近。对几个商代遗址（如吴城、盘龙城、郑州、湖北荆南寺、湖南铜鼓山）出土原始瓷的产地研究表明，吴城是商代的原始瓷生产中心，其他遗址发现的原始瓷均由此输入（Chen, T. et al. 1999）。不过另有研究显示，中国北方地区遗址出土原始瓷的微量元素分析结果与吴城地区不尽相同，表明中国南北方地区均拥有多个原始瓷生产中心（朱剑等 2008；朱剑等 2005）。如前所述，浙江地区许多窑址的发现也支持这个结论。无论如何，考虑到陶器生产的规模之大，吴城显然是主要的原始瓷生产中心之一，它的某些产品很可能输送至北方地区。

　　吴城可能是早商国家为了寻求资源而建立的据点，之后发展成为一个强大的区域中心（Liu, L. and Chen 2003: 119-123）。晚商时期吴城的快速发展，毫无疑问受到中原地区的刺激。同等重要的另外一个原因，则是当地政治力量的崛起。到晚商时期，江西地区已经发现的遗址多达67处，至少有2座城址——吴城和牛城。牛城（50万平方米）位于赣江东边，与吴城相距约23公里（参见图10.1）。同时并存的这两座城址说明该地区存在某种竞争的政治格局，这可能就是导致吴

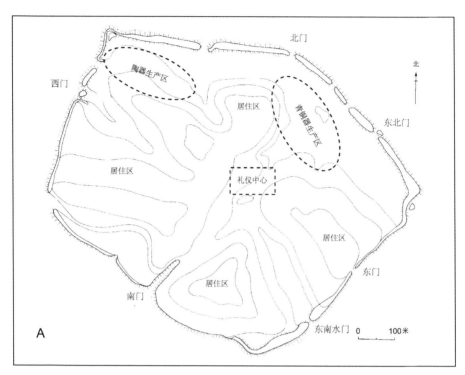

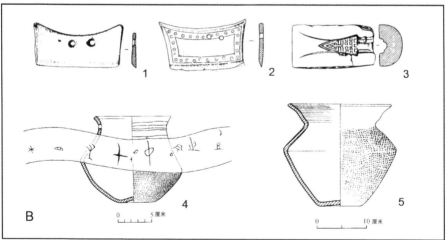

图 10.10 江西吴城遗址及出土器物

A. 吴城城址平面图 B. 出土器物: 1、2. 制陶工具(马鞍形石刀和陶刀) 3. 铸造锛的石范 4. 有 12 个刻划符号的原始瓷罐 5. 印纹硬陶尊(据江西省文物考古研究所,樟树市博物馆 2005:图 20、69-9、137-1、150B-1、210-4 修改)

城衰落的原因（江西省文物考古研究所，樟树市博物馆 2005: 422;彭明瀚 2005: 22–23）。

从距吴城20公里、牛城数公里的新干大洋洲大墓中，我们可以大致了解这些地方政权的性质（参见图10.1）。该墓出土了480件商代晚期青铜器（江西省文物考古研究所 1997）。但是，我们并不清楚大洋洲与吴城和牛城中的哪一个关系更为紧密。它的青铜器与吴城文化二期的同类器很相似（江西省文物考古研究所，樟树市博物馆 2005），牛城还未得到充分发掘。

大洋洲墓葬出土的青铜器有礼器、武器和工具。它们可以分为四类：传统商式、土著式、混合式和先周式（图10.11）（江西省文物考古研究所，樟树市博物馆 2005）。随葬品中有1件用高岭土做的镕范，说明地方贵族曾涉足青铜铸造业。虽然在吴城尚未发现铸造青铜礼器的陶范，但土著式青铜工具和容器，常被视为其本地铸造的证据。

土著风格青铜器所表达的思想和价值观与商中心区传统文化所体现的精神风貌完全不同。比如说，青铜人面具在南方可能用作仪式道具。几件设计精美的青铜农具明显用作礼器，这和商文化中心区的传统截然有别，因为农业工具在商中心区基本不用青铜制作（Chang 1980: 223–225）。大洋洲墓葬表现出与中原判然有别的、具有鲜明地方特征的文化发展阶段。不过，大洋洲出土玉器在形制和材质两方面都和安阳商文化玉器表现出明显的相似性，尤其是戈、琮、瑗和璜（江西省文物考古研究所，樟树市博物馆 2005）（图10.11）。江西并无玉料产地，吴城也没有玉器生产的证据，因此这些玉器很可能均来自殷墟。南方的铜、原始瓷和其他物品很可能是吴城通过和商王朝之间的朝贡或互惠关系用来交换得到北方地区的玉器。

大洋洲11件青铜器的铅同位素分析表明，所有器物均含有高放射性成因铅，这种金属很可能来自云南东北部地区（金正耀等 1994）。就像上面所讨论的，这种情况与殷墟出土青铜器颇为相似（金正耀等 1998）。考虑到江西铜矿资源丰富，显然在商代已经得到开采，大洋洲青铜器的铜不太可能来自云南。但是，我们仍需要弄清楚是否有包含高放射性成因铅的锡或铅从云南直接或间接通过商文化中

图 10.11 江西新干大洋洲大墓出土器物,表现出不同的文化传统
1~3.商式头盔、鼎和玉戈 4~6.混合风格的钺、鼎和玉人 7~9.土著风格的犁、人面具和原始瓷尊(除3、6、9外皆为青铜器)(江西省文物考古研究所1997:彩版6;图7-1、30-1、37、45-1、41-2、3、46、48-3)

心区到达该地区。如果有这种可能，那么就意味着存在一个范围更大也更复杂的交互作用圈和更集中的再分配体系。

吴城与商的关系显然很密切。吴城最早期的统治者很可能来自商王朝的贵族阶层。但是，吴城晚期的物质文化具有日益显著的地方特征，此时的吴城不太可能受商王朝统治。作为一个独立政权，它向安阳的纳贡多少有点不情愿。就像甲骨卜辞所记载的那样，商王曾对许多南方人群发动过战争（江鸿 1976）。这些战争很可能就是为了确保贡品运输畅通，其中大概就包括来自江西的金属和珍贵的陶器。

西南方的三星堆遗址

在商王朝的西南方，四川的三星堆文化代表了商代最强大的国家水平政体之一。四川的地形，中间为肥沃的盆地，周围环绕着高山和高原。四川一直是鱼米之乡，但是在近代以前，与外界沟通非常困难。水系构成运输通道，嘉陵江和岷江连接北方，长江连接着东方、西方和南方（参见图10.1）。在这种相对封闭的地理环境下发展起来的考古学文化，表现出强烈的本地特征和传统，但它们与外界并未隔绝。

三星堆位于成都以北约40公里处（图10.12）。鸭子河和马牧河流域分布着13个同时期的遗址，三星堆是其中心。三星堆遗址的年代为公元前2800～前1000年，可以分为4期，大致相当于中国北方的龙山、二里头、二里岗和殷墟四个阶段。在二里头文化时期（1700 BC～1500 BC），一座占地260万平方米的夯土城址出现在三星堆，公元前1000年左右这座城址又被废弃。考古学家在城内发现了公元前2000年到公元前1400年的多处大型建筑基址。其中一些曾被重复修建多次，最大的建筑面积可达200平方米，并包含多个房间。这些基址很可能是宫殿或宗庙建筑（四川省文物考古研究所 1999；王有鹏等 1987；Xu, J. 2001b；Zhao, D. 1996）。

密集排列的建筑物表明这个繁华都市的人口密度颇高。手工业作坊、窑址以

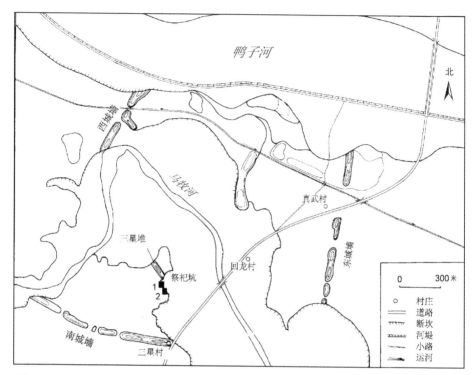

图10.12 四川广汉三星堆遗址平面图（据四川省文物考古研究所1999：图3修改）

及大量的玉石器、青铜器和金器的发现，表明其手工业专业化的水平很高。礼器的发现说明遗址很可能是一个礼仪中心，甚至可能是一个朝圣地。20世纪30年代以来，在城内外发现6个以上的祭祀坑，出土了数以千计的物品，包括象牙、金器、青铜器、玉石器和海贝等。最令人振奋的发现是1986年发掘的1号和2号祭祀坑，揭示了一个高度发达的青铜文化（四川省文物考古研究所1999；Xu, J. 2001b）。

本地生产的大部分青铜器均有土著风格，如真人大小的青铜立人像和人头像、青铜人面具、青铜菱形器、钩形器和饰有飞鸟的青铜树等；但其青铜礼器（尊和罍）则具有典型的商文化特征（图10.13）。青铜技术很可能是受到中原地区影响的块范铸造技术和本地发展起来的焊接技术的组合。青铜器的数量绝对惊人，但工艺粗糙，不能与黄河流域的青铜器相提并论（四川省文物考古研究所

图 10.13 三星堆遗址出土器物
1.青铜立人像（高260.8厘米）2.青铜面具（高82.5厘米）3.青铜器座，为人头顶尊的形象（高15.6厘米）4.青铜人双手持璋（高4.7厘米）5.石璋（高30.5厘米）6～8.石戈，B、C、D型（分别长24.3、35.8、29.5厘米）9.青铜尊（高43.3厘米）（四川省文物考古研究所1999；图版8-1、58、60、70、140-3、157-4；彩版27、102；图133）

1999; Xu, J. 2001a）。

与新干大洋洲一样，三星堆发现的玉石礼器尽管主要使用当地石材和少量外来玉料（软玉）制成，但显示出受到中原地区的强烈影响，主要有戈、璋、璧、环、瑗。其中一些可能来自中原，另一些则可能是模仿中原风格在当地制造的，但大多数均带有地方色彩（So 2001）。例如，发现于两座祭祀坑的近100件玉石戈，根据风格可以分为7种型式。A、B型与中原地区同类器相似，C～G型则是本地变体。仅有3件戈由软玉制成，属于A型和B型。中原风格的礼器似乎已经纳入当地的仪式活动，正如两具青铜人像所表现的那样：一个为双手持璋的跪坐人像，一个则为头顶尊的跪坐人像（参见图10.13，3、4）（四川省文物考古研究所1999）。

三星堆与中原的交往可以追溯至二里头时期，三星堆遗址出土的陶盉、玉石戈、璋和镶嵌绿松石的青铜牌饰与二里头的同类器非常相似。三星堆的青铜技术很可能是在中原文化影响下产生的。

殷商时期的三星堆是一个独立政体（很可能是国家）的政治和礼仪中心。根据古代文献，巴人和蜀人是四川的两个主要族群。这两个名字均出现于甲骨文中，但是蜀好像和商人的交往更为频繁（童恩正 2004）。很多学者相信三星堆是古蜀国政治中心（林向 1989；四川省文物考古研究所 1999；Xu, J. 2001a）。

对三星堆遗址53件青铜器的铅同位素分析表明，大多数青铜器同样含有高放射性成因铅，推测其很可能来自云南东北部地区。考虑到三星堆已经发现大规模铸造青铜器的证据，它很可能拥有接近该地区金属资源的捷径，也包括附近的云南地区（金正耀等 1995）。

高放射性成因铅存在于三星堆和郑州、殷墟的青铜器中，很可能表明三星堆也曾给商王朝提供过金属（金正耀等 1995），尽管并不清楚是铜、铅、锡哪种合金。无论如何，三星堆社会复杂化的发展，很可能跟它的地理位置有关，其北为具有高度发达青铜工业的北方国家，其西南为富含金属矿藏的地区，而三星堆恰好位于中间地带。

如果三星堆也被纳入金属开发网络，那么矿石和产品很可能是通过连接着长江和汉中平原及中原地区的南北方向的水系运输的。这一假说被在汉江及其支流湑河沿岸19处地点发现的710件青铜器所证实。因出土地点位于陕西南部的城固和洋县，这些青铜器被称为"城洋青铜器"，年代为商代中晚期，有礼器、武器、工具和头盔等。这些器物多是由当地居民在农耕时偶然发现的。根据类型学分析，它们包含三种因素，即商文化因素、三星堆或四川文化因素和当地文化因素。大部分礼器属殷商文化传统，很可能是在商中心区铸造而成；主要为容器，如尊和罍（图10.14），此类器物也见于三星堆（赵丛苍 2006）。对5个地点包含

图 10.14 陕西南部城固县和洋县出土青铜器
1. 尊（高46厘米） 2. 璋形器（长21.1厘米） 3. 蛇纹三角形戈（长24.1厘米） 4. 人面具（高16.1厘米）
5. 水牛面具（高19.1厘米） 6. 蛙纹钺（长14.5厘米）（赵丛苍 2006：图版27、98、114、129、167、261）

3种风格的31件青铜器的铅同位素分析表明，除3件外，其余青铜器均含有独特的高放射性成因铅（金正耀等 2006）。有趣的是，含有高放射性成因铅的青铜器在郑州和殷墟（一至三期）的出现时间与城洋略同，均是从二里岗上层到殷墟三期，表明两个地区之间存在青铜产品交换关系。

与城洋青铜器同时期的聚落也在汉中盆地发现，被称为"宝山文化"（参见

图10.1)。对城固宝山遗址的发掘资料显示其文化具有浓郁地方特色（如烧烤坑），且受到来自四川盆地和峡江地区的影响（如陶器和青铜器），进一步证明汉中地区与长江流域存在频繁的交流（西北大学文博学院2002）。

城洋青铜器三种文化传统的共存，表明汉中地区充当了四川与中原地区文化交流的媒介。这种交流是双向的，意识形态和物质文化由此互通南北。在宝山和三星堆的祭祀仪式中使用商式礼器，表明商对该地区的影响主要体现在思想意识层面。而殷墟、城洋和三星堆青铜器中均含有高放射性成因铅，表明在这三个地区之间存在物质方面的密切联系。这种联系很可能与他们皆从遥远的西南地区——云南寻求金属矿藏有关（金正耀等2006）。商与同时期南方主要使用青铜器的地区（包括三星堆和吴城）之间的关系，主要体现为这种信息、技术和原材料的交流模式。

西方的老牛坡

老牛坡遗址位于渭河支流灞河的北岸，面积约50万平方米，从新石器时代的仰韶文化一直延续到商文化。在二里岗时期，遗址规模甚小，文化面貌与郑州地区的同类遗存非常相似。青铜镞、锥、陶范和炼渣在二里岗文化上层堆积中被发现，表明该遗址存在青铜铸造业（刘士莪2001）。商代晚期，老牛坡成为一个大型地区中心，周围环绕着很多小型遗址（图10.15）（国家文物局1999: 57）。该遗址发现的大多数遗存属商代晚期，包括陶窑、冶铜与青铜铸造作坊、出土青铜礼器的大型墓葬、车马坑、房址以及大型夯土台基等（刘士莪2001）。

老牛坡位于连接北方渭河与南方丹江、汉江的交通要道的节点上。从历史上看，洛南的秦岭山区富含铜矿（霍有光1993），考古学家就曾在距离老牛坡14公里的怀珍坊发现二里岗期的铜矿冶炼遗址（西安半坡博物馆1981）。老牛坡很可能是二里岗国家为了开发该地区的金属矿藏和其他资源建立的一个据点（Liu, L. and Chen 2003: 110–113）。

晚商时期的老牛坡成为了渭河流域一个强大的地方政权，且与殷墟保持密

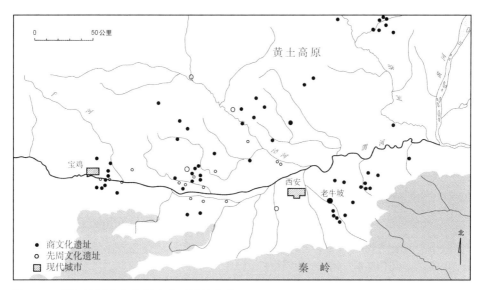

图 10.15 渭河流域商和先周文化遗址的分布（据国家文物局 1999：57 重绘）

切联系。老牛坡出土的青铜礼器风格上与殷墟的同类器非常相似，大部分此类器物可能是在安阳制造的。某些青铜器与城洋的同类器较为相似（人面具、水牛面具），但它们是在老牛坡生产的，因为制作此类青铜器的陶范曾在遗址发现。老牛坡在第四期（相当于殷墟四期）开始生产商式青铜礼器，这从出土的制作鬲、甗和其他容器的陶范可以得到证明（图 10.16）（刘士莪 2001）。根据目前的考古资料，这个青铜作坊是殷墟之外唯一一个具有确切证据、证实制作商式青铜礼器的地点。正如上面所讨论的，这种现象可证实殷墟阶段青铜生产已经走向多元化的推论。

老牛坡出土的玉器与殷墟同类器颇为相似，尤其是玉戈（参见图 10.16, 5）。目前还不清楚这些玉器是在哪里制作的，也没有证据显示老牛坡生产玉器。与吴城相似，老牛坡的玉器很可能也来自殷墟。

在老牛坡（四期）晚商墓葬中发现大量人殉。38 座中小型墓葬中有 20 座墓葬出土了共 97 具殉人，每座墓葬有 1～12 具殉人（刘士莪 2001）。如此大规模的人殉足以与殷墟的贵族墓葬相比。据卜辞记载，商王共用了至少 14197 个殉人，

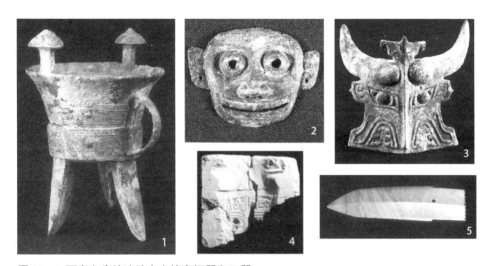

图 10.16 西安老牛坡遗址出土的青铜器和玉器
1. 青铜斝（高 23 厘米）2. 青铜人面具（高 6.5 厘米）3. 青铜水牛面具（高 16 厘米）4. 铸造商式青铜容器的陶范 5. 玉戈（刘士莪 2001：彩版 5、8、10-1、2，图版 111）

其中 7426 个是羌人（胡厚宣 1974）。商王朝通过两种途径获得羌人：一种是战俘，一种是其他国家的贡品（Keightley 1979-80）。很多学者相信，羌人居住在商以西的地区，虽然确切位置仍有争议，但大致分布在从山西南部、河南西部（李学勤 1959；Shelach 1996）沿渭河流域向西延伸的一些地区（陈梦家 1956: 281-282；牛世山 2006；王明珂 2001: 227-232；张天恩 2004: 277-343）。考古调查表明，山西南部和河南西部地区很少发现晚商遗址（Liu, L. et al. 2002-2004；张岱海等 1989），因此羌人很可能就是居住在渭河流域的居民。该地区聚落形态表明，晚商时期存在几个遗址群，包括老牛坡遗址群和先周遗址群（国家文物局 1999: 57），它们很可能代表几个相互竞争的政体。这些政体表现出复杂多样的文化传统，仅仅根据考古学遗存很难判断其族属。"羌"这个名词很可能是商人用来泛指渭河流域非商人的术语。

一些考古学家认为老牛坡遗址与崇国有关。据古代文献记载，崇是商的附属国（刘士莪 2001）。问题是，崇国向商进贡什么样的贡品？老牛坡的人殉反映出它与其他地区政权之间存在敌对关系。老牛坡的殉人是否为羌人目前还不清楚，考虑到其所处位置距离羌人较近，礼仪活动特别是人殉，与商的传统习俗近似，说明和商文化中心区密切关联，那么老牛坡很可能是一个将羌人俘虏作为贡品献给殷墟的商王进行祭祀活动的地区政权。不过，这种假设还需要进一步的考古发现加以证实。

虽然老牛坡与殷墟保持密切联系，尤其是在贵族文化层面，但其陶器类型和某些埋葬习俗则表现出土著风格。就像北方地区青铜器（有銎斧和管銎戈）和城洋风格青铜器（人面具、水牛面具）（刘士莪 2001）所显示的那样，老牛坡与周边地区文化也存在联系（参见图10.16，2、3）。随着时间推移，老牛坡似乎逐渐脱离商中心区，这从它在殷墟晚期能够自己铸造青铜礼器的事实得以体现。这也说明商与其附属政权之间的政治关系发生了某种变化，地方政体在商王朝的周边地区日益崛起强大。不过，老牛坡作为地方政体仅延续了很短一段时间，它在四期之后迅速衰落，而这很可能与周人灭商的事件有关（刘士莪 2001）。

西北的黄土高原区

据卜辞和早期文献记载，商人的西北边疆地区是被称为舌方和鬼方的敌对部族所占据的（参见图10.2）。他们经常劫掠商人的聚落，商王也经常对他们发动战争（胡厚宣 2002；Keightley 2000: 66-67；李毅夫 1985）。文献记载表明，商与非商的人群（或政体）毗邻而居，目前还很难确定这些政体的疆域边界。但正如张光直所指出的那样，根据甲骨卜辞的记载，如果把这些非商的人群和商附属政体的位置标在地图上，就会发现其分布略有重叠（Chang 1980: 219-222）。根据张光直的观点，这种现象表明商在不同时期对该地区的控制程度并不一致。

在陕西北部、山西西部和内蒙古中南部，沿黄河东西两岸均发现晚商时期的遗址，该地区也被称为河套地区。这些遗址的文化面貌既与商文化存在一致性，也有相当的差异性，最具代表性的遗址有山西灵石旌介墓地、山西浮山桥北墓地、李家崖文化和西岔文化（其空间分布范围尚不明确）（参见图10.1，10.17）。

旌介遗址 | 位于汾河中游，有3座商式贵族墓葬。墓葬均有木棺椁、殉人和殉牲。出土大量的随葬品，有青铜器、玉器、贝饰、陶器、石器及鼍鼓等（图10.18）。金属器主要有两种类型：商式青铜器与北方地区青铜器。42件青铜器带有族徽，其中34件均只有一个文字，被释为"丙"（山西省考古研究所 2006）。"丙"作为族徽在其他地区的100多件青铜器上也出现过，一些青铜器铭文还曾记载，"丙"人曾在军事征伐中帮助过商王，并受到商王赏赐。很明显，旌介墓地埋葬着和商王结盟的某个政体的贵族，他们生活在汾河中游地区（李伯谦 1988）。

桥北遗址 | 位于临汾盆地东缘，有30多座墓葬，年代从商代后期一直持续到东周时期。该遗址曾被严重盗掘，但某些墓葬似乎具有典型的商式风格，这从劫余的青铜器、玉器、墓葬结构以及商式贵族埋葬习俗均能得到证明。马和战车是体现社会等级身份体系的组成部分，比如M1随葬了1辆车、2匹马和1个马夫，还有包括车马器在内的大量青铜器。遗址出土的某些青铜器上还刻有"先"字，可能代表"先"这个政体的族徽（国家文物局 2005a）。因此这些墓葬与旌介墓葬一样，属于与商结盟的某个政体。

李家崖文化 | 是位于陕西北部和山西西部的40多个遗址，它们大多数密集分布于黄河东西两岸大约300公里的南北狭长地带（参见图10.17）。从墓葬、窖穴出土和偶然采集发现的青铜器累计已超过500件。这些青铜器可以分为三种类型：A型是典型的商式青铜器，以礼器为主，某些带有铭文；B型属于混合风格，是商文化因素和土著文化因素的混合；C型是土著风格，与北方地区传统近似（如动物头形或铃形首的刀、管銎斧、管銎戈和金饰品等）（吕智荣 1987）（图10.18，5）。大多数遗址同时包含了几种文化因素。比如，在李家崖文化的21个遗址中，三分之二的遗址具有多种文化因素：14个遗址有商式、土著式以及商与土著相结合的青铜器，仅有2个遗址出土纯商式青铜器，5个遗址出土纯北方系青铜器（乌恩岳斯图 2007: 142-144）。

在已经发掘的少数几个李家崖文化遗址中，陕北清涧遗址为我们提供了丰富的资料。这是一座城址（城内面积6.7万平方米），坐落在无定河东岸的高台地

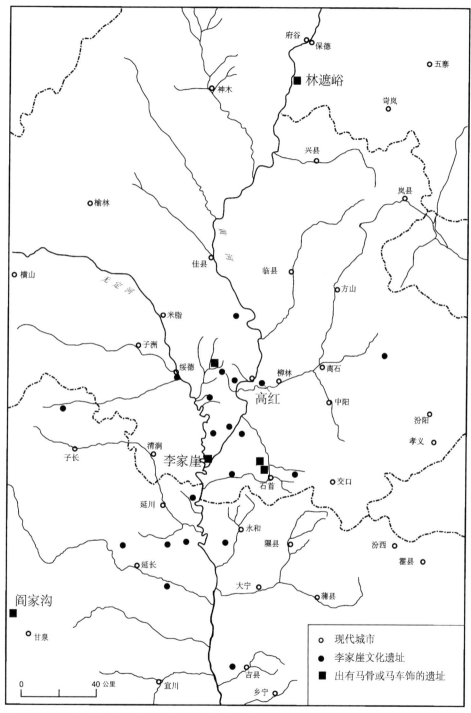

图10.17 晚商时期陕西北部和山西西部李家崖文化主要遗址（遗址位置部分来自戴应新 1993：图1）

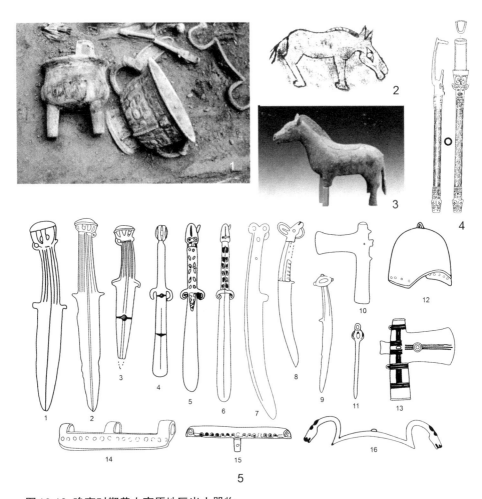

图 10.18 晚商时期黄土高原地区出土器物
1. 旌介M1出土青铜器，包括一件弓形器和一挂马鞭 2. 旌介青铜器上马的形象 3. 闫家沟出土马雕 4. 旌介出土马鞭 5. 河套地区出土的北方系青铜器（1、2、4来自山西省考古研究所2006：图11、32、93；3来自王永刚等 2007；5来自乌恩岳斯图 2007：图68）

之上，西距黄河4.5公里。城址东西两侧均用石墙与夯筑的土墙护卫，其他两面则为断崖。考古学家已经发掘出房址、窖穴和墓葬。出土器物多为陶器、石器和骨器。在清涧遗址的最高点，发现了3座建筑和1处大型院落，周围是夯土围墙；

在院落的一座灰坑中还发现了1件刻有骷髅形象的石头。这组建筑可能是礼仪活动的场所，人形雕刻可能代表了本地的礼仪传统，仅从此点亦可知它显然与商文化传统有别。在一座窖穴里还发现了堆积很厚的粟，动物有马、牛、绵羊/山羊、猪、狗、野猪和鹿（吕智荣 1993, 1998；张映文，吕智荣 1988）。很明显，李家崖居民既从事农业，也从事某种程度的畜牧业，如养马。

李家崖文化的社会复杂化程度，在黄河以东5公里的山西柳林高红遗址得以体现（参见图10.17）。该遗址有20多个地点发现夯土台基，总面积达4000平方米，最大的一个台基长46.8米，宽11米。这些台基应该是大型建筑的基础，说明该地区存在着高度发达的社会组织。该遗址还曾出土原始瓷片（国家文物局 2005b）。与其他李家崖文化遗址一样，这里的贵族似乎也曾参与和商之间的贵族物品交换活动。高红遗址所处的地理位置表明，它应该是李家崖文化所在的地区政体的中心。

西岔文化 | 最近对内蒙古清水河县的碓臼沟和西岔开展的调查和发掘，发现了包含农业生产工具和北方地区青铜器（如管銎斧和耳环）的聚落遗址，年代为商代晚期（曹建恩 2001；曹建恩，胡晓农 2001）。西岔遗址（120万平方米）使用时间很长，从新石器时代一直持续到青铜时代，其大部分遗存属于"西岔文化"时期，大致属于晚商和西周早期。发现了大量房址、灰坑和墓葬，表明这是一个定居村落。动物遗存包括家养动物（可鉴定标本数为5619个）和野生动物（可鉴定标本数为216个），前者有猪、狗、绵羊/山羊、牛和马。畜牧动物（可鉴定标本数为2653个）占全部动物骨骼的45%，稍微高于猪骨数量（43%，可鉴定标本数为2509个）（表10.1）。很明显，西岔的生业方式是半农半畜牧，并辅以狩猎活动。西岔也发现了制作北方系青铜器的陶范（如短剑和管銎斧），它们的形制与遗址出土的青铜器吻合。显然，北方系青铜器可能是在本地制造的（曹建恩，孙金松 2004）。

表10.1 内蒙古清水河县西岔遗址出土的动物遗址

年代（BC）	猪	狗	牛	绵羊/山羊	马	野生动物	总数
龙山 2500～2000	17（46%）	4（11%）	2（5%）	6（16%）	4（11%）	4（11%）	37
朱开沟 1600～1300	1（10%）	4（40%）	4（40%）	—	—	1（10%）	10
商-周 1300～1000	2509（43%）	457（8%）	712（12%）	1410（24%）	531（9%）	216（4%）	5835

青铜冶铸 | 黄土高原地区发现的青铜器引起了学者的广泛兴趣，其制作地点颇受关注。多数学者认为商式青铜器主要是在殷墟铸造，而混合式和土著式青铜器才是在本地铸造。西岔发现的陶范确认，至少有一部分北方系青铜武器和工具是在本地铸造的，但并无确凿证据证明这些精美的商式、混合式容器系本地铸造。最近对旌介墓地14件青铜器的金相分析表明，其冶金技术与商文化传统一致。大多数青铜器均为铜、锡合金或铜、锡、铅合金，仅有1件为纯铜制品。这些青铜器一般均含有较低比例的锡和铅，这一点具有明显的地方特色，把它和殷墟青铜器区分开来，因此旌介遗址的青铜器可能有多种来源（陈坤龙，梅建军2006）。但是，这些分析并未解决这些青铜器的具体来源问题。

马和车 | 黄土高原地区，特别是河套附近，对马的开发利用经历了从旧石器时代到青铜时代的漫长时期（参见第四章）。在晚商时期，该地区的人们可能担任了把马和车引入商王朝的角色，因为除了殷墟之外，与中国其他地区相比，河套地区家马和战车发现的频率最高。这种观点得到几种不同证据的支持，包括器物、文字和动物遗存等。

器物证据。陕西北部甘泉县下寺湾阎家沟一座墓葬中曾发现2件几乎完全相同的青铜马雕塑，以及55件其他青铜器（包括商式和北方系青铜器）。马身和腿较短，脖子粗壮，鬃毛竖立，马的背部中央自腰部到尾部有一条脊线，或许表示马背上的黑色条斑。这明显是中国西北部土著普氏野马（*Equus przewalskii*）的特征。但是，在每匹马的马背上均刻画着一个椭圆形的物体，很可能是马鞍，大概表示被驯化的普氏野马（参见图10.18, 3）。其年代属殷墟二期，是中国最早的青铜马雕塑（王永刚等 2007）。它们可以与妇好墓出土的一对玉马相比较，后者也显示出普氏野马的特征（参见图10.5, 2）。

在山西北部保德林遮峪的一座墓葬中出土了19件车马器、7件商式礼器、5件北方系工具和武器。除了马和战车上的铃铛，与铃铛一起出土的还有其他9件器物，这些特征均与马-车文化相关。随葬品还有112件海贝、109件仿海贝的青铜贝，且均与车马器同出，表明这些器物很可能是马具上的装饰品（吴振录 1972）。

李家崖文化至少有7个遗址出土作为随葬品的铜泡（乌恩岳斯图 2007）。这些器物在殷墟和前掌大经常作为马具的一部分出土。比如，它们在妇好墓中和其他马器一起出土时呈马笼头形状（中国社会科学院考古研究所 1980: 9–11）。这些马具在墓葬出现，表明墓葬的主人生前与马（或者在功能方面，或者在符号方面）有着密切联系。

旌介的两座墓葬（M1和M2）均出土弓形器和管状器（山西省考古研究所 2006）。弓形器多与战车有关，被当作挂疆钩使用（林沄 1998a）；管状器则为马鞭（乌恩岳斯图 2007: 129）。此外，M1出土的一件青铜簋上刻有马的形象，与普式野马的特征非常相似（Linduff 2003）（参见图10.18, 2）。考虑到该墓葬出土车马器，这匹马很可能描绘的是经过驯化的普氏野马。显然，以旌介墓葬为代表的"丙"氏家族，与马和战车有着某种特殊的关系。

铭文证据。"马"的象形文字，重复出现在甲骨文中（Mair, V. 2003）。这个象形文字非常形象，描绘了一个具备长鬃毛和短腿的动物形象，是普式野马的生动写照（Linduff 2003）。但是，因为野生和经过驯化的普氏野马形态上区别可能不大（讨论见第四章），所以其象形文字也有可能描绘的就是殷墟商人所熟知的经过驯化的普氏野马。因为殷墟的马起源于其他地区，因此与马相关的遗存比较集中的地方很可能是殷墟马的来源地。目前的考古资料显示黄土高原地区便是这样的地方之一。

"马"经常和"方"一起使用，指商王朝统治范围之外的政体或人群，比如

"马方"。根据夏含夷的观点，马方是由不同人群组成的，他们与马均有密切联系；一般认为他们居住在黄河东部的山西西部地区（Shaughnessy 1988）。与此相似，根据卜辞和古代文献，林欢也提出，一些部落或政体擅长养马，其中便包括分布在汾河西岸的"马方"和"丙"氏家族（林欢 2003）。最近在桥北遗址的发现，也可能代表沿汾河流域分布的这样一个政体。

动物考古学的证据。最重要的证据当属动物遗存。就像第四章所讨论的，西北地区尤其是河套一带，发现了最为密集的与马相关的遗址，年代从旧石器时代一直延续到早期青铜时代。仰韶文化晚期遗址（庙子沟和大坝沟）出土的马骨经鉴定为普氏野马（黄蕴平 2003），说明晚期遗址出土的马同样可能属于普式野马。值得一提的是，西岔遗址出土的畜牧动物比例很高，有马、牛、绵羊/山羊。在该遗址中马既作为食物，又作为祭祀用牲；马骨还用作制作工具的材料。很明显，马是半农半畜牧经济的组成部分。

总之，凡是采取生物学分类标准来衡量时，中国从新石器时代到青铜时代遗址中出土的马骨均被定为普氏野马。所有艺术形象和文字描绘的马，似乎表现的也是普氏野马特征。很多情况下，某些器物（车马器）很明显与家马相关。中国西北地区，尤其是河套一带，在史前时代属于亚洲野马驯化可能起源地的广大欧亚草原地区的一部分。在西北地区，马是生业经济的重要组成部分。正如青铜器在墓葬中所显示的那样，马和战车是地方等级制度中显示身份地位的符号。河套地区显然充当了半农半牧和半游牧的草原文化与中原地区商文明之间交流的媒介。在商人的首都，河套人擅长的与马和战车相关的文化与技术颇受推崇。

族属 | 黄土高原地区的考古遗址，与卜辞记载分布于殷墟西北部与殷墟结成联盟或形成敌对的诸政体在空间上完全吻合（参见图10.2）。很多考古学家相信，旌介和桥北属于与商结盟的政体，而李家崖文化和西岔文化则代表与商敌对的政体（李伯谦 1988；吕智荣 1990）。李家崖遗址出土的一个陶器铭文经辨认，为"鬼"字，并由此确认李家崖文化的族属为商代的"鬼方"。不过这种观点并未被普遍接受（乌恩岳斯图 2007: 168）。黄土高原上的很多政体或部落很可能使用类似风格的器物，尤其是青铜器，采取相似的半农半牧经济方式。但是仅仅根据卜

辞很难确定其族属。

小结 | 无论从生业方式还是贵族文化来说，黄土高原地区与马和战车之间密切的联系，是同时期中国其他考古学文化所无法匹敌的。考虑到其冶金传统和农牧并蓄的经济，可以说黄土高原文化与南西伯利亚草原米努辛斯克盆地的卡拉苏克文化（1400 BC～1000 BC）有很强的相似性，后者采取定居的生活方式，饲养羊、牛和马，也狩猎鹿和野猪（Legrand 2004）。很可能从草原地区发展起来的马-战车文化体系便是通过黄土高原传播至商王朝的。

就像甲骨卜辞所记载的那样，商和其西北部诸政体的频繁互动，很可能部分是为获得马、战车及相关技术的目的所驱动。同样为了这一目的，商很可能寻求与邻近政体，如山西中部的旌介和桥北建立联系，因为它们正处于商中心区和更北方的李家崖文化和西岔文化的中间地带。河套地区的非商贵族通过与商结盟的相邻政体获得商式青铜器和原始瓷器，方式有很多种，比如贸易、礼物交换和战争。所有这些现象表明，商的文化价值观与起源于欧亚草原的畜牧业文化传统均融入到当地文化中，尤其是贵族阶层的文化传统中。就像上面所讨论的那样，各种文化交流融合的情况也出现于其他边疆地区。

讨论和结论

从早商到晚商所发生的变化可以说是渐变式的，从集权的政治经济体制向分权体制的转变。当二里头和二里岗国家建立时，周邻诸政体政治上处于相对弱势的地位，因此中原早期国家得以迅速扩张并把周围地区纳入其统治范围。这种政治和文化扩张的结果之一，便是刺激了外围边缘地区政治势力的发展。从商中期开始，多中心的政治格局逐步形成。晚商的政治统治再也无法回归到二里岗或早商时期的水平了。

考古资料清楚地显示出由二里头和早商国家统治者所采取的领土扩张与资源控制之间的紧密联系。他们主要是通过军事手段和殖民扩张来达到这一目的（参见第八章)。在晚商时期,当区域政权变得更加强大时,商王朝对资源的寻求不可能再单靠武力来实现。商与周邻之间交流的方式变得更加多样,正如本章所讨论的那样,它反映的是商王朝寻求资源的国家策略的变化。

从以商王朝为中心的角度看,中心–边缘地区之间的交流模式是连续性的。商传播至周边地区的主要是礼仪用具,包括玉器和青铜礼器。商通过其在青铜铸造和玉器制作技术方面的优势来对周边政体施加影响。这些代表财富和地位的象征性器物,成为区域政体等级制度的组成部分。有学者指出,晚商物质遗存分布的范围更多反映的是文化辐射的范围,而非政治控制区域(徐良高 1998),它们可以被看作商文明影响区域,表明该区域人群具有共同的文化价值观。

另一方面,商从周边地区输入原材料、充满异域情调的商品和其他类型的资源。这些输入品有金属合金、玉料、原始瓷、盐、马和战车、人牲和动物牺牲等。谷物和动物也可能包含在输入殷墟的物品清单中。这些物品或者作为身份地位的象征,帮助商王朝贵族维护其政治权威和合法性;或者作为生活必需品满足城市人口日益增长的需要。这些物品主要通过进贡、交换和战争的方式获得。商王朝的疆域可能确实充满了空洞,就像吉德炜所谈到的"瑞士干酪说",因为商王朝更喜欢通过采取各种不同手段获得资源,而不是占领那个地区(Keightley 1979–80: 26)。

从周边地区的角度看,表现出含有典型商式风格器物的区域考古学文化并不都处于商王朝的直接政治控制之下。从部分受到商王朝控制的政体到自治政体,显示出受到商文化不同程度的影响。本地拥有资源的多少与商王朝需求的不同,也决定了地区政体与商王朝之间双向交流性质的多样性。同时,与商的关系也取决于地区政体决定在多大程度上把商文化因素纳入其土著文化系统。在许多情况下,地方贵族只是作为高级社会地位的符号表面上接受了商的礼仪制度,其原来的礼仪概念可能丢失了,或者采取了与商人不同的使用商式礼器的方式。例如,李家崖文化贵族墓葬中的商式青铜器主要是食器,这和常见的商人器物组合截然相反,后者数量最多的青铜器是酒器(王永刚等 2007)。同样,三星堆遗址出土头顶尊的青铜人像(参见图 10.13, 3),表明商式食器在三星堆遗址的祖庙中并非被作为食器展示，这与商王朝的习俗不同。商文化的器物已经融入表示本地社会等级的礼仪系统里，但不清楚这些器物所代表的原初宗教含义是否仍被保留。

殷墟时期，商王朝政治的衰落也体现在青铜生产上。控制礼器的生产与分配是早期国家的政治策略。正如第九章所描述的那样，在二里头和二里岗时期，仅有二里头和郑州商城这样的最高层政治中心存在礼容器生产的证据。在晚商时期，这种情况发生了变化，若干区域中心开始自己生产容器和其他类型的青铜器，以此加强已经建立起来的等级制度，在三星堆、老牛坡是这样，在新干大洋洲和河套地区很可能也是如此。

尽管如此，殷墟青铜生产的质量和数量并未被其他地区政体所超越。商人的青铜铸造技术以一种离心的方式影响周围其他地区。糅合了商文化和本地文化传统的精美青铜器偶尔发现于湖南的宁乡地区，这种器物曾被认为属于晚商时期南方的青铜传统。但最近对宁乡炭河里的发掘发现了一座存在青铜铸造证据的西周城址。从宁乡及其周边地区发现的商式青铜器，很明显是西周时期在炭河里铸造而成的，它们大概是周克商之后，由北方迁徙至此的商人工匠的作品（向桃初 2008）。

中国晚商时期的社会政治格局，可以描绘为多个相互交错的区域系统，并形成了多个中心-边缘关系的马赛克式的分布模式。商文明是一个复杂的综合体，由商王朝贵族文化价值观的扩张、通过引进外来物质文化和技术并融合了所有周边地区的传统所构成。

第十一章

比较视野下的中国文明

> 我们正处在中国考古学的黄金时代,因为我们有机会见证一个关于全人类四分之一人口的史前史的全新知识体系的创造。
>
> ——张光直,《古代中国考古学》(Chang 1986a: 412)

通观本书全部内容,我们可以知道,中国各个区域文化传统具有明显的多样性。但如果从全球视野来看,早期中国文化是否存在与世界其他地区截然不同的特征?最后一章,我们将扩大视野,尝试在与世界其他地区古代文明的比较中来认识中国文明。

阐释中国

不同知识背景的学者们都对下列问题深感兴趣:中国文明与世界其他文明有多大不同?是什么使中国成为"中国"?是什么原因使中国社会长期保持统一?人类学家、考古学家和历史学家都曾经提出过这些重大问题,并运用不同方法分析研究,得到的结论也是不同的。

一般来说,大家都承认,世界其他文明的某些特征,如城市、宫殿建筑、庙宇、冶金术、文字和制度化的社会分层,在公元前二千纪的中国也出现过。但有些特征实际上只是表面类似而已,如果深入考察细节,就会发现它们之间的显著区别。正如张光直在其多部论著中概括的那样,在古代中国,青铜技术以礼器和武器的形式用于政治目的,而非施之于食物生产,从新石器时代到青铜时代,农业生产工具一直都是石器；中国现存最早的文字，即晚商的甲骨刻辞，主要与占卜有关；最早的城市都是政治中心，而非经济中心。这些特点与古代美索不达米亚文明判然有别。后者的显著特点是经济和技术的发展，例如修建灌溉系统，使用金属工具从事农业生产，为了经济贸易活动而创造文字，重视交易场所而逐步形成城市（Chang 1983，1984，1986a）。张光直进一步强调，政治而非技术和贸易，成为推动中国文明形成社会变革的主要动力，商朝就是一个突出的例子（Chang 1984）。在这一理论背景下，他提出，古代中国文明兴起的一个主要因素是政治首领与萨满教的密切关系，这一宗教传统可以追溯到新石器时代。在张光直的讨论中，萨满是宗教的执掌者，拥有沟通人与天的权力，这种人在中国古代典籍中称之为"巫"（女性萨满）和"觋"（男性萨满）（Chang 1983: 44–55）。通过萨满活动，统治者与神灵沟通，从死者那里获得智慧。因此，张光直写道，萨满教的核心作用，就是中国早期文明有别于美索不达米亚文明的最突出的特点。但萨满教也是中美洲玛雅文明的特征，所以张光直相信存在一个精神观念上的中国–玛雅文化连续体，它深植于旧大陆旧石器时代晚期的文化潜流之中。也就是说，只有近东文明才从更早期的原始文化模式中断裂开来（Chang 1984）。

张光直关于中国–玛雅连续体和近东文明断裂说的论述，在哈佛大学的人类学家中激起了一系列讨论（Lamberg-Karlovsky, C. C. 2000；Maybury-Lewis 2000；Willey 2000）。这些讨论主要关注精神观念在文明起源中的作用，普遍反映出对20世纪80年代新考古学所强调生态和物质阐释方式的理论背离（Lamberg-Karlovsky, M. 2000: xi）。这些研究的分析方法还有一个共同之处，即都采用了新进化论的方法，试图寻求一种具有普遍性的解释，或者寻找一种塑造过去历史的原动力。

张光直的文章，注重巫–萨满活动在古代中国的作用，特别是他关于商代青铜器纹饰的萨满含义的观点，在国际汉学界也引起了很多争论。有些学者和张光直一样，相信青铜器纹饰与神话直接相关，代表了商人的宗教观念（如 Allan 1993；Childs-Johnson 1998）。也有学者坚持认为这些纹饰只是装饰性的，难以由此追寻商的宗教线索（如 Bagley 1993）。

与人类学方法（关注理论概念的泛化概括）不同，吉德炜采用另一种视角，即历史学的方法去探索特定的历史事件与境况，而不再试图寻找泛化的解释。他尝试寻找史前自然环境和人类思想行为的表现特征，认为这些可能就是商文化起源的战略性因素。这些特征涵盖自然环境、器物制作、礼仪活动，以及人类的思想（Keightley 1978a, 1987, 2004）。例如，吉德炜指出，中国古代的地理环境特点有助于解释其文化发展的形式。早期中国文化的根基是农耕，所以市场的作用似乎很不重要。另外，中国境内主要大河的流向是自西向东的，这种自然环境很难激发地区间贸易的发展，因为它们流经的纬度相同，故而自然资源基本相似。缺乏大范围贸易网络也可以用自然资源分布的广泛性来解释，各地日常生活都可自给自足，没有必要进行贸易。古代美索不达米亚的自然环境与此完全不同，社会发展所需的金属矿石、坚硬的石料和优质的木材十分匮乏，都要依赖远程贸易网络获取（Keightley 2004）。吉德炜认为，早期中国文明商业市场不发达显然与宗教行为和政治决策无关，而是由客观环境造成的。

正如吉德炜所说，没有人能够完全了解中国如何成为"中国"的，但可以尽力去认识人们所选择的社会机制、文化决策和自然环境，由此我们对于那些影响历史进程的因素会有更深入的了解，正是它们造成了中国文明的与众不同（Keightley 2004）。

古代中国与世界其他地区

造成中国文化有别于世界其他地区的原因，的确与中国地理环境有莫大的关系。正如第二章的讨论，传统上认为中国文化传统和国家基本上都是独立起源的，因为中国与印度河流域、美索不达米亚的其他早期文明中心距离很远，很难到达，它们之间的联系也很少（Murphey 1972）。通过本书的内容，我们可以证实中国与世界其他地区在史前时期确实存在联系，这种联系始于史书所载汉朝西北商路建立之前。经由北方路线的交流在旧石器时代晚期明显已经存在，证据就是细石器技术在欧亚草原和中国北方的广泛分布。因此，我们没有理由认为这种通过北方路线的交流后来就不存在了。

考古资料显示，如果没有吸收来自中国之外的很多新技术，中国文明不可能达到这么高的复杂程度。最显著的发明如青铜技术、马车、小麦、大麦、马、牛、山羊/绵羊，都是从中亚传入中国的（参见第四章、第十章）。中国与欧亚草原之间的交流可能通过北方与西北广大地区的多条路径进行，但直接的交流可能是通过北方边境的居民完成的，他们在两地之间发挥了媒介的作用。

中国西南部与南亚之间在古代也通过一条或几条不太为人所知的路线进行交流，时间可以追溯到公元前一千纪的后半段。这条古代商路将四川（中间经过云南和缅甸）与印度连结起来，并进一步延伸到中亚和欧洲。这条商路上的货物包括四川和云南的纺织品、竹制品、盐以及来自南亚和中亚的子安贝、玻璃珠、玛瑙珠和其他贵重物品（江玉祥 1995；张学君 1995）。这种交流可能在史前时期已经开始，四川三星堆遗址发现的大量海贝就是例证（四川省文物考古研究所 1999）。

使用航海技术进行海上交流，在新石器时代已经显著发展起来。这种能力使东南沿海新石器时代的人群得以跨越海峡到达台湾，大坌坑文化即为其表现，时间早至公元前4500年（Chang and Goodenough 1996）。在山东半岛沿海遗址，发现了长江下游良渚文化（3300 BC～2000 BC）风格的陶器（栾丰实 1996b: 57）。在东南沿海福建的黄瓜山遗址，发现了属于北方作物的小麦种子（约2000 BC）（Jiao 2007）。以当时的航海技术能走多远现在还不得而知，但如果说在史前时期船只已经能够来往于中日之间，并不令人惊讶。正如安志敏的研究所证明的，在日本已经出土了典型的长江流域新石器文化的遗存，如玦、干栏建筑和稻作农具等（安志敏 1984，1990）。

重要的是，应该注意到，与外部世界的交流刺激了中国社会政治与技术的发展。外来技术被中原居民改造，并被纳入本土的社会政治与精神观念系统。因此，未来要研究的问题，并不仅仅是探究由草原传入中国的独特文化因素有哪些，还要研究它们被接受的方式，以及它们在中国文明形成过程中发挥的作用。

进入中国的新技术，到底是打包引进，还是单个而来，现在也不清楚。一旦为中国采纳，它们似乎就会逐渐广泛传播开来。在国家形成期，从二里头到商，这些技术运用之密集度与强度都达到了很高的水平。外来驯化的动植物，如小麦、大麦、绵羊/山羊和黄牛，最早出现在新石器时代晚期，在二里头和商时期逐渐成为常见之物，成为新的食物来源，使城市中心的人口迅速增长，也促进了早期国家疆域的扩张。从这个角度，我们可以认为，这些先进农业技术在中国文明形成中的动力作用，并非因为生产工具提高了效率（青铜器对应石器），而是因为由此获得了更多富有营养的食物来源。

其他的外来技术，如冶金术、马和马车，似乎用于另外一种目的：建构和强化社会等级。但直到国家形成之前，这个功能并未成形。在中国北方各地，几个新石器晚期文化都在使用小件青铜工具（如刀）和装饰品，并未将它们纳入彰显社会等级的规范化符号系统。到了二里头时期，才开始铸造青铜礼器。通过仿造白陶酒器，青铜器与现行礼仪制度结合起来。同样，在晚商之前的数百年间，马匹在齐家文化是作为富含蛋白质的食物来消费的，只是到了殷墟，王室贵族才借用马和马车创造了一种新的地位标志。在接受和再创造的过程中，这些技术有助于中国早期文明产生新型的文化价值，开创社会发展的新时代。

中国文明与文化认同的形成

正如很多学者指出的那样，中国古代文明不同于美索不达米亚文明，后者依赖对外贸易获取生业必需品和贵重物品，贸易对经济至关重要，也是政治体制形成的关键所在（如Pollock 1999），而古代中国人主要依靠丰富的本地自然资源满足生业需求。但这种相对自给自足的区域经济方式，需要辅之以积极的长途交换才能获得奢侈品和稀有原料，在史前时期和早期历史时期都是如此。贸易活动与礼仪行为密切相关，而礼仪行为常使用某些类型的贵重物品，特别是玉器和青铜器。这些礼仪形态有助于中国文明形成期在大范围内形成共同的信仰体系、祭祀方式和象征性符号组合。

在新石器时代,由礼仪活动和通过某些礼器表现的社群之间的关系,明显比较分散,同时不同的地方传统之间也有一种相互融合的趋势。这些过程有助于形成某些共同的价值观,并以艺术品的形式表现出来。但是,随着中原地区早期王朝都城的建立,可以看到一个明显的转变,即贵重物品和资源作为贡品由周边地区流向政治中心。这种变化可能有助于创造出"中国"即中心国家的概念,体现出中原地区的居民将他们的家园视为世界的中心。"中国"一词最早出现在西周早期铜器"何尊"的铭文上,铭文记载了周成王在"中国"兴建成周的事件,"中国"即指伊洛河地区,但这个潜在的政治地理概念,可能在商王朝时期已经存在了(Hsu and Linduff 1988: 96–101)。但这个以自我为中心的概念,可能并不会得到中原之外地方政体的认可,但我们很难知道他们的看法,因为同时代的这些文化并没有文字记录流传下来。

早期王朝时期新的民族自我意识的形成,特别在商和西周时期,可能与中原人群和边缘地区人群,特别是北方边疆以及更远地区的畜牧民族交往越来越多有密切关系(陈连开 1989;费孝通 1989;王明珂 2001)。

复杂社会的兴衰

过去数十年来关于文明起源的讨论很多,近年来关于复杂社会和文明崩溃这一新问题也获得了较多关注(如 Diamond 2005;McAnany and Yoffee 2010;Tainter 1988;Yoffee and Cowgill 1991)。常见的研究方法有两种:一种(气候论)是寻找气候变化与复杂社会系统剧变之间的时空对应联系,将环境恶化作为文明衰亡的主要原因(如 Diamond 2005;Weiss and Raymond 2001;Wu, W. and Liu 2004);另一种(应变论)强调人类应对压力的应变能力,将社会看作一套具有处理外部挑战的内在能力的机制。社会变化是间断发生的,自然资本缓慢积累的过程会不时被突如其来的压力打断,导致这些存留社会系统的重组(Redman 2005;Redman and Kinzig 2003)。后一种见解颇受支持,很多案例研究表明,社会常常修正其行为,以应对眼前的危机,但那些用来应对不断发生的短期危机的方法,很可能并不能解决某些长期存在的严重问题(McAnany and Yoffee 2010;Rosen 2007b)。我们相信,对于认识过去人类与环境的关系,两种方法都有价值。我们需要了解环境影响的程度,也需要估量社会应对外部挑战的策略,这些应对策略成败皆有可能。

崩溃事件在人类历史上不断重演,重要的是要将国家(政治组织)的崩溃和文明(文化大传统)的崩溃区别开来。正如叶斐所论述的,这两个术语属于不同的概念,它们的过程表现了社会变化的不同轨迹(Yoffee 1991)。文明的崩溃较为罕见,仅有美索不达米亚一个典型案例。相反,国家的崩溃,即大型集权政体的解体,却十分普遍,在玛雅文明和哈拉帕文化中都可以找到例证。

正如前面的章节所述,新石器时代中国各地也发生过多起早期复杂社会兴衰的事件,比如红山文化、良渚文化和石家河文化。在这些案例中,政治组织似乎与文化大传统一起发生了崩溃,表现为区域范围内考古物质文化消失、人口骤降等。这些崩溃事件的原因常常归结为气候变化、生态灾难或人类应对外部压力的失败。

青铜时代的中国也经历过多起环境恶化事件,但并未导致崩溃的发生。例如二里头是在气候波动期成为一个区域强权的国家,而这时候很多其他地方的人口正在减少。二里头的兴起似乎是应变理论很好的例证,但关于这一转变的潜在机制目前仍不清楚。王巍曾经以环境和经济因素来解释早期国家的兴起(王巍 2004)。首先,二里头文化遗址分布在嵩山一带海拔相对较高的地区,这个选址策略无疑能够抵御大规模的洪水,而很多低海拔地区的新石器时代聚落很可能正是被洪水摧毁的,特别是在长江流域。其次,黄河中游的农业流行种植多种作物,如粟、大豆、水稻、小麦等,这比其他地区种植水稻的单一农业体系更容易维持社会的生存,他认为,粟类比水稻更能适应气候波动,采取种植多种作物的农业形式有助于规避歉收的风险。

这个观点解释了嵩山地区从龙山到二里头时期明显的文化延续性,却没有说明这一时期为什么能够诞生国家水平的社会组织,也没有弄清楚二里头文化的多种作物农业体系所发挥的作用到底如何,因为在考古发现的植物遗存中,大豆、水稻和小麦仅占很小的比例（Lee, G. and Bestel 2007; Lee, G. et al. 2007; 赵志军 2009b）。以往的研究已经证明二里头文化核心区的人口有一个迅速的增长过程（Liu, L. 2006: 182-186; Liu, L. et al. 2002-2004; 许宏等 2005）。因此，关于气候不稳定时期伊洛河流域人口增长的原因仍然有待于解释，这是国家形成问题的一个重要组成部分。

根据地理信息系统（GIS）模式的分析结果，伊洛河流域二里头文化的人口达到了最大承载量的78%，超过了最佳比率（Qiao 2007）。二里头人比以往生产更多的食物，但使用的仍然是之前龙山晚期的农业技术。造成这一现象的关键社会因素是领导策略，二里头国家的统治者有办法让更多的人更加努力地劳作，无论是威逼还是利诱。要做到这一点，贵族必须拥有礼仪和政治权力，这仍然是需要深入研究的问题。

在所谓中商时期，也就是从郑州商城到安阳的过渡时期，也发生了多起衰落与复兴事件。在此期间，郑州的主要中心消亡，各地出现了许多小中心。关于这些变化的传统解释是都城的迁徙。但当时明显是多个"都城"并存，并非像后世典籍中记载的那样王室一系单线承续。这种情况在山东地区表现得特别明显，这里从早商到晚商，持续出现了多个区域中心（方辉 2009）。这个发展过程可以这样解释：一种社会组织（单中心的二里岗国家）崩溃，并被另一种社会组织（多中心国家系统）取而代之，然后又走向再集权的新时期（建都安阳的晚商）。在这场转变中，文化大传统即考古学上的商文化，始终保持不变。因此，早期青铜时代的商文化是一个文明复兴的例证，在这个过程中，政治体系崩溃，但文化传统延续下来。对一千多年后的汉朝也可以做同样的阐释，虽然政治制度解体，但绝不意味着固有文化价值也会一起土崩瓦解（Hsu 1991）。

结 论

在一般的描述中，中国具有数千年一脉相承的文明史，虽人口众多，族群复杂，却能凝聚一体。这并不是说政权会屹立不倒，而是指深深植根的文化价值，使得中国文明能够世代相传。

　　正如我们在本书中所描绘的，中国走向文明之路是一个长期、坎坷和复杂多样的过程。这个文明经历了环境剧变的挑战、复杂社会的兴衰、社会冲突和政治纷争、出乎意料的社会转型和外来影响。我们可能永远也无法确切地知道"中国性"（Chineseness）到底是如何形成的，也难以彻底了解古代"中国性"的所有详情。而且，需要研究的问题永远比答案多。我们希望，本书有助于打开一扇窗口，能够让我们更清晰地认识8000多年来社会进步的过程，在这个过程中，这片土地上的诸多小村落一步步转变为一个伟大的文明体系，我们称之为中国。

附 录

中国北方新石器时代和早期青铜时代动物遗存中出土的马骨

遗址	年代（BC）	马的可鉴定标本数（NISP）（与全部动物遗存可鉴定标本数的百分比）	全部动物遗存可鉴定标本数（NISP）	参考文献
新石器时代				
陕西西安半坡	仰韶 5000～3000	4 普氏野马相似种（*E. cf. Przewalskii*）	不详	李有恒，韩德芬 1963
山西临汾高堆	仰韶 5000～3000	有	不详	张德光 1956
陕西宝鸡关桃园	仰韶晚期 3500～3000	1（4%）普氏野马（*E. Przewalskii*）	70	胡松梅 2007
内蒙古察右前旗庙子沟	仰韶晚期 3800～3000	12（5.13%）普氏野马相似种（*E. cf. Przewalskii*）	234	黄蕴平 2003
内蒙古察右前旗大坝沟	仰韶晚期 3800～3000	2（0.88%）普氏野马相似种（*E. cf. Przewalskii*）	227	黄蕴平 2003
内蒙古包头转龙藏	中石器时代	有	不详	汪宇平 1957
陕西靖边五庄果墚	仰韶晚期 3500～3000	2（最小个体数为1）马属（*Equus sp.*）	不详（最小个体数为149）	胡松梅，孙周勇 2005
甘肃永靖马家湾	马家窑 3000～2500	有	—	谢端琚 1975a
内蒙古清水河县西岔	龙山 3000～2000	4（10.81%）马属（*Equus sp.*）	37	杨春 2007

续表

遗址	年代（BC）	马的可鉴定标本数（NISP）（与全部动物遗存可鉴定标本数的百分比）	全部动物遗存可鉴定标本数（NISP）	参考文献
甘肃天水师赵村	马家窑 3000～2500	1（0.08%）	1202	周本雄 1999
甘肃天水西山坪	马家窑 3000～2500	1（0.4%）	245	周本雄 1999
陕西榆林火石梁和园西海子	龙山-二里头 2100～1900	3（0.2%）马属（Equus sp.）	1111	胡松梅等 2008
辽宁大连北吴屯	小珠山 4500～3500	1	—	傅仁义 1994
山东历城城子崖	龙山 2500～2000	有	—	梁思永等 1934
青铜时代				
甘肃永靖大河庄	齐家 2300～1900	5	—	中国科学院考古研究所甘肃工作队 1974
甘肃永靖秦魏家	齐家 2300～1900	有	—	谢端琚 1975b
甘肃永靖姬家川	辛店 1600～600	有	—	谢端琚 1980
甘肃永靖张家咀	齐家 2300～1900	3	—	谢端琚 1980
内蒙古清水河县西岔	商代晚期—西周早期	531（9.1%）	5835	杨春 2007
陕西清涧李家崖	商代晚期—西周早期	有	不详	张映文，吕智荣 1988
山西浮山桥北	商代晚期	2具完整骨骸和1驾车	—	国家文物局 2005a
陕西西安老牛坡	商代晚期	5具完整骨骸，其中包括2马1车	—	刘士莪 2001
陕西华县南沙村	疑为商代	1坑中有2具完整骨骸	—	王志俊，宋澎 2001

续表

遗址	年代（BC）	马的可鉴定标本数（NISP）（与全部动物遗存可鉴定标本数的百分比）	全部动物遗存可鉴定标本数（NISP）	参考文献
河南安阳殷墟	商代晚期	2牙齿：普氏野马（*E. Przewalskii*）；300多匹殉马	—	Teilhard de Chardin and Young 1936；Linduff 2003；表11.2
山东滕州前掌大	商代晚期	5个车马坑有10马；4坑有5马	—	中国社会科学院考古研究所 2005
陕西宝鸡关桃园	西周	9（32.1%）普氏野马（*E. Przewalskii*）	28	胡松梅 2007
甘肃玉门火烧沟	四坝 2000～1600	有	—	甘肃省博物馆 1979
甘肃金塔缸缸洼和火石梁	2000 BC～AD 700	有	—	Dodson et al. 2009

参考文献

Adams, R. E. W., and Richard C. Jones, 1981, Spatial patterns and regional growth among Classic Maya cities. *American Antiquity* 46（2）: 301–322.

Aikens, C. Melvin, and Takeru Akazawa, 1996, The Pleistocene-Holocene transition in Japan and adjacent northeast Asia. In *Humans at the End of the Ice Age: The Archaeology of the Pleistocene-Holocene Transition*, edited by Lawrence G. Straus, Berit V. Eriksen, Jon M. Erlandson, and David R. Yesner. Plenum Press, New York and London, pp. 215–227.

Albarella, Umberto, Keith Dobney, and Peter Rowley-Conway, 2006, The domestication of the pig (*Sus scrofa*): New challenges and approaches. In *Documenting Domestication: New Genetic and Archaeological Paradigms*, edited by M. A. Zeder, D. G. Bradley, E. Emshwiller, and B. D. Smith. University of California Press, Berkeley, pp. 209–227.

Aldenderfer, Mark, and Yinong Zhang, 2004, The Prehistory of the Tibetan Plateau to the Seventh Century A.D.: Perspectives and Research From China and the West Since 1950. *Journal of World Prehistory* 18（1）: 1–55.

Allan, Sarah, 1993, Art and meaning. In *The Problem of Meaning in Early Chinese Ritual Bronzes* edited by Roderick Whitfield. University of London, London, pp. 9–33.

——2007, Erlitou and the formation of Chinese civilization: Toward a new paradigm. *The Journal of Asian Studies* 66: 461–496.

Allard, Francis, 2001, Mortuary ceramics and social organization in the Dawenkou and Majiayao cultures. *Journal of East Asian Archaeology* 3（3-4）: 1–22.

An, Cheng-Bang, Zhao-Dong Feng, and Loukas Barton, 2006, Dry or humid? Mid-Holocene humidity changes in arid and semi-arid China. *Quaternary Science Reviews* 25: 351–361.

安金槐,1960,谈谈郑州商代几何印纹硬陶.考古 8: 26–28.

安金槐, 裴明相, 赵世纲, 杨育彬, 1989, 郑州商代二里岗期铸铜基址. 考古学集刊 6: 100–122.

An, Z., S.C. Porter, J.E. Kutzbach, X. Wu, S. Wang, X. Liu, X. Li, and W. Zhou, 2000, Asynchronous Holocene optimum of the East Asian monsoon. *Quaternary Science Reviews* 19: 743–762.

An, Zhimin, 1989, Prehistoric agriculture in China. In *Foraging and Farming: The Evolution of Plant Exploitation*, edited by David R. Harris and Gordon C. Hillman. Unwin Hyman, London, pp. 643–650.

——1998, Cultural complexes of the Bronze Age in the Tarim basin and surrounding areas. In *The Bronze Age and Early Iron Age Peoples of Eastern Central Asia*, edited by Victor Mair. The University of Pennsylvania Museum, Philadelphia, pp. 45–62.

安志敏, 1959, 甘肃山丹四坝滩新石器时代遗址. 考古学报 3: 7–16.

——1984, 长江下游史前文化对海东的影响. 考古 5: 439–448.

——1990, 江南文化和古代的日本. 考古 4: 375–380.

——1993a, 论环渤海的史前文化——兼评"区系"观点. 考古 7: 609–615.

——1993b, 试论中国的早期铜器. 考古 12: 1110–1119.

——1997, 香港考古的回顾与展望. 考古 6: 1–10.

An, Zhisheng, Stephen C. Porter, John E. Kutzbach, Wu Xihao, Wang Shuming, Liu Xiaodong, Li Xiaoqiang, and Zhou Weijian, 2000, Asynchronous Holocene optimum of the East Asian monsoon. *Quaternary Science Reviews* 19: 743–762.

Andersson, J. Gunnar, 1923, An early Chinese culture. *Bulletin of the Geological Survey of China* 5: 1–68.

——1925, Preliminary report on archaeological research in Kansu. *Memoirs of the Geological Survey of China Series* A（5）.

——1943, Researches into the prehistory of the Chinese. *The Museum of Far Eastern Antiquities* 15.

——1973 [orig. 1934］, *Children of the Yellow Earth*. The MIT Press, Cambridge, Mass.

安徽省文物考古研究所（编）, 2000，凌家滩玉器. 文物出版社, 北京.

——2006, 凌家滩. 文物出版社, 北京.

Anthony, David W., 1998, The opening of the Eurasian Steppe at 2000 BCE. In *The Bronze Age and Early Iron Age Peoples of Eastern Central Asia*, edited by Victor Mair. The University of Pennsylvania Museum, Philadelphia, pp. 94–113.

——2007, *The Horse, the Wheel and Language: How Bronze-Age Riders from the Eurasian Steppes Shaped the Modern World*. Princeton University Press, Princeton.

Arnold, Philip J., 1999, *Tecomates*, residential mobility, and Early Formative occupation in coastal lowland Mesoamerica. In *Pottery and People*, edited by James M. Skibo and Gary M. Feinman. The University of Utah Press, Salt Lake City, pp. 157–170.

Atahan, P., F. Itzstein-Davey, D. Taylor, J. Dodson, J. Qin, H. Zheng, and A. Brooks, 2008, Holocene-aged sedimentary records of environmental changes and early agriculture in the lower Yangtze, China. *Quaternary Science Reviews* 27: 556–570.

Bagley, Robert W., 1987, *Shang ritual bronzes in the Arthur M. Sackler collections*. Harvard University Press, Cambridge, Mass.

——1993, Meaning and explanation. In *The Problem of Meaning in Early Chinese Ritual Bronzes* edited by Roderick Whitfield. University of London, London.

——1999, Shang archaeology. In *The Cambridge History of Ancient China*, edited by Michael Loewe and Edward Shaughnessy. Cambridge University Press, Cambridge, pp. 124–231.

白坤,赵智星,景晓辉,2000,橡子资源的开发和产品加工技术.中国商办工业 5: 50–51.

Bar-Yosef, Ofer, 2002, The role of the Younger Dryas in the origin of agriculture in West Asia. In *The Origins of Pottery and Agriculture*, edited by Yoshinori Yasuda. Roli Books, New Delhi, pp. 39–54.

Barber, Elizabeth, 1999, *The Mummies of Urumchi*. Norton, New York and London.

Barnard, Noel, 1961, *Bronze Casting and Bronze Alloys in Ancient China*. Australia National University and Monumenta Serica, Canberra.

——1993, Thoughts on the emergence of metallurgy in pre-Shang and early Shang China, and a technical appraisal of relevant bronze artifacts of the time. *Bulletin of the Metals Museum* 19: 3–48.

Barnes, Gina, and Dashun Guo, 1996, The ritual landscape of "Boar Mountain" basin: the Niuheliang site complex of north-eastern China. *World archaeology* 28（2）: 209–219.

Barton, Loukas, Seth D. Newsome, Fa-Hu Chen, Hui Wang, Thomas P. Guilderson, and Robert L. Bettinger, 2009, Agricultural origins and the isotopic identity of domestication in northern China. *PNAS* 106（14）: 5523–5528.

北京大学考古文博学院,河南省文物考古研究所（编）,2007,登封王城岗考古发现与研究（2002—2005）.大象出版社,郑州.

Belfer-Cohen, Anna, and Ofer Bar-Yosef, 2000, Early sedentism in the Near East: A bumpy ride to village life. In *Life in Neolithic Farming communities: Social Organization, Identity, and Differentiation*, edited by Ian Kuijt. Kluwer Academic/Plenum Publishers, New York, pp. 19–37.

Bellwood, Peter, 1995, Austronesian prehistory in Southeast Asia: Homeland, expansion and transformation. In *The Austronesians: Historical and Comparative Perspectives*, edited by Peter Bellwood, James J. Fox, and Darrel Tryon. Australian National University, Canberra, pp. 96–111.

——1997, *Prehistory of the Indo-Malaysian Archipelago*. University of Hawai'i Press, Honolulu.

—— 2005, *First Farmers: The Origins of Agricultural Societies*. Blackwell Publishing, Oxford.

——2006, Asian farming diasporas? Agriculture, languages, and genes in China and Southeast Asia. In *Archaeology of Asia*, edited by Miriam Stark. Blackwell Publishing, Malden, Oxford, Carlton, pp. 96–118.

Bender, B., 1978, Gatherer-hunter to farmer: a social perspective. *World Archaeology* 10: 204–222.

Bennett, Gwen, 2001, *Longshan Period Lithic Production in Southeastern Shandong*. Paper presented at SAA Symposium on Early State Formation in East Asia, New Orleans, April 20, 2001.

Bergman, Folke, 1939, *Archaeological Research in Sinkiang, Especially the Lop-nor Region*. Bokforlags Aktiebolaget Thule, Stockholm.

Bettinger, Robert L., 2001, Holocene hunter-gatherers. In *Archaeology at the Millennium: A Sourcebook*, edited by Gary M. Feinman and T. Douglas Price. Kluwer Academic/Plenum Publishers, New York, pp. 137–195.

Bettinger, Robert L., David B. Madsen, and Robert G. Elston, 1994, Prehistoric settlement categories and settlement systems in the Alashan Desert of Inner Mongolia, PRC. *Journal of Anthropological Archaeology* 13: 74–101.

Bettinger, Robert L., R. Malhi, and H. McCarthy, 1997, Central Place Models of acorn and mussel processing. *Journal of Archaeological Science* 24: 887–899.

Binford, Lewis R., 1980, Willow smoke and dogs' tails: Hunter-gatherer settlement systems and archaeological site formation. *American Antiquity* 45: 4–20.

Binford, Lewis R. and Chuan Kun Ho, 1985, Taphonomy at a distance: Zhoukoudian, "the cave home of Beijing Man"? *Current Anthropology* 26（4）: 413–442.

Boaretto, Elisabetta, Xiaohong Wu, Jiarong Yuan, Ofer Bar-Yosef, Vikki Chu, Yan Pan, Kexin Liu, David Cohen, Tianlong Jiao, Shuicheng Li, Haibin Gu, Paul Goldberg, and Steve Weiner, 2009, Radiocarbon dating of charcoal and bone collagen associated with early pottery at Yuchanyan Cave, Hunan Province, China. *PNAS* 106（24）: 9595–9600.

Boltz, William G., 1986, Early Chinese writing. *World Archaeology* 17（3）: 420–436.

Bond, Gerard, William Showers, Maziet Cheseby, Rusty Lotti, Peter Almasi, Peter deMenocal, Paul Priore,

Heidi Cullen, Irka Hajdas, and Georges Bonani, 1997, A pervasive millennial-scale cycle in north Atlantic Holocene and glacial climates. *Science* 278（14）: 1257–1266.

Boyd, Brian, 2006, On "sedentism" in the Later Epipalaeolithic (Natufian) Levant. *World Archaeology* 38（2）: 164–178.

Bradley, Daniel G. and David A. Magee, 2006, Genetics and the origins of domestic cattle. In *Documenting Domestication: New Genetic and Archaeological Paradigms*, edited by Melinda A. Zeder, Daniel G. Bradley, Eve Emshwiller, and Bruce D. Smith. University of California Press, Berkeley, Los Angeles, London.

Brunson, Katherine, 2008, *Shifting animal exploitation strategies in Late Neolithic China: a zooarchaeological analysis of the Longshan culture site of Taosi, Shanxi Province*. BA thesis, Harvard University, Cambridge, MA.

Brysac, Shareen B., 1997, Last of the "Foreign Devils". *Archaeology* (November/December): 53–59.

不具名（Anonymous）, 1975, 橡子的采集与储藏. 生命世界 3: 31.

卜工, 1999, 环珠江口新石器时代晚期考古学遗存的编年与谱系. 文物 11: 48–56.

Bunker, Emma, 1998, Cultural diversity in the Tarim basin vicinity and its impact on ancient Chinese culture. In *The Bronze Age and early Iron Age peoples of eastern Central Asia*, edited by Victor Mair. The University of Pennsylvania Museum, Philadelphia, pp. 604–618.

Butler, Ann, 1989, Cryptic anatomical characters as evidence of early cultivation in the grain legumes (pulses). In *Foraging and Farming: the Evolution of Plant Exploitation*, edited by D.R.Harris and G.C.Hillman. Unwin Hyman, London, pp. 390–405.

蔡保全, 2006, 河姆渡文化"耜耕农业"说质疑. 厦门大学学报（哲学社会科学版）1: 49–55.

Cai, Da-Wei, Lu Han, Xiao-Lei Zhang, Hui Zhou, and Hong Zhu, 2007, DNA analysis of archaeological sheep remains from China. *Journal of Archaeological Science* 34: 1347–1355.

Cai, Dawei, Zhuowei Tang, Lu Han, Camilla F. Speller, Dongya Y. Yang, Xiaolin Ma, Jian'en Cao, Hong Zhu, and Hui Zhou, 2009, Ancient DNA provides new insights into the origin of the Chinese domestic horse. *Journal of Archaeological Science* 36: 835–842.

Cai, Dawei, Zhuowei Tang, Huixin Yu, Lu Han, Xiaoyan Ren, Xingbo Zhao, Hong Zhu, and Hui Zhou, 2011, Early history of Chinese domestic sheep indicated by ancient DNA analysis of Bronze Age individuals. *Journal of Archaeological Science* 38: 896–902.

Cai, Xin, Hong Chen, Chuzhao Lei, Shan Wang, Kai Xue, and Bao Zhang, 2007, MtDNA diversity and genetic lineages of eighteen cattle breeds from *Bos taurus* and *Bos indicus* in China. *Genetica*

131: 175–183.

曹定云, 2004. 夏代文字求证——二里头文化陶文. 考古 12: 76–83.

曹建恩, 2001, 清水河县碓臼沟遗址调查简报. 见万家寨水利枢纽工程考古报告集, 曹建恩编, 呼和浩特, 远方出版社: 81–87.

曹建恩、胡晓农, 2001, 清水河县西岔遗址发掘简报. 见万家寨水利枢纽工程考古报告集, 曹建恩编, 呼和浩特, 远方出版社: 60–78.

曹建恩、孙金松, 2004, 内蒙古清水河县西岔遗址发掘取得重要成果. 中国文物报. 11月19日1版.

——2009, 赤峰市二道井子夏家店下层文化聚落遗址获重大发现. 中国文物报. 12月25日5版.

Chang, Kwang-chih, 1963, *Archaeology of Ancient China*. Yale University Press, New Haven.

——1964, Prehistoric and early historic culture horizons and traditions in South China. *Current Anthropology* 5（5）: 359–375.

——1969, *Fengpitou, Tapenkeng and the Prehistory of Taiwan*. Yale University Press, New Haven.

——1977, Chinese archaeology since 1949. *Journal of Asian Studies* 36（4）: 623–646.

——1980, *Shang Civilization*. Yale University Press, New Haven.

——1981a, The affluent foragers in the coastal areas of China: Extrapolation from evidence on the transition to agriculture. In *Senri Ethnological Studies*. National Museum of Ethnology, Suita, Osaka, pp. 177–186.

——1981b, Archaeology and Chinese historiography. *World Archaeology* 13（2）: 156–169.

——1983, *Art, Myth, and Ritual*. Harvard University Press, Cambridge, Mass.

——1984, Ancient China and its anthropological significance. *Symbols* Spring/Fall: 2–4, 20–22.

——1986a, *Archaeology of Ancient China*. Yale University Press, New Haven.

——1986b, Xia Nai（1910–1985）. *American Anthropologist* 88: 442–444.

——1989, An essay on cong. *Orientations* 20（6）: 37–43.

——1991, Introduction: The importance of bronzes in ancient China. In *Ancient Chinese Bronze Art: Casting the Precious Sacral Vessel*, edited by W. Thomas Chase. China House Gallery, China Institute America, New York, pp. 15–18.

——1995, Ritual and power. In *China: Ancient culture, modern land*, edited by Robert Murowchick. University of Oklahoma Press, Norman, Oklahoma, pp. 61–69.

Chang, Kwang-chih, and Ward H. Goodenough, 1996, Archaeology of southeastern China and its bearing on the Austronesian homeland. In *Prehistoric Settlement of the Pacific*, edited by Ward H.

Goodenough. American Philosophical Society, Philadelphia, pp. 36–56.

张光直（Chang, Kwang-chih），1988, 濮阳三蹻与中国古代美术上的人兽母题. 文物 11: 36–39.

——1998, 二十世纪后半的中国考古学. 古今论衡 1: 40–41.

——1999, 考古学与"如何建设具有中国特色的人类学". 见中国考古学论文集, 张光直编, 北京, 三联书店: 1–9。

——2004, 论"中国文明的起源". 文物 1: 73–82.

Chang, Te-tzu, 1976, The origin, evolution, cultivation, dissemination, and diversification of Asian and African rices. *Euphytica* 25: 431–441.

Chase, Thomas W., 1983, Bronze casting in China: A short technical history. In *The Great Bronze Age of China: A Symposium*, edited by George Kuwayama. Los Angeles County Museum of Art, Los Angeles, pp. 100–123.

陈公柔, 1995, "曾伯霏簠"铭中的"金道锡行"及相关问题. 见中国考古学论丛, 中国社会科学院考古研究所编, 北京, 科学出版社: 331–338.

陈洪波, 2007, 鲁豫皖古文化区的聚落分布与环境变迁. 考古 2: 48–60.

陈剑, 2005, 大邑县盐店和高山新石器时代古城遗址. 见中国考古学年鉴（2004）, 中国考古学会编, 北京, 文物出版社: 353–354.

陈久恒, 叶小燕, 1963, 洛阳西郊汉墓发掘报告. 考古学报 2: 1–58.

陈坤龙, 梅建军, 2006, 山西灵石县旌介村出土铜器的科学分析. 见灵石旌介商墓, 山西省考古研究所编, 北京, 科学出版社: 209–228.

Chen, Kwang-tzuu and Fredrik Hiebert, 1995, The late prehistory of Xinjiang in relation to its neighbors. *Journal of World Prehistory* 9（2）: 243–300.

陈连开, 1989, 中国、华夷、蕃汉、中华、中华民族. 见中华民族多元一体格局, 费孝通编, 北京, 中央民族大学出版社: 72–113.

陈梦家, 1956, 殷虚卜辞综述. 北京, 科学出版社.

Chen, Shan-Yuan, Yan-Hua Su, Shi-Fang Wu, Tao Sha, and Ya-Ping Zhang, 2005, Mitochondrial diversity and phylogeographic structure of Chinese domestic goats. *Molecular Phylogenetics and Evolution* 37（3）: 804–814.

谌世龙, 1999, 桂林庙岩洞穴遗址的发掘与研究. 见中石器文化及有关问题研讨会论文集. 广州, 广东人民出版社.

Chen, Tiemei, George Rapp, and Zhichun Jing, 1999, Provenance studies of the earliest Chinese protoporcelain using instrumental neutron activation analysis. *Journal of Archaeological Science*

26: 1003–1015.

陈文华, 1991, 中国古代农业科技史图谱. 北京, 农业出版社.

——1994, 中国农业考古图录. 南昌, 江西科学技术出版社.

陈星灿, 1987, 文明诸因素的起源与文明时代. 考古 5: 458–461,437.

——1990, 丰产巫术与祖先崇拜——红山文化出土女性塑像试探. 华夏考古 3: 92–98.

——1997, 中国史前考古学史研究（1895—1949）. 北京, 三联书店.

——2000, 中国古代的剥头皮风俗及其它. 文物 1: 48–55.

——2009, 中国考古学史研究论丛. 北京, 文物出版社.

——2013, 从"龙山形成期"到"相互作用圈"——张光直先生对中国文明起源研究的认识和贡献. 见东亚考古学的再思——张光直先生逝世十周年纪念论文集, 陈光祖编, 台北, "中央研究院"：219–227.

陈星灿, 李润权, 2004, 申论中国史前的龟甲响器. 见桃李成蹊集——庆祝安志敏先生八十寿辰, 邓聪, 陈星灿编, 香港, 香港中文大学出版社：72–97.

陈星灿, 李永强, 刘莉, 2010a, 2002—2003年河南偃师灰嘴遗址的发掘. 考古学报 3: 393–422.

——2010b, 河南偃师市灰嘴遗址西址2004年发掘简报. 考古 2: 36–46.

Chen, Xingcan, Li Liu, and Chunyan Zhao, 2010, Salt from southern Shanxi and the development of early states in China. In *Salt Production in China in a Comparative Perspective, Salt Archaeology in China, vol. 2*, edited by Shuicheng Li and Lothar von Falkenhausen. Science Press, Beijing, pp. 42–65.

陈雪香, 方辉, 2008, 从济南大辛庄遗址浮选结果看商代农业经济. 见东方考古（第4集）, 山东大学东方考古研究中心编. 北京, 科学出版社：43–64.

陈雪香, 2007, 山东地区商文化聚落形态演变初探. 华夏考古 1: 102–112,139.

陈雪香, 王良智, 王青, 2010, 河南博爱县西金城遗址2006—2007年浮选结果分析. 华夏考古 3: 67–76.

陈旭, 1986, 郑州杜岭和回民食品厂出土青铜器的分析. 中原文物 4: 65–71.

Chen, Y.G., and T.K. Liu, 1996, Sea level changes in the last several thousand years, Penghu Islands, Taiwan Strait. *Quaternary Research* 45: 254–262.

Chen, Y.S., and X.H. Li, 1989, New evidence of the origin and domestication of the Chinese swamp buffalo (*Bubalus bubalis*). *Buffalo Journal* 5（1）：51–55.

陈远璋, 2003, 广西考古的世纪回顾与展望. 考古 10: 7–21.

陈哲英, 1996, 下川遗址的新材料. 中原文物 4: 1–22.

Chernykh, Evgenii, Evgenii V. Kuz'minykh, and L.B. Orlovskaia, 2004, Ancient metallurgy of northeast Asia: from the Urals to the Saiano-Altai. In *Metallurgy in Ancient Eastern Eurasia from the Urals to the Yellow River*, edited by Katheryn M. Linduff. Edwin Mellen Press, Lewiston, pp. 15–36.

Chernykh, Evgenii Nikolaevich, 1992, *Ancient Metallurgy in the USSR : the Early Metal Age*. Cambridge University Press, New York.

Chiang, Kai-shek, 1947, *China's Destiny and Chinese Economic Theory*. Dennis Dobson Ltd., London.

The Chifeng International Collective Archaeological Research Project (editor), 2003, Regional Archaeology in Eastern Inner Mongolia: A Methodological Exploration. Science Press, Beijing.

赤峰考古队, 2002, 半支箭河中游先秦时期遗址. 北京, 科学出版社.

Childs-Johnson, Elizabeth, 1998, The metamorphic image: A predominant theme in the ritual art of Shang China. *Bulletin of the Museum of Far Eastern Antiquities* 70: 5–171.

崔德卿, 2004, 大豆栽培的起源和朝鲜半岛. 农业考古 3: 225–240, 285.

Clark, John E. and Michael Blake, 1994, The power of prestige: Competitive generosity and the emergence of rank societies in lowland Mesoamerica. In *Factional Competition and Political Development in the New World*, edited by Elizabeth M. Brumfiel and John Fox. Cambridge University Press, Cambridge, pp. 17–30.

Cockrill, W. Ross, 1981, The water buffalo: a review. *British Veterinary* 137: 8–16.

Cohen, David J., 2001, *The Yueshi Culture, the Dong Yi, and the Archaeology of Ethnicity in Early Bronze Age China*. Ph.D dissertation, Harvard University, Cambridge, Mass.

——2002, New perspectives on the transition to agriculture in China. In *The Origins of Pottery and Agriculture*, edited by Yoshinori Yasuda. Roli Books, New Delhi, pp. 217–227.

Costin, Cathy L., 2001, Craft production systems. In *Archaeology at the Millennium: A Sourcebook*, edited by Gary M. Feinman and T. Douglas Price. Kluwer Academic / Plenum Publishers, New York, pp. 273–328.

Crawford, Gary W., 1997, Anthropogenesis in prehistoric northeastern Japan. In *People, Plants, and Landscapes*, edited by Kristen Gremillion. The University of Alabama Press, Tuscaloosa and London, pp. 86–103.

——2006, East Asian plant domestication. In *Archaeology of Asia*, edited by Miriam Stark. Blackwell Publishing, Malden, Oxford, Carlton, pp. 77–95.

——2008, The Jomon in early agriculture discourse: issues arising from Matsui, Kanehara and

Pearson. *World Archaeology* 40（4）：445–465.

—— 2011, Ealy rice exploitation in the lower Yangzi valley: What are missing? The Holocene. DOI: 10.1177/0959683611424177. Available online http://hol.sagepub.com/content/early/2011/11/18/0959683611424177.

Crawford, Gary W. and Gyoung-Ah Lee, 2003, Agricultural origins in the Korean Peninsula. *Antiquity* 77（295）：87–95.

Crawford, Gary W. and Chen Shen, 1998, The origins of rice agriculture: recent progress in East Asia. *Antiquity* 72: 858–866.

Crawford, Gary W., Anne Underhill, Zhijun Zhao, Gyoung-Ah Lee, Feinman Gary, Linda Nicholas, Fengshi Luan, Haiguang Yu, Hui Fang, and Fengshu Cai, 2005, Late Neolithic plant remains from northern China: preliminary results from Liangchengzhen, Shandong. *Current Anthropology* 46（2）：309–317.

盖瑞·克劳福德、陈雪香、王建华, 2006, 山东济南长清区月庄遗址发现后李文化时期的炭化稻. 见东方考古（第3集）, 山东大学东方考古研究中心编, 北京, 科学出版社：247–251.

Cribb, Roger, 1991, *Nomads in Archaeology*. Cambridge University Press, Cambridge.

崔岩勤, 2006, 红山文化玉器造型浅析. 见红山文化研究, 席永杰、刘国祥编, 北京, 文物出版社：274–289.

崔银秋、许月、杨亦代、谢承志、朱泓、周慧, 2004, 新疆罗布诺尔地区铜器时代居民mtDNA多样态性分析. 吉林大学学报（医学版）4: 650–652.

Cunnar, Geoffrey, 2007, *The Production and Use of Stone Tools at the Longshan Period Site of Liangchengzhen, China*, Ph.D dissertation, Yale University, New Haven.

戴向明, 1998, 黄河流域新石器时代文化格局之演变. 考古学报 4: 389–418.

戴向明、王月前、庄丽娜, 2009, 2007—2008年山西绛县周家庄遗址钻探与发掘. 见2008中国重要考古发现, 国家文物局编, 北京, 文物出版社：6–11.

戴应新, 1993, 陕北和晋北黄河两岸出土的殷商铜器及其有关问题的探索.《考古学研究》编委会编, 西安, 三秦出版社：219–235.

Daniel, Glyn, 1981, *A Short History of Archaeology*. Thames and Hudson, London.

Davis, Simon L. M., 1987, *The Archaeology of Animals*. Yale University Press, New Haven and London.

岛邦男（Shima, Kunio）, 1958, 殷墟卜辞研究. 东京, 汲古书院.

Denham, Tim, 2004, The roots of agriculture and arboriculture in New Guinea: Looking beyond Austronesian expansion, Neolithic package and indigenous origins. *World Archaeology* 36（4）：

610–620.

邓聪（Tang, Chung），2007，从东亚考古学谈澳门黑沙遗址.见东亚考古（B卷），南京师范大学文博系编，北京，文物出版社: 67–81.

Di Cosmo, Nicola, 1999, The northern frontier in pre-imperial China. In *The Cambridge history of ancient China: From the origins of civilization to 221 B.C.*, edited by Michael Loewe and Edward L. Shaughnessy. Cambridge University Press, Cambridge, pp. 885–966.

——2002, *Ancient China and Its Enemies*. Cambridge University Press, Cambridge.

Diamond, Jared, 2005, *Collapse: How Societies Choose to Fail or Succeed*. Viking, New York.

Diaz-Andreu, Margarita, 2001, Nationalism and archaeology. *Nations and Nationalism* 7（4）: 429–440.

Dietler, Michael and Brian Hayden（editors）, 2001, *Feasts: Archaeological and Ethnographic Perspectives on Food, Politics, and Power*. Smithsonian Institution Press, Washington.

Dikotter, Frank, 1992, *The Discourse of Race in Modern China*. Stanford University Press, Stanford.

丁金龙、张铁军，2004，澄湖遗址发现崧泽时期水稻田.中国文化遗产 1: 70–71.

丁清贤、张相梅，1989，1988年河南濮阳西水坡遗址发掘简报.考古 12: 1057–1066.

凯斯·道伯涅（Keith Dobney），袁靖，安东·欧富恩克（Anton Ervynck），安波托·奥巴莱拉（Umberto Albarella），皮特·罗莱-康威（Peter Rowley-Conwy），杨梦菲，罗运兵，2006，家猪起源研究的新视角.考古 11: 74–80.

Dodson, John, Xiaoqiang Li, Ming Ji, Keliang Zhao, Xinying Zhou, and Vladimir Levchenko, 2009, Early bronze in two Holocene archaeological sites in Gansu, NW China. *Quaternary Research* 72: 309–314.

Drennan, Robert D., and Xiangming Dai, 2010, Chiefdoms and states in the Yuncheng Basin and the Chifeng region: A comparative analysis of settlement systems in North China. *Journal of Anthropological Archaeology* 29: 455–468.

Driver, Harold, 1961, *Indians of North America*. The University of Chicago Press, Chicago & London.

杜金鹏，2003，偃师商城初探.北京，中国社会科学出版社.

——2004，洹北商城一号宫殿基址初步研究.文物 5: 50–64.

——2006，偃师商城第八号宫殿基址初步研究.考古 6: 43–52.

杜金鹏、王学荣（编），2004，偃师商城遗址研究.北京，科学出版社.

杜金鹏、许宏（编），2005，偃师二里头遗址研究.北京，科学出版社.

——2006，二里头遗址与二里头文化研究.北京，科学出版社.

杜在忠，1980，山东诸城呈子遗址发掘报告.考古学报 3: 329–385.

段宏振（编）2007,北福地.北京，文物出版社.

端木炘,1995,我国青冈属资源的综合利用.北京林业大学学报17（2）：109-110.

——1997,中国石栎资源综合利用.林产化工通讯6: 33-35.

Earle, Timothy K., 1991, The evolution of chiefdom. In *Chiefdoms: Power, Economy, and Ideology*, edited by Timothy Earle. Cambridge University Press, Cambridge, pp. 1-15.

Engels, Friedrich, 1972 [orig. 1884］, *The Origin of the Family, Private Property and the State*. International Publishers, New York.

Fagan, Brian M., 2000, *Ancient North America: The Archaeology of A Continent*. Thames & Hudson, New York.

Falkenhausen, Lothar von, 1992, Serials on Chinese archaeology published in the People's Republic of China. *Early China* 17: 247-296.

——1993, On the historiographical orientation of Chinese archaeology. *Antiquity* 67（257）: 839-849.

——1995, The regionalist paradigm in Chinese archaeology. In *Nationalism, Politics, and the Practice of Archaeology*, edited by Philip L. Kohl and Clare Fawcett. Cambridge University Press, Cambridge, pp. 198-217.

——1999a, Su Bingqi. In *Encyclopedia of Archaeology: The Great Archaeologists*, edited by Tim Murray. ABC-CLIO, Santa Barbara, pp. 601-613.

——1999b, Xia Nai. In *Encyclopedia of Archaeology: The Great Archaeologists*, edited by Tim Murray. ABC-CLIO, Santa Barbara, pp. 601-614.

——2006, *Chinese Society in the Age of Confucius（1000-250 BC）: The Archaeological Evidence*. Cotsen Institute of Archaeology, University of California, Los Angeles.

——2008, Stages in the development of "cities" in pre-imperial China. In *The Ancient City: New Perspectives on Urbanism in the Old and New World*, edited by Joyce Marcus and Jeremy A. Sabloff. A School for Advanced Research Resident Scholar Book, Santa Fe, pp. 209-228.

方殿春，魏凡,1986,辽宁牛河梁红山文化"女神庙"与积石冢群发掘简报.文物8: 1-17.

方辉,2004,商周时期鲁北地区海盐业的考古学研究.考古4: 53-67.

——2009,商王朝经略东方的考古学观察.见多维视域——商王朝与中国早期文明研究,荆志淳、唐际根、高嶋谦一编,北京,科学出版社：70-84.

费孝通,1989,中华民族多元一体格局.见中华民族多元一体格局,费孝通编,北京,中央民族大学出版社：1-36.

Feinman, Gary, and Joyce Marcus (editors), 1998, *Archaic States*. School of American Research Press, Santa Fe.

冯时, 1990, 河南濮阳西水坡45号墓的天文学研究. 文物 3: 52–60.

——1994, 山东丁公龙山时代文字解读. 考古 1: 37–54.

——2008, "文邑"考. 考古学报 3: 273–290.

Feng, Z.-D., C.B. An, L.Y. Tang, and A.J.T. Jull, 2004, Stratigraphic evidence of a Megahumid climate between 10,000 and 4000 years B.P. in the western part of the Chinese Loess Plateau. *Global and Planetary Change* 43: 145–155.

Feng, Z.-D., C.B. An, and H.B. Wang, 2006, Holocene climatic and environmental changes in the arid and semi-arid areas of China: a review. *The Holocene* 16 (1): 119–130.

冯祚建, 蔡桂全, 郑昌琳, 1986, 西藏哺乳类. 北京, 科学出版社.

Fish, Suzanne K. and Stephen A. Kowalewski (editors), 1990, *The Archaeology of Regions: A Case for Full-Coverage Survey*. Smithsonian Institution Press, Washington, D.C.

Fiskejo, Magnus and Xingcan Chen, 2004, *China Before China*. Museum of Far Eastern Antiquities monograph series, No. 15, Stockholm.

Fitzgerald-Huber, Louisa, 1995, Qijia and Erlitou: The question of contacts with distant cultures. *Early China* 20: 17–68.

——2003, The Qijia culture: paths East and West. *The Museum of Far Eastern Antiquities* 75: 55–78.

Fitzgerald, John, 1996, The Nationless state: The search for a nation in modern Chinese nationalism. In *Chinese Nationalism*, edited by Jonathan Unger. M.E. Sharpe, Armonk, pp. 56–85.

Flad, Rowan, 2001, Ritual or structure? Analysis of burial elaboration at Dadianzi, Inner Mongolia. *Journal of East Asian Archaeology* 3 (3–4): 23–51.

Flad, Rowan, Jing Yuan, and Shuicheng Li, 2007, Zooarcheological evidence of animal domestication in northwest China. In *Late Quaternary Climate Change and Human Adaptation in Arid China*, edited by David B. Madsen, Fa-Hu Chen, and Xing Gao. Elsevier, Amsterdam, pp. 167–203。

Flannery, Kent V., 1998, The ground plans of archaic states. In *Archaic States*, edited by Gary M. Feinman and Joyce Marcus. School of American Research Press, Santa Fe, pp. 15–58.

Frachetti, Michael, 2002, Bronze Age exploitation and political dynamics of the eastern Eurasian steppe zone. In *Ancient interactions: East and West in Eurasia*, edited by Katie Boyle, Colin Renfrew, and Marsha Levine. McDonald Institute for Archaeological Research, Cambridge, pp. 161–170.

Franklin, Ursula M., 1983, The beginnings of metallurgy in China: A comparative approach. In *The Great Bronze Age of China*, edited by G. Kuwayama. Los Angeles County Museum, Los Angeles.

——1992, *The Real World of Technology*. Anansi, Ontario.

傅仁义, 1994, 大连市北吴屯遗址出土兽骨的鉴定. 考古学报 3: 377–379.

傅斯年, 1934, 序一. 见城子崖, 李济编, 南京, 中央研究院历史语言研究所: 293–296.

——1996, 考古学的新方法. 见傅斯年选集, 岳玉玺、李泉、马亮宽编, 天津, 天津人民出版社: 184–191. 据史学 1930.1 重印.

傅宪国、贺战武、熊昭明、王浩天, 2001, 桂林地区史前文化面貌轮廓初现. 中国文物报. 4月4日1版.

傅宪国、李新伟、李珍、张龙、陈超, 1998, 广西邕宁县顶蛳山遗址的发掘. 考古 11: 11–33.

傅永魁, 1980, 巩县铁生沟发现裴李岗文化遗址. 河南文博通讯 2: 28–29.

Fullagar, R., Liu, L., Bestel, S., Jones, D., Ge, W., Wilson, A., & Zhai, S. 2012. Stone tool-use experiments to determine the function of grinding stones and denticulate sickles. *Bulletin of the Indo-Pacific Prehistory Association*, 32, 29–44.

Fuller, Dorian, Emma Harvey, and Ling Qin, 2007, Presumed domestication? Evidence for wild rice cultivation and domestication in the 5th millennium BC of the Lower Yangtze region. *Antiquity* 81: 316–331.

Fuller, Dorian Q, Ling Qin, Yunfei Zheng, Zhijun Zhao, Xugao Chen, Leo Aoi Hosoya, and Guo-Ping Sun, 2009, The domestication process and domestication rate in rice: spikelet bases from the Lower Yangtze. *Science* 323（5921）: 1607–1610.

Fuller, Dorian Q., and Ling Qin, 2009, Water management and labour in the origins and dispersal of Asian rice. *World Archaeology* 41: 88–111

Fung, Christopher, 2000, The drinks are on us: Ritual, social status, and practice in Dawenkou burials, North China. *Journal of East Asian Archaeology* 2（1-2）: 67–92.

甘肃省博物馆, 1979, 甘肃省文物考古工作三十年. 见文物考古工作三十年, 文物编辑委员会编, 北京, 文物出版社: 139–153.

甘肃省文物考古研究所、吉林大学北方考古研究室（编）, 1998, 民乐东灰山考古. 北京, 科学出版社.

甘肃省文物考古研究所, 2006, 秦安大地湾. 北京, 文物出版社.

高广仁, 2000, 大汶口文化的葬俗. 见海岱地区先秦考古论集, 高广仁编, 北京, 科学出版社: 125–143.

高广仁、邵望平，1986，中国史前时代的龟灵与犬牲．见中国考古学研究，中国考古学研究编委会编，北京，文物出版社：57-70．

Gao, Ming-jun, and Jiaju Chen, 1988, Isozymic studies on the origin of cultivated foxtail millet. *ACTA Agronomica Sinica* 14（2）：131-136.

Gao, Qiang and Yun Kuen Lee, 1993, A biological perspective on Yangshao kinship. *Journal of Anthropological Archaeology* 12: 266-298.

高诗珠，2009，中国西北地区三个古代人群的线粒体DNA研究．博士论文，长春，吉林大学．

高炜、李健民，1983，1978—1980年山西襄汾陶寺墓地发掘简报．考古 1: 30-42．

高炜、杨锡璋、王巍、杜金鹏，1998，偃师商城与夏商文化分界．考古 10: 66-79．

Gao, Xing, 2010, Revisiting the origin of modern humans in China and its implications for global human evolution. *Science China: Earth Sciences* 53（12）：1927-1940.

Gao, Xing, and Chunxue Wang, 2010, In search of the ancestors of Chinese people. *Paleoanthropology* 24（2）：111-114.

高星、侯亚梅（编），2002，二十世纪旧石器时代考古研究．北京，科学出版社．

Gardner, Paul S., 1997, The ecological structure and behavioral implications of mast exploitation strategies. In *People, Plants, and Landscapes: Studies in Paleoethnobotany*, edited by Kristen J. Gremillion. The University of Alabama Press, Tuscaloosa and London, pp. 161-178.

格桑本，1979，青海民和核桃庄马家窑类型第一号墓葬．文物 9: 29-32．

葛威，2010，淀粉粒分析在考古学中的应用．博士论文，合肥，中国科学技术大学．

Germonpré, Mietje, Mikhail V. Sablin, Rhiannon E. Stevens, Robert E. M. Hedges, Michael Hofreiter, Mathias Stiller, and Viviane R. Després, 2009, Fossil dogs and wolves from Palaelithic sites in Belgium, the Ukraine and Russia: osteometry, ancient DNA and stable isotopes. *Journal of Archaeology and Science* 36（2）：473-490.

Goldstein, Lynne G., 1981, One-dimensional archaeology and multi-dimensional people: Spatial organisation and mortuary analysis. In *The Archaeology of Death*, edited by Robert Chapman, Ian Kinnes, and Klavs Randsborg. Cambridge University Press, Cambridge, pp. 53-69.

龚胜生，1994，《禹贡》中的秦岭淮河地理界限．湖北大学学报（哲学社会科学版）6: 93-97．

Goodenough, Ward H. (editor) 1996, *Prehistoric Settlement of the Pacific*. American Philosophical Society, Philadelphia.

Gryaznov, Mikhail P., 1969, *The ancient civilization of Southern Siberia, translated from the Russian by James Hogarth*. Cowles Book Co., New York.

顾万发, 张松林, 2005, 河南巩义市花地嘴遗址"新砦期"遗存. 考古 6: 3-6.

顾问, 2002, 新砦期研究. 殷都学刊 4: 26-40.

顾问, 张松林, 2006, 花地嘴遗址所出"新砦期"朱砂绘陶瓮研究. 中国历史研究 1: 19-37.

郭大顺, 1997, 中华五千年文明的象征——牛河梁红山文化坛庙冢. 见牛河梁红山文化遗址与玉器精粹, 辽宁省文物考古研究所编, 北京, 文物出版社: 1-48.

郭大顺, 张克举, 1984, 辽宁喀左东山嘴红山文化建筑群址发掘简报. 文物 11: 1-11.

郭德勇, 1960, 甘肃武威皇娘娘台遗址发掘报告. 考古学报 2: 53-71.

郭德勇, 孟力, 1984, 甘肃东乡林家遗址发掘报告. 考古学集刊（4）, 考古编辑部编, 北京, 中国社会科学出版社: 111-161.

Guo, J., L.-X. Du, Y.-H. Ma, W.-J. Guan, H.-B. Li, Q.-J. Zhao, X. Li, and S.-Q. Rao, 2005, A novel maternal lineage revealed in sheep (Ovis aries). *Animal Genetics* 36（4）: 331–336.

Guo, Lanlan, Zaodong Feng, Xinqing Li, Lianyou Liu, and Lixia Wang, 2007, Holocene climatic and environmental changes recorded in Baahar Nuur Lake core in the Ordos Plateau, Inner Mongolia of China. *Chinese Science Bulletin* 52（7）: 959–966.

郭沫若, 1930, 中国古代社会研究, 上海, 三联书店.

Guo, Ruihai and Jun Li, 2002, The Nanzhuangtou and Hutouliang sites: Exploring the beginnings of agriculture and pottery in North China. In *The Origins of Pottery and Agriculture*, edited by Yoshinori Yasuda. Roli Books, New Delhi.

郭素新, 1993, 再论鄂尔多斯式青铜器的渊源. 内蒙古文物考古 1-2: 89-96.

郭文韬, 1996, 试论中国栽培大豆起源问题. 自然科学史研究 15（4）: 326-333.

——2004, 略论中国栽培大豆的起源. 南京农业大学学报（社会科学版）4: 60-69.

郭远谓, 李家和, 1963, 江西万年大源仙人洞洞穴遗址试掘. 考古学报 1: 1-16.

国家文物局(编), 1991, 中国文物地图集河南分册, 北京, 文物出版社.

——1992, 中华人民共和国考古涉外工作管理办法. 见中华人民共和国文物法规选编, 国家文物局编, 北京, 文物出版社: 337-341.

——1999, 中国文物地图集陕西分册, 北京, 文物出版社.

——2002, 山西襄汾陶寺文化城址. 见 2001 中国重要考古发现, 国家文物局编, 北京, 文物出版社: 24-27.

——2003, 中国文物地图集内蒙古自治区分册, 西安, 西安地图出版社.

——2004a, 山西吉县柿子滩旧石器时代遗址群. 见中国重要考古发现, 国家文物局编, 北京, 文物出版社: 5-9.

——2004b，牛河梁红山文化遗址群．见2003中国重要考古发现，国家文物局编，北京，文物出版社：17–22.

——2005a，山西浮山桥北商周墓．见2004中国重要考古发现，国家文物局编，北京，文物出版社：61–64.

——2005b，山西柳林高红商代夯土基址．见2004中国重要考古发现，国家文物局编，北京，文物出版社：57–60.

——2006，中国文物地图集山西分册，北京，中国地图出版社．

——2007，中国文物地图集山东分册，北京，中国地图出版社．

Habu, Junko, 2004, *Ancient Jomon of Japan*. Cambridge University Press, Cambridge.

哈密墓地发掘组，1990，哈密林场办事处、雅满苏矿采购站墓地．见中国考古学年鉴，中国考古学会编，北京，文物出版社：330–331.

Han, Defen, 1988, The fauna from the Neolithic site of Hemudu, Zhejiang. In *The Palaeoenvironment of East Asia from the Mid-Tertiary: Proceedings of the Second Conference*, edited by Pauline Whyte. Centre of Asian Studies, University of Hong Kong, Hong Kong, pp. 868–872.

韩国河，张继华，许俊平，2006，河南登封南洼遗址2004年春发掘简报．中原文物3: 4–12, 22.

韩国河，赵维娟，张继华，朱君孝，2007，用中子活化分析研究南洼白陶的原料产地．中原文物6: 83–86.

韩建业，2003，中国北方地区新石器时代文化研究，北京，文物出版社．

韩康信，1986，新疆孔雀河古墓沟墓地人骨研究．考古学报3: 361–384.

Hancock, James F., 1992, *Plant Evolution and the Origin of Crop Species*. Prentice Hall, Englewood Cliffs, New Jersey.

Hanks, Bryan K. and Katheryn M. Linduff (editors), 2009, *Social Complexity in Prehistoric Eurasia*. Cambridge University Press, Cambridge.

郝守刚，薛进庄，崔海亭，2008，东胡林四号人墓葬中的果核．人类学学报27（3）：249–255.

郝守刚，马学平，夏正楷，赵朝洪，原思训，郁金城，2002，北京斋堂东胡林全新世早期遗址的黄土剖面．地质学报3: 420–428.

郝欣，孙淑云，2001，盘龙城商代青铜器的检验与初步研究．见盘龙城，湖北省文物考古研究所编，北京，文物出版社：517–538.

Hardy-Smith, T. and P.C. Edwards, 2004, The garbage crisis in prehistory: artefact discard patterns at the Early Natufian site of Wadi Hammeh 27 and the origins of household refuse disposal strategies. *Journal of Anthropological Archaeology* 23: 253–289.

Harris, David, 2010, *Origins of Agriculture in Western Central Asia: An Environmental-Archaeological Study*. University of Pennsylvania Museum of Archaeology and Anthropology, Philadelphia.

Harrison, Richard J., 1996, Arboriculture in Southwest Europe: *dehesas* as managed woodlands. In *The Origins and Spread of Agriculture and Pastoralism in Eurasia*, edited by David R. Harris. UCL Press, London, pp. 363–367.

Hayden, Brian, 1995, A new overview of domestication. In *Last Hunters-First Farmers*, edited by T. Douglas Price and Anne B. Gebauer. School of American Research Press, Santa Fe, pp. 273–299.

——2003, Were luxury foods the first domesticates? Ethnoarchaeological perspectives from Southeast Asia. *World Archaeology* 34（3）: 458–469.

——2011, Rice: the first Asian luxury food? In *Why Cultivate? Anthropological and Archaeological Approaches to Foraging-Farming Transitions in Southeast Asia*, edited by Graeme Barker and Monica Janowski. McDonald Institute Monographs, Cambridge, pp. 73–91.

何介钧, 1996, 环珠江口的史前彩陶与大溪文化. 见湖南先秦考古学研究, 何介钧编, 长沙, 岳麓书社: 79–84.

——1999, 澧县城头山古城址1997—1998年度发掘简报. 文物 6: 4–17.

何驽, 2004, 山西襄汾县陶寺城址发现陶寺文化大型建筑基址. 考古 2: 3–6.

——2007a, 山西襄汾县陶寺中期城址大型建筑IIFJT1基址2004—2005年发掘简报. 考古 4: 3–25.

——2007b, 陶寺遗址扁壶朱书"文字"新探. 见襄汾陶寺遗址研究, 解希恭编, 北京, 科学出版社: 633–636.

——2009, 山西襄汾陶寺城址中期王级大墓IM22出土漆杆"圭尺"功能试探. 自然科学史研究 28（3）: 261–276.

何驽, 高江涛, 王晓毅, 2008, 山西襄汾县陶寺城址发现陶寺文化中期大型夯土建筑基址. 考古 3: 3–6.

He, Y., W.H. Theakstone, Zhonglin Zhang, Dian Zhang, Tandong Yao, Tuo Chen, Yongping Shen, and Hongxi Pang, 2004, Asynchronous Holocene climate change across China. *Quaternary Research* 61: 52–63.

何毓灵, 唐际根, 2010, 河南安阳市洹北商城宫殿区二号基址发掘简报. 考古 1: 9–18.

河北省文物研究所（编）, 1985, 藁城台西商代遗址, 北京, 文物出版社.

河南省文化局文物工作队（编）, 1959, 郑州二里岗, 北京, 科学出版社.

河南省文物考古研究所（编）, 1999a, 舞阳贾湖, 北京, 科学出版社.

——1999b，郑州商代铜器窖藏，北京，科学出版社．

——2001，郑州商城，北京，文物出版社．

——2003，辉县孟庄，郑州，中州古籍出版社．

河南省文物研究所（编），1992，登封王城岗与阳城，北京，文物出版社．

Hiebert, Fredrik, 2000, Bronze Age Central Eurasian cultures in their steppe and desert environments. In *Environmental Disaster and the Archaeology of Human Response*, edited by Garth Bawden and Richard Reycraft. Maxwell Museum of Anthropology, Albuquerque, pp. 51–62.

Higham, Charles, 1995, The transition to rice cultivation in Southeast Asia. In *Last Hunters-First Farmers: New Perspectives on the Prehistoric Transition to Agriculture*, edited by Douglas T. Price and Anne B. Gebauer. School of American Research Press, Santa Fe, pp. 127–155.

——2002, Languages and farming dispersals: Austroasiatic languages and rice cultivation. In *Examining the Farming/Language Dispersal Hypothesis*, edited by Peter Bellwood and Colin Renfrew. McDonald Institute for Archaeological Research, University of Cambridge, Cambridge, pp. 223–232.

——2009, A new chronological framework for prehistoric Southeast Asia, based on a Bayesian model from Ban Non Wat. *Antiquity* 83: 125–144.

Higham, Charles and Tracey L.-D. Lu, 1998, The origins and dispersal of rice cultivation. *Antiquity* 72: 867–877.

Higham, Charles, B. Manly, A. Kihingam, and S.J.E. Moore, 1981, The Bovid third phalanx and prehistoric ploughing. *Journal of Archaeological Science* 8（4）: 353–365.

Hillman, Gordon C. and M. Stuart Davies, 1999, Domestication rate in wild wheats and barley under primitive cultivation. In *Prehistory of Agriculture*, edited by Patricia C. Anderson. The Institute of Archaeology, University of California, Los Angeles, pp. 70–102.

Hitchcock, Robert K., 1987, Sedentism and site structure: organizational changes in Kalahari Basarwa residential locations. In *Method and Theory for Activity Area Research: An Ethnoarchaeological Approach*, edited by Susan Kent. Columbia University Press, New York, pp. 374–423.

Ho, Ping-ti, 1975, *The Cradle of the East*. The Chinese University of Hong Kong, Hong Kong.

Hongo, Hitomi and Richard Meadow, 1998, Pig exploitation at Neolithic Cayonu Tepesi（Southeastern Anatolia）. In *Ancestors for the Pigs in Prehistory*, edited by Sarah Nelson. University of Pennsylvania Museum of Archaeology and Anthropology, Philadelphia, pp. 77–88.

Hopkerk, Peter, 1980, *Foreign Devils on the Silk Road: the Search for the Lost Cities and Treasures of*

Chinese Central Asia. John Murray, London.

Hsu, Cho-yun, 1991, The roles of the literati and of regionalism in the fall of the Han dynasty. In *The Collapse of Ancient States and Civilizations*, edited by Norman Yoffee and George L. Cowgill. The University of Arizona press, Tucson, pp. 176–195.

Hsu, Cho-yun and Katheryn Linduff, 1988, *Western Chou Civilization*. Yale University Press, New Haven.

胡厚宣, 1974, 中国奴隶社会的人殉和人祭. 文物 8: 56–72.

——2002, 殷代工方考. 见甲骨学商史论丛初集, 胡厚宣编, 石家庄, 河北教育出版社: 158–205.

胡松梅, 2007, 遗址出土动物遗存. 见宝鸡关桃园, 陕西省考古研究所, 宝鸡市考古工作队编, 北京, 文物出版社: 283–318.

胡松梅, 孙周勇, 2005, 陕北靖边五庄果墚动物遗存及古环境分析. 考古与文物 6: 72–84.

胡松梅, 张鹏程, 袁明, 2008, 榆林火石梁遗址动物遗存研究. 人类学学报 3: 232–248.

Hu, Yaowu, Stanley H. Ambrose, and Changsui Wang, 2006, Stable isotopic analysis of human bones from Jiahu site, Henan, China: implications for the transition to agriculture. *Journal of Archaeological Science* 33: 1319–1330.

Huang, Tsui-mei, 1992, Liangzhu—a late Neolithic jade-yielding culture in southeastern coastal China. *Antiquity* 66: 75–83.

黄翠梅, 叶贵玉, 2006, 自然环境与玉矿资源. 见新世纪的考古学, 许倬云, 张忠培编, 北京, 紫禁城出版社: 442–470.

黄其煦, 1982, "灰像法"在考古学中的运用. 考古 4: 418–420.

Huang, Wei-wen and Ya-mei Hou, 1998, A perspective on the archaeology of the Pleistocene-Holocene transition in north China and the Qinghai-Tibetan Plateau. *Quaternary International* 49/50: 117–127.

黄渭金, 1998, 河姆渡稻作农业剖析. 农业考古 1: 124–130.

黄宣佩(编), 2000, 福泉山, 北京, 文物出版社.

黄宣佩, 孙维昌, 1983, 马桥类型文化分析. 考古与文物 3: 58–61.

黄蕴平, 1996, 内蒙古朱开沟遗址兽骨的鉴定与研究. 考古学报 4: 515–536.

——2001, 石虎山I遗址动物骨骼鉴定与研究. 见岱海考古（二）, 田广金, 秋山进午编, 北京, 科学出版社: 489–513.

——2003, 庙子沟与大坝沟遗址动物遗骸鉴定报告. 见庙子沟与大坝沟, 内蒙古文物考古研究所编, 北京, 中国大百科全书出版社: 599–611.

黄展岳, 赵学谦, 1959, 云南滇池东岸新石器时代遗址调查记. 考古 4: 173-175,184.

黄石市博物馆（编）, 1999, 铜绿山古矿冶遗址, 北京, 文物出版社.

湖北省文物考古研究所（编）, 2001a, 盘龙城, 北京, 文物出版社.

——2001b, 宜都城背溪. 北京, 文物出版社.

湖北省文物考古研究所, 中国社会科学院考古研究所, 1994, 湖北石家河罗家柏岭新石器时代遗址. 考古学报 2: 191-229.

湖南省文物考古研究所（编）, 1999, 湖南考古漫步, 长沙, 湖南美术出版社.

湖南省文物考古研究所（编）, 2006, 彭头山与八十垱, 北京, 科学出版社.

——2007, 澧县城头山：新石器时代遗址发掘报告, 北京, 文物出版社.

湖南省文物考古研究所, 国际日本文化研究中心（编）, 2007, 澧县城头山——中日合作澧阳平原环境考古与有关综合研究, 北京, 文物出版社.

Hung, Hsiao-chun, 2008, *Migration and Cultural Interaction in China's Southern Coast, Taiwan and the Northern Philippines ,3000 BC to AD 1: The Early History of the Austronesian-speaking Populations*. Ph.D dissertation, The Australian National University, Canberra.

霍有光, 1993, 试探洛南红崖山古铜矿采冶地. 考古与文物 1: 94-97.

Hymowitz, T., 1970, On the domestication of the soybean. *Economic Botany* 24: 408-421.

Hymowitz, T., and R.J. Singh, 1986, Taxonomy and speciation. In *Soybeans: Improvement, Production, and Uses*, edited by J.R. Wilcox. American Society of Agronomy, Madison, pp. 23-48.

Ikawa-Smith, Fumiko, 1986, Late Pleistocene and Early Holocene technologies. In *Windows on the Japanese Past: Studies in Archaeology and Prehistory*, edited by Richard J. Pearson, Gina L. Barnes, and Karl L. Hutterer. Center for Japanese Studies, The University of Michigan, Ann Arbor, pp. 199-216.

Jansen, T., P. Forster, M.A. Levine, H. Oelke, M. Hurles, C. Renfrew, J. Weber, and K. Olek, 2002, Mitochondrial DNA and the origins of the domestic horse. *Proceedings of the National Academy of Sciences of the United States of America* 99: 10905-10910.

纪南城凤凰山一六八号汉墓发掘整理组, 1975, 纪南城凤凰山一六八号汉墓发掘简报. 文物 9: 1-8, 22.

英恒龙, 周瑞芳, 1991, 橡子淀粉的开发和利用. 郑州粮食学院学报 2: 74-78.

Jia, Lanpo and Weiwen Huang, 1990, *The Story of Peking Man*. Foreign Language Press, Beijing.

贾兰坡, 1991, 关于周口店北京人遗址的若干问题. 考古 1: 77-84, 62.

贾兰坡, 盖培, 尤玉柱, 1972, 山西峙峪旧石器时代遗址发掘报告. 考古学报 1: 39-58.

Jia, Weiming, 2007, *Transition from Foraging to Farming in Northeast China*. BAR International Series, Oxford.

蒋刚, 2008, 盘龙城遗址群出土商代遗存的几个问题. 考古与文物 1: 35–46.

江鸿, 1976, 盘龙城与商朝的南土. 文物 2: 42–46.

Jiang, Leping and Li Liu, 2005, The discovery of an 8000-year old dugout canoe at Kuahuqiao in the Lower Yangzi River, China. *Antiquity* 79（305）:（Project Gallery）http://antiquity.ac.uk/projgall/liu/index.html.

Jiang, Leping and Li Liu, 2006, New evidence for the origins of sedentism and rice domestication in the Lower Yangzi River, China. *Antiquity* 80: 1–7.

蒋乐平, 2007, 浙江浦江县上山遗址发掘简报. 考古 9: 7–18.

——2008, 跨湖桥遗址"解读"的若干问题. 中国文物报. 1月18日7版.

Jiang, Qinhua, and Dolores R. Piperno, 1999, Environmental and archaeological implications of a late Quaternary palynological sequence, Poyang Lake, Southern China. *Quaternary Research* 52（2）: 250–258.

蒋卫东, 1999, 良渚玉器的原料和制作. 见良渚文化研究, 浙江省文物考古研究所编, 北京, 科学出版社: 177–186.

江玉祥, 1995, 古代中国西南丝绸之路. 见古代西南丝绸之路研究, 江玉祥编, 成都, 四川大学出版社: 42–63.

江章华, 王毅, 张擎, 2001, 成都平原早期城址及其考古学文化初论. 见苏秉琦与当代中国考古学, 宿白编, 北京, 科学出版社: 699–721.

蒋祖棣, 2002, 西周年代研究之疑问——对"夏商周断代工程"方法论的批评. 见宿白先生八十华诞纪念文集, 《宿白先生八十华诞纪念文集》编辑委员会编, 北京, 文物出版社: 89–108.

江西省文物考古研究所（编）, 1997, 新干商代大墓, 北京, 文物出版社.

江西省文物考古研究所, 瑞昌市博物馆（编）, 1997, 铜岭古铜矿遗址发现与研究. 南昌, 江西科学技术出版社.

江西省文物考古研究所, 樟树市博物馆（编）, 2005, 吴城——1973—2002年发掘报告. 北京, 科学出版社.

Jiao, Tianlong, 2007, *The Neolithic of Southeast China*. Cambria Press, Youngstown, NY.

焦天龙, 1994, 更新世末至全新世初岭南地区的史前文化. 考古学报 1: 1–24.

——2006, 论跨湖桥文化的来源. 见浙江省文物考古研究所学刊, 浙江省文物考古研究所编,北京，科学出版社：372-379.

Jin, Changzhu, Pan Wenshi, Zhang Yingqi, Cai Yanjun, Xu Qinqi, Tang Zhilu, Wang Wei, Wang Yuan, Liu Jinyi, Qin Dagong, R. Lawrence Edwards, and Cheng Hai, 2009, The *Homo sapiens* Cave hominin site of Mulan Mountain, Jiangzhou District, Chongzuo, Guangxi with emphasis on its age. *Chinese Science Bulletin* 54（21）：3848-3856.

靳桂云，2004，燕山南北长城地带中全新世气候环境的演化及影响. 考古学报 4: 485-505.

——2007，中国早期小麦的考古发现与研究. 农业考古 4: 11-20.

Jin, Li, and Bing Su, 2000, Native or immigrants: modern human origin in East Asia. *Nature Reviews* 1: 126-133.

金英熙，贾笑冰，2008，辽宁省大连市长海县广鹿岛小珠山遗址和吴家村遗址发掘. 中国社会科学院古代文明研究中心通讯 16: 38-45.

金正耀，2000，二里头青铜器的自然科学研究与夏文明探索. 文物 1: 56-64.

——2003，铅同位素示踪方法应用于考古研究的进展. 地球学报 24（6）：548-551.

金正耀，齐思，平尾良光，马渊久夫，杨锡璋，三轮嘉六，1998，中国两河流域青铜文明之间的联系. 见中国商文化国际学术讨论会论文集，中国社会科学院考古研究所编，北京，中国大百科全书出版社：425-433.

金正耀，齐思，平尾良光，彭适凡，马渊久夫，三轮嘉六，詹开逊，1994，江西新干大洋洲商墓青铜器的铅同位素比值研究. 考古 8: 744-747.

金正耀，赵丛苍，陈福坤，朱炳泉，常向阳，王秀丽，2006，宝山遗址和城洋部分铜器的铅同位素组成与相关问题. 见城洋青铜器，赵丛苍编，北京，科学出版社：250-259.

金正耀，马渊久夫，齐思，陈德安，三轮嘉六，平尾良光，赵殿增，1995，广汉三星堆遗物坑青铜器的铅同位素比值研究. 文物 2: 80-85.

景可，卢金发，梁季阳，1997，黄河中游侵蚀环境特征和变化趋势，郑州，黄河水利出版社.

Jing, Zhichun and Guang Wen, 1996, Mineralogical inquiries into Chinese Neolithic jade. In *The Chinese journal of jade*, edited by Sam Bernstein. S. Bernstein and Co., San Francisco, pp. 135-151.

Jing, Zhichun, Jigen Tang, George（Rip）Rapp, and James Stoltman, 2002, Co-Evolution of Human Societies and Landscapes in the Core Territory of Late Shang State—An Interdisciplinary Regional Archaeological Investigation in Anyang, China. Unpublished Interim Report submitted to the National Science Foundation, National Geographic Society, Malcom H. Wiener Foundation, University of Minnesota Foundation, and The Henry Luce Foundation.

Karega-Munene, 2003, The East African Neolithic: A historical perspective. In *East African Archaeology:*

Foragers, Potters, Smiths, and Traders, edited by Chapurukha Kusimba and Sibel Kusimba. University of Pennsylvania Museum of Archaeology and Anthropology, Philadelphia, pp. 17–32.

Ke, Yuehai, Bing Su, Xiufeng Song, Daru Lu, Lifeng Chen, Hongyu Li, Chunjian Qi, Sangkot Marzuki, Ranjan Deka, Peter Underhill, Chunjie Xiao, Mark Shriver, Jeff Lell, Douglas Wallace, R Spencer Wells, Mark Seielstad, Peter Oefner, Dingliang Zhu, Jianzhong Jin, Wei Huang, Ranajit Chakraborty, Zhu Chen, and Li Jin, 2001, African origin of modern humans in East Asia: A tale of 12,000 Y chromosomes. *Science* 292: 1151–1153.

Keally, Charles T., Y. Taniguchi, and Y.V.Kuzmin, 2003, Understanding the beginnings of pottery technology in Japan and neighboring East Asia. *The Review of Archaeology* 24（2）: 3–14.

Keightley, David N., 1978a, The Religious Commitment: Shang Theology and the Genesis of Chinese Political Culture. *History of Religion* 17: 212–214.

——1978b, *Sources of Shang History: The Oracle-Bone Inscriptions of Bronze Age China*. University of California Press, Berkeley.

——1979–80, The Shang state as seen in the oracle-bone inscriptions. *Early China* 5: 25–34.

——1983, The late Shang state: When, where, and what? In *The Origins of Chinese Civilization*, edited by David Keightley. University of California Press, Berkeley, pp. 523–564.

——1985, *Dead but not Gone: Cultural Implications of Mortuary Practice in Neolithic and Early Bronze Age China ca.8000 to 1000 B.C.* Paper presented at the Ritual and Social Significance of Death in Chinese Society, Oracle, Arizona.

——1987, Archaeology and mentality: the making of China. *Representations* 18: 91–128.

——1999, The Shang: China's first historical dynasty. In *The Cambridge History of Ancient China: From the Origins of Civilization to 221 B.C.*, edited by Michael Loewe and Edward L. Shaughnessy. Cambridge University Press, Cambridge.

——2000, *The Ancestral Landscape: Time, Space, and Community in late Shang China（ca. 1200–1045 B.C.）*. Institute of East Asian Studies, Berkeley.

——2004, What Did Make the Chinese "Chinese"? Some Geographical Perspectives. *Education About Asia* 9（2）: 17–23.

——2006, Marks and Labels: Early Writing in Neolithic and Shang China / In *Archaeology of Asia* edited by Miriam T. Stark. Blackwell, Malden, MA, pp. 177–201.

Kelly, Robert L., 1992, Mobility/sedentism: concepts, archaeological measures, and effects. *Annual Review of Anthropology* 21: 43–66.

Kidder, Edward, 1957, *The Jomon Pottery of Japan*. Artibus Asiae, Ascona, Switzerland.

Kirch, Patrick V., 2000, *On the Road of the Wind: An Archaeological History of the Pacific Islands before European Contact*. University of California Press, Berkeley and Los Angeles.

Kobayashi, Tatsou, 2004, *Jomon Reflections*. Oxbow Books, Oxford.

Kohl, Philip L. and Clare Fawcett（editors）, 1995, *Nationalism, Politics, and the Practice of Archaeology*. Cambridge University Press, Cambridge.

孔昭宸、杜乃秋, 1985, 内蒙古敖汉旗兴隆洼遗址植物的初步报告. 考古 10: 873–874.

孔昭宸、刘长江、何德亮, 1999a, 山东滕州市庄里西遗址植物遗存及其在环境考古学上的意义. 考古 7: 59–62.

孔昭宸、刘长江、张居中, 1999b, 渑池班村新石器遗址植物遗存及其在人类环境学上的意义. 人类学学报 18（4）: 291–295.

孔昭宸、刘长江、赵福生, 2011, 北京老山汉墓植物遗存及相关问题. 中原文物 3: 103–108.

孔昭宸、杜乃秋、许清海、童国榜, 1992, 中国北方全新世大暖期植物群的古气候波动. 见中国全新世大暖期气候与环境, 施雅风、孔昭宸编, 北京, 海洋出版社: 48–65.

Kowalewski, Stephen A., 1989, *Prehispanic Settlement Patterns in Tlacolula, Etla, and Ocotlan, the Valley of Oaxaca, Mexico*. Regents of the University of Michigan, Museum of Anthropology, Ann Arbor.

Kumar, S., M. Nagarajan, J. S. Sandhu, N. Kumar, V. Behl, and G. Nishanth, 2007, Mitochondrial DNA analyses of Indian water buffalo support a distinct genetic origin of river and swamp buffalo. *Animal Genetics* 38（3）: 227–232.

Kuz'mina, Elena E., 1998, Cultural connections of the Tarim basin people and pastoralists of the Asian steppes in the Bronze Age. In *The Bronze Age and Early Iron Age Peoples of Eastern Central Asia*, edited by Victor Mair. The University of Pennsylvania Museum, Philadelphia, pp. 63–93.

——2004, Historical perspectives on the Andronovo and metal use in Eastern Asia. In *Metallurgy in Ancient Eastern Eurasia from the Urals to the Yellow River*, edited by Katheryn M. Linduff. Edwin Mellen Press, Lewiston, pp. 37–84.

Kuzmin, Yaroslav, 2003a, Introduction: changing the paradigm. *The Review of Archaeology* 24（2）: 1–3.

——2003b, The Paleolithic-to-Neolithic transition and the origin of pottery production in the Russian Far East: A geoarchaeological approach. *Archaeology, Ethnology & Anthropology of Eurasia* 3（15）: 16–26.

Kuzmin, Yaroslav and Lyubov Orlova, 2000, The Neolithization of Siberia and Russian Far East: radiocarbon evidence. *Antiquity* 74: 356–364.

来茵, 张居中, 尹若春, 2009, 舞阳贾湖遗址生产工具及其所反映的经济形态分析. 中原文物 2: 22–28.

Lamberg-Karlovsky, C.C., 2000, The Near Eastern "breakout" and the Mesopotamian social contract. In *The Breakout: The Origins of Cvilization*, edited by Martha Lamberg-Karlovsky. Peabody Museum Monographs, Cambridge, Mass, pp. 13–23.

Lamberg-Karlovsky, Martha (editor), 2000, *The Breakout: The Origins of Civilization*. Peabody Museum Monographs, Cambridge, Mass.

郎树德, 1986, 甘肃秦安大地湾901号房址发掘简报. 文物 2: 1–12.

郎树德, 许永杰, 水涛, 1983, 甘肃秦安大地湾第九区发掘简报. 文物 11: 1–14.

Larson, Greger, Keith Dobney, Umberto Albarella, Meiying Fang, Elizabeth Matisoo-Smith, Judith Robins, Stewart Lowden, Heather Finlayson, Tina Brand, Eske Willerslev, Peter Rowley-Conwy, Leif Andersson, and Alan Cooper, 2005, Worldwide phylogeography of wild boar reveals multiple centers of pig domestication. *Science* 307（5715）: 1618–1622.

Lee, Gyoung-Ah, 2003, *Changes in Subsistence Systems in Southern Korea from the Chulmun to Mumun Periods: Archaeobotanical Investigation*. Ph.D dissertation, University of Toronto, Toronto.

Lee, Gyoung-Ah and Sheahan Bestel, 2007, Contextual analysis of plant remains at the Erlitou-period Huizui site, Henan, China. *Bulletin of the Indo-Pacific Prehistory Association* 27: 49–60.

Lee, Gyoung-Ah, Gary W. Crawford, Li Liu, and Xingcan Chen, 2007, Plants and people from the early Neolithic to Shang periods in North China. *PNAS* 104（3）: 1087–1092.

Lee, Gyoung-Ah, Gary W. Crawford, Li Liu, Yuka Sasaki, and Xuexiang Chen, 2011, Archaeological Soybean (*Glycine max*) in East Asia: Does size matter? *PLoS ONE* 6（11）e26720. Available online at: http://dx.plos.org/10.1371/journal.pone.0026720

Lee, Yun Kuen, 1993, *Spatial Expression of Segmentary Organization: A Case Study of a Yangshao Settlement Site*. Paper presented at the 58th Annual Meeting of Society of American Archaeology, Saint Louis, April 14–18.

——2002, Building the chronology of early Chinese history. *Asian Perspectives* 41（1）: 15–42.

Lee, Yun Kuen and Naicheng Zhu, 2002, Social integration of religion and ritual in prehistoric China. *Antiquity*（76）: 715–723.

Legrand, Sophie, 2004, Karasuk metallurgy: technological development and regional influence. In *Metallurgy in Ancient Eastern Eurasia from the Urals to the Yellow River*, edited by Katheryn M.

Linduff. Edwin Mellen Press, Lewiston, pp. 139–155.

Lei, C. Z., X. B. Wang, M.A. Bower, C. J. Edwards, R. Su, S. Weining, L. Liu, W. M. Xie, F. Li, R. Y. Liu, Y. S. Zhang, C. M. Zhang, and H. Chen, 2009, Multiple maternal origins of Chinese modern horse and ancient horse. *Animal Genetics* 4: 933–944.

Lei, C. Z., W. Zhang, H. Chen, F. Lu, R. Y. Liu, X. Y. Yang, H. C. Zhang, Z. G. Liu, L. B. Yao, Z. F. Lu, and Z. L. Zhao, 2007, Independent maternal origin of Chinese swamp buffalo（Bubalus bubalis）. *Animal Genetics* 38（2）: 97–102.

Leibold, James, 2006, Competing narratives of racial unity in Republican China: From the Yellow Emperor to Peking Man. *Modern China* 32: 181–220.

Levine, Marsha, 2006, MtDNA and horse domestication: the archaeologist's cut. In *Equids in Time and Space*, edited by Marjan Mashkour. Oxbow Books, Oxford, pp. 192–201.

Levine, Marsha, Colin Renfrew, and Katie Boyle（editors）, 2003, *Prehistoric Steppe Adaptation and the Horse*. McDonald Institute for Archaeological Research, Cambridge.

Lewis, Mark E., 2006, *The Flood Myths of Early China*. State University of New York Press, New York.

Li, Baoping, Li Liu, Jianxin Zhao, Xingcan Chen, Yuexing Feng, Guohe Han, and Junxiao Zhu, 2008, Chemical fingerprinting of whitewares from Nanwa site of the Chinese Erlitou state: comparison with Gongxian and Ding kilns. *Nuclear Instruments and Methods in Physics Research B* 266: 2614–2622.

李伯谦, 1988, 从灵石旌介商墓的发现看晋陕高原青铜文化的归属. 北京大学学报 2: 17–31.

——1989, 马桥文化的源流. 见中国原始文化论集, 田昌五, 石兴邦编, 北京, 文物出版社: 222–228.

——2009, 从殷墟青铜器族徽所代表族氏的地理分布看商王朝的统辖范围与统辖措施. 见多维视域——商王朝与中国早期文明研究. 荆志淳, 唐际根, 高嶋谦一编, 北京, 科学出版社: 139–151.

Li, Chi, 1977, *Anyang*. University of Washington Press, Seattle.

李济, 1990 [orig. 1934], 城子崖发掘报告序. 见李济考古论文集, 张光直, 李光谟编, 北京, 文物出版社: 189–193.

——1990 [orig. 1968], 安阳发掘与中国古史问题. 见李济考古学论文集, 张光直, 李光谟编, 北京, 文物出版社: 796–822.

Li, Chun-Hai, Gang-Ya Zhang, Lin-Zhang Yang, Xian-Gui Lin, Zheng-Yi Hu, Yuan-Hua Dong, Zhi-Hong Cao, Yun-Fei Zheng, and Jin-Long Ding, 2007, Pollen and phytolith analyses of ancient paddy fields at Chuodun site, the Yangtze River Delta. *Pedosphere* 17（2）：209–218.

李璠, 2001, 大河村遗址出土粮食标本的鉴定. 见郑州大河村, 郑州市文物考古研究所编, 北京, 科学出版社：671.

李璠, 李敬仪, 卢晔, 白品, 程华芳, 1989, 甘肃省民乐县东灰山新石器遗址古农业遗存新发现. 农业考古 1: 56–69, 73–74.

李非, 李水城, 水涛, 1993, 葫芦河流域的古文化与古环境. 考古 9: 822–842.

Li, Feng, 2006, *Landscape and Power in Early China: The Crisis and Fall of the Western Zhou 1045- 771 BC*. Cambridge University Press, Cambridge.

——2008, *Bureaucracy and the State in Early China: Governing the Western Zhou*. Cambridge University Press, Cambridge.

李恭笃, 1983, 内蒙古赤峰县四分地东山咀遗址试掘简报. 考古 5: 420–429.

李家和, 1976, 江西省万年大源仙人洞遗址第二次发掘. 文物 12: 23–35.

李建西, 2011, 晋南早期铜矿冶遗址考察研究. 博士论文, 北京, 北京科技大学.

李珺, 乔倩, 任雪岩, 2010, 1997年河北徐水南庄头遗址发掘报告. 考古学报 3: 361–385.

Li, Min, 2008, *Conquest, Concord, and Consumption: Becoming Shang in Eastern China*. Ph.D dissertation, The University of Michigan, Ann Arbor.

Li, Mingqi, Yang Xiaoyan, Wang Hui, Wang Qiang, Jia Xin, and Ge Quansheng, 2010, Starch grains from dental calculus reveal ancient plant foodstuffs at Chenqimogou site, Gansu Province. *Science China: Earth Sciences* 53（5）：694–699.

Li, Shuicheng, 2002, The interaction between northwest China and Central Asia during the second millennium BC: an archaeological perspective. In *Ancient Interactions: East and West in Eurasia*, edited by Katie Boyle and Colin Renfrew. McDonald Institute for Archaeological Research, Cambridge, pp. 171–182.

——2003, Ancient interactions in Eurasia and northwest China: revisiting J.G. Andersson's legacy. *Bulletin of The Museum of Far Eastern Antiquities* 75: 9–30.

李水城, 1993, 四坝文化研究. 见考古学文化论集, 苏秉琦编, 北京, 文物出版社.

——1998, 半山与马厂彩陶研究. 北京, 北京大学出版社.

——2005, 西北与中原早期冶铜业的区域特征及交互作用. 考古学报 3: 239–278.

——2010, 成都平原社会复杂化进程区域调查. 见中国聚落考古的理论与实践（第一辑）, 中国社会科学院考古研究所, 郑州市文物考古研究院编, 北京, 科学出版社：95–101.

李水城, 水涛, 2000, 四坝文化铜器研究. 文物 3: 36–43.

李水城, 兰玉富, 王辉, 2009, 鲁北—胶东盐业考古调查记. 华夏考古 1: 11–25.

Li, Xiaoqiang, John Dodson, Xinying Zhou, Hongbin Zhang, and Ryo Masutomoto, 2007, Early cultivated wheat and broadening of agriculture in Neolithic China. *The Holocene* 17（5）: 555–560.

Li, Xiaoqiang, Zhou Weijian, An Zhisheng, and John Dodson, 2003, The vegetation and monsoon variations at the desert-loess transition belt at Midiwan in northern China for the last 13 ka. *The Holocene* 13（5）: 779–784.

Li, Xinwei, 2008, *Development of Social Complexity in the Liaoxi Area, Northeast China*. BAR International Series 1821, Archaeopress, Oxford.

李新伟, 2004, 中国史前玉器反映的宇宙观. 东南文化 3: 66–71.

李秀辉, 韩汝玢, 2000, 朱开沟遗址出土铜器的金相学研究. 见朱开沟, 内蒙古文物考古研究所编, 北京, 文物出版社: 422–446.

Li, Xueqin, Garman Harbottle, Juzhong Zhang, and Changsui Wang, 2003, The earliest writing? Sign use in the seventh millennium BC at Jiahu, Henan Province, China. *Antiquity* 77（295）: 31–44.

李学勤, 1959, 殷代地理简论. 北京, 科学出版社.

——（编）, 1997a, 中国古代文明与国家形成研究, 昆明, 云南人民出版社.

——1997b, 走出疑古时代, 沈阳, 辽宁大学出版社.

李延祥, 韩汝玢, 1990, 林西县大井古铜矿冶遗址冶炼技术研究. 自然科学史研究 2: 151–160.

李延祥, 朱延平, 贾海新, 韩汝玢, 宝文博, 陈铁梅, 2006a, 西辽河流域的早期冶金技术. 见中国冶金史论文集（第四辑）, 北京科技大学冶金与材料史研究所, 北京科技大学科学技术与文明研究中心编, 北京, 科学出版社: 39–52.

李延祥, 贾海新, 朱延平, 2003, 大甸子墓地出土铜器初步研究. 文物 7: 78–84.

李延祥, 陈建立, 朱延平, 2006b, 西拉木伦河上游地区 2005 年度古矿冶遗址考察报告. 见中国冶金史论文集（第四辑）, 北京科技大学冶金与材料史研究所, 北京科技大学科学技术与文明研究中心, 北京, 科学出版社: 335–346.

李延祥, 韩汝玢, 宝文博, 陈铁梅, 1999, 牛河梁冶铜炉壁残片研究. 文物 12: 44–51.

李毅夫, 1985, 鬼方工方考. 齐鲁学刊 6: 12–15, 47.

李有恒, 韩德芬, 1963, 半坡新石器时代遗址中之兽类骨骼. 见西安半坡, 中国科学院考古研究所编, 北京, 文物出版社: 255–269.

——1978, 广西桂林甑皮岩遗址动物群. 古脊椎动物与古人类 16（4）: 244–254.

李友谋, 1980, 河南巩县铁生沟新石器早期遗址试掘简报. 文物 5: 16–19.

李月丛, 王开发, 张玉兰, 2000, 南庄头遗址的古植被和古环境演变与人类的关系. 海洋地质与第四纪地质 20（3）：23-30.

Li, Yung-ti, 2003, *The Anyang bronze foundries: Archaeological remains, casting technology, and production organization*. Ph.D dissertation, Harvard University, Cambridge, Mass.

李志鹏、江雨德、何毓灵、袁靖，2010，殷墟铁三路制骨作坊遗址出土制骨遗存的分析与初步认识．中国文物报．9月17日7版．

李仲达、华觉明、张宏礼，1986，商周青铜器容器合金成分的考察．见中国冶铸史论集，华觉明编，北京，文物出版社：149-165.

梁宏刚、孙淑云，2006，二里头遗址出土铜器研究综述．见中国冶金史论文集（第四辑），北京科技大学冶金与材料史研究所、北京科技大学科学技术与文明研究中心编，北京，科学出版社：99-116.

梁启超，1992，中国积弱溯源论．见梁启超文选（上集），夏晓虹编，北京，中国广播电视出版社：64-90．据中国积弱溯源论，清议报（1901）：77-80.

梁思永，1934，兽类鸟类遗骨及介类遗壳．见城子崖，李济编，南京，中央研究院历史语言研究所：90-91.

廖永民、刘洪淼，1997，瓦窑嘴裴李岗文化遗存试析．中原文物1：53-57.

辽宁省文物考古研究所（编），1997，牛河梁红山文化遗址与玉器精髓，北京，文物出版社．

林欢，2003，夏商时期晋南地区考古学文化与汾洮间古骀族．见商承祚教授百年诞辰纪念文集，中国文物学会编，北京，文物出版社：189-196.

林向，1989，三星堆遗址与殷商的西土．四川文物1：23-30.

林沄，1994，早期北方系青铜器的几个年代问题．见内蒙古文物考古文集，李逸友、魏坚编，北京，中国大百科全书出版社：291-295.

——1998a，关于青铜弓形器的若干问题．见林沄学术文集，林沄编，北京，中国大百科全书出版社：251-261.

——1998b，甲骨文中的商代方国联盟．见林沄学术文集，林沄编，北京，中国大百科全书出版社：69-84.

Linduff, Katheryn M., 1995, Zhukaigou, steppe culture and the rise of Chinese civilization. *Antiquity* 69 (262): 133-145.

——1998, The emergence and demise of bronze-producing cultures outside the Central Plain of China. In *The Bronze Age and Early Iron Age Peoples of Eastern Central Asia*, edited by Victor H. Mair. Institute for the Study of Man Inc., Washington D.C, pp. 619-646.

——2000, Introduction. Metallurgists in ancient East Asia: the Chinese and who else? In *The

Beginnings of Metallurgy in China, edited by Katheryn M. Linduff, Rubin Han, and Shuyun Sun. Edwin Mellen Press, Lewiston,NY, pp. 1–28.

——2003, A walk on the wild side: late Shang appropriation of horses in China. In *Prehistoric Steppe Adaptation and the Horse*, edited by Marsha Levine, Colin Renfrew, and Katie Boyle. McDonald Institute Monographs, Cambridge, pp. 139–162.

——2004, How far does the Eurasian metallurgical tradition extend? In *Metallurgy in Ancient Eastern Eurasia from the Urals to the Yellow River*, edited by Katheryn M. Linduff. Edwin Mellen Press, Lewiston, pp. 1–14.

Linduff, Katheryn M., Robert Drennan, and Gideon Shelach, 2002–2004, Early complex societies in NE China: the Chifeng international collaborative archaeological research project. *Journal of Field Archaeology* 29（1–2）: 45–74.

Linduff, Katheryn M., and Jianjun Mei, 2009, Metallurgy in Ancient Eastern Asia: Retrospect and Prospects. *Journal of World Prehistory* 22: 265–281.

凌纯声, 1934, 松花江下游的赫哲族, 南京, 中央研究院历史语言研究所.

Lippold, Sebastian, Michael Knapp, Tatyana Kuznetsova, Jennifer A. Leonard, Norbert Benecke, Arne Ludwig, Morten Rasmussen, Alan Cooper, Jaco Weinstock, Eske Willerslev, Beth Shapiro, and Michael Hofreiter, 2011, Discovery of lost diversity of paternal horse lineages using ancient DNA. *Nature Communications* 23 Aug. Available online at: DOI: 10.1038/ncomms1447.

刘斌, 2008, 杭州市余杭区良渚古城遗址2006–2007年的发掘. 考古 7: 3–10.

刘长江, 2006, 大地湾遗址植物遗存鉴定报告. 见秦安大地湾, 甘肃省文物考古研究所编, 北京, 文物出版社：914–916.

刘昶, 方燕明, 2010, 河南禹州瓦店遗址出土植物遗存分析. 南方文物 4: 55–64.

刘次沅, 2009, 陶寺观象台遗址的天文学分析. 天文学报 50(1): 1–10.

刘国祥, 2001, 兴隆洼文化聚落形态初探. 考古与文物 6: 58–67.

——2004, 赵宝沟文化经济形态及相关问题讨论. 见东北文物考古论集, 刘国祥编, 北京, 科学出版社：87–109.

——2006, 红山文化与西辽河流域文明起源探索. 见红山文化研究, 席永杰, 刘国祥编, 北京, 文物出版社：62–104.

Liu, Kam-biu, 1988, Quaternary history of the temperate forests of China. *Quaternary Science Reviews* 7: 1–20.

Liu, Li, 1996a, Mortuary ritual and social hierarchy in the Longshan culture. *Early China* 21: 1–46.

——1996b, Settlement patterns, chiefdom variability, and the development of early states in north China. *Journal of Anthropological Archaeology* 15: 237–288.

——1999, Who were the ancestors? The origins of Chinese ancestral cult and racial myths. *Antiquity* 73: 602–613.

——2000a, Ancestor worship: An archaeological investigation of ritual activities in Neolithic North China. *Journal of East Asian Archaeology* 2（1-2）: 129–164.

——2000b, The development and decline of social complexity in China: Some environmental and social factors. *Indo-Pacific Prehistory Association Bulletin*（*Melaka Papers*）20（4）: 14–33.

——2003, "The products of minds as well as of hands": Production of prestige goods in the Neolithic and early state periods of China. *Asian Perspectives* 42（1）: 1–40.

——2004, *The Chinese Neolithic: Trajectories to Early States*. Cambridge University Press, Cambridge.

——2006, Urbanization in China: Erlitou and its hinterland. In *Urbanism in the Preindustrial World: Cross-Cultural Approaches*, edited by Glenn Storey. University of Alabama Press, Tuscaloosa, pp. 161–189.

——2007, Early figurations in China: ideological, social and ecological implications. In *Image and Imagination: A Global Prehistory of Figurative Representation*, edited by C. Renfrew and I. Morley. The McDonald Institute for Archaeological Research, Cambridge University, Cambridge, pp. 271–286.

Liu, Li and Xingcan Chen, 2001a, China. In *Encyclopedia of Archaeology: History and Discoveries*, edited by Tim Murray. ABC-CLIO, Santa Barbara, pp. 315–333.

——2001b, Cities and towns: the control of natural resources in early states, China. *Bulletin of the Museum of Far Eastern Antiquities* 73: 5–47.

——2001c, Settlement archaeology and the study of social complexity in China. *The Review of Archaeology* 22（2）: 4–21.

——2003, *State Formation in Early China*. Duckworth, London.

——2011, Were Neolithic rice paddies ploughed? —Usewear analysis of plough-shaped tools from Pishan（4000–3300 BC）, Zhejiang. Poster presented at *The International Symposium, Rice and Language Across Asia: Crops, Movement, and Social Change*, ILR, Cornell University, September 22–25.

Liu, Li, Xingcan Chen, and Leping Jiang, 2004, A study of Neolithic water buffalo remains from Zhejiang,

China. *Bulletin of the Indo-Pacific Prehistory Association: The Taipei Papers* 24（2）：113–120.

Liu, Li, Xingcan Chen, Yun Kuen Lee, Henry Wright, and Arlene Rosen, 2002–2004, Settlement patterns and development of social complexity in the Yiluo region, north China. *Journal of Field Archaeology* 29（1–2）：75–100.

Liu, Li, Xingcan Chen, and Baoping Li, 2007a, Non-state crafts in the early Chinese state: An archaeological view from the Erlitou hinterland. *Bulletin of the Indo-Pacific Prehistory Association* 27: 93–102.

Liu, Li, Judith Field, Richard Fullagar, Sheahan Bestel, Xiaolin Ma, and Xingcan Chen, 2010a, What did grinding stones grind? New light on Early Neolithic subsistence economy in the Middle Yellow River Valley, China. *Antiquity* 84: 816–833.

Liu, Li, Judith Field, Richard Fullagar, Chaohong Zhao, Xingcan Chen, and Jincheng Yu, 2010b, A functional analysis of grinding stones from an early Holocene site at Donghulin, north China. *Journal of Archaeological Science* 37: 2630–2639.

Liu, Li, Judith Field, Alison Weisskopf, John Webb, Leping Jiang, Haiming Wang, and Xingcan Chen, 2010c, The exploitation of acorn and rice in early Holocene Lower Yangzi River, China. *Acta Anthropologica Sinica* 29: 317–336.

Liu, Li, Wei Ge, Sheahan Bestel, Duncan Jones, Jingming Shi, Yanhua Song, and Xingcan Chen, 2011, Plant exploitation of the last foragers at Shizitan in the Middle Yellow River Valley China: evidence from grinding stones. *Journal of Archaeological Science* 38: 3524–3532.

Liu, Li, Gyoung-Ah Lee, Leping Jiang, and Juzhong Zhang, 2007b, Evidence for the early beginning（c. 9000 cal.BP）of rice domestication in China: a response. *The Holocene* 17（8）：1059–1068.

Liu, Li and Hong Xu, 2007, Rethinking Erlitou: Legend, history and Chinese archaeology. *Antiquity* 81: 886–901.

刘莉，2006，植物质陶器、石煮法及陶器的起源：跨文化的比较. 见西部考古——纪念西北大学考古专业成立五十周年专刊，西北大学考古系编，西安，三秦出版社：32-42.

——2008，中国史前的碾磨石器、坚果采集、定居及农业起源. 见何炳棣先生九十华诞文集，《何炳棣先生九十华诞文集》编辑委员会编，西安，三秦出版社：105-132.

刘莉，盖瑞·克劳福德、李炅娥、陈星灿、马萧林、李建和、张建华，2012，郑州大河村仰韶文化粮食遗存的再研究. 考古 1: 91-96.

Liu, L., Duncan, N. A., Chen, X., Liu, G., & Zhao, H. 2015. Plant domestication, cultivation, and foraging by the first farmers in early Neolithic Northeast China: Evidence from microbotanical remains. *The Holocene, 25*（12）, 1965–1978.

刘莉、杨东亚、陈星灿, 2006, 中国家养水牛的起源. 考古学报 2: 141–178.

刘莉、阎毓民、秦小丽, 2001, 陕西临潼康家龙山文化遗址 1990 年发掘动物遗存. 华夏考古 1: 3–24.

刘庆柱（编）, 2010, 中国考古发现与研究（1949—2009）. 北京, 人民出版社.

刘起釪, 2003, 古史辨与恩格斯的唯物史观. 见考古学研究（5）, 北京大学考古文博学院编, 北京, 科学出版社：820–850.

刘森淼, 2002, 盘龙城外缘带状夯土遗迹的初步认识. 武汉文博 1: 12–15.

刘士莪（编）, 2001, 老牛坡. 西安, 陕西人民出版社.

刘世民、舒世珍、李福山, 1987, 吉林永吉出土大豆炭化种子的初步鉴定. 考古 4: 365–369.

刘诗中、卢本珊, 1998, 江西铜岭铜矿遗址的发掘与研究. 考古学报 4: 465–496.

刘绪, 2001, 有关夏代年代和夏文化测年的几点看法. 中原文物 2: 32–33.

刘延常、兰玉富、佟佩华, 2000, 山东章丘西河新石器时代遗址 1997 年的发掘. 考古 10: 15–28.

刘彦锋、吴倩、薛冰, 2010, 郑州商城布局及外廓城墙走向新探. 郑州大学学报（社会科学版）3: 164–168.

Liu, Yi-Ping, Gui-Sheng Wu, Yong-Gang Yao, Yong-Wang Miao, Gordon Luikart, Mumtaz Baig, Albano Beja-Pereira, Zhao-Li Ding, Malliya Gounder Palanichamy, and Ya-Ping Zhang, 2006, Multiple maternal origins of chickens: Out of the Asian jungles. *Molecular Phylogenetics and Evolution* 38: 12–19.

Loewe, Michael, 1993, Shih ching. In *Early Chinese Texts: A Bibliographical Guide*, edited by Michael Loewe. The Society for the Study of Early China, Berkeley, pp. 415–423.

龙虬庄遗址考古队（编）, 1999, 龙虬庄. 北京, 科学出版社.

Lu, Houyuan, Jianping Zhang, Kam-biu Liu, Naiqin Wu, Yumei Li, Kunshu Zhou, Maolin Ye, Tianyu Zhang, Haijiang Zhang, Xiaoyan Yang, Licheng Shen, Deke Xu, and Quan Li, 2009, Earliest domestication of common millet (*Panicum miliaceum*) in East Asia extended to 10,000 years ago. *Proceedings of the National Academy of Sciences of the United States of America* 106: 6425–6426.

Lu, Tracey L.-D., 1998, Some botanical characteristics of green foxtail (*Setaria viridis*) and harvesting experiments on the grass. *Antiquity* 72: 902–907.

——1999, *The transition from foraging to farming and the origin of agriculture in China. British*

  Archaeological Report International Series 774. Hadrian Books, Oxford.

——2002, A green foxtail (*Setaria viridis*) cultivation experiment in the middle Yellow River valley and some related issues. *Asian Perspectives* 41（1）: 1-14.

——2006, The occurrence of cereal cultivation in China. *Asian Perspectives* 45（2）: 129-158.

——2010, Early pottery in South China. *Asian Perspectives* 49（1）: 1-42.

陆文宝, 1996, 浙江余杭横山良渚文化墓葬清理简报. 见东方文明之光, 徐湖平编, 海口, 海南国际新闻出版中心: 69-77.

吕鹏, 2010, 试论中国家养黄牛的起源. 见动物考古（第1辑）, 河南省文物考古研究所编, 北京, 文物出版社: 152-176.

吕智荣, 1987, 试论陕晋北部黄河两岸地区出土商代青铜器及有关问题. 见中国考古学研究论集, 中国考古学研究论集编委会编, 西安, 三秦出版社: 214-225.

——1990, 鬼方文化及相关问题初探. 文博1: 32-37.

——1993, 李家崖文化社会经济形态及发展. 见考古学研究, 石兴邦编, 西安, 三秦出版社: 356-359, 117.

——1998, 李家崖古城址AF1建筑遗址初探. 见周秦文化研究, 石兴邦、管东贵、张豫生、王文清、蒋云飞编, 西安, 陕西人民出版社: 116-123.

吕遵谔, 2004a, 20世纪中国旧石器时代考古的回顾与展望. 中国考古学研究的世纪回顾, 吕遵谔编, 北京, 科学出版社: 3-26.

——（编）, 2004b, 中国考古学研究的世纪回顾. 北京, 科学出版社.

栾丰实, 1996a, 东夷考古. 济南, 山东大学出版社.

——1996b, 良渚文化的北渐. 中原文物3: 51-58, 31.

——1997, 海岱地区考古研究. 济南, 山东大学出版社.

——2006, 关于海岱地区史前城址的几个问题. 见东方考古, 山东大学东方考古研究中心编, 北京: 科学出版社, 66-78.

骆承政、乐嘉祥, 1996, 中国大洪水——灾害性洪水述要. 北京, 中国书店.

罗宏杰、李家治、高力明, 1996, 北方地区原始瓷烧造地区的研究. 硅酸盐学报24（3）: 297-302.

罗运兵, 2007, 中国古代家猪研究. 博士论文, 北京, 中国社会科学院.

洛阳市文物工作队（编）, 2002, 洛阳皂角树. 北京, 科学出版社.

马承源（编）, 1996, 中国青铜器全集: 夏商. 北京, 文物出版社.

马世之, 2003, 中国史前古城. 武汉, 湖北教育出版社.

Ma, Xiaolin, 2005, *Emergent Social Complexity in the Yangshao Culture: Analyses of settlement* patterns and faunal remains from Lingbao, western Henan, China (c. 4900–3000 BC). BAR International Series, Oxford.

马萧林,陈星灿,杨肇清,张居中,张怀银,李新伟,黄卫东,1999,河南灵宝铸鼎塬及其周围考古调查报告. 华夏考古 3: 19-42.

MacNeish, Richard S., and Jane G. Libby (editors), 1995, *Origins of Rice Agriculture: The Preliminary Report of the Sino-American Jiangxi (PRC) Project (SAJOR)*. The University of Texas, El Paso.

MacNeish, Richard. S., Geoffrey Cunnar, Zhijun Zhao, and Jane Libby, 1998, *Revised Second Annual Report of the Sino-American Jiangxi (PRC) Origin of Rice Project (SAJOR)*. Andover Foundation, Amherst, MA.

Madsen, David B., Robert G. Elston, Robert L. Bettinger, Xu Cheng, and Zhong Kan, 1996, Settlement patterns reflected in assemblages from the Pleistocene/Holocene transition of North Central China. *Journal of Archaeological Science* 23 (2): 217–231.

Mair, Victor, 2003, The horse in late Prehistoric China: wresting culture and control from the "Barbarians". In *Prehistoric Steppe Adaptation and the Horse*, edited by Marsha Levine, Colin Renfrew, and Katie Boyle. McDonald Institute for Archaeological Research, Cambridge, pp. 163–187.

Mallory, J. P., 1989, *In Search of the Indo-Europeans: Language, Archaeology and Myth*. Thames and Hudson, London.

Mallory, J. P., and Victor Mair, 2000, *The Tarim Mummies: Ancient China and the Mystery of the Earliest Peoples from the West*. Thames & Hudson, London.

Mao, Longjiang, Duowen Mo, Leping Jiang, Yaofeng Jia, Xiaoyan Liu, Minglin Li, Kunshu Zhou, and Chenxi Shi, 2008, Environmental change since mid-Pleistocene recorded in Shangshan archaeological site of Zhejiang. *Journal of Geographical Science* 18: 247–256.

毛瑞林,钱耀鹏,谢焱,朱芸芸,周静,2009,甘肃临潭磨沟齐家文化墓地发掘简报. 文物 10: 4-24.

Marcus, Joyce, and Gary Feinman, 1998, Introduction. In *Archaic states*, edited by Gary Feinman and Joyce Marcus. School of American Research Press, Santa Fe, pp. 3–14.

Marshall, Yvonne, 2006, Introduction: adopting a sedentary lifeway. *World Archaeology* 38 (2): 153–163.

Mashkour, M., 2006, *Equids in Time and Space: Papers in Honour of Véra Eisenmann*. Oxbow, Oxford.

Mashkour, Marjan, 2003, Equids in the northern part of the Iranian central plateau from the Neolithic to Iron Age: new zoogeographic evidence. In *Prehistoric Steppe Adaptation and the Horse*, edited by Marsha Levine, Colin Renfrew, and Katie Boyle. McDonald Institute Monographs, Cambridge, pp. 129–138.

Mason, Sarah L.R., 1992, *Acorns in Human Subsistence*. Unpublished Ph.D thesis, University College London, London.

——1996, Acornutopia? Determining the role of acorns in past human subsistence. In *Food in Antiquity*, edited by John Wilkins, David Harvey, and Mike Dobson. University of Exeter Press, Exeter, pp. 12–24.

Maybury-Lewis, David H., 2000, On theories of order and justice in the development of civilization. In *The Breakout: The Origins of Cvilization*, edited by Martha Lamberg-Karlovsky. Peabody Museum Monographs, Cambridge, Mass, pp. 39–43.

McAnany, Patricia A., and Norman Yoffee (editors) , 2010, *Questioning Collapse: Human Resilience, Ecological Vulnerability, and the Aftermath of Empire*. Cambridge University Press, Cambridge.

McGahern, A., M.A.M. Bower, C.J. Edwards, P.O. Brophy, G. Sulimova, I. Zakharov, M. Vizuete-Forster, M. Levine, S. Li, D.E. MacHugh, and E.W. Hill, 2006, Evidence for biogeographic patterning of mitochondrial DNA sequences in Eastern horse populations. *Animal Genetics* 37: 494–497.

McGovern, Patrick, Anne Underhill, Hui Fang, Fengshi Luan, Gretchen Hall, Haiguang Yu, Chen-shan Wang, Fengshu Cai, Zhijun Zhao, and Gary Feinman, 2005, Chemical identification and cultural implications of a mixed fermented beverage from late prehistoric China. *Asian perspectives* 44(2): 249–275.

McGovern, Patrick, Juzhong Zhang, Jigen Tang, Zhiqing Zhang, Gretchen Hall, Robert Moreau, Alberto Nunez, Eric Butrym, Michael Richards, Chen-shan Wang, Guangsheng Cheng, and Zhijun Zhao, 2004, Fermented beverages of pre- and proto-historic China. *PNAS* 101（51）: 17593–17598.

Mei, Jianjun, 2000, *Copper and Bronze Metallurgy in late Prehistoric Xinjiang*. BAR, Oxford.

——2003, Qijia and seima-turbino: The question of early contacts between northwest China and the Eurasian steppe. *Bulletin of the Museum of Far Eastern Antiquities* 75: 31–54.

——2009, Early metallurgy and socio-cultural complexity: Archaeological discoveries in Northwest China. In *Social Complexity in Prehistoric Eurasia*, edited by Bryan K. Hanks and Katheryn M. Linduff. Cambridge University Press, Cambridge, pp. 215–232.

Mei, Jianjun, and Colin Shell, 1998, Copper and bronze metallurgy in the prehistoric Xinjiang. In *The Bronze Age and Early Iron Age Peoples of Eastern Central Asia*, edited by Victor Mair. Institute for the Study of Man in Collaboration with the University of Pennsylvania Museum Publications,

Washington, DC, pp. 581–603.

梅建军,2006,关于中国冶金起源暨早期铜器研究的几个问题.见中国冶金史论文集(第四辑),北京科技大学冶金与材料史研究所,北京科技大学科学技术与文明研究中心编,北京,科学出版社:11–23.

闵锐,2009,云南剑川县海门口遗址第三次发掘.考古8:3–22.

牟永抗,云希正(编),1992,中国玉器全集.石家庄,河北美术出版社.

Mudar, Karen, and Douglas Anderson, 2007, New evidence for Southeast Asian Pleistocene foraging economies: Faunal remains from the early levels of Lang Rongrien rockshelter, Krabi, Thailand. *Asian Perspectives* 46(2): 298–334.

Murowchick, Robert and David Cohen, 2001, Searching for Shang's beginnings: Great City Shang, city Song, and collaborative archaeology in Shangqiu, Henan. *The Review of Archaeology* 22(2): 47–60.

Murphey, Rhoads, 1972, A geographical view of China. In *An Introduction to Chinese Civilization*, edited by J. Meskill. D.C. Heath, Lexington, pp. 515–550.

南普恒,秦颖,李桃元,董亚巍,2008,湖北盘龙城出土部分商代青铜器铸造地的分析.文物8:77–82.

南京博物院考古研究所,2001,江苏句容丁沙地遗址第二次发掘简报.文物5:22–36.

内蒙古文物考古研究所,鄂尔多斯博物馆(编),2000,朱开沟——青铜时代早期遗址发掘报告.北京,文物出版社.

Nelson, Sarah M., 1993, *The Archaeology of Korea*. Cambridge University Press, Cambridge.

——1995, Ritualized pigs and the origins of complex society: Hypotheses regarding the Hongshan culture. *Early China* 20: 1–16.

宁荫棠,王方,1994,山东章丘县小荆山遗址调查简报.考古6:490–494.

牛世山,2006,商代的羌方.见三代考古,中国社会科学院考古研究所编,北京,科学出版社:459–471.

Oka, Hiko-ichi, and Hiroko Morishima, 1971, The dynamics of plant domestication: Cultivation experiments with Oryza perennis and its hybrid with *O. sativa*. *Evolution* 25: 356–364.

Olsen, Sandra L., 2006, Early horse domestication: weighing the evidence. In *Horses and Humans: The Evolution of Human-Equine Relationships*, edited by Sandra L. Olsen, Susan Grant, Alice M. Choyke, and Laszlo Bartosiewicz. BAR International Series 1560, Oxford, pp. 81–113.

Olsen, Stanley J., 1988, The horse in ancient China and its cultural influence in some other areas.

Proceedings of the Academy of Natural Sciences of Philadelphia 140: 151–189.

Olsen, Stanley J., and John W. Olsen, 1977, The Chinese wolf, ancestor of New World dogs. *Science* 197: 533–535.

Ortiz, Beverly R., 1991, *It will Live Forever: Traditional Yosemite Indian Acorn Preparation*. Heyday Books, Berkeley.

Ovodov, Nikolai D., Susan J. Crockford, Yaroslav V. Kuzmin, Thomas F. G. Higham, Gregory W. L. Hodgins, and Johannes van der Plicht, 2011, A 33,000-Year-Old Incipient Dog from the Altai Mountains of Siberia: Evidence of the Earliest Domestication Disrupted by the Last Glacial Maximum. *PLoS ONE* 6（7）: e22821. doi: 10.1371/journal.pone.0022821.

Owen, Dale, 2007, An Exercise in Experimental Archaeology on Chinese Stone Spades. *Bulletin of the Indo-Pacific Prehistory Association* 27: 87–92.

潘其风，1996，大甸子墓葬出土人骨的研究．见大甸子，中国社会科学院考古研究所编，北京，科学出版社：224-322.

——2000，朱开沟墓地人骨的研究．见朱开沟，内蒙古文物考古研究所、鄂尔多斯博物馆编，北京，文物出版社：340-399.

潘其风、韩康信，1998，柳湾墓地的人骨研究．见青海柳湾，青海省文物管理处考古队、中国社会科学院考古研究所编，北京，文物出版社：261-303.

庞小霞、高江涛，2008，关于新砦期遗存的几个问题．华夏考古 1: 73-80.

Patel, Ajita, 1997, The pastoral economy of Dholavira: a first look at animals and urban life in third millennium Kutch. In *South Asian Archaeology 1995: Porceedings of the 13th Conference of the European Association of South Asian Archaeologists*, edited by Raymond Allchin and Bridget Allchin. Science Publishers, New Delhi, pp. 101–113.

Patel, Ajita and Richard Meadow, 1998, The exploitation of wild and domestic water buffalo in prehistoric northwestern South Asia. In *Archaeozoology of the Near East III*, edited by H. Buitenhuis, L. Bartosiewicz, and A.M. Choyke. ARC-Publicaties 18, Groningen, pp. 180–198.

Payne, Sebastian and Gail Bull, 1988, Components of variation in measurements of pig bones and teeth, and the use of measurements to distinguish wild from domestic pig remains. *Archaeozoologia* Ⅱ（1,2）: 27–66.

Pearson, Richard J., 1988, Chinese Neolithic burial patterns: problems of method and interpretation. *Early China* 13: 1–45.

——2006, Jomon hot spot: increasing sedentism in south-western Japan in the Incipient Jomon

(14,000–9250 cal. bc) and Earliest Jomon (9250–5300 cal. bc) periods. *World Archaeology* 38 (2): 239–258.

Pechenkina, Ekaterina, Stanley H. Ambrose, Ma Xiaolin, and Robert A. Benfer Jr, 2005, Reconstructing northern Chinese Neolithic subsistence practices by isotopic analysis. *Journal of Archaeological Science* 32: 1176–1189.

Pedley, Helen, 1992, *Aboriginal Life in the Rainforest*. Ron Bastow Printing, Cairns.

Pei, Anping, 1998, Notes on new advancements and revelations in the agricultural archaeology of early rice domestication in the Dongting Lake region. *Antiquity* 72: 878–885.

——2002, Rice paddy agriculture and pottery from the middle reaches of the Yangtze River. In *The Origins of Pottery and Agriculture*, edited by Yoshinori Yasuda. Roli Books, New Delhi, pp. 167–184.

裴安平，1996，彭头山文化初论．见长江中游史前文化暨第二届亚洲文明学术讨论会论文集，湖南省文物考古研究所编，长沙，岳麓书社：81–104.

——2004，澧阳平原史前聚落形态的研究与思考．见庆祝张忠培先生七十岁论文集，吉林大学边疆考古研究中心编，北京，科学出版社：192–242.

彭柯，朱岩石，1999，中国古代所用海贝来源新探．考古学集刊 12: 119–147.

彭明瀚，2005，吴城文化研究．北京，文物出版社．

彭全民，黄文明，黄小宏，冯永驱，1990，深圳市大鹏咸头岭沙丘遗址发掘简报．文物 11: 1–11.

彭适凡，1987，中国南方古代印纹陶．北京，文物出版社．

Pollock, Susan, 1999, *Ancient Mesopotamia*. Cambridge University Press, Cambridge.

Price, Douglas T., and Anne B. Gebauer, 1995, *Last Hunters-First Farmers*. School of American Research Press, Santa Fe.

祁国琴，1988，姜寨新石器时代遗址动物群的分析．见姜寨，西安半坡博物馆，陕西省考古研究所，临潼县博物馆编，北京，文物出版社：504–539.

——1989，中国北方第四纪哺乳动物群兼论原始人类生活环境．见中国远古人类，吴汝康，吴新智，张森水编，北京，科学出版社：277–308.

——1998，东灰山墓地兽骨鉴定报告．见民乐东灰山考古，甘肃省文物考古研究所，吉林大学北方考古研究室编，北京，科学出版社：184–185.

祁国琴，林钟雨，安家瑗，2006，大地湾遗址动物遗存鉴定报告．见秦安大地湾，甘肃省文物考古研究所编．北京，文物出版社．

钱小康，2002a，犁．农业考古 1: 170–181.

——2002b, 犁（续）.农业考古 3: 183–206.

Qiao, Yu, 2007, Development of complex societies in the Yiluo region: A GIS based population and agricultural area analysis. *Indo-Pacific Prehistory Association Bulletin* 27: 61–75.

青海省文物管理处考古队, 1978, 青海大通县上孙家寨出土的舞蹈纹彩陶盆. 文物 3: 48–49.

青海省文物管理处考古队、中国社会科学院考古研究所（编）, 1984, 青海柳湾. 北京，文物出版社.

青海省文物考古研究所（编）, 1990, 民和阳山. 北京，文物出版社.

Quine, T. A., D. Walling and X. Zhang, 1999, Slope and gully response to agricultural activity in the rolling loess plateau, China. In *Fluvial Processes and Environmental Change*, edited by A. G. Brown and T. A. Quine. Wiley & Sons, New York, pp. 71–90.

Redman, Charles L., 2005, Resilience theory in archaeology. *American Anthropologist* 107（1）: 70–77.

Redman, Charles L. and Ann P. Kinzig, 2003, Resilience of past landscapes: Resilience theory, society, and the *longue durée*. *Conservation Ecology* 7（1）: 14. [online] http://www.consecol.org/vol7/iss1/art14.

Reid, Kenneth C., 1989, A materials science perspective on hunter-gatherer pottery. In *Pottery Technology: Ideas and Approaches*, edited by Gordon Bronitsky. Westview Press, Boulder, San Francisco, and London, pp. 167–180.

Ren, Guoyu and Hans-Juergen Beug, 2002, Mapping Holocene pollen data and vegetation of China. *Quaternary Science Reviews* 21: 1395–1422.

任式楠, 1996, 良渚文化图像玉璧的探讨. 见东方文明之光, 徐湖平编, 海口，海南国际新闻出版中心: 324–330.

——2003, 中国史前铜器综述. 中国史前考古学研究, 陕西省文物局, 陕西省考古研究所, 西安半坡博物馆编, 西安, 三秦出版社: 384–393.

任式楠, 吴耀利, 1999, 中国新石器时代考古学五十年. 考古 9: 11–22.

任相宏, 1997, 郑州小双桥出土的岳石文化石器与仲丁征蓝夷. 中原文物 3: 111–115.

任晓燕, 王国道, 蔡林海, 何克洲, 叶茂林, 2002, 青海民和县喇家遗址 2000 年发掘简报. 考古 12: 12–28.

Rhode, David, Haiying Zhang, David B. Madsen, Xing Gao, P. Jeffrey Brantingham, Haizhou Ma, and John W. Olsen, 2007, Epipaleolithic/early Neolithic settlements at Qinghai Lake, western China. *Journal of Archaeological Science* 34: 600–612.

Rice, Prudence M., 1999, On the origins of pottery. *Journal of Archaeological Method and Theory* 6(1): 1–51.

Rickett, W. Allyn, 1993, Kuan tzu. In *Early Chinese Texts: A Bibliographical Guide*, edited by Michael Loewe. The Society for the Study of Early China, Berkeley, pp. 244–251.

Riegel, Jeffrey K., 1993, Ta Tai Li chi. In *Early Chinese Texts: A Bibliographical Guide*, edited by Michael Loewe. The Society for the Study of Early China, Berkeley, pp. 456–459.

Rind, D., D. Peteet, W. Broecker, A. McIntyre, and W. Ruddiman, 1986, The impact of cold North Atlantic sea surface temperatures on climate: implications for the Younger Dryas cooling（11–10K）. *Climate Dynamics* 1: 3–33.

Rindos, David, 1980, Symbiosis, instability, and the origins and spread of agriculture: A new model. *Current Anthropology* 21（6）: 751–772.

——1984, *The Origins of Agriculture: An Evolutionary Perspective*. Academic Press, Orlando, Florida.

——1989, Domestication. In *Foraging and Farming: the Evolution of Plant Exploitation*, edited by D.R. Harris and G.C. Hillman. Unwin Hyman, London, pp. 27–41.

Rispoli, Fiorella, 2007, The incised & impressed pottery style of Mainland Southeast Asia: Following the paths of Neolithization. *East and West* 57（1–4）: 235–304.

Rolett, Barry V., Tianlong Jiao, and Gongwu Lin, 2002, Early seafaring in the Taiwan Strait. *Journal of East Asian Archaeology* 4（1–4）: 307–320.

Rosen, Arlene M., 2007a, The role of environmental change in the development of complex societies in China: a study from the Huizui site. *Bulletin of the Indo-Pacific Prehistory Association* 27: 39–48.

——2007b, *Civilizing Climate: Social Responses to Climate Change in the Ancient Near East*. Rowman & Littlefield Publishers, Lanham.

Rosen, Steven, 1987, Byzantine nomadism in the Negev: results from the emergency survey. *Journal of Field Archaeology* 14（1）: 29–42.

——1993, A Roman-Period pastoral tent camp in the Negev, Israel. *Journal of Field Archaeology* 20（4）: 441–451.

Rosenswig, Robert M., 2006, Sedentism and food production in early complex societies of the Soconusco, Mexico. *World Archaeology* 38（2）: 330–355.

Ryder, Oliver A., 1993, Przewalski's horse: prospects for reintroduction into the wild. *International conservation News* 7（1）: 13–15.

Sassaman, Kenneth, 1993, *Early Pottery in the Southeast: Tradition and Innovation in Cooking*

Technology. The University of Alabama Press, Tuscaloosa and London.

Sato, Yoichiro, 2002, Origin of rice cultivation in the Yangtze River Basin. In *The Origins of Pottery and Agriculture*, edited by Yoshinori Yasuda. Roli Books Pvt. Ltd, New Delhi, pp. 143–150.

Schettler, Georg, Qiang Liu, Jens Mingram, Martina Stebich, and Peter Dulski, 2006, East-Asian monsoon variability between 15000 and 2000 cal. yr BP recorded in varved sediments of Lake Sihailongwan (northeastern China, Long Gang volcanic field). *The Holocene* 16（8）：1043–1057.

Schiffer, Michael B., 1976, *Behavioral Archaeology*. Academic Press, New York.

Schiffer, Michael B., and James M. Skibo, 1987, Theory and experiment in the study of technological change. *Current Anthropology* 28（5）：595–622.

Schneider, Laurence A., 1971, *Ku Chieh-kang and China's New History: Nationalism and the Quest for Alternative Traditions*. University of California Press, Berkeley.

陕西省考古研究所（编），2005，考古年报．西安，陕西省考古研究所．

陕西省考古研究所，陕西省安康水电站库区考古队（编），1994，陕南考古报告集．西安，三秦出版社．

陕西省考古研究所，榆林市文物保护研究所（编），2005，神木新华．北京，科学出版社．

山东省文物考古研究所（编），2005，山东20世纪的考古发现和研究．北京，科学出版社．

Shang, Hong, Haowen Tong, Shuangquan Zhang, Fuyou Chen, and Erik Trinkaus, 2007, An early modern human from Tianyuan Cave, Zhoukoudian, China. *Proceedings of the National Academy of Sciences* 104: 6573–6578.

山西省考古研究所，2002，山西芮城清凉寺墓地玉器．考古与文物5: 3–6.

——（编），2006，灵石旌介商墓．北京，科学出版社．

邵望平，1984，新发现的大汶口文化．见新中国的考古发现和研究，中国社会科学院考古研究所编，北京，文物出版社：86–96.

——1989，禹贡九州的考古学研究．见考古学文化研究，苏秉琦编，北京，文物出版社：11–30.

Shaughnessy, Edward L., 1988, Historical perspectives on the introduction of the chariot in China. *Harvard Journal of Asiatic studies* 48（1）：189–237.

——1993, I Chou shu. In *Early Chinese Texts: A Bibliographical Guide*, edited by Michael Loewe. The Society for the Study of Early China, Berkeley, pp. 229–233.

——2008, Chronologies of ancient China: a critique of the "Xia-Shang-Zhou Chronology Project". In *Windows on the Chinese World: Reflections by Five Historians*, edited by Clara Ho. Lexington

Books, London, pp. 15–28.

Shelach, Gideon, 1996, The Qiang and the question of human sacrifice in the late Shang period. *Asian Perspectives* 35（1）: 1–26.

——1997, A settlement pattern study in northeast China: Results and potential contributions of western theory and methods to Chinese archaeology. *Antiquity* 71: 114–127.

——1999, *Leadership Strategies, Economic Activity, and Interregional Interaction: Social Complexity in Northeast China*. Kluwer Academic/Plenum, New York.

——2001a, Apples and oranges? A cross-cultural comparison of burial data from northeast China. *Journal of East Asian Archaeology* 3（3–4）: 53–90.

——2001b, Interaction spheres and the development of social complexity in northeast China. *The Review of Archaeology* 22（2）: 22–34.

——2006, Economic adaptation, community structure, and sharing strategies of households at early sedentary communities in northeast China. *Journal of Anthropological Archaeology* 25: 318–345.

——2009a, *Prehistoric societies on the Northern Frontiers of China: Archaeological Perspectives on Identity Formation and Economic Change during the First Millennium BCE*. Equinox, London, Oakville.

——2009b, Violence on the Frontiers? Sources of power and socio-political change at the easternmost parts of the Eurasian steppe during the late second and early first millennia BCE. In *Social Complexity in Prehistoric Eurasia*, edited by Bryan K. Hanks and Katheryn M. Linduff. Cambridge University Press, Cambridge, pp. 241–271.

沈军山, 1994, 河北省滦平县后台子遗址发掘简报. 文物 3: 53–74.

Sherratt, Andrew, 1981, Plough and pastoralism: aspects of the secondary products revolution. In *Pattern of the Past: Studies in Honour of David Clarke*, edited by Ian Hodder, Glynn Isaac, and Norman Hammond. Cambridge University Press, Cambridge, pp. 261–305.

石金鸣, 宋艳花, 2010, 山西吉县柿子滩第九地点发掘简报. 考古（10）: 7–17.

Shi, Xingbang, 1992, The discovery of the Pre-Yangshao culture and its significance. In *Pacific Northeast Asia in Prehistory: Hunter-Fisher-Gatherers, Farmers, and Sociopolitical Elites*, edited by C. Melvin Aikens and Song Nai Rhee. Washington State University Press, Pullman, pp. 125–132.

施昕更, 1938, 良渚. 杭州, 浙江省教育厅.

Shi, Y., Z. Kong, S. Wang, L. Tang, F. Wang, T. Yao, X. Zhao, P. Zhang, and S. Shi, 1993, Mid-Holocene climates and environments in China. *Global and Planetary Change* 7: 219–233.

施雅风，孔昭宸，王苏民，1992，中国全新世大暖期气候与环境的基本特征．见中国全新世大暖期气候与环境，施雅风，孔昭宸编，北京，科学出版社：1–18．

石璋如，1953，河南安阳小屯殷墓中的动物遗骸．文史哲学报5: 1–14．

石家河考古队（编），1999，肖家屋脊．北京，文物出版社．

——2003，邓家湾．北京，文物出版社．

Shipek, Florence C., 1989, An example of intensive plant husbandry: the Kumeyaay of southern California. In *Foraging and Farming: The Evolution of Plant Exploitation*, edited by David R. Harris and Gordon C. Hillman. Unwin Hyman, London, pp. 159–170.

石峡发掘小组，1978，广东曲江石峡墓葬发掘简报．文物 7: 1–15．

水涛，1993，新疆青铜时代诸文化的比较研究．国学研究 1: 447–490．

——2001a，甘青地区青铜时代的文化结构和经济形态研究．见中国西北地区青铜时代考古论集，水涛编，北京，科学出版社：193–327．

——（编），2001b，甘青地区早期文明兴衰的人地关系．北京，科学出版社．

四川省文物考古研究所（编），1999，三星堆祭祀坑．北京，文物出版社．

Skibo, James M., Michael B. Schiffer, and Kenneth C. Reid, 1989, Organic tempered pottery: An experimental study. *American Antiquity* 54（1）: 122–146.

Smith, Anthony D., 2001, Authenticity, antiquity and archaeology. *Nations and Nationalism* 7（4）: 441–449.

Smith, Barbara L., 2005, *Diet, Health, and Lifestyle in Neolithic North China*. Unpublished Ph.D Dissertation, Harvard University, Cambridge.

Smith, Bruce D., 1995, *The Emergence of Agriculture*. Scientific American Library, New York.

——1998, *The Emergence of Agriculture*. Scientific American Library, New York.

——2001a, Low-level food production. *Journal of Archaeological Research* 9（1）: 1–43.

——2001b, The transition to food production. In *Archaeology at the Millennium: A Sourcebook*, edited by Gary M. Feinman and T. Douglas Price. Kluwer Academic/Plenum Publishers, New York, pp. 199–230.

So, Jenny F., 2001, Jade and stone at Sanxingdui. In *Ancient Sichuan: Treasures From A Lost Civilization*, edited by Robert Bagley. Seattle Art Museum, Seattle, pp. 153–175.

Soffer, Olga, 1989, Storage, sedentism and the Eurasian Palaeolithic record. *Antiquity* 63: 719–732.

宋国定，2003，郑州小双桥遗址出土陶器上的朱书．文物 5: 35–44．

宋国定,陈旭,李素婷,张国硕,曾晓敏,谢巍,李锋,1996,1995年郑州小双桥遗址的发掘.华夏考古 3: 1–56.

宋建忠,薛新民,1998,山西临汾下靳墓地发掘简报.文物 12: 4–13.

宋建,2004,从广福林遗存看环太湖地区早期文明的衰变.见长江下游地区文明化进程研讨会,上海博物馆编,上海,上海书画出版社: 214–228.

宋新潮,1991,殷商文化区域研究.西安,陕西人民出版社.

宋豫秦,2002,中国文明起源的人地关系简论.北京,科学出版社.

宋兆麟,1998,原始的烹调技术.见史前研究,西安半坡博物馆编,西安,三秦出版社：107–114.

宋镇豪,1994,商代的王畿、四土与四至.南方文物 1: 55–59,48.

Stanley, Daniel J., and Zhongyuan Chen, 1996, Neolithic settlement distributions as a function of sea level-controlled topography in the Yangtze delta, China. Geology 24: 1083–1086.

Stanley, Daniel J., Chen, and Jian Song, 1999, Inundation, sea-level rise and transition from Neolithic to Bronze Age cultures, Yangtze delta, China. Geoarchaeology 14（1）: 15–26.

苏秉琦,1948,斗鸡台沟东区墓葬.北平,国立北平研究院史学研究所.

——1978a,略论我国东南沿海地区的新石器时代考古.文物 3: 40–42.

——1978b,石峡文化初论.文物 7: 16–28.

——1988,中华文明的新曙光.东南文化 5: 1–7.

——1991,关于重建中国史前史的思考.考古 12: 1109–1118.

——1994,华人、龙的传人、中国人——考古寻根记.沈阳,辽宁大学出版社.

——1997,中国文明起源新探.香港,商务印书馆.

——1999,中国文明起源新探.北京,三联书店.

苏秉琦,殷伟璋,1981,关于考古学文化的区系类型问题.文物 5: 10–17.

孙波,2005,后李文化聚落的初步分析.见东方考古（第2集）,山东大学东方考古研究中心编,北京,科学出版社: 104–118.

孙波,崔圣宽,2008,试论山东地区新石器早期遗存.中原文物 3：23–28.

孙传清,王象坤,才宏伟,吉村淳,土井一行,岩田伸夫,1997,中国普通野生稻和亚洲栽培稻核基因组的遗传分化.中国农业大学学报2（5）：65–71.

孙德海,刘勇,陈光唐,1981,河北武安磁山遗址.考古学报3: 303–338.

孙德萱,丁清贤,赵连生,张相梅,1988,河南濮阳西水坡遗址发掘简报.文物 3: 1–6.

孙国平,黄渭金,2007,浙江余姚田螺山新石器时代遗址2004年发掘简报.文物11: 4–24.

孙华,2009,商代前期的国家政体——从二里岗文化城址和宫室建筑基址的角度.见多维视域——

商王朝与中国早期文明研究,荆志淳,唐际根,高嶋谦一,北京,科学出版社:171-197.

Sun, Shuyun, and Rubin Han, 2000a, A preliminary study of early Chinese copper and bronze artifacts. In *The Beginnings of Metallurgy in China*, edited by Katheryn Linduff, Han Rubin, and Sun Shuyun. The Edwin Mellen Press, Lewiston, pp. 129–153.

——2000b, A study of casting and manufacturing techniques of early copper and bronze artifacts found in Gansu. In *The Beginnings of Metallurgy in China*, edited by Katheryn Linduff, Han Rubin, and Sun Shuyun. The Edwin Mellen Press, Lewiston, pp. 175–193.

孙淑云,1990,山东泗水县尹家城遗址出土岳石文化铜器鉴定报告.见泗水尹家城,山东大学考古系编,北京,文物出版社:353-359.

孙淑云,韩汝玢,1997,甘肃早期铜器的发现与冶炼、制造技术的研究.文物7: 75-84.

孙新民,孙锦,2008,河南地区出土原始瓷的初步研究.东方文博4: 97-101.

Sun, Yat-sen, 1943, *San Min Chu I, The Three Principles of the People*. Ministry of Information (Frank W. Price translate), Chungking.

Sung, Ying-hsing, 1966 (orig. 1637), *T'ien-kung k'ai-wu: Chinese Technology in the Seventeenth Century*. The Pennsylvania State University Press, University Park and London.

Tainter, Joseph A., 1988, *The Collapse of Complex Societies*. Cambridge University Press, Cambridge.

谭其骧,1981,西汉以前的黄河下游河道.历史地理1: 48-64.

Tang, Jigen, 2001, The construction of an archaeological chronology for the history of the Shang dynasty of early Bronze Age China. *The Review of Archaeology* 22 (2): 35–47.

——2004, *The Social Organization of Late Shang China: A Mortuary Perspective*. unpublished Ph.D dissertation, University of London, London.

唐际根,岳洪彬,何毓灵,岳占伟,2003a,河南安阳市洹北商城宫殿区1号基址发掘简报.考古5: 17-23.

唐际根,荆志淳,刘忠伏,岳占伟,2003b,河南安阳市洹北商城的勘察与试掘.考古5: 3-16.

Tang, Jigen, Jing Zhichun and Mayke Wagner, 2010a, New discoveries in Yinsu/Anyang and their contribution to the chronology of Shang capitals in Bronze Age China. In *Bridging Eurasia*, edited by Mayke Wagner and Wang Wei. Verlag Philipp von Zabern, Mainz, pp. 125–144.

唐际根,荆志淳,何毓灵,2010b,洹北商城宫殿区一、二号基址建筑复原.考古1: 23-35.

唐际根,荆志淳,刘忠伏,2010c,河南安阳市洹北商城遗址2005—2007年勘察简报.考古1: 3-8.

唐际根,荆志淳,1998,洹河流域区域考古研究初步报告.考古10: 13-22.

——2009,安阳的"商邑"与"大邑商".考古9: 70-80.

汤卓炜,曹建恩,张淑芹,2004a,内蒙古清水河县西岔遗址孢粉分析.边疆考古研究(3),吉林大学边疆考古中心编,北京,科学出版社:274-283.

汤卓炜,郭治中,索秀芬,2004b,白音长汗遗址出土的动物遗存.见白音长汗,内蒙古自治区文物考古研究所编,北京,科学出版社:546-575.

Tao, D.,Wu,Y.,Guo, Z.,Hill, D.V., and Wang, C. 2011, Starch grain analysis for groundstone tools from Neolithic Baiyinchanghan site: implications for their function in Northeast China. *Journal of Archaeological Science*, 38(12), 3577-3583.

陶富海,1991,山西襄汾县大崮堆山史前石器制造场新材料及其再研究.考古1:1-7.

Teilhard de Chardin, Pierre and C. C. Young, 1936, On the Mammalian Remains from the Archaeological Site of Anyang. *Palaeontologia Sinica* ser. C. 12(fasc 1).

Testart, Alain, 1982, The significance of food storage among hunter-gatherers: Residence patterns, population densities, and social inequalities. *Current Anthropology* 23(5):523-537.

Thomas, Julian, 1999, *Understanding the Neolithic*. Routledge, London and New York.

田广金,1988,内蒙古朱开沟遗址.考古学报3:301-331.

——1991a,内蒙古中南部龙山时代文化遗存研究.见内蒙古中南部原始文化研究文集,内蒙古考古研究所编,北京,海洋出版社:140-160.

——1991b,内蒙古中南部仰韶时代文化遗存研究.见内蒙古中南部原始文化研究文集,内蒙古考古研究所编,北京,海洋出版社:55-85.

——1993,内蒙古长城地带石城聚落址及相关诸问题.见纪念城子崖发掘60周年国际学术讨论会文集,张学海编,济南,齐鲁书社:119-135.

田广金,秋山进午(编),2001,岱海考古(二).北京,科学出版社.

田广金,郭素新,1988,鄂尔多斯式青铜器的渊源.考古学报3:257-275.

——2004,环岱海史前聚落形态研究.见北方考古论文集,田广金,郭素新编,北京,科学出版社:287-327.

——2005,北方文化与匈奴文明.南京,江苏教育出版社.

田广金,史培军,1997,中国北方长城地带环境考古学的初步研究.内蒙古文物考古2:44-51.

——2004,内蒙古中南部原始文化的环境考古研究.见北方考古论文集,田广金,郭素新,北京,科学出版社:350-363.

田广金,唐晓峰,2001,岱海地区距今7000—2000年间人地关系研究.见岱海考古(二),田广金,秋山进午编,北京,科学出版社:328-343.

童恩正,1990,试论我国从东北到西南的边地半月形文化传播带.见中国西南民族考古论文集,童恩正编，北京，文物出版社：253–272.

——1998，人类与文化. 重庆，重庆出版社.

——2004，古代的巴蜀. 重庆，重庆出版社.

佟伟华，1984，磁山遗址的原始农业遗存及其相关的问题. 农业考古 1: 194–207.

Townsend, James, 1996, Chinese Nationalism. In *Chinese Nationalism*, edited by J. Unger. M.E. Sharpe, Armonk（NY）, pp. 1–30.

Tregear, T.R., 1965, *A Geography of China*. University of London Press, London.

——1980, *China: A Geographical Survey*. Hodder and Stoughton, London.

Trigger, Bruce G., 1984, Alternative archaeologies: nationalist, colonialist, imperialist. *Man* New Series, 19（3）: 335–370.

——1999, Shang political organization: A comparative approach. *Journal of East Asian Archaeology* 1（1–4）: 43–62.

——2003, *Understanding Early Civilizations——A Comparative Study*. Cambridge University Press, Cambridge.

Tsang, Cheng-hwa, 1992, *Archaeology of the Penghu Islands*. Academia Sinica Press, Taipei.

——2005, Recent discoveries at the Tapenkeng culture sites in Taiwan: implications for the problem of Austronesian origins. In *The Peopling of East Asia*, edited by L. Sagart, R. Blench, and A. Sanchez-Mazas. RoutledgeCurzon, London, pp. 63–73.

Tsutsumi, Takashi, 2002, Origins of pottery and human strategies for adaptation during the Termination of the Last-glacial period in the Japanese Archipelago. In *The Origins of Pottery and Agriculture*, edited by Yoshinori Yasuda. Roli Books, New Delhi, pp. 241–262.

Underhill, Anne P., 1994, Variation in settlements during the Longshan period of northern China. *Asian Perspectives* 33（2）: 197–228.

——2000, An analysis of mortuary ritual at the Dawenkou site, Shandong, China. *Journal of East Asian Archaeology* 2（1–2）: 93–128.

——2002, *Craft Production and Social Change in Northern China*. Kluwer Academic/Plenum Publishers, New York.

Underhill, Anne P., Gary M. Feinman, Linda M. Nicholas, Hui Fang, Fengshi Luan, Haiguang Yu, and Fengshu Cai, 2008, Changes in regional settlement patterns and the development of complex societies in southeastern Shandong, China. *Journal of Anthropological Archaeology* 27: 1–29.

Vila, Carles, Jennifer A. Leonard, Anders Götherström, Stefan Marklund, Kaj Sandberg, Kerstin Lidén,

Robert K. Wayne, and Hans Ellegren, 2001, Widespread origins of domestic horse lineages. *Science* 291: 474–477.

Vila, Carles, Peter Savolainen, Jesus E. Maldonado, Isabel R. Amorim, John E. Rice, Rodney L. Honeycutt, Keith A. Crandall, Joakim Lundeberg, and Robert K. Wayne, 1997, Multiple and ancient origins of the domestic dog. *Science* 276（13）: 1687–1689.

汪宁生, 1983, 中国考古发现中的"大房子". 考古学报 3: 271–294.

——1985, 云南沧源岩画的发现与研究. 北京, 文物出版社.

汪宇平, 1957, 内蒙古自治区发现的细石器文化遗址. 考古学报 1: 9–19.

王安安, 2006,《夏小正》历法考释. 兰州学刊 5: 23–24.

王炳华, 1983, 孔雀河古墓沟发掘及其初步研究. 新疆社会科学 1: 117–130.

——2001a, 新疆古尸. 王炳华编, 乌鲁木齐：新疆人民出版社, 28–48.

——（编）, 2001b, 新疆古尸. 乌鲁木齐, 新疆人民出版社.

王富葆, 曹琼英, 韩辉友, 李民昌, 谷建祥, 1996, 太湖流域良渚文化时期的自然环境. 见东方文明之光, 徐湖平编, 海口：海南国际文化出版中心, 300–305.

王海晶, 常娥, 蔡大伟, 张全超, 周慧, 朱泓, 2007, 内蒙古朱开沟遗址古代居民线粒体 DNA 分析. 吉林大学学报（医学版）33（1）: 5–8.

王红星, 2003, 从门板湾城壕聚落看长江中游地区城壕聚落的起源与功用. 考古 9: 61–75.

王海明, 刘淑华, 2005, 河姆渡文化的扩散与传播. 南方文物 3: 114–118, 113.

王建, 王向前, 陈哲英, 1978, 下川文化——山西下川遗址调查报告. 考古学报 3: 259–288.

王建华, 卢建英, 兰玉富, 郭俊峰, 2006, 山东济南长清区月庄遗址 2003 年发掘报告. 见东方考古（第 2 集）, 山东大学东方考古研究中心, 北京, 科学出版社: 365–456.

王吉怀, 1983, 河南新郑沙窝李新石器时代遗址. 考古 12: 1057–1065.

王劲, 1996, 石家河文化玉器与江汉文明. 见长江中游史前文化, 湖南省考古学会编, 长沙, 岳麓书社: 231–242.

王立新, 2004, 辽西区夏至战国时期文化格局与经济形态的演进. 考古学报 3: 243–270.

王立新, 卜箕大, 1998, 对夏家店下层文化源流及与其它文化关系的再认识. 见青果集, 吉林大学考古系编, 北京, 知识出版社: 179–185.

王明珂, 2001, 华夏边缘：历史记忆与族群认同. 台北, 允晨丛刊.

王明达, 1988, 浙江余杭反山良渚墓地发掘简报. 文物 1: 1–31.

——2004, 良渚文化的去向. 见长江下游地区文明化进程研讨会, 上海博物馆编, 上海, 上海书画出版社: 205–213.

Wang, Ningsheng, 1987, Yangshao burial customs and social organization: a comment on the theory of Yangshao Matrilineal Society and its methodology. In *Early China*, pp. 6–32.

王强，2008，海岱地区史前时期磨盘、磨棒研究．博士论文，济南，山东大学．

王青，1993，试论史前黄河下游的改道与古文化的发展．中原文物4: 63–72.

——2006，山东北部沿海先秦时期海岸变迁与聚落功能研究．见东方考古（第3集），山东大学东方考古研究中心编，北京，科学出版社：282–297.

王青，李慧竹，1992，环渤海环境考古探讨．辽海文物学刊1: 87–95, 146.

王青、朱继平，2006，山东北部商周盉形器的用途与产地再论．考古4: 61–68.

王时麒，赵朝洪，于洸，员雪梅，段体玉，2007，中国岫岩玉．北京，科学出版社．

王守功，宁荫棠，1996，山东章丘市小荆山遗址调查、发掘报告．华夏考古2: 1–23.

——2003，山东章丘市小荆山后李文化环壕聚落勘探报告．华夏考古3: 3–11.

王树明，1987，山东莒县陵阳河大汶口文化墓葬发掘简报．史前研究3: 62–82.

Wang, Tao, 1997, Establishing the Chinese archaeological school: Su Bingqi and contemporary Chinese archaeology. *Antiquity* 71: 31–39.

王炜林，马明志，2006，陕北新石器时代石城聚落的发现与初步研究．中国社会科学院古代文明研究中心通讯11: 34–44.

王巍，2004，公元前2000年前后我国大范围文化变化原因探讨．考古1: 67–77.

王巍，赵辉，2010，中华文明探源工程的主要收获．光明日报．11月23日12版．

王文楚，1996，古代交通地理丛考．北京，中华书局．

王文华，陈萍，丁兰坡，2004，河南荥阳大师姑遗址2002年度发掘简报．文物11: 1–18.

王文建，张春龙，1993，湖南临澧县胡家屋场新石器时代遗址．考古学报2: 171–202.

王向前，李占扬，陶富海，1987，山西襄汾大崮堆山史前石器制造场初步研究．人类学学报6（2）：87–95.

王小庆，2008，石器使用痕迹显微观察的研究．北京，文物出版社．

王学荣，2002，河南偃师商城商代早期王室祭祀遗址．考古7: 6–8.

王银峰，1988，秦岭淮河线在中国综合自然区划中的地位．河南大学学报1: 67–70.

王永刚，崔风光，李延丽，2007，陕西甘泉县出土晚商青铜器．考古与文物3: 11–22.

王有鹏，陈德安，陈显丹，莫洪贵，1987，广汉三星堆遗址．考古学报2: 227–254.

王幼平，1997，更新世环境与中国南方旧石器文化发展．北京，北京大学出版社．

——2005，中国远古人类文化的源流．北京，科学出版社．

王幼平，张松林，何嘉宁，汪松枝，赵静芳，曲彤丽，王佳音，高霄旭，2011，河南新密市李家沟遗址发掘简报. 考古 4: 3–9.

王震中, 2007, 商代的王畿与四土. 殷都学刊 4: 1–13.

王志俊, 宋澎, 2001, 中国北方家马起源问题探讨. 考古与文物 2: 26–30.

王子今, 1994, 秦汉交通史稿. 北京, 中共中央党校出版社.

Watanabe, Hitoshi, 1986, Community habitation and food gathering in prehistoric Japan: An ethnographic interpretation of the archaeological evidence. In *Windows on the Japanese Past: Studies in Archaeology and Prehistory*, edited by Richard J. Pearson, Gina L. Barnes, and Karl L. Hutterer. Center for Japanese Studies, The University of Michigan, Ann Arbor, pp. 229–253.

Watson, Patty J., 1995, Explaining the transition to agriculture. In *Last Hunters-First Farmers: New Perspectives on the Prehistoric Transition to Agriculture*, edited by T.D. Price and A.B. Gebauer. School of American Research Press, Santa Fe, NM, pp. 21–37.

Webb, John, Anne Ford, and Justin Gorton, 2007, Influences on selection of lithic raw material sources at Huizui, a Neolithic/Early Bronze Age site in northern China. *Bulletin of the Indo-Pacific Prehistory Association* 27: 76–86.

魏丰, 吴维堂, 张明华, 韩德芬, 1990, 浙江余姚河姆渡新石器时代遗址动物群. 北京, 海洋出版社.

魏怀珩, 1978, 武威皇娘娘台遗址第四次发掘. 考古学报 4: 421–447.

魏坚, 曹建恩, 1999, 内蒙古中南部新石器时代石城初步研究. 文物 2: 57–62.

魏兴涛, 李胜利, 2003, 河南灵宝西坡遗址 105 号仰韶文化房址. 文物 8: 4–17.

魏兴涛, 孔昭宸, 刘长江, 2000, 三门峡南交口遗址仰韶文化稻作遗存的发现及其意义. 农业考古 3: 77–79.

魏兴涛, 马萧林, 李永强, 史智民, 张应桥, 李胜利, 陈星灿, 2002, 河南灵宝市西坡遗址 2001 年春发掘简报. 华夏考古 2: 31–52, 92.

Weidenreich, Franz, 1943, The skull of Sinanthropus pekinensis. In *Palaeontologia Sinica, New Series D, No. 10, Whole Series 127*. The Geological Survey of China, Chungking.

Weiss, Harvey, 2000, Beyond the Younger Dryas: Collapse as adaptation to abrupt climate change in ancient West Asia and the Eastern Mediterranean. In *Environmental Disaster and the Archaeology of Human Response*, edited by Garth Bawden and Richard M. Reycraft. Maxwell Museum of Anthropology, Albuquerque, pp. 75–98.

Weiss, Harvey, and Raymond S. Bradley, 2001, What drives societal collapse? *Science* 291: 609–610.

闻广, 1998, 中国大陆史前古玉若干特征. 见东亚古玉第二卷, 邓聪编, 香港, 香港中文大学中国考古与艺术研究中心: 217–221.

闻广, 荆志纯, 1993, 福泉山与松泽玉器地质考古学研究. 考古 7: 627–644.

Wheatley, Paul, 1971, *The Pivot of the four quarters: a preliminary enquiry into the origins and character of the ancient Chinese city*. Aldine Publishing Company, Chicago.

Willey, Gordon R., 2000, Ancient Chinese, New World, and Near Eastern ideological traditions: some observations. In *The Breakout: The Origins of Civilization*, edited by Martha Lamberg-Karlovsky. Peabody Museum Monographs, Cambridge, Mass, pp. 25–36.

Winkler, Marjorie G., and Pao K. Wang, 1993, The Late-Quaternary vegetation and climate of China. In *Global Climates since the Last Glacial Maximum*, edited by H. E. Wright, Jr., J. E. Kutzbach, T. Webb III, W. F. Ruddiman, F. A. Street-Perrott, and P. J. Bartlein. University of Minnesota Press, Minnesota, pp. 221–264.

Wright, Henry T., 1977, Recent research on the origin of the state. *Annual Review of Anthropology* 6: 379–397.

——1984, Prestate political formations. In *On the Evolution of Complex Societies: Essays in Honor of Harry Hoijer*, edited by T. Earle. Undena Publications, Malibu, pp. 41–77.

Wright, Henry T., and Gregory Johnson, 1975, Population, exchange, and early state formation in southwestern Iran. *American Anthropologist* 77: 267–289.

Wu, Chin-ting, 1938, *Prehistoric Pottery in China*. Kegan Paul, Trench, and Trubner, London.

Wu, Hung, 1985, Bird motif in Eastern Yi art. *Orientations* 16 (10): 30–41.

吴加安, 1989, 略论黄河流域前仰韶文化时期农业. 农业考古 2: 118–125.

武家璧, 陈美东, 刘次沅, 2008, 陶寺观象台遗址的天文功能与年代. 中国科学 (G集: 物理学, 力学, 天文学) 9: 1–8.

吴建民, 1988, 长江三角洲史前遗址的分布与环境变迁. 东南文化 6: 16–36.

——1990, 苏北史前遗址的分布与海岸线变迁. 东南文化 5: 239–251.

Wu, Rukang and Shenglong Lin, 1983, Peking Man. *Scientific American* 248 (6): 78–86.

Wu, Rukang and John W. Olsen (editors), 1985, *Palaeoanthropology and Palaeolithic Archaeology in the People's Republic of China*. Academic Press, New York.

Wu, Wenxiang and Tungsheng Liu, 2004, Possible role of the "Holocene Event 3" on the collapse of Neolithic cultures around the Central Plain of China. *Quaternary International* 117: 153–166.

吴文祥, 葛全胜, 2005, 夏朝前夕洪水发生的可能性及大禹治水真相. 第四纪研究 6: 742–749.

Wu, Xiaohong and Chaohong Zhao, 2003, Chronology of the transition from Palaeolithic to Neolithic in

China. *The Review of Archaeology* 24（2）: 15–20.

Wu, Xinzhi, 1997, On the descent of modern humans in East Asia. In *Conceptual issues in modern human origins research*, edited by G. A. Clark and C. M. Willermet. Aldone De Gruyter, New York.

——2004, On the origin of modern humans in China. *Quaternary International* 117: 131–140.

吴新智，1999，20 世纪的中国人类古生物学研究与展望. 人类学学报 18（3）: 165–175.

吴振录，1972，保德县新发现的殷代青铜器. 文物 4: 62–66.

乌恩岳斯图，2007，北方草原考古学文化研究. 北京，科学出版社.

西安半坡博物馆，1981，陕西蓝田怀珍坊商代遗址试掘简报. 考古与文物 3: 48–53.

西安半坡博物馆，陕西省考古研究所，临潼县博物馆（编），1988，姜寨——新石器时代遗址发掘报告. 北京，文物出版社.

席永杰，刘国祥（编），2006，红山文化研究. 北京，文物出版社.

夏鼐，1959，关于考古学上文化的定名问题. 考古 4: 169–172.

——1960，长江流域考古问题. 考古 2: 1–3.

——1973，巴黎伦敦展出的新中国出土文物展览巡礼. 考古 3: 171–177, 150.

——1977，碳–14 测定年代和中国史前考古学. 考古 4: 217–232.

——1979，五四运动和中国近代考古学的兴起. 考古 3: 193–196.

——1985，中国文明的起源. 北京，文物出版社.

——2000 [orig. 1946]，齐家期墓葬的新发现及其年代的改订. 见夏鼐文集，中国社会科学院考古研究所编，北京，社会科学文献出版社：257–268.

夏鼐，王仲殊，1986，中国大百科全书：考古学，夏鼐编，北京，中国大百科全书出版社：1–21.

夏商周断代工程专家组（编），2000，夏商周断代工程 1996—2000 年阶段成果报告. 北京，世界图书出版公司.

Xia, Zhengkai, Chen Ge, Zheng Gongwang, Chen Fuyou, and Han Junqing, 2002, Climate background of the evolution from Paleolithic to Neolithic cultural transition during the last deglaciation in the middle reaches of the Yellow River. *Chinese Science Bulletin* 47（1）: 71–75.

夏正楷，杨小燕，2003，我国北方 4ka B.P. 前后异常洪水事件的初步研究. 第四纪研究 6: 84–91.

香港古物古迹办事处，1997，香港涌浪新石器时代遗址发掘简报. 考古 6: 35–53.

向桃初，2008，湘江流域商周青铜文化研究. 北京，线装书局.

Xiao, Jule, Jintao Wu, Bin Si, Wendong Liang, Toshio Nakamura, Baolin Liu, and Yoshio Inouchi, 2006, Holocene climate changes in the monsoon/arid transition reflected by carbon concentration in Daihai Lake of Inner Mongolia. *The Holocene* 16（4）: 551–560.

Xiao, Jule, Qinghai Xu, Toshio Nakamura, Xiaolan Yang, Wendong Liang, and Yoshio Inouchi, 2004, Holocene vegetation variation in the Daihai Lake region of north-central China: a direct indication of the Asian Monsoon climatic history. *Quaternary Science Reviews* 23: 1669–1679.

肖明华, 2001, 云南考古述略. 考古 12: 3–15.

小河考古队, 2005, 新疆罗布泊小河墓地全面发掘圆满结束. 中国文物报. 4月13日1版.

西北大学文博学院(编), 2000, 扶风案板遗址发掘报告. 北京, 科学出版社.

——2002, 城固宝山. 北京, 文物出版社.

谢承志, 2007, 新疆塔里木盆地周边地区古代人群及山西虞弘墓主人DNA分析. 博士论文, 长春, 吉林大学.

谢端琚, 1975a, 甘肃永靖马家湾新石器时代遗址的发掘. 考古 2: 90–96, 101.

——1975b, 甘肃永靖秦魏家齐家文化墓地. 考古学报 2: 57–95.

——1980, 甘肃永靖张家咀与姬家川遗址的发掘. 考古学报 2: 187–219.

——1986, 马家窑文化渊源试探. 见中国考古学研究——夏鼐先生考古五十年纪念论文集, 中国考古学研究编委会编, 北京, 文物出版社: 19–32.

解希恭(主编), 2007, 襄汾陶寺遗址研究. 北京, 科学出版社.

解希恭, 阎金铸, 陶富海, 1989, 山西吉县柿子滩中石器文化遗址. 考古学报 3: 305–323.

西藏自治区文物管理委员会, 四川大学历史系(编), 1985, 昌都卡若. 北京, 文物出版社.

徐光冀, 1986, 赤峰英金河、阴河流域石城遗址. 见中国考古学研究, 中国考古学研究编委会编, 北京, 文物出版社: 82–93.

徐浩生, 金家广, 杨永贺, 1992, 河北徐水县南庄头遗址试掘简报. 考古 11: 961–970.

许宏, 陈国梁, 赵海涛, 2005, 河南洛阳盆地2001-2003年考古调查简报. 考古 5: 18–37.

徐湖平(编), 1996, 东方文明之光. 海口, 海南国际新闻出版中心.

Xu, Jay, 2001a, Bronze at Sanxingdui. In *Ancient Sichuan: Treasures From A Lost Civilization*, edited by Robert Bagley. Seattle Art Museum, Seattle, pp. 59–152.

——2001b, Sichuan before the Warring States Period. In *Ancient Sichuan: Treasures From A Lost Civilization*, edited by Robert Bagley. Seattle Art Museum, Seattle, pp. 21–37.

徐良高, 1998, 文化因素定性分析与商代"青铜礼器文化圈"研究. 见中国商文化国际学术讨论会论文集, 中国社会科学院考古研究所编, 北京, 中国大百科全书出版社: 227–236.

许顺湛, 2004, 寻找夏启之居. 中原文物 4: 46–50.

徐新民, 程杰, 2005, 浙江平湖市庄桥坟良渚文化遗址及墓地. 考古 7: 10–14.

徐旭生, 1959, 1959年夏豫西调查"夏墟"的初步报告. 考古 11: 592–600.

薛祥熙, 李晓晨, 2000, 陕西水牛化石及中国化石水牛的地理分布和种系发生. 古脊椎动物学报 38 (3): 218–231.

Yan, Wenming, 1992, Origins of agriculture and animal husbandry in China. In *Pacific Northeast Asia in Prehistory: Hunter-Fisher-Gatherers, Farmers, and Sociopolitical Elites*, edited by C. Melvin Aikens and Song Nai Rhee. Washington State University Press, Pullman, pp. 113–124.

——2002, The origins of rice agriculture, pottery and cities. In *The Origins of Pottery and Agriculture*, edited by Yoshinori Yasuda. Roli Books, New Delhi, pp. 151–156.

严文明, 1982, 中国稻作农业的起源. 农业考古 1: 19–31,151.

——1984, 座谈东山嘴遗址. 文物 11: 13–14.

——1987, 中国史前文化的统一性与多样性. 文物 3: 38–50.

——1989a, 东夷文化的探索. 文物 9: 1–12.

——1989b, 姜寨早期的村落布局. 仰韶文化研究, 严文明编, 北京, 文物出版社: 166–179.

——1989c, 仰韶文化研究. 北京, 文物出版社.

——1996, 良渚随笔. 文物 3: 28–35.

——2000, 稻作陶器和都市的起源, 严文明, 安田喜宪编, 北京, 文物出版社: 3–15.

——2001, 序. 见宜都城背溪, 湖北省文物考古研究所编, 北京, 文物出版社: 1–2.

严志斌, 何驽, 2005, 山西襄汾陶寺城址 2002 年发掘报告. 考古学报 3: 307–346.

杨宝成, 刘森淼, 1991, 商周方鼎初论. 考古 6: 533–545.

杨伯达, 1997, 甘肃齐家玉器文化初识. 陇右文博 1: 10–18.

杨春, 2007, 内蒙古西岔遗址动物遗存研究. 硕士论文, 长春, 吉林大学.

Yang, Dongya, Li Liu, Xingcan Chen, and Camilla F. Speller, 2008, Wild or domesticated: Ancient DNA examination of water buffalo remains from north China. *Journal of Archaeological Science* 35: 2778–2785.

杨贵金, 张立东, 毋建庄, 1994, 河南武陟大司马遗址调查简报. 考古 4: 289–300.

杨虎, 刘国祥, 1997, 内蒙古敖汉旗兴隆洼聚落遗址 1992 年发掘简报. 考古 1: 1–26.

杨虎, 朱延平, 1985, 内蒙古敖汉旗兴隆洼遗址发掘简报. 考古 10: 865–872.

杨建华 2004, 春秋战国史前中国北方文化带的形成. 北京, 文物出版社.

杨萍, 张传军, 邓开野, 2005, 橡子米酒的生产工艺研究. 工艺技术 26 (11): 93–96.

杨权喜, 1991, 试论城背溪文化. 东南文化 5: 206–212.

Yang, Xiaoneng, 2000, *Reflections of Early China: Decor, Pictographs, and Pictorial Inscriptions*. The Nelson-Atkins Museum of Art in Association with the University of Washington Press, Seattle and

London.

Yang, Xiaoyan, Yu Jincheng, Lü Houyuan, Cui Tianxing, Guo Jingning, Diao Xianmin, Kong Zhaochen, Liu Changjiang, and Ge Quansheng, 2009, Starch grain analysis reveals function of grinding stone tools at Shangzhai site, Beijing. *Science in China Series D: Earth Sciences* 52（8）: 1039–1222.

Yang, Xiaoyan, Jianping Zhang, Linda Perry, Zhikun Ma, Zhiwei Wan, Mingqi Li, Xiaomin, Diao, and Houyuan Lu, 2012, From the modern to the archaeological: starch grains from millets and their wild relatives in China. *Journal of Archaeological Science* 39: 247–254.

杨亚长，2001，陕西史前玉器的发现与初步研究. 考古与文物 6: 46–52.

杨泽蒙，2001，石虎山遗址发掘报告. 见岱海考古（二），田广金，秋山进午编，北京，科学出版社：18–145.

杨直民，1995，中国的畜力犁. 农业考古 1: 183–189.

Yao, Ling, 2009, Plant microfossils analysis of prehistoric milling tools from Xiaohuangshan archaeological site in Zhejiang, China. In *The 19th Congress of the Indo-Pacific Prehistory Associasion*, Hanoi, Vietnam.

Yasuda, Yoshinori, 2002, Origins of pottery and agriculture in East Asia. In *The Origins of Pottery and Agriculture*, edited by Yoshinori Yasuda. Roli Books, New Delhi, pp. 119–142.

Yates, Robin, 1997, The city-state in ancient China. In *The Archaeology of City-states: Cross-Cultural Approaches*, edited by Deborah Nichols and Thomas Charlton. Smithsonian Institution Press, Washington D.C, pp. 71–90.

叶茂林，1997，齐家文化的玉石器. 见考古求知集，中国社会科学院考古研究所编，北京，科学出版社：251–261.

叶茂林，何克洲，2002，青海民和县喇家遗址出土齐家文化玉器. 考古 12: 89–90.

Yi, Sangheon, and Yoshiki Saito, 2004, Latest Pleistocene climate variation of the East Asian monsoon from pollen records of two East China regions. *Quaternary International* 121: 75–87.

Yi, Sangheon, Yoshiki Saito, Hideaki Oshima, Yongqing Zhou, and Helong Wei, 2003a, Holocene environmental history inferred from pollen assemblages in the Huanghe delta, China: climatic change and human impact. *Quaternary Science Reviews* 22: 609–628.

Yi, Sangheon, Yoshiki Saito, Quanhong Zhao, and Pinxian Wang, 2003b, Vegetation and climate changes in the Changjiang（Yangtze River）Delta, China, during the past 13,000 years inferred from pollen records. *Quaternary Science Reviews* 22: 1501–1519.

伊弟利斯，刘国瑞，李文瑛，2004，新疆罗布泊小河墓地全面发掘获阶段性重要成果. 中国文物报.

9月17日1版.

伊弟利斯,李文瑛,胡兴军,2007,新疆罗布泊小河墓地2003年发掘简报.文物10: 4–42.

尹检顺,1996,浅析湖南洞庭湖地区皂市下层文化的分期及其文化属性.见长江中游史前文化暨第二届亚洲文明学术讨论会论文集,湖南省文物考古研究所编,长沙,岳麓书社:105–125.

——1999,湘鄂两省早期新石器文化研究中的几个问题.见考古耕耘录,何介钧编,长沙,岳麓书社:11–26.

尹绍亭,1996,云南物质文化:农耕卷(下).昆明,云南教育出版社.

尹申平,王小庆,2007,陕西省宜川县龙王辿遗址.考古7: 3–8.

Yoffee, Norman, 1991, Orienting collapse. In *The Collapse of Ancient States and Civilizations*, edited by Norman Yoffee and George L. Cowgill. The University of Arizona Press, Tucson, pp. 1–19.

——2004, *Myths of the Archaic State: Evolution of the Earliest Cities, States, and Civilizations*. Cambridge University Press, Cambridge.

Yoffee, Norman and George L. Cowgill (editors), 1991, *The Collapse of Ancient States and Civilizations*. The University of Arizona Press, Tucson.

叶斐(Norman Yoffee),李旻,2009,王权、城市与国际:比较考古学视野中的中国早期城市.见多维视域——商王朝与中国早期文明研究,荆志淳,唐际根,高嶋谦一编,北京,科学出版社:276–290.

郁金城,李超荣,杨学林,李建华,1998,北京转年新石器时代早期遗址的发现.北京文博3: 彩版2–4.

俞伟超,1993,龙山文化与良渚文化衰变的奥秘.见纪念城子崖遗址发掘60周年国际学术讨论会文集,张学海编,济南,齐鲁书社:9–11.

于薇,2010,淮汉政治区域的形成与淮河作为南北政治分界线的起源.古代文明4(1): 38–52.

袁广阔,曾晓敏,2004,论郑州商城内城和外城的关系.考古3: 59–67.

Yuan, Jiarong, 2002, Rice and pottery 10,000 yrs. BP at Yuchanyan, Dao county, Hunan province. In *The Origins of Pottery and Agriculture*, edited by Yoshinori Yasuda, pp. 157–166. Roli Books, New Delhi.

Yuan, Jing, 2002, The formation and development of Chinese zooarchaeology: A preliminary review. *Archaeofauna* 11: 205–212.

Yuan, Jing, and Rod Campbell, 2008, Recent archaeometric research on "the origins of Chinese civilization". *Antiquity* 83: 96–109.

Yuan, Jing, and Rowan Flad, 2002, Pig domestication in ancient China. *Antiquity* 76: 724–732.

——2003, Two issues concerning ancient domesticated horses in China. *Bulletin of the Museum of Far Eastern Antiquities* 75: 110–126.

——2005, New zooarchaeological evidence for changes in Shang dynasty animal sacrifice. *Journal of Anthropological Archaeology* 24: 252–270.

——2006, Research on early horse domestication in China. In *Equids in Time and Space*, edited by Marjan Mashkour. Oxbow Books, Oxford, pp. 124–131.

袁靖、李珺，2010，河北徐水南庄头遗址出土动物遗存研究报告. 考古学报 3: 385–391.

袁靖、杨梦菲，2003，水陆生动物遗存研究. 见桂林甑皮岩，中国社会科学院考古研究所，广西壮族自治区文物工作队，桂林甑皮岩遗址博物馆，桂林市文物工作队编，北京，文物出版社：297–340.

——2004，动物研究. 跨湖桥，浙江省文物考古研究所，萧山博物馆，北京，文物出版社：241–269.

——待刊，内蒙古赤峰兴隆洼遗址出土动物骨骼研究报告.

原思训、陈铁梅、周昆叔，1992，南庄头遗址碳十四年代测定与文化层孢粉分析. 考古 11: 967–970.

岳占伟、王学荣，2007，河南安阳市孝民屯商代铸铜遗址 2003—2004 年的发掘. 考古 1: 14–25.

Zeder, Melinda A., Eve Emshwiller, Bruce D. Smith, and Daniel G. Bradley, 2006, Documenting domestication: the intersection of genetics and archaeology *Trends in Genetics* 22（3）: 139–156.

Zhai, Shaodong, 2011, *Lithic production and early urbanism in China—A case study of the lithic production at the Neolithic Taosi site（C. 2500–1900BCE）*. Ph.D dissertation, La Trobe University, Melbourne.

Zhang, Chi, and Hsiao-chun Hung, 2008, The Neolithic of Southern China—Origin, development, and dispersal. *Asian Perspectives* 47（2）: 299–329.

张弛，2003，长江中下游地区史前聚落研究. 北京，文物出版社.

张岱海，1984，山西襄汾陶寺遗址首次发现铜器. 考古 12: 1069–1071.

张岱海、张彦煌、高炜、徐殿魁，1989，晋南考古调查报告. 考古学集刊 6: 1–51.

张德光，1956，晋南五县古代人类文化遗址初步调查简报. 文物参考资料 9: 53–56.

张光明、徐龙国、张连利、许志光，1997，山东桓台县史家遗址岳石文化木构架祭祀器物坑的发掘. 考古 11: 1–18.

Zhang, H.C., Y. Z. Ma, B. Wünnemann, and H.-J. Pachur, 2000, A Holocene climatic record from arid northwestern China. *Palaeogeography, Palaeoclimatology, Palaeoecology* 162: 389–401.

张恒, 王海明, 2005, 浙江嵊州小黄山遗址发现新石器时代早期遗存. 中国文物报. 9月30日1版.

张敬国(编), 2006, 凌家滩文化研究. 北京, 文物出版社.

——2008, 安徽省含山县凌家滩遗址第五次发掘的新发现. 考古 3: 7–17.

Zhang, Juzhong, Xinghua Xiao, and Yun Kuen Lee, 2004, The early development of music: Analysis of the Jiahu bone flutes. *Antiquity* 78（302）: 769–778.

张居中, 王象坤, 1998, 贾湖彭头山稻作文化比较研究. 农业考古 1: 108–117.

张居中, 潘伟斌, 2002, 河南舞阳贾湖遗址2001年春发掘简报. 华夏考古 2: 14–30.

张居中, 王象坤, 崔宗钧, 许文会, 1996, 也论中国栽培稻的起源与东传. 见中国栽培稻起源与演化研究专集, 王象坤, 孙传清编, 北京, 中国农业大学出版社: 14–21.

张莉, 王吉怀, 2004, 安徽蒙城县尉迟寺遗址2003年度发掘的新收获. 考古 3: 3–6.

张龙, 2003, 广西南宁豹子头贝丘遗址的发掘. 考古 10: 22–34.

Zhang, Senshui, 2000, The Epipaleolithic in China. *Journal of East Asian Archaeology* 2（1–2）: 51–66.

张森水, 1990, 中国北方旧石器工业的区域渐进与文化交流. 人类学学报 9（4）: 322–333.

张松林, 吴倩, 2010, 新郑望京楼发现: 二里头文化和二里岗文化城址. 中国文物报. 12月28日4版.

张松林, 信应君, 胡亚毅, 闫付海, 2008, 河南新郑市唐户遗址裴李岗文化遗存发掘简报. 考古 5: 3–20.

张天恩, 2000, 关中东部夏时期文化遗存分析. 文博 3: 3–10.

——2002, 天水出土的兽面铜牌饰及有关问题. 中原文物 1: 43–46.

——2004, 关中商代文化研究. 北京, 文物出版社.

张天恩, 肖琦, 2003, 川口河齐家文化陶器的新审视. 见中国史前考古学研究, 张廷皓编, 西安, 三秦出版社: 361–367.

Zhang, Wenxu, 2002, The bi-peak-tubercle of rice, the character of ancient rice and the origin of cultivated rice. In *The Origins of Pottery and Agriculture*, edited by Yoshinori Yasuda. Roli Books, New Delhi, pp. 205–216.

张文绪, 王辉, 2000, 甘肃庆阳遗址古栽培稻的研究. 农业考古 3: 80–85.

张兴永, 1987, 云南新石器时代的家畜. 农业考古 1: 370–377.

张绪球, 1991, 石家河文化的陶塑品. 江汉考古 3: 55–60.

张学君, 1995, 南方丝绸之路上的食盐贸易. 见古代西南丝绸之路研究, 江玉祥编, 成都, 四川大学出版社: 140–150.

张雪莲、仇士华、蔡莲珍、薄官成、王金霞、钟建, 2007, 新砦—二里头—二里岗文化考古年代序列的建立与完善. 考古 8: 74–89.

张雪莲、王金霞、冼自强、仇士华, 2003, 古人类食物结构研究. 考古 2: 62–75.

张映文、吕智荣, 1988, 陕西清涧县李家崖古城址发掘简报. 考古与文物 1: 47–56.

张玉石、赵新平、乔梁, 1999, 郑州西山仰韶时代城址的发掘. 文物 7: 4–15.

张增祺, 1998, 晋宁石寨山. 昆明, 云南美术出版社.

张震, 2009, 贾湖遗址墓葬初步研究——试论贾湖的社会分工与分化. 华夏考古 2: 42–62.

张之恒, 1996, 良渚文化聚落群研究. 东方文明之光, 徐湖平编, 海口, 海南国际新闻出版中心: 238–244.

张忠培, 1987, 齐家文化研究（下）. 考古学报 2: 153–175.

——2000, 中国古代文明形成的考古学研究. 故宫博物院院刊 2: 5–27.

赵朝洪, 2006, 北京市门头沟区东胡林史前遗址. 考古 7: 3–8.

赵春青, 1995, 姜寨一期墓地再谈. 华夏考古 4: 26–46.

——1998, 也谈姜寨一期村落的房屋与人. 考古与文物 5: 49–55.

——2004, 新密新砦城址与夏启之居. 中原文物 3: 12–16.

——2009, 新砦聚落考古的实践与方法. 考古 2: 48–54.

赵丛苍（编）, 2006, 城洋青铜器. 北京, 科学出版社.

Zhao, Dianzeng, 1996, The sacrificial pits at Sanxingdui. In *Mysteries of Ancient China: New Discoveries from the Early Dynasties*, edited by Jessica Rawson. George Braziller, New York, pp. 232–239.

赵辉, 1999, 良渚文化的若干特殊性. 见良渚文化研究, 浙江省文物考古研究所编, 北京, 科学出版社: 104–119.

赵建龙, 1990, 从高寺头大房基看大地湾大型房基的含义. 西北史地 3: 64–68, 27.

——2003, 甘肃秦安大地湾遗址仰韶文化早期聚落发掘简报. 考古 6: 19–31.

Zhao, Songqiao, 1994, *Geography of China: Environment, Resources, Population and Development*. John Wiley & Sons, New York.

赵团结、盖钧镒, 2004, 栽培大豆起源与演化研究进展. 中国农业科学 37（7）: 945–962.

Zhao, Xitao, 1993, *Holocene Coastal Evolution and Sea-level Changes in China*. Haiyang Press, Beijing.

赵希涛, 1984, 中国海洋演变研究. 福州, 福建科学技术出版社.

——（编）, 1996, 中国海面变化. 济南, 山东科学技术出版社.

赵玉安, 1992, 巩义市坞罗河流域裴李岗文化遗存调查. 中原文物 4: 1–7.

Zhao, Zhijun, 1998, The middle Yangtze region in China is one place where rice was domesticated:

phytolith evidence from the Diaotonghuan cave, northern Jiangxi. *Antiquity* 72: 885–897.

——2009, Eastward spread of wheat into China—new data and new issues. *Chinese Archaeology* 9: 1–9.

赵志军, 2004a, 从兴隆沟遗址浮选结果谈中国北方旱作农业起源问题. 见东亚古物（A卷），南京师范大学文博系编，北京，文物出版社：188–199.

——2004b, 两城镇与教场铺龙山时代农业生产特点的对比分析. 见东方考古（第1集），山东大学东方考古研究中心编，北京：科学出版社，210–216.

——2004c, 青海互助丰台卡约文化遗址浮选结果分析报告. 考古与文物 2（85–91）.

——2004d, 植物考古学的田野工作方法——浮选法. 考古 3: 80–87.

——2005a, 有关中国农业起源的新资料和新思考. 新世纪的中国考古学——王仲殊先生八十华诞纪念论文集, 中国社会科学院考古研究所编，北京：科学出版社，86–101.

——2005b, 植物考古学及其新进展. 考古 7: 42–49.

——2006, 海岱地区南部新石器时代晚期的稻旱混作农业经济. 见东方考古（第3集），山东大学东方考古研究中心编，北京，科学出版社：253–258.

——2009a, 小麦东传与欧亚草原通道. 见三代考古（三），北京，科学出版社：456–459.

——2009b, 公元前2500 — 公元前1500年中原地区农业经济研究. 见中华文明探源工程文集：技术与经济卷（1），科技部社会发展科技司，国家文物局与社会文物司编，北京，科学出版社：123–135.

赵志军, 吕烈丹, 傅宪国, 2005, 广西邕宁县顶蛳山遗址出土植硅石的分析与研究. 考古 11: 76–84.

赵志军, 徐良高, 2004, 周原遗址（王家嘴地点）尝试性浮选的结果及初步分析. 文物 10: 89–96.

赵志军, 张居中, 2009, 贾湖遗址2001年度浮选结果分析报告. 考古 8: 84–93.

浙江省文物考古研究所（编），1999, 良渚文化研究——纪念良渚文化发现六十周年国际学术讨论会文集. 北京，科学出版社.

——2003, 河姆渡. 北京，文物出版社.

——2005, 良渚遗址群. 北京，文物出版社.

浙江省文物考古研究所，萧山博物馆（编），2004, 跨湖桥. 北京，文物出版社.

郑建明, 陈元甫, 沈岳明, 陈云, 朱建明, 俞友良, 2011, 浙江东苕溪中游商代原始瓷窑址群. 考古 7: 3–8.

郑乃武, 1984, 1979年裴李岗遗址发掘报告. 考古学报 1: 23–51.

——1986, 1984年河南巩县考古调查与试掘. 考古 3: 193–196.

Zheng, Yunfei, Sun Guoping, Qin Ling, Li Chunhai, Wu Xiaohong, and Chen Xugao, 2009, Rice fields and modes of rice cultivation between 5000 and 2500 BC in east China. *Journal of Archaeological Science* 36: 2609–2616.

郑云飞，孙国平，陈旭高，2007，7000年前考古遗址出土稻谷的小穗轴特征．科学通报 52（9）：1037–1041．

郑云飞，蒋乐平，2007，上山遗址出土的古稻遗存及其意义．考古 9: 19–25．

Zheng, Zhou, and Qianyu Li, 2000, Vegetation, climate, and sealevel in the past 55,000 years, Hanjiang Delta, Southeastern China. *Quaternary Research* 53: 330–340.

郑州市文物考古研究所（编），2001，郑州大河村．北京，科学出版社．

——2004，郑州大师姑．北京，科学出版社．

中国科学院考古研究所甘肃工作队，1974，甘肃永靖大何庄遗址发掘报告．考古学报 2: 29–61．

中国科学院考古研究所内蒙古工作队，1974，赤峰药王庙、夏家店遗址试掘报告．考古学报 1: 115–148, 198–211．

中国科学院考古研究所（编），1959，庙底沟与三里桥．北京，科学出版社．

——1963，西安半坡．北京，文物出版社．

中国社会科学院考古研究所（编），1980，殷墟妇好墓．北京，文物出版社．

——1983，宝鸡北首岭．北京，文物出版社．

——1984，新中国的考古发现和研究．北京，文物出版社．

——1987，殷墟发掘报告．北京，文物出版社．

——1991，中国考古学中碳十四年代数据集．北京，文物出版社．

——1994a，临潼白家村．成都，巴蜀书社．

——1994b，殷墟的发现与研究．北京，科学出版社．

——1995，二里头陶器集粹．北京，中国社会科学出版社．

——1996，大甸子．北京，科学出版社．

——1999a，师赵村与西山坪．北京，中国大百科全书出版社．

——1999b，偃师二里头．北京，文物出版社．

——2001，蒙城尉迟寺．北京，科学出版社．

——2003a，桂林甑皮岩．北京，文物出版社．

——2003b，中国考古学：夏商卷．北京，中国社会科学出版社．

——2004，中国考古学：两周卷．北京，中国社会科学出版社．

——2005 滕州前掌大墓地．北京，文物出版社．

——2007，安阳殷墟花园庄东地商代墓葬．北京，科学出版社．

——2010,中国考古学：新石器卷.北京，中国社会科学出版社.

中国社会科学院考古研究所，河南省文物考古研究所（编），2010,灵宝西坡墓地.北京，文物出版社.

中国社会科学院考古研究所，中国历史博物馆，山西省文物工作委员会（编），1988,夏县东下冯.北京，文物出版社.

中国猪品种志编委会（编），1986,中国猪品种志编委会.上海，上海科技出版社.

周本雄，1981,河北武安磁山遗址的动物骨骸.考古学报3: 339–347.

——1984,中国新石器时代的家畜.见新中国的考古发现和研究，中国社会科学院考古研究所编，北京，文物出版社：196–210.

——1992,河北省徐水县南庄头遗址的动物遗骸.考古 11: 966–967.

——1999,师赵村与西山坪的动物遗存.见师赵村与西山坪，中国社会科学院考古研究所编，北京，文物出版社：335–339.

周国兴，尤玉柱，1972,北京东胡林的新石器时代墓葬.考古 6: 12–15.

周润垦，钱峻，肖向红，张永泉，2010,江苏张家港市东山村新石器时代遗址.考古 8: 3–12.

Zhou, S. Z., F. H. Chen, B.T. Pan, J.X. Cao, J. J. Li, and Edward Derbyshire, 1991, Environmental change during the Holocene in western China on a millennial timescale. *The Holocene* 1（2）: 151–156.

Zhou, Weijian, Xuefeng Yu, Timothy Jull, G. Burr, J.Y. Xiao, Xuefeng Lu, and Feng Xian, 2004, High-resolution evidence from southern China of an early Holocene optimum and a mid-Holocene dry event during the past 18,000 years. *Quaternary Research* 62: 39–48.

朱凤瀚，2004,商周家族形态研究.天津，天津古籍出版社.

朱国平，1996,良渚文化去向分析.见东方文明之光，徐湖平编，海口，海南国际新闻出版公司：285–290.

朱泓，1998,东灰山墓地人骨的研究.见民乐东灰山考古，甘肃省文物考古研究所，吉林大学北方考古研究室编，北京，科学出版社：172–183.

朱剑，方辉，樊昌生，周广明，王昌燧，2008,大辛庄遗址出土原始瓷的INAA研究.见东方考古（第5集），山东大学东方考古研究中心编，北京，科学出版社：139–144.

朱剑，王昌燧，王妍，毛振伟，周广明，樊昌生，曾晓敏，沈岳明，宫希成，2005,商周原始瓷产地的再分析.见吴城——1973—2002年发掘报告，江西省文物考古研究所，樟树市博物馆，北京，科学出版社：518–524.

朱尧伦，2003,《夏小正》分句语译注释.农业考古 3: 266–270.

Zhushchikhovskaya, Irina, 1997, On early pottery-making in the Russian Far East. *Asian Perspectives*

36（2）：159–174.

——2005, *Prehistoric Pottery-Making of the Russian Far East*. BAR, Oxford.

宗冠福，黄学诗，1985，云南保山蒲缥全新世早期文化遗物及哺乳动物的遗存. 史前研究 4: 46–50.

Zong, Y., Z. Chen, J.B. Innes, C. Chen, Z. Wang, and H. Wang, 2007, Fire and flood management of coastal swamp enabled first rice paddy cultivation in east China. *Nature* 449（27）：459–462.

邹衡，1998，综述早商亳都之地望. 见中国商文化国际学术讨论会论文集，中国社会科学院考古研究所编，北京，中国大百科全书出版社：85–87.

邹厚本，谷建祥，李民昌，汤陵华，丁金龙，姚勤德，2000，江苏草鞋山马家浜文化水田的发现. 见稻作陶器和都市的起源，严文明，安田喜宪编，北京：文物出版社，97–113.

邹逸麟，1990，千古黄河. 香港，中华书局.

后　记

这本《中国考古学——旧石器时代晚期到早期青铜时代》，是2012年在剑桥大学出版社出版的同名论著的中译本。原书作为"剑桥世界考古丛书"的一种，本是写给西方读者的。面向西方读者的中国考古学著作，最著名的是1986年出版的张光直先生的《古代中国考古学》（第四版），但这本书出版至今已经过去了整整一代人的时间，张光直先生晚年曾经试图修订再版，却不幸于2001年去世，没有完成这个心愿。

我们的这本著作，从旧石器时代晚期谈到早期青铜时代。这是一本从人类学的、比较的、综合的视角撰写的中国考古学；这也是一本对中国考古材料的系统性解读，颇受西方读者欢迎。国内冠名《中国考古学》的书近年来颇出版了不少，但本书的视角和解读是国内没有过的，因此把它介绍给中国读者也是有意义的。

虽然这本书比它的英文版晚出了五年，五年来新的考古材料和解释又有很多增加，但仍可以把它当成最新的《中国考古学》或《中国史前史》参考。需要说明的是，本书的基本参考材料截至2011年，在此以后的新材料没有包括进来。因此本书的一些结论可能已经过时，或者有误。我们希望这些缺陷在将来再版时加以修正。

翻译是一件十分辛苦的事情，承几位年轻朋友把此书译成中文，是我们特别感谢的。担任本书翻译的是广西师范大学陈洪波博士（第五、六、十一章），东北师范大学余静博士（第九、十章），中国社会科学院考古研究所乔玉女士（第

三、四章）、付永旭先生（前言、第一、七章）、翟少冬博士（第八章）和李新伟博士（第二章）。初稿完成后我们又逐章加以校订，三联书店愿意出版此书中译本，我们也借这个机会向三联书店及编辑曹明明女士表示感谢。

刘莉　陈星灿
2016年12月